BIBLIOTHEK DER ALTEN WELT

CICERO

GESPRÄCHE IN TUSCULUM

Herausgegeben und übersetzt
von Olof Gigon

Artemis & Winkler

MATRIS PIAE MEMORIAE

Bibliographische Information der Deutschen Bibliothek

Die Deutsche Bibliothek verzeichnet diese Publikation
in der Deutschen Nationalbibliothek; detaillierte bibliographische Daten
sind im Internet unter http://dnb.ddb.de abrufbar.

Umschlagmotiv: Pompeji, Atrium eines Hauses mit mosaiziertem Fußboden
© AKG, Berlin / Erich Lessing
Umschlaggestaltung: Groothuis, Lohfert, Consorten (Hamburg)
Druck und Verarbeitung: fgb · freiburger graphische betriebe
ISBN 3-7608-4107-4
www.patmos.de

INHALT

TEXT UND ÜBERSETZUNG

ANHANG

ERSTES BUCH

Als ich mich endlich von meiner Arbeit als Verteidiger vor Gericht und von den Pflichten als Senator ganz oder doch zum großen Teil befreit sah, da kehrte ich — vor allem auf Deine Mahnung hin, Brutus — zu jenen Studien zurück, die ich im Geiste zwar festgehalten, unter dem Zwang der Umstände aber zurückgestellt hatte und die während langer Zeit liegen geblieben waren. Ich holte sie wieder hervor, und da nun der Sinn und der Gehalt aller jener Wissenschaften, die es mit dem rechten Weg des Lebens zu tun haben, im Studium der Weisheit, die man Philosophie nennt, eingeschlossen sind, so hielt ich es für meine Aufgabe, eben dies in lateinischer Sprache darzustellen; nicht etwa weil die Philosophie aus griechischen Büchern und bei griechischen Lehrern nicht gelernt werden könnte — aber ich bin immer der Überzeugung gewesen, daß unsere Römer seit jeher teils selbständig Besseres geleistet haben als die Griechen, teils verbessert haben, was sie übernommen hatten; jedenfalls soweit sie es für der Mühe wert hielten, sich mit den Dingen zu beschäftigen.

Denn unsere Sitten und Lebensformen, die Ordnung unserer Häuser und Familien sind sicher besser und vornehmer, und was den Staat betrifft, so haben ihn unsere Vorfahren ohne Zweifel mit besseren Einrichtungen und Gesetzen verwaltet. Was soll ich vom Kriegswesen sagen, in welchem die Unsrigen durch Tapferkeit Großes zustande gebracht haben, noch Größeres durch ihr Können? Was sie ferner durch ihre angeborene Art, nicht durch Lernen erreicht haben, damit lassen sich weder die Griechen noch irgendein anderes Volk vergleichen. Denn gab es irgendwo sonst so viel Würde, Beharrlichkeit, Seelengröße, Anständigkeit und Treue, eine in jeder Hinsicht so hervorragende Tüchtigkeit, daß sie mit unsern Vorfahren verglichen werden könnte?

In der Bildung freilich und in jeder Art von Literatur hat uns Griechenland übertroffen — was nicht schwer war, da wir ihnen den Vorrang gar nicht streitig machten. Während nämlich bei den Griechen die Bildung mit den Dichtern beginnt und Homer und Hesiod, wie es heißt, vor der Gründung Roms gelebt haben, Archilochos in der Regierungszeit des Romulus, haben wir die Dichtkunst erst viel später übernommen. Denn ungefähr 510 Jahre nach der Gründung Roms unter dem Konsulat des C. Claudius, des Sohnes des Claudius Caecus, und des M. Tuditanus hat Livius ein Theaterstück aufführen lassen, ein Jahr vor der Geburt des Ennius. Er war auch älter als Plautus und Naevius. Spät haben also die Unsrigen die Dichtkunst kennen gelernt oder übernommen. Allerdings steht in den Origines, es habe bei den Mahlzeiten die Sitte bestanden, daß die Teilnehmer zum Flötenspiel die Taten berühmter Männer besangen; aber Ehre fand diese Kunst nicht, wie die Rede Catos beweist, in welcher er dem M. Nobilior als eine Schande vorwarf, er habe in seine Provinz Dichter mitgenommen; als er nämlich Konsul war, begleitete ihn, wie bekannt, Ennius nach Aetolien. Je weniger man nun die Dichter ehrte, desto weniger bemühte man sich auch um die Dichtkunst; soweit indessen trotzdem große Begabungen auf diesem Felde tätig waren, ließen sie sich neben dem Ruhm der Griechen sehr wohl sehen.

Oder wollen wir nicht annehmen, daß es auch bei uns zahlreiche Maler vom Range des Polykleitos und des Parrhasios gegeben hätte, falls es dem vornehmen Fabius zum Lobe angerechnet worden wäre, daß er malte? Die Ehre nährt die Kunst, der Ruhm treibt alle zur Arbeit an, und wo eine Kunst verachtet wird, da wird sie sich auch niemals entfalten können. Die höchste Bildung erblickten die Griechen in der Kunst des Saitenspiels und des Gesangs. So soll auch Epameinondas, nach meinem Urteil der bedeutendste unter den Griechen, vortrefflich zur Kithara gesungen haben, und als einige Zeit früher Themistokles bei einem Gastmahl erklärte, mit der Lyra nicht umgehen zu können, galt dies als ein Mangel an Bildung. So blühte denn in Griechenland die Musik, alle lernten sie und wer nichts von ihr verstand, galt als ein Mann, dessen Erziehung vernachlässigt worden war.

In höchster Ehre stand bei ihnen weiterhin die Geometrie, und folglich gab es auch nichts Angeseheneres als die Mathematiker. Wir dagegen haben uns um diese Kunst nur soweit gekümmert, als sie beim Messen und Rechnen nützlich ist.

Umgekehrt haben wir die Redekunst rasch aufgenommen. Unsere ersten Redner waren noch nicht ausgebildet, aber begabt; später kam auch die Bildung dazu. Denn Galba, Scipio Africanus, Laelius sind, wie überliefert wird, gebildete Männer gewesen, und schon Cato, der älter war als sie, interessierte sich für diese Dinge. Nachher kamen Lepidus, Carbo, die Gracchen und von da an bis auf unsere Zeit so bedeutende Redner, daß der Vorsprung der Griechen nahezu oder vollständig eingeholt ist.

Die Philosophie ist bis zu unserer Zeit vernachlässigt worden und in lateinischer Sprache überhaupt noch nicht hervorgetreten. Es ist also unsere Aufgabe, ihr Ansehen und Leben zu geben, um unsern Mitbürgern, denen wir in unserer staatlichen Tätigkeit vielleicht etwas genützt haben, auch in der Muße zu dienen, so weit wir können.

Wir müssen uns dabei umso mehr Mühe geben, als es schon viele lateinische Bücher darüber geben soll, unbedacht geschrieben von Männern, die zwar hochachtbar, aber reichlich ungebildet sind. Es kann gewiß vorkommen, daß einer richtige Ansichten hat, aber diese Ansichten nicht elegant zu formulieren versteht; daß aber einer seine Gedanken niederschreibt und sie weder zu ordnen noch gut auszudrücken, noch den Leser durch irgendeine gefällige Form anzuziehen vermag, das beweist einen unerlaubten Mißbrauch der eigenen Freizeit und der Sprache. So werden denn auch ihre Bücher nur von ihnen selbst und ihren Anhängern gelesen, und keiner rührt sie an außer denen, die sich dieselbe Zügellosigkeit im Schreiben gestatten möchten. Wenn also unsere Arbeit in der Vergangenheit etwas zum Ruhm der römischen Redekunst beigetragen hat, so werden wir uns jetzt mit noch größerem Eifer bemühen, die Quellen der Philosophie zu erschließen; ihnen entströmte ja auch schon unsere Redekunst. Aber wie Aristoteles, ein Mann von höchster Begabung, Gelehrtheit und Gedankenfülle, die jungen Leute auch in der Redekunst zu unterweisen begann, als ihn der Ruhm des Redners Isokrates dazu antrieb, und es unternahm, die Weisheit mit der Beredsamkeit zu verknüpfen, so möchten auch wir gleichzeitig das alte Interesse für die Redekunst bewahren und uns dieser größeren und reicheren Wissenschaft zuwenden. Denn dies habe ich seit jeher für die vollkommene Philosophie gehalten, fähig zu sein, über die wichtigsten Fragen gedankenreich und schön zu reden.

Uns darin zu üben haben wir uns mit solchem Eifer bemüht, daß wir es bereits gewagt haben, nach griechischer Sitte Lehrstunden abzuhalten. Als neulich nach Deiner Abreise mehrere Bekannte bei mir in meiner Villa in Tusculum waren, habe ich ausprobiert, was ich in dieser Richtung zustandebrächte. Während ich nämlich früher Vorträge in Rechtsfällen hielt, und dies so viele Jahre hindurch wie kein Anderer, so sind nun in meinem Alter dies die Gegenstände meiner Vorträge. Ich hieß jemanden ein Thema angeben, über das er etwas hören wollte. Über dieses Thema sprach ich dann sitzend oder auf und ab spazierend.

So habe ich denn die Lehrstunden (scholae = σχολαί), wie es die Griechen nennen, von fünf Tagen in ebenso viele Bücher übertragen. Und zwar gingen wir so vor, daß zuerst der, der etwas zu vernehmen wünschte, seine Meinung sagte und ich dann dagegen sprach. Denn dies ist, wie Du weißt, die alte sokratische Form, gegen die Meinung eines anderen zu diskutieren. Auf diese Weise, glaubte Sokrates, könne am leichtesten gefunden werden, was der Wahrheit am nächsten komme.

Aber damit unsere Diskussionen bequemer lesbar seien, werde ich sie lieber in dramatischer als in erzählender Form berichten. Wir beginnen also folgendermaßen:

A: Der Tod scheint mir ein Übel zu sein.

B: Für jene, die tot sind, oder für jene, die sterben müssen?

A: Für beide.

B: Er ist also ein Unglück, da er ja ein Übel ist.

A: Gewiß.

B: Also sind jene, bei denen der Tod schon eingetreten ist, ebenso unglücklich wie jene, bei denen er noch eintreten wird.

A: So scheint es mir.

B: Also sind alle unglücklich?

A: Gewiß, alle.

B: Außerdem, wenn Du konsequent bleiben willst, sind alle, die gelebt haben und noch leben werden, nicht bloß unglücklich, sondern auch ewig unglücklich. Denn wenn Du nur jene unglücklich genannt hättest, die sterben müssen, so würdest Du zwar keinen von den Lebenden ausnehmen (denn alle müssen sterben), aber das Unglück nähme doch mit dem Tod ein Ende. Wenn aber auch die bereits Gestorbenen noch unglücklich sind, so werden wir zu ewigem Unglück geboren. Denn notwendigerweise sind schon jene unglücklich, die vor hunderttausend Jahren gestorben sind, oder vielmehr alle, die jemals geboren wurden.

A: So meine ich es in der Tat.

B: Bitte, sag, sind es etwa die Geschichten vom dreiköpfigen Unterweltshund Kerberos, die Dir Angst machen, das Schäumen des Kokytos, die Überfahrt über den Acheron, Tantalos, „der mit dem Kinn die Fläche des Wassers berührt, sterbend vor Durst“? Oder etwa „der Stein, den Sisyphos wälzt, schwitzend, sich mühend und doch nützt es ihm nichts“? Oder vielleicht auch die unerbittlichen Richter Minos und Rhadamanthys? — bei denen Dich kein L. Crassus und kein M. Antonius verteidigen wird und wo Du Dich auch nicht an Demosthenes wirst wenden können, da ja jene Richter, denen Du Rede stehen mußt, bekanntlich Griechen sind. Du selbst mußt vor unzähligen Zuschauern Dein eigener Anwalt sein. Vielleicht hast Du davor Angst und meinst darum, der Tod sei ein ewiges Übel.

A: Hältst Du mich für so verrückt, daß ich solche Sachen glaube?

B: Also glaubst Du das nicht?

A: Nicht im geringsten.

B: Schade.

A: Warum, ich bitte Dich?

B: Weil ich eine prächtige Rede halten könnte, wenn ich dagegen zu reden hätte.

A: Wer könnte dies in demselben Falle nicht? Und was ist schon dabei, diese Phantasien der Dichter und Maler zu widerlegen!

B: Aber gerade dagegen haben die Philosophen ganze Bücher geschrieben.

A: Töricht genug; denn wer ist so blöd, daß ihn solche Geschichten aufregen könnten?

B: Wenn nun aber die Menschen in der Unterwelt nicht unglücklich sind, so sind sie überhaupt nicht in der Unterwelt.

A: Dies meine ich gerade.

B: Aber wo sind dann die, die Du unglücklich nennst, und was für einen Ort bewohnen sie? Wenn sie nämlich existieren, müssen sie wohl irgendwo sein.

A: Ich meine aber, daß sie nirgends sind.

B: Und auch, daß sie gar nicht existieren?

A: Gewiß, und dennoch unglücklich — gerade deshalb, weil sie nicht existieren.

B: Mir wäre bald lieber, Du hättest Angst vor dem Kerberos als daß Du so unüberlegtes Zeug redest.

A: Wieso?

B: Du behauptest, daß einer gleichzeitig existiert und nicht existiert. Wo ist Dein Verstand? Du nennst jemanden unglücklich und behauptest damit, daß er existiert, und sagst gleichzeitig, er existiere nicht.

A: So dumm bin ich doch nicht, daß ich dies behaupte.

B: Was meinst Du denn?

A: Daß beispielsweise M. Crassus unglücklich ist, weil er durch seinen Tod seine ganzen Reichtümer verloren hat, oder Cn. Pompeius, weil er solchen Ruhm hat aufgeben müssen, und daß überhaupt alle unglücklich sind, die dieses Licht nicht mehr sehen.

B: Du fällst in denselben Widerspruch zurück. Wenn jemand unglücklich ist, so muß er existieren. Du hast aber soeben erklärt, daß jene, die tot sind, nicht mehr existieren. Wenn sie also nicht existieren, so können sie auch keine Eigenschaften haben. Sie sind also auch nicht unglücklich.

A: Vielleicht drücke ich nicht klar genug aus, was ich meine. Denn eben dies, nicht zu sein, nachdem man gewesen ist, halte ich für das Unglücklichste.

B: Wie? für unglücklicher als überhaupt niemals existiert zu haben? So sind dann jene, die noch nicht geboren sind, unglücklich, weil sie nicht sind, und wir, die wir nach dem Tode unglücklich sein werden, sind schon unglücklich gewesen, bevor wir geboren wurden. Ich erinnere mich allerdings nicht daran, vor meiner Geburt unglücklich gewesen zu sein. Falls Du ein besseres Gedächtnis hast, würde es mich schon interessieren, ob Du Dich an irgendwelche Erlebnisse erinnerst.

A: Du machst Dich über mich lustig, als ob ich jene unglücklich genannt hätte, die nicht geboren sind, wo ich nur jene meine, die gestorben sind.

B: Du behauptest also, daß sie existieren.

A: Nein, sondern daß sie unglücklich sind, weil sie nicht mehr sind, nachdem sie gewesen sind.

B: Siehst Du nicht, daß Du Dir widersprichst? Denn gibt es einen größeren Widerspruch als zu erklären, jemand, der nicht sei, sei nicht nur unglücklich, sondern sei überhaupt? Wenn Du zur Porta Capena hinausgehst und dort die Gräber des Calatinus, der Scipionen, der Servilier und Meteller siehst, hältst Du jene dann für unglücklich?

A: Da Du mich mit Worten bedrängst, so werde ich nun nicht mehr sagen, sie seien unglücklich, sondern sie nur „unglücklich" nennen, und zwar eben darum, weil sie nicht sind.

B: Du wirst also nicht sagen: ‚M. Crassus ist unglücklich', sondern nur: ‚unglücklicher M. Crassus'.

A: Genau das.

B: Als ob es nicht notwendig wäre, daß alles, was Du auf diese Weise aussagst, entweder sei oder nicht sei. Hast Du überhaupt keine Ahnung von der Dialektik? Das gehört doch zu den elementaren Lehren: jede Aussage — es fällt mir im Augenblick gerade ein, auf diese Weise den Begriff ἀξίωμα wiederzugeben; wenn ich eine bessere Übersetzung finde, werde ich diese verwenden — also eine Aussage ist das, was wahr oder falsch ist. Wenn Du also sagst: ‚unglücklicher M. Crassus', so meinst Du damit entweder: ‚M. Crassus ist unglücklich', so daß man beurteilen kann, ob das wahr oder falsch ist, oder Du meinst überhaupt nichts.

A: Gut, ich will also zugeben, daß die Toten nicht unglücklich sind, da Du mir schon das Zugeständnis abgerungen hast, daß jene, die gar nicht existieren, auch nicht unglücklich sein können. Aber nun: Sind wir, die wir leben, nicht unglücklich, da wir sterben müssen? Was kann es im Leben für eine Freude geben, wenn wir Tag und Nacht daran denken müssen, daß der Tod immer näher kommt?

B: Begreifst Du wohl, von welcher Masse des Unglücks Du das Menschsein entlastet hast?

A: Wieso?

B: Darum: wenn der Tod auch für die Toten ein Unglück wäre, so hätten wir ein unbegrenztes und ewiges Übel. Aber jetzt sehe ich eine Grenze, auf die wir zulaufen, und wenn wir sie erreicht haben, so haben wir nichts weiter mehr zu fürchten. Doch es kommt mir vor, Du folgest der Meinung Epicharms, eines gescheiten und nicht unwitzigen Mannes, wie es bei einem Sizilianer zu erwarten ist.

A: Welche Stelle meinst Du? Ich kenne sie nicht.

B: Ich werde versuchen, es auf lateinisch zu sagen. Denn, wie Du weißt, mag ich in einem lateinischen Texte ebensowenig griechisch reden wie lateinisch in einem griechischen.

A: Da hast Du recht. Aber welches ist der Satz Epicharms?

B: „Sterben will ich nicht, aber tot sein ist mir gleich".

A: Jetzt erinnere ich mich schon an den griechischen Text. Aber da Du mich bereits zu der Konzession gezwungen hast, daß jene, die tot sind, nicht unglücklich sein können, so geh nun doch weiter, wenn Du kannst, und überzeuge mich davon, daß auch das Sterbenmüssen kein Unglück ist.

B: Dies macht gar keine Schwierigkeiten mehr. Aber ich habe Größeres im Sinn.

A: Wieso soll dies keine Schwierigkeiten machen? Und was ist das Größere?

B: Darum: Wenn es nach dem Tode kein Übel mehr gibt, so ist auch der Tod selbst kein Übel; er geht ja der Zeit nach dem Tode, in welcher, wie Du zugibst, kein Übel mehr existiert, unmittelbar voraus. Dann ist es auch kein Übel mehr, sterben zu müssen. Denn dies bedeutet, dorthin gelangen zu müssen, wo es, wie wir zugestanden haben, kein Übel gibt.

A: Erkläre mir das bitte genauer. Denn dies ist so kompliziert, daß es mich eher zum Nachgeben zwingt als daß es mich überzeugt. Aber was meinst Du mit dem Größeren, das Du im Sinn hast?

B: Ich möchte beweisen, wenn ich kann, daß der Tod nicht nur kein Übel, sondern sogar etwas Gutes sei.

A: Soviel verlange ich gar nicht, aber hören möchte ich es doch. Auch wenn Du nicht zu beweisen vermagst, was Du willst, so wirst Du immerhin beweisen können, daß der Tod kein Übel ist. Aber ich will Dich nicht mehr unterbrechen. Ich möchte lieber einen zusammenhängenden Vortrag hören.

B: Aber wenn ich Dich etwas frage? Wirst Du mir nicht antworten?

A: Das wäre hochmütig; doch wenn es nicht unbedingt notwendig ist, wäre es mir lieber, wenn Du nicht fragst.

B: Ich werde Dir den Gefallen tun und Dir das, was Du willst, darlegen, so gut ich kann. Allerdings wird das, was ich sagen werde, nicht sicher und unverrückbar sein wie die Worte des pythischen Apollon, sondern eben nur die Rede eines beliebigen Menschen, der dem nachgeht, was sich für die Vermutung als wahrscheinlich erweist. Denn ich vermag nicht weiterzuschreiten als bis zu dem Punkte, wo ich Wahrscheinliches erblicke. Gewißheit sollen jene bringen, die behaupten, diese Dinge könnten begriffen werden, und die sich selbst als Weise bezeichnen.

A: Tu, wie es Dir gut scheint. Wir sind bereit zu hören.

B: Zuerst müssen wir also prüfen, was der Tod selbst sei, der als die allerbekannteste Sache gilt.

Einige meinen, der Tod sei die Trennung der Seele vom Körper. Für Andere gibt es keine solche Trennung, sondern Seele und Leib gehen gemeinsam zugrunde und die Seele verlischt im

Leibe. Von jenen, die eine Trennung der Seele annehmen, lassen die Einen sie sich sofort auflösen; Andere lassen sie lange weiter existieren, Andere immer.

Was weiterhin die Seele selbst sei, wo sie sei und woher sie komme, darüber herrscht große Uneinigkeit. Für die einen scheint das Herz selbst die Seele zu sein, woher denn die Begriffe excors (ohne Herz), vecors (mit schlechtem Herz), concors (eines Herzens) kommen oder das Beiwort Corculum jenes weisen Nasica, der zweimal Konsul war, und „der trefflich beherzte Mann, der scharfsinnige Aelius Sextus".

Empedokles meint, die Seele sei das um das Herz herumfließende Blut. Andere erklären, das Regierende in der Seele sei ein Teil des Gehirnes. Für wieder Andere ist weder das Herz selbst noch ein Teil des Gehirns die Seele, sondern Herz oder Gehirn sind nur Sitz und Ort der Seele. Andere verstehen die Seele als einen Hauch, so etwa wir Römer, wie es die Sprache zeigt: wir sagen animam agere (die Seele fahren lassen), animam efflare (die Seele aushauchen), animosus (von kräftiger Seele), bene animatus (wohl gesinnt) und ex animi sententia (nach bestem Gewissen). Die Seele (animus) selbst ist von dem Worte für Hauch (anima) abgeleitet.

Für den Stoiker Zenon ist die Seele Feuer. Aber diese Bestimmungen, die ich nannte, als Herz, Gehirn, Hauch, Feuer sind allgemein geläufig. Die übrigen Meinungen sind zumeist diejenigen von Einzelnen. So haben Philosophen sehr alter Zeit und zuletzt Aristoxenos, ein Musiker und Philosoph zugleich, eine Art von Spannung des Körpers selbst als Seele bezeichnet, vergleichbar mit jener Harmonie, die sich im Gesang und beim Kitharaspiel findet; aus der gesamten Natur und Form des Körpers ergäben sich verschiedene Bewegungen wie die Töne beim Gesang. Aristoxenos ist dabei im Rahmen seiner Kunst geblieben; aber was der Sinn seiner Behauptung war, war längst zuvor von Platon ausgesprochen und untersucht worden.

Xenokrates bestritt, daß die Seele eine Gestalt oder irgendeine Art von Körper hätte, und nannte sie eine Zahl, da in der Natur, wie es schon früher Pythagoras angenommen hatte, die Zahl von entscheidender Bedeutung sei.

Sein Lehrer Platon dachte sich eine Dreiteilung der Seele aus: ihr führendes Element, also die Vernunft, lokalisierte er im Kopfe wie auf einer Akropolis. Ihr ließ er die zwei andern Teile gehorchen, den Zorn und die Begierde, und zwar wies er ihnen getrennte Sitze zu: dem Zorn in der Brust, der Begierde unter dem Zwerchfell.

Dikaiarchos wiederum läßt im ersten Buch jenes Gespräches in Korinth, das er in drei Büchern erzählt, eine Menge gelehrter Männer gegeneinander diskutieren. In den zwei übrigen führt er einen Pherekrates ein, einen Greis aus Phthia, von dem er behauptet, er stamme von Deukalion ab, und läßt ihn darlegen, die Seele sei überhaupt nichts; dies sei überhaupt nur ein Name ohne Sinn, der Begriff der beseelten Wesen bedeute nichts, es gebe im Menschen keine Seele und nicht einmal einen Lebenshauch und beim Tier ebensowenig; die gesamte Fähigkeit, durch die wir handeln und wahrnehmen, sei gleichmäßig in allen lebendigen Körpern ausgebreitet und vom Körper nicht abtrennbar; denn sie habe keine eigene Existenz, und es existiere überhaupt nichts anderes als ein einheitlicher und einfacher Körper, der so gebildet sei, daß er durch den Aufbau seiner Natur Energie und Wahrnehmung erhalte. Aristoteles, der an Geist und Gründlichkeit allen Andern überlegen ist — außer Platon, den ich immer ausnehme — erklärt, nachdem er jene bekannten vier Arten von Elementen, aus denen Alles hervorgehe, behandelt hat, es gebe irgendeine fünfte Natur, aus der der Geist bestehe. Denn Überlegen und Planen, Lernen und Lehren, Entdecken von Neuem und Erinnerung an so vieles, Lieben und Hassen, Begehren und Fürchten, Angst und Freude empfinden, dies und Verwandtes kann sich, wie er annimmt, bei keinem der vier Elemente finden. Also führt er ein fünftes Element ein, das keinen Namen besitzt, und nennt die Seele selbst Endelecheia, mit einem neuen Namen, der auf eine Art von ununterbrochener und ewiger Bewegung hinweist.

Soweit mir nicht irgendetwas entgangen ist, sind dies so ziemlich die verschiedenen Lehren von der Seele. Demokrit nämlich wollen wir beiseite lassen; er ist zwar ein bedeutender Mann, aber er läßt die Seele durch ein zufälliges Zusammentreffen

von leichten und runden Körperchen entstehen: es gibt ja bei denen nichts, was der Wirbel der Atome nicht fertig bringt.
Ein Gott mag sehen, welche dieser Ansichten die richtige ist. Welches die wahrscheinlichste ist, das ist die große Frage. Wollen wir nun unter diesen Ansichten eine Entscheidung treffen oder eher zu unserm Gegenstand zurückkehren?
A: Ich hätte gern beides zusammen, wenn es möglich ist; aber es wird zu schwierig sein, es zu kombinieren. Wenn wir also von der Todesfurcht befreit werden können, ohne daß diese Fragen behandelt werden, so wollen wir es dabei bewenden lassen. Wenn es aber nicht möglich ist, ohne daß die Frage nach der Seele erledigt wird, so wollen wir eben sie vornehmen, wenn es Dir recht ist, das Andere dann später.
B: Ich errate, was Du lieber hast und halte dies auch selbst für angemessener. Denn gleichgültig, welche von den Meinungen, die ich dargelegt habe, die richtige ist, in jedem Falle wird durch Gründe nachgewiesen werden können, daß der Tod entweder kein Übel oder daß er vielmehr etwas Gutes ist.
Wenn nämlich die Seele Herz, Blut oder Gehirn ist, so ist sie ein Körper und wird zweifellos mit dem übrigen Körper zusammen zugrundegehen. Ist sie ein Hauch, so wird sie wohl verwehen; ist sie ein Feuer, so wird sie verlöschen, und wenn sie die Harmonie des Aristoxenos ist, so wird sie sich auflösen. Was soll ich von Dikaiarch sagen, der behauptet, die Seele sei überhaupt nichts? Nach all diesen Lehren kann das, was nach dem Tode ist, für jedermann vollkommen gleichgültig sein. Denn die Empfindung geht gleichzeitig mit dem Leben verloren. Wo wir nichts empfinden, gibt es aber auch nichts, was uns in irgendeiner Weise angehen müßte. Die übrigen Meinungen dagegen lassen hoffen — falls Dir das Freude macht— die Seelen könnten, wenn sie aus dem Körper hinausgetreten sind, in den Himmel und damit gewissermaßen in ihre Heimat gelangen.
A: Natürlich macht mir das Freude und ich möchte gern erstens, daß es so sei, und zweitens, selbst wenn es nicht so ist, mich doch davon überreden lassen, als ob es so wäre.
B: Was brauchst Du aber dann unsere Hilfe? Kann ich denn Platon an Überzeugungskraft übertreffen? Lies sorgfältig sein

Buch über die Seele; da wirst Du alles finden, was Du wünschest.

A: Ich habe es ja getan und sogar öfters; solange ich es lese, bin ich überzeugt, aber sobald ich das Buch beiseite gelegt habe und für mich allein über die Unsterblichkeit der Seele nachzudenken anfange, entgleitet mir irgendwie jene ganze Überzeugung.

B: Wieso? Gibst Du zu, daß die Seelen entweder nach dem Tode weiterleben oder im Tode selbst zugrundegehen?

B: Gewiß.

B: Und wenn sie weiterleben?

A: So gestehe ich zu, daß sie glückselig sind.

B: Wenn sie aber untergehen?

A: Daß sie nicht unselig sind, weil sie ja dann überhaupt nicht existieren. Dies zuzugeben hast Du mich schon kurz zuvor gezwungen.

B: Wie und warum kannst Du dann behaupten, daß der Tod Dir als ein Unglück erscheine? Da er uns doch entweder glückselig macht, wenn die Seelen weiterexistieren, oder jedenfalls nicht unglücklich, wenn wir keine Empfindung mehr haben.

A: Beweise mir nun, wenn es Dir nicht zu mühsam ist, erstens — falls Du kannst —, daß die Seele den Tod überdauert, und zweitens — falls Du jenes nicht zustandebringst; denn leicht ist es nicht —, daß der Tod keinerlei Übel enthält. Ich fürchte nämlich, daß gerade dies ein Übel sei: nicht empfindungslos zu sein, sondern empfindungslos werden zu müssen.

B: Zunächst können wir die Ansicht, die Du bewiesen zu sehen wünschest, mit den besten Autoritäten stützen, was in allen Angelegenheiten mit Recht das größte Gewicht besitzt. Vor allem können wir das ganze Altertum anführen, das die Wahrheit vielleicht umso eher zu erblicken imstande war, je näher es dem Ursprung und den göttlichen Ahnen stand.

So war denn das Eine bei jenen Alten, die Ennius „casci" nennt, tief eingewurzelt, daß beim Tode die Empfindung bliebe und beim Ende des Lebens der Mensch nicht derart zerstört würde, daß er vollkommen unterginge. Dies läßt sich neben vielen Anderem besonders aus dem Pontifikalrecht entnehmen und aus der Pflege der Gräber, die jene überaus weisen Männer nicht mit solcher Sorgfalt beobachtet und deren Verletzung sie nicht als ein so unsühnbares Verbrechen bezeichnet hätten, wenn sie nicht an dem Gedanken festgehalten hätten, daß der Tod kein Untergang sei, der alles beseitige und zerstöre, sondern vielmehr eine Art von Wanderung und Veränderung der Lebensform, die die berühmten Männer und Frauen in den Himmel zu führen pflege, bei den andern aber auf dem Erdboden bliebe und dennoch weiterdauere.

Daher kommt es denn, daß nach Meinung der Römer „Romulus im Himmel mit den Göttern sein Leben verbringt", wie Ennius der Überlieferung gemäß dichtete; und ebenso gilt bei den Griechen und von dorther bei uns und bis zum Okeanos Herakles als ein so großer und so gegenwärtiger Gott; daher auch Dionysos, Sohn der Semele, und mit nicht minderem Ruhme die beiden Tyndariden, von denen erzählt wird, daß sie nicht nur in Schlachten dem römischen Volke zum Siege verholfen haben, sondern auch dessen Boten gewesen sind. Und wird nicht Ino, die Tochter des Kadmos, bei den Griechen als Leukothea, bei uns als Matuta verehrt? Und um nicht mehr aufzuzählen, ist nicht beinahe der ganze Himmel von Menschen angefüllt?

Und wenn ich es versuchen wollte, die Dinge der Vorzeit zu durchforschen und sie aus dem, was die griechischen Schriftsteller berichtet haben, zu entnehmen, so würde sich zeigen, daß sogar jene Götter, die als die patrizischen gelten, ihren Weg in den Himmel bei uns begonnen haben. Frage nach jenen, deren Gräber bei den Griechen gezeigt werden, und erinnere Dich an das, was in den Mysterien überliefert wird, da Du ja zu den Eingeweihten gehörst. Dann wirst Du erkennen, wie offen dies zutage liegt.

Da allerdings diese Menschen noch nicht die Naturphilosophie besaßen, die sich erst lange Jahre später entwickelte, so glaubten sie nur eben an das, was sie unter der Anleitung der Natur begriffen; den Sinn und die Ursachen der Erscheinungen erfaßten sie noch nicht. Erscheinungen, vor allem solche bei Nacht, machten ihnen öfters den Eindruck, als existierten jene weiter, die aus dem Leben abgeschieden waren.

Wie es schließlich als der sicherste Beweis dafür, daß wir an das Dasein der Götter glauben sollen, gelten darf, daß nämlich kein Volk so wild ist und kein Mensch so roh, daß er in seinem Geiste nicht irgendeine Vorstellung von Göttern hätte — viele haben natürlich falsche Ansichten von den Göttern, was von schlechter Angewohnheit zu kommen pflegt; aber Alle glauben, es gebe eine göttliche Kraft und Natur, und dies nicht auf Grund irgendeiner Verabredung oder Abmachung unter den Menschen und nicht, weil es eine durch Sitten und Gesetze vorgeschriebene Meinung wäre; vielmehr muß hier wie in jedem Falle die Einstimmigkeit aller Völker als ein Naturgesetz betrachtet werden — wer wird also den Tod der Seinigen nicht vor allem aus dem Grunde beweinen, weil er meint, sie seien der Annehmlichkeiten des Lebens beraubt? Beseitige dieses Meinen und Du wirst die Trauer beseitigen. Denn keiner trauert über seinen eigenen Verlust; vielleicht wird man Schmerz und Ärger empfinden, aber jenes bittere Jammern und Weinen kommt doch daher, weil wir glauben, jener, den wir liebten, sei nun der Freuden des Lebens beraubt und empfinde dies. Und diese Meinung haben wir, weil uns die Natur so belehrt, nicht irgendwelche Gründe und Doktrinen.

Doch der größte Beweis dafür, daß die Natur selbst stillschweigend für die Unsterblichkeit der Seele plädiert, ist, daß alle Menschen sich die größten Sorgen darüber machen, was nach ihrem Tode geschehen wird. „Er pflanzt Bäume, deren Früchte die nächste Generation genießen wird“, sagt Statius in den Synepheboi — offenbar weil er meint, daß ihn auch die späteren Generationen etwas angingen. So pflanzt denn der gewissenhafte Bauer Bäume, deren Früchte er selbst niemals sehen wird; wird nicht ebenso der Großgesinnte Gesetze, Einrichtungen, Staatsverfassungen pflanzen? Was bedeuten ferner die Zeugung von Kindern, die Vererbung unseres Namens, die Adoptierung von Söhnen, die Sorgfalt bei der Abfassung der Testamente, die Bauten und Lobschriften auf den Grabmälern anderes, als daß wir auch die ferne Zukunft bedenken?

Glaubst Du ferner nicht auch, daß man das eigentliche Wesen einer Gattung am jeweils vollkommensten Exemplare ablesen muß? Welches sind nun die besten Exemplare des Menschengeschlechts? Nicht jene, die ihre Aufgabe im Helfen, Schützen und Bewahren der Menschen erblicken? Herakles ist zu den Göttern aufgestiegen. Das wäre niemals geschehen, wenn er sich nicht bei Lebzeiten diesen Weg gebahnt hätte. Dies ist ein altes und durch die Verehrung Aller geheiligtes Beispiel. An was dachten aber wohl alle jene großen Männer, die sich in unserm Staat um des Staates willen haben töten lassen? Etwa, daß ihr Name an demselben Tage ende wie ihr Leben? Ohne eine große Hoffnung auf Unsterblichkeit würde sich gewiß niemand je dem Tode fürs Vaterland aussetzen.

Themistokles hätte in Ruhe leben können, ebenso Epameinondas, ebenso — um nicht alte und ausländische Beispiele zu wählen — ich selbst; aber auf irgendeine Weise haftet im Geiste eine Vorahnung kommender Zeiten, und bei den größten Begabungen und edelsten Geistern ist sie am stärksten und zeigt sich am leichtesten. Würde uns dies weggenommen — wer wäre dann noch so wahnsinnig, in ständigen Gefahren und Mühen zu leben?

Ich habe von den Staatsmännern gesprochen. Doch wollen nicht auch die Dichter nach ihrem Tode berühmt werden? Was sagt denn dies: „Sehet hier, ihr Bürger, das Bild des greisen Ennius, der die großen Taten eurer Väter besang"? Er verlangt den Lohn des Ruhmes von jenen, deren Väter er mit Ruhm bedeckt hatte. Derselbe ist es, der sagt: „Keiner soll mich mit Tränen — warum? Fliege ich doch lebend durch den Mund der Männer."

Aber wozu von den Dichtern reden? Auch die Bildhauer wollen nach ihrem Tode berühmt werden. Wozu sonst hat Pheidias auf dem Schild der Minerva eine ihm ähnliche Figur angebracht, da es ihm nicht verstattet war, seinen Namen hinzuschreiben? Und unsere Philosophen? Schreiben sie nicht ihre Namen auch auf die Werke, die sie über die Verachtung des Ruhmes verfassen?

Wenn also die Übereinstimmung Aller die Stimme der Natur ist und Alle, wo immer sie sind, darin übereinstimmen, daß es etwas gibt, was auch jene angehe, die das Leben verlassen haben, so werden auch wir dieser Meinung sein müssen; und wenn wir glauben, daß jene, deren Geist durch Begabung und

Tüchtigkeit hervorragt, das Wesen der Natur am ehesten erkennen, weil sie die beste Natur besitzen, so ist es wahrscheinlich, daß es etwas gibt, was man nach dem Tode wird wahrnehmen können, da sich ja gerade diese Besten am meisten um die Nachwelt kümmern.

Wie wir nun von Natur zwar vermuten, daß es Götter gebe, durch Überlegung aber erkennen, wie sie sind, so glauben wir auch auf Grund der Übereinstimmung aller Völker, daß die Seelen weiterexistieren; doch wo sie wohnen und welches ihre Art ist, das müssen wir durch Überlegung lernen.

Die Unwissenheit in diesen Dingen erfand die Unterwelt und jene Schrecknisse, die Du nicht ohne Grund zu verachten schienst. Da nämlich die Körper auf die Erde fallen und mit Erde zugedeckt werden (weshalb man denn von „beerdigen" spricht), glaubte man, die Toten würden ihr weiteres Leben unter der Erde verbringen. Diese Meinung führte zu großen Irrtümern, und die Dichter haben diese noch vergrößert.

Denn ein Theater voll von zuschauenden Weibern und Kindern wird erschüttert, wenn es etwa die großartigen Verse hört: „Da bin ich und komme vom Acheron, mühselig auf einem steilen und harten Wege, durch Höhlungen aus riesigen Felsen, spitz und überhängend, wo das eisige und schwere Dunkel der Unterwelt steht." Diesen Irrtum halte ich zwar für jetzt überwunden; er hat aber einen solchen Einfluß gehabt, daß man sich — obwohl man wußte, daß die Körper verbrannt waren — in der Unterwelt Ereignisse ausdachte, die ohne Körper weder vorkommen noch begriffen werden können. Man vermochte sich nicht vorzustellen, wie Seelen für sich allein leben könnten, und suchte nach irgendeiner Form und Gestalt. Daher kommt denn die ganze Nekyia Homers, daher jene Nekyomanteia, die mein Freund Appius praktizierte, und daher in unserer Nachbarschaft der Avernersee: „Aus welchem die Seelen emporgerufen werden, bedeckt mit dunklem Schatten, die Abbilder der Toten, mit gesalzenem Opferblut, am tiefen Tore des Acheron."

Solche Abbilder läßt man dann sprechen, was ohne Zunge und Gaumen und ohne die Fähigkeiten und Form des Rachens, der Brust und der Lunge gar nicht möglich ist. Sie konnten eben früher nichts mit ihrem Geiste schauen und bezogen alles auf die Augen.

Doch ein großer Geist wird die Vernunft von den Sinnen absondern und sein Denken von der Gewohnheit befreien. So vermute ich zwar, daß im Laufe so vieler Jahrhunderte Manche soweit gelangten, aber der schriftlichen Überlieferung nach soll Pherekydes von Syros der erste gewesen sein, der die Ewigkeit der menschlichen Seele lehrte. Er gehört sicherlich ins Altertum, denn er lebte zu der Zeit, als mein Gentilgenosse König war. Seine Ansicht wurde von seinem Schüler Pythagoras aufs stärkste unterstützt. Nachdem dieser unter der Regierung des Superbus nach Italien gekommen war, gewann er Großgriechenland mit seiner Lehre und vor allem seiner Autorität, und noch viele Jahrhunderte später war der Name der Pythagoreer in solchem Ansehen, daß niemand sonst gelehrt zu sein schien.

Aber ich kehre zu den Alten zurück. Einen Grund für ihre Ansicht haben sie kaum angegeben, außer soweit sie arithmetisch oder geometrisch darzulegen war.

Dann wird berichtet, Platon sei nach Italien gekommen, um die Pythagoreer kennen zu lernen, und habe sich dort alle pythagoreischen Lehren angeeignet und habe als erster nicht nur über die Ewigkeit der Seele dieselbe Ansicht gehabt wie Pythagoras, sondern auch einen Beweis dafür gebracht. Doch, wenn Du nichts dagegen hast, werden wir ihn übergehen und diese ganze Hoffnung auf Unsterblichkeit auf sich beruhen lassen.

A: Wie, willst Du mich jetzt im Stiche lassen, nachdem Du meine Erwartung auf das Höchste gespannt hast? Ich will wahrhaftig lieber mit Platon zusammen irren — ich weiß, wie sehr Du ihn schätzest und bewundere ihn, so wie Du von ihm sprichst —, als mit jenen die Wahrheit glauben.

B: Nun denn, nur wacker! Ich selbst möchte mit Platon nicht ungern in die Irre gehen.

Also: wir zweifeln nicht daran — oder tun wir es doch, wie in den meisten Fällen? Aber gewiß da am wenigsten, da wir uns auf die Mathematiker verlassen können, die uns zeigen, daß die Erde im Mittelpunkte der Welt ruht und im Verhältnis zum Umschwung des ganzen Himmels gewissermaßen einen Punkt einnimmt, den die Mathematiker Zentrum nennen. Ferner ist dies die Natur der vier Körper, aus denen alles entsteht, daß sie verschiedene und sozusagen untereinander aufgeteilte Bewegungen haben: das Erdige und das Feuchte bewegt sich seiner eigenen Neigung und Schwere nach in gleichen Winkeln auf die Erde und das Meer hin; die zwei übrigen Elemente, das Feurige und das Luftige, steigen ebenso, wie jene ersten durch ihre Schwere und ihr Gewicht zur Weltmitte fallen, ihrerseits in gerader Linie zum Orte des Himmels empor; sei es, daß ihre eigene Natur nach oben strebt, sei es, daß das Leichte vom Schweren naturgemäß nach oben gedrückt wird.

Wenn dies feststeht, so sollte es klar sein, daß die Seelen, wenn sie den Körper verlassen haben, sich nach oben bewegen, mögen sie luftartig, also hauchartig, oder feurig sein.

Sollte freilich die Seele eine Art von Zahl sein, eine Hypothese, die eher scharfsinnig als klar ist, oder jenes fünfte Element, das man ebenso schwer benennen wie begreifen kann, so wäre sie noch einfacher und reiner und würde sich von der Erde noch weiter entfernen.

Irgendeines von diesen Dingen ist die Seele; denn man wird nicht annehmen, daß der Geist mit seiner Beweglichkeit im Herzen oder im Gehirn oder gar im Blute wie bei Empedokles ertrunken daliege. Dikaiarchos und Aristoxenos, die beiden Zeit- und Schulgenossen, wollen wir beiseite lassen, so gelehrt sie sind. Der eine scheint nicht einmal darüber betrübt gewesen zu sein, daß er nicht merkte, daß er eine Seele habe; und der andere hat an seiner Musik solche Freude gehabt, daß er sie sogar auf die Seele zu übertragen suchte. Denn gewiß können wir eine Harmonie in den Intervallen der Töne erkennen, und die verschiedene Zusammensetzung der Töne erzeugt sogar mehrere Harmonien. Wie aber die Lage der Glieder und die Gestalt eines Körpers ohne Seele eine Harmonie zustandebringen soll, verstehe ich nicht. Es wäre also besser, wenn Aristoxenos, so gelehrt er ist — denn das ist er — sich in diesen Dingen seinem Lehrer Aristoteles anvertraute und selbst sich auf den Musikunterricht beschränkte. Denn sehr richtig sagt das griechische Sprichwort: „Jeder soll die Kunst ausüben, in der er Bescheid weiß.“

Völlig verwerfen werden wir aber jene Lehre vom zufälligen Zusammentreffen unteilbarer leichter und runder Körper, auch wenn es Demokrit erwärmt und hauchartig, also seelisch nennt. Wenn nun die Seele aus einem der vier Elemente besteht, aus denen Alles besteht, wie man meint, so wird sie aus feuriger Luft sein — dies hält, wie ich sehe, Panaitios für das glaubhafteste — und dann notwendigerweise nach oben streben. Denn diese beiden Elemente haben nichts Schweres und steigen stets in die Höhe. Wenn sie sich also zerstreuen, so geschieht dies fern von der Erde, und wenn sie weiter dauern und ihre Eigenschaften bewahren, so müssen sie sich erst recht zum Himmel bewegen und die dichte und massige Luft, die sich der Erde zunächst befindet, durchbrechen und zerteilen. Denn die Seele ist wärmer oder eher: feuriger als es die Luft hier ist, die ich eben dicht und massig genannt habe; dies läßt sich daran erkennen, daß unser Körper, der aus dem erdigen Element gebildet ist, seine Wärme durch die Feurigkeit der Seele erhält. Dazu kommt, daß die Seele sich um so leichter aus dieser Luft, von der ich nun schon oft gesprochen habe, wegbewegt und sie durchbricht, als nichts schneller ist als sie; es gibt keine Geschwindigkeit, die mit der Geschwindigkeit der Seele wetteifern könnte. Wenn sie nun unzerstörbar dauert und sich selbst gleich bleibt, so muß sie sich so bewegen, daß sie diesen ganzen Himmel, in welchem sich Wolken, Regen und Winde sammeln und der feucht und nebelig ist wegen der Ausdünstungen der Erde, durchdringt und zerteilt. Und wenn sie diese Region hinter sich gelassen und eine mit ihr verwandte Natur berührt und erkannt hat, dann hört sie auf, weiter in die Höhe zu steigen und setzt sich auf Feuern fest, die aus feinem Hauch und gemäßigtem Sonnenfeuer zusammengefügt sind. Sobald die Seele nämlich zu einer ihr gleichen Leichtheit und Wärme gelangt ist, so wird sie gewissermaßen durch gleiche Gewichte in der Schwebe gehalten und bewegt sich nach keiner Richtung; so ist ihr schließlich dies der natürliche Wohnsitz, wenn sie bis zu ihresgleichen vorgedrungen ist. Dort bedarf sie keines Dinges und wird sich mit denselben Dingen ernähren und erhalten, mit denen sich die Sterne ernähren und erhalten.

Da ferner am Körper jene Gluten sind, durch die sich nahezu alle Begierden entflammen, vor allem dann, wenn wir jenen nachjagen, die das besitzen, was wir zu besitzen wünschen, so werden wir wahrlich glückselig sein, wenn wir den Körper verlassen und von Begierden und Eifersucht frei sein werden. Was wir schon jetzt zu tun verlangen, soweit wir von Sorgen frei sind, nämlich etwas betrachten und anschauen, das werden wir dann in viel freierer Weise tun können; wir werden uns ganz der Betrachtung und der Erforschung der Dinge widmen können; denn es liegt von Natur in unserem Geiste eine Art von unersättlicher Begierde, die Wahrheit zu erkennen; und die Beschaffenheit der Orte selbst, an die wir gelangen werden, wird unsere Begierde, die Himmelserscheinungen kennen zu lernen, um so mehr verstärken, je leichter sie sie uns zugänglich macht.

Denn diese Schönheit ist es, die schon auf der Erde jene „von den Vätern und Großvätern ererbte" — wie Theophrast sagt — Philosophie erweckte und sie mit der Begierde nach Erkenntnis erfüllte. Am meisten aber werden jene sie genießen, die schon damals, als sie diese Erde bewohnten und von Dunkel umhüllt waren, dennoch begehrten, mit der Schärfe des Geistes zu ihrem Anblick durchzudringen.

In der Tat, wenn jene stolz sind, die die Mündung des Pontos gesehen haben und jene Meerenge, durch die das Schiff drang, dessen Namen „Argo" war, „weil auf ihm erlesene Männer von Argos dahinfahrend das goldene Fell des Widders suchten", oder etwa jene, die die Enge des Okeanos gesehen haben, „dort, wo die reißende Woge Europa und Libyen trennt", — was wird dann das wohl für ein Schauspiel sein, wenn man die ganze Erde wird überschauen dürfen, ihre Lage, Gestalt und Umkreis und hier die bewohnbaren Regionen, dort jene, die wegen des Übermaßes an Kälte und Hitze jeder Bebauung ermangeln?

Wir nehmen ja nicht einmal jetzt mit den Augen wahr, was wir sehen; denn es gibt keine Wahrnehmungsfähigkeit am Körper, sondern — wie nicht bloß die Naturphilosophen lehren, sondern auch die Ärzte, die dies offen daliegen gesehen haben —, sozusagen Gänge, die zu den Augen, zu den Ohren und zur Nase vom Sitze der Seele hinleiten. So kommt es denn oft vor, daß wir, durch Nachdenken oder eine Krankheit festgehalten, weder sehen noch hören, obwohl Augen und Ohren offen und intakt sind, woraus sich leicht entnehmen läßt, daß die Seele sieht und hört und nicht etwa jene Körperteile, die gewissermaßen die Fenster der Seele sind, durch die aber der Geist nichts wahrnehmen kann, wenn er nicht bei der Sache und anwesend ist.

Außerdem, nehmen wir nicht mit demselben Geiste die verschiedensten Dinge wahr: Farbe, Geschmack, Wärme, Duft, Ton? Die Seele würde dies niemals durch ihre fünf Boten kennen lernen, wenn nicht auf sie Alles zurückbezogen würde und sie der alleinige Richter von Allem wäre.

Diese Dinge werden nun sicherlich viel reiner und klarer erkannt werden, wenn die Seele frei dorthin gelangt, wohin sie ihre Natur treibt. Denn jetzt jedenfalls, auch wenn jene Durchgänge vom Körper zur Seele durch die Natur mit subtilster Kunst hergestellt worden sind, so sind sie doch auf irgendwelche Weise durch erdartige und massige Dinge unterbrochen. Wenn aber nichts Anderes mehr vorhanden sein wird als der Geist, so wird auch nichts dazwischen treten und hindern können, daß er Alles erkennt, wie es ist.

Wie ausführlich könnten wir nun darüber reden, wenn es der Gegenstand verlangte, ein wie reiches, buntes und großes Schauspiel die Seele am himmlischen Orte haben wird! Wenn ich dies überlege, wundere ich mich oft über die Frechheit gewisser Philosophen, die die Naturerkenntnis bewundern, ihrem Entdecker und Begründer überschwenglichen Dank sagen und ihn wie einen Gott verehren. Sie behaupten, sie seien durch ihn von den drückendsten Herren befreit worden, dauerndem Schrecken und Angst bei Tag und Nacht. Von was für einem Schrecken und was für einer Angst? Gibt es etwa noch alte Weiber, die so verrückt sind, jene Dinge zu fürchten, die ihr vielleicht fürchten würdet, wenn ihr nicht Naturwissenschaft gelernt hättet, „die tiefen Hallen des Orcus am Acheron, die bleichen Orte des Todes, verfinstert mit Dunkel“? Soll sich ein Philosoph nicht schämen, darauf stolz zu sein, daß er dergleichen nicht fürchtet und als falsch erkannt hat? Daraus läßt sich erschließen, wie scharfsinnig jene sind, die solche Dinge geglaubt hätten, wenn sie nicht belehrt worden wären! Außerdem meinen sie etwas unerhört Großartiges erreicht zu haben, weil sie gelernt haben, sie würden ganz untergehen, wenn der Augenblick des Todes gekommen ist. Mag dies auch so sein — ich will nicht darüber streiten —, was hat denn diese Tatsache besonders Erfreuliches oder Großartiges?

Ich weiß schließlich nicht, weshalb denn die Meinung des Pythagoras oder Platon unrichtig sein sollte. Selbst wenn Platon gar keine Gründe beibrächte — Du siehst, welche Bedeutung ich diesem Manne beimesse —, so würde mich doch seine Autorität überzeugen. Dabei hat er so viele Gründe angeführt, daß man sieht, er ist ganz überzeugt gewesen und hat die Anderen ebenso überzeugen wollen.

Aber die meisten stemmen sich dagegen und verurteilen die Seele zum Tode wie zu einer Strafe und dabei haben sie keinen anderen Grund, die Ewigkeit der Seele für unwahrscheinlich zu erklären, als den, daß sie unfähig sind zu verstehen und nachdenkend zu begreifen, wie eine Seele ohne Körper sein kann. Als ob sie verstünden, wie die Seele schon im Körper existiert und von welcher Form, Größe und an welchem Orte sie ist! Selbst wenn an einem lebenden Menschen alles sichtbar gemacht werden könnte, was jetzt verdeckt ist, wird dann wohl die Seele zu sehen sein oder ist sie nicht vielmehr so fein, daß sie dem Blicke entgeht? Das sollen jene überlegen, die behaupten, sie verstünden nicht, wie eine Seele ohne Körper sein könne; sie sollen sehen, wie sie sich die Seele im Körper selbst vorstellen. Was mich betrifft, so scheint mir, wenn ich die Natur der Seele überdenke, die Frage viel schwieriger und dunkler, in welcher Weise die Seele im Körper sei wie in einer fremden Behausung, als die andere Frage, wie sie ist, wenn sie frei ist und in den offenen Himmel, also gewissermaßen in ihr eigenes Haus gelangt. Zweifellos können wir im Gedanken die Gottheit selbst und die göttliche Seele, vom Körper befreit, erkennen, es sei denn, wir seien überhaupt unfähig zu begreifen, was wir nie gesehen haben. Dikaiarchos allerdings und Aristoxenos haben erklärt, die Seele existiere überhaupt nicht, weil es für sie zu schwer zu erkennen war, welches Wesen und welche Beschaffenheit die Seele hat.

Dies ist freilich das Allergrößte, mit der Seele selbst die Seele zu erkennen, und eben dies ist der Sinn des Gebots Apollons, daß jeder sich selber erkennen solle. Denn ich denke nicht, daß er befehlen will, wir sollen unsere Glieder oder unsere Statur und Gestalt kennen lernen. Denn wir sind nicht unser Körper, und wenn ich Dir dies sage, so sage ich es nicht Deinem Körper. Wenn er also sagt: ‚Erkenne Dich', so meint er: ‚Erkenne Deine Seele'. Denn der Körper ist eine Art von Gefäß und Behälter der Seele; und nur was deine Seele tut, das tust Du. Wenn es nicht göttlich wäre, diese Seele zu erkennen, so wäre auch dieses Gebot eines ungewöhnlich klugen Geistes nicht einer Gottheit zugeschrieben worden.

Aber auch wenn die Seele selbst nicht wissen sollte, was die Seele ist, wird sie dann nicht wenigstens wissen, daß sie existiert oder daß sie sich bewegt? Hieraus entstand jener Beweis Platons, den Sokrates im Phaidros auseinandersetzt und den ich im 6. Buch des Staates angeführt habe: „Was sich immer bewegt, ist ewig; was aber ein Anderes bewegt und selbst von anderswo her bewegt wird, das muß notwendig dann das Ende seines Lebens haben, wenn es ein Ende der Bewegung hat. Also nur, was sich selbst bewegt, wird niemals aufhören sich zu bewegen, weil es sich niemals selbst im Stiche lassen wird. Dieses ist auch die Quelle und der Ursprung der Bewegung für alles Andere, was in Bewegung ist. Der Ursprung hat aber keinen Anfang, denn vom Ursprung kommt alles Andere und er selbst kann von nichts Anderem kommen. Denn was von anderswo her stammte, wäre gar kein Ursprung. Und was nicht anfängt, das wird auch niemals ein Ende nehmen. Denn ist einmal der Ursprung vernichtet, so wird weder er selbst durch etwas Anderes wieder erzeugt werden, noch aus sich etwas Anderes schaffen, sofern alles aus einem Ursprung entstehen muß. Also muß der Ursprung der Bewegung bei jenem liegen, was durch sich selbst bewegt wird. Dieses aber kann weder geboren werden noch sterben, oder es müßte der ganze Himmel und die ganze Natur zusammenstürzen und stehen bleiben und keinerlei

Kraft mehr finden, durch die sie neu in Bewegung gesetzt würde.

Da es also klar ist, daß ewig ist, was sich selbst bewegt, wer wird nun leugnen wollen, daß eben diese Beschaffenheit der Seele zukommt? Denn alles, was durch einen Anstoß von außen bewegt wird, ist unbelebt. Was aber ein Lebewesen ist, das wird durch eine innere und eigene Bewegung angetrieben. Dies ist die eigentümliche Natur und Kraft der Seele. Und wenn sie unter Allem das Einzige ist, was sich selbst bewegt, so ist sie offenbar unentstanden und ewig." Mögen nun alle plebejischen Philosophen zusammenlaufen — so darf man wohl jene nennen, die mit Platon, Sokrates und deren Gefährten uneins sind —, sie werden niemals etwas so scharfsinnig beweisen, noch überhaupt begreifen können, wie genau diese Schlußfolgerung ist. Die Seele spürt also, daß sie sich bewegt, und wenn sie dies tut, spürt sie zugleich, daß sie durch ihre eigene Kraft und nicht durch eine fremde bewegt wird und daß es unmöglich ist, daß sie sich jemals im Stiche ließe. Daraus ergibt sich ihre Ewigkeit — es sei denn, daß Du etwas dagegen einzuwenden hast.

A: Ich habe es mir gerne gefallen lassen, daß mir ein Einwand nicht einmal in den Sinn gekommen ist. So sehr gefällt mir diese Meinung.

B: Nun, wirst Du etwa das Folgende für weniger gewichtig halten, aus dem sich ergibt, daß in der Seele des Menschen irgendetwas Göttliches vorhanden sei? Wenn ich nämlich sähe, auf welche Weise sie entstehen kann, würde ich auch erkennen, auf welche Weise sie untergeht. Denn bei Blut, Galle, Schleim, Knochen, Muskeln, Venen und bei der gesamten Gestalt der Glieder und des Körpers überhaupt glaube ich angeben zu können, woher sie zusammengefügt und wie sie entstanden sind. Die Seele dagegen, — wenn es an ihr nichts Anderes gäbe als jenes, wodurch wir leben, so würde ich annehmen, daß das Leben des Menschen in derselben Weise durch die Natur aufrechterhalten würde wie dasjenige der Rebe oder des Baums. Denn auch von diesen Pflanzen sagen wir, daß sie leben. Ebenso, wenn die Seele des Menschen keine andere Fähigkeit hätte als zu erstreben oder zu meiden, so hätte sie dies mit den Tieren gemeinsam. Aber nun hat sie erstens das Gedächtnis, und zwar ein unbegrenztes für unzählbare Dinge; Platon jedenfalls hält es für die Erinnerung an ein früheres Leben. Denn in dem „Menon" überschriebenen Buche fragt Sokrates irgendeinen Jungen über geometrische Probleme der Ausmessung des Vierecks. Darauf antwortet jener wie ein Kind, aber die Fragen sind so geschickt gehalten, daß er mit den Antworten schrittweise zu demselben Punkt kommt, als wenn er Geometrie gelernt hätte. Daraus will Sokrates ableiten, daß das Lernen nichts Anderes sei als sich erinnern. Denselben Punkt diskutiert er noch viel genauer in jenem Gespräche, das er an seinem Todestage geführt hat. Da zeigt er, daß jeder beliebige, der vollkommen ungebildet zu sein scheint, auf geschickte Fragen so antwortet, daß sich zeige, er lerne nicht in jenem Augenblick, sondern erkenne es wieder durch Erinnerung; es sei überhaupt undenkbar, daß wir von Kindheit an in unserer Seele die Vorstellungen (ἔννοιαι) von so vielen und so bedeutenden Dingen in uns innewohnend und sozusagen versiegelt besäßen, wenn nicht die Seele der Erkenntnis dieser Dinge mächtig gewesen wäre, bevor sie in den Körper eintrat.

Da ferner ⟨im Bereich der Sinneswahrnehmung⟩ nichts ist — wie Platon immer wieder darlegt; denn er meint, daß nicht sei, was entstehe und untergehe, sondern nur jenes, was immer derart sei, wie es sei. Er nennt dies Idea, wir Form —, so konnte auch die Seele nichts Seiendes erkennen, während sie im Körper eingeschlossen ist, sondern sie brachte diese Erkenntnisse mit. Da wundern wir uns nicht mehr darüber, daß sie so viele Dinge kennt. Die Seele bewahrt auch nicht jene Einsicht, wenn sie plötzlich in einen so ungewohnten und verwirrten Wohnsitz eintritt; aber wenn sie sich sammelt und erholt, dann erinnert sie sich daran und erkennt es wieder. Also ist das Lernen nichts anderes als sich erinnern.

Ich allerdings bewundere die Erinnerung in noch höherem Maße. Denn was ist das Organ, mit dem wir uns erinnern, welche Fähigkeit hat es und woher hat es sie? Es interessiert mich nicht, welches Gedächtnis Simonides gehabt haben soll oder Theodektes oder jener Kineas, der von Pyrrhos als Gesandter zum Senat geschickt wurde, oder neuerdings Charmadas oder der vor kurzem verstorbene Metrodoros von Skepsis oder endlich unser Freund Hortensius. Ich rede vom Gedächtnis der Menschen überhaupt, besonders bei jenen, die sich mit irgendeiner höheren Wissenschaft oder Kunst befassen. Wie umfassend ihr Geist ist, ist schwer abzuschätzen; an so Vieles erinnern sie sich.

Worauf zielen diese Darlegungen? Ich glaube, wir müssen zu begreifen suchen, welches jene Fähigkeit ist und woher sie kommt. Sicher kommt sie nicht vom Herzen oder vom Blute oder dem Gehirn oder den Atomen. Ob sie vom Lufthauch oder vom Feuer kommt, weiß ich nicht und ich schäme mich nicht wie Jene, es einzugestehen, wo ich etwas nicht weiß. Aber wenn ich überhaupt in einer dunklen Frage etwas zu behaupten wage, so möchte ich schwören, daß die Seele göttlich ist, mag sie aus Luft oder aus Feuer bestehen. Denn ich bitte Dich: glaubst Du wirklich, daß aus der Erde, umgeben von diesem wolkigen und finsteren Himmel, die ungeheure Kraft der Erinnerung entsprungen oder gebildet sein kann? Wenn Du nicht erkennst, was sie ist, so siehst Du doch, welcher Art sie ist. Und wenn auch dies nicht, so doch, wie bedeutend sie ist.

Wie nun? Wollen wir annehmen, daß es irgendeine Geräumigkeit in der Seele gibt, in welche Alles, woran wir uns erinnern, wie in ein Gefäß hineingeschüttet wird? Das ist Unsinn. Denn was soll man sich für ein Gehäuse oder eine Gestalt der Seele vorstellen oder überhaupt was für eine Geräumigkeit? Oder wollen wir meinen, daß auf der Seele wie auf Wachs Abdrücke erzeugt werden und daß die Erinnerung die Spur der im Geiste eingeprägten Dinge sei? Aber welches können die Spuren der Worte und der Sachen selbst sein und was jene unbegrenzte Größe, die die Menge der Sachen abzubilden fähig wäre?

Und welches ist sodann jene Fähigkeit, die das Verborgene erforscht und die man Erfindungsgabe und Nachdenken nennt? Scheint sie Dir aus dieser erdartigen, sterblichen und vergänglichen Natur zu bestehen? Und bestand daraus jener Mensch, der als erster allen Dingen die Namen gab — was Pythagoras als einen Akt höchster Weisheit bezeichnete —, oder der die verstreuten Menschen sammelte und sie zu einer Gemeinschaft des Lebens zusammenrief oder der die Töne der Stimme, die unzählbar zu sein schienen, auf wenige Buchstabenzeichen reduzierte oder der die Bahnen, Überholungen und Stillstände der Planeten aufzeichnete? Alle diese waren große Menschen, auch die Früheren, die die Feldfrüchte, die Kleidung, die Behausungen, die Lebensformen und den Schutz gegen die wilden Tiere entdeckten und die uns zähmten und erzogen und von den bloß notwendigen Künsten zu den kultivierteren führten. Denn man erfand einen großen Genuß für die Ohren, als man die Verschiedenheit und Natur der Töne entdeckte und ordnete; dann betrachteten wir die Sterne, teils jene, die an bestimmten Orten feststehen, teils jene, die nur dem Namen nach, nicht aber in Wirklichkeit irrende sind. Wer alle ihre Umschwünge und Bewegungen geistig erkannt hat, der bewies die Ähnlichkeit seiner Seele mit der Seele dessen, der diese Dinge am Himmel hergestellt hat.

Denn als Archimedes die Bewegungen des Mondes, der Sonne und der fünf Planeten auf einer Kugel zusammenband, da machte er dasselbe wie jener Gott Platons im Timaios, der den Kosmos aufbaute, daß nämlich eine einzige Umdrehung die an Schnelligkeit und Langsamkeit unterschiedlichsten Bewegungen regierte. Wenn dies an unserem Kosmos nicht ohne die Gottheit geschehen kann, so hätte auch Archimedes dieselben Bewegungen an seiner Kugel nicht ohne göttliche Begabung nachbilden können.

Mir scheinen auch jene bekannteren und berühmteren Künste nicht ohne göttliche Kraft zu bestehen: ein Dichter wird nicht ohne einen himmlischen Anhauch des Geistes ein würdiges und volles Gedicht schaffen können, noch die Beredsamkeit ohne eine höhere Kraft dahinströmen in klingenden Worten und reichen Gedanken. Die Philosophie wiederum, die Mutter aller Künste, was ist sie anderes als nach Platon ein Geschenk, nach meiner eigenen Meinung eine Erfindung der Götter? Sie hat uns zuerst zur Verehrung der Götter, dann zum Recht der Menschen, das in der Gemeinschaft des Menschengeschlechtes begründet ist, erzogen, dann zur Zucht und Größe des Geistes und sie hat vor dem Geiste wie vor Augen die Dunkelheit verscheucht, damit wir alles Obere und Untere, allen Anfang, Ende und Mitte zu erblicken vermöchten.

Ganz gewiß scheint mir dies eine göttliche Kraft zu sein, die so viele und so große Dinge zustande bringt. Denn was ist die Erinnerung an Dinge und Worte, was sodann die Erfindung? Sicherlich etwas, wie es größer nicht einmal bei Gott selbst gedacht werden kann. Denn ich glaube nicht, daß sich die Götter an Ambrosia und Nektar vergnügen oder an Hebe, die die Becher herumreicht; ich höre auch nicht auf Homer, der erzählt, Ganymedes sei von Zeus wegen seiner Wohlgestalt geraubt worden, um ihm als Mundschenk zu dienen, was keineswegs eine gerechte Ursache war, dem Laomedon eine solche Beleidigung zuzufügen. Diese Dinge hat sich Homer ausgedacht und übertrug Menschliches auf die Götter; mir wäre lieber gewesen, er hätte Göttliches auf uns übertragen. Was aber ist göttlich? Lebenskraft, Weisheit, Erfindungsgabe, Erinnerung. So ist also auch die Seele, wie ich behaupte, göttlich, oder wie Euripides zu sagen wagt, Gott; und wenn die Gottheit entweder Hauch oder Feuer ist, so ist es auch die Seele des Menschen. Denn wie jene himmlische Natur frei von Erde und Feuchtigkeit ist, so ist auch die menschliche Seele ohne diese beiden Elemente. Wenn es aber eine fünfte Natur geben sollte, wie sie Aristoteles zuerst eingeführt hat, so ist sie die Natur der Götter und der Seelen. Dieser Ansicht folgend haben wir uns in der Trostschrift wörtlich folgendermaßen ausgedrückt:

„Kein Ursprung der Seele kann auf der Erde gefunden werden. Denn nichts ist an der Seele gemischt oder zusammengesetzt, oder was aus der Erde entstanden oder gebildet erscheinen könnte, oder was feucht wäre oder luftig oder feurig. Denn in diesen Elementen ist nichts, was die Fähigkeit der Erinnerung, des Denkens und der Überlegung hätte und was das Vergangene festhielte, das Künftige voraussähe und das Gegenwärtige umfassen könnte. Dies ist allein dem Göttlichen eigen und es läßt sich nicht ausdenken, woher es zum Menschen zu kommen vermöchte außer von Gott. Es gibt also eine eigentümliche Natur und eine Seelenkraft, die von diesen geläufigen und bekannten Elementen abgesondert ist. Was immer es sein mag, was empfindet, erkennt, lebt und kräftig ist, es muß himmlisch und göttlich und aus demselben Grunde ewig sein. Auch Gott selbst, soweit wir ihn begreifen, kann nicht anders begriffen werden denn als ein abgelöster und freier Geist, abgetrennt von jeder sterblichen Zusammensetzung, alles wahrnehmend und bewegend und selbst mit ewiger Bewegung begabt. Derselben Gattung und derselben Natur gehört der menschliche Geist an."

Aber wo und wie beschaffen ist jener Geist? — Wo ist Dein eigener Geist und von was für einer Beschaffenheit? Kannst Du es sagen? Wenn ich nicht alle Möglichkeiten des Erkennens besitze, die ich besitzen möchte, erlaubst Du mir dann nicht, wenigstens diejenigen zu benutzen, die ich besitze? Die Seele ist nicht tüchtig genug, sich selbst zu sehen; aber wie das Auge, so sieht auch der Geist zwar nicht sich selbst, wohl aber andere Dinge. Er sieht nicht seine eigene Gestalt, was das wenigste ist — oder vielleicht sieht er sogar das; doch davon ist nicht zu reden —; aber seine Fähigkeiten, seine Klugheit, Erinnerungskraft, Bewegung und Schnelligkeit sieht er sicher. Diese Dinge sind groß, göttlich und ewig. Welche Gestalt der Geist hat oder wo er wohnt, das soll man nicht einmal fragen.

Wenn wir die Gestalt des Himmels betrachten und seinen Glanz, dann die Schnelligkeit der Bewegung, die größer ist als Alles, was man sich ausdenken kann, und dann den Wechsel von Tag und Nacht und die vierfache Umwandlung der Jahreszeiten, wie sie auf die Reife der Früchte und auf die Gesundheit der Körper abgestimmt ist, dann die Sonne, die sie alle reguliert und anführt, ferner den Mond, der mit dem Zunehmen und Abnehmen seines Lichtes sozusagen die Tage der Kalender notiert und anzeichnet, dann die fünf Sterne, die in einem einzigen, in zwölf Teile geteilten Kreise sich bewegen und denselben Lauf auf das regelmäßigste innehalten in Bewegungen, die unter einander verschieden sind, dann die Gestalt des nächtlichen Himmels, der überall mit Sternen geschmückt ist, dann den Erdkreis, der aus dem Meere herausragt und in der Mitte des ganzen Kosmos ruht, in zwei von einander getrennten Zonen bewohnbar und bebaut, deren eine wir bewohnen „unter dem Pole liegend bei dem Siebengestirn, von wo das schreckliche Pfeifen des Aquilo eisige Schneeschauer daherwälzt“, deren andere im Süden liegt, uns unbekannt, von den Griechen Gegenerde genannt; deren übrige Teile unbewohnt sind, weil sie entweder von Kälte starren, oder von Hitze verbrannt werden; hier aber, wo wir wohnen, bleibt es niemals aus, „daß der Himmel glänzt, die Bäume sich belauben, die Trauben der heiteren Rebe schwellen, die Zweige unter der Fülle der Beeren sich biegen, die Saaten Früchte spenden, alles blüht, die Quellen schäumen und die Wiesen sich mit Gras kleiden“ — dann die Menge des Viehs teils zu unserer Ernährung, teils zum Bebauen der Äcker, teils als Zugtiere, teils um unsern Körper zu bekleiden — endlich den Menschen selbst als einen Beschauer des Himmels, Verehrer der Götter und dem zu Nutzen alle Felder und Meere gehorchen — wenn wir dies und unzähliges andere betrachten, können wir dann zweifeln, daß darüber ein Schöpfer steht, — wenn es nämlich entstanden ist, wie Platon glaubt; oder wenn es ewig ist, wie Aristoteles meint, dann ein Lenker dieses großen Werkes und Geschäftes? Wie Du also Gott nicht siehst, aber ihn doch erkennst aus seinen Werken, so sollst Du auch den Geist des Menschen, den Du nicht sehen kannst, doch aus der Erinnerung, der Erfindungskraft, der Schnelligkeit der Bewegung und der ganzen Schönheit seines Könnens als eine göttliche Kraft erkennen.

An welchem Orte ist er? Ich denke, im Kopfe und ich kann Gründe für diese Annahme angeben. Aber die Frage, wo die Seele sei, soll ein anderes Mal besprochen werden. Sicherlich jedenfalls ist sie in Dir. Welches ist ihre Natur? eine ihr eigentümliche, denke ich, und eigene. Aber laß sie feurig oder luftig sein; das berührt unsere Frage nicht. Sieh nur auf das Eine: wie Du Gott erkennst, auch wenn Du seinen Ort und sein Aussehen nicht kennst, so muß auch Deine Seele Dir bekannt sein, auch wenn Du ihren Ort und ihre Gestalt nicht kennst.

Was die Erkenntnis der Seele betrifft, so können wir nicht zweifeln — wenn wir in naturwissenschaftlichen Dingen nicht stumpf wie Blei sind —, daß der Seele nichts beigemischt ist, nichts zusammengesetzt, verbunden, vermehrt und vielfach. Wenn dies gilt, so ist es auch gewiß, daß sie nicht zerteilt, zerschnitten, zerfetzt oder zerrissen werden und auch nicht untergehen kann. Denn der Untergang ist eben die Zerteilung, Trennung und Zerreißung jener Teile, die vor dem Untergang durch irgendeine Verbindung zusammengehalten waren.

Durch diese und ähnliche Gründe bewogen suchte Sokrates keinen Anwalt bei seinem Prozeß auf Leben und Tod; er flehte auch nicht die Richter an und führte eine freie Sprache, wie sie ihm seine Seelengröße eingab, nicht etwa sein Hochmut; am letzten Tage seines Lebens sprach er vieles eben hierüber und wenige Tage zuvor wollte er nicht aus dem Gefängnis entführt werden, obschon es leicht möglich gewesen wäre; und als er dann schon beinahe den tödlichen Becher in der Hand hielt, da redete er so, daß er nicht zum Tode geschleift, sondern in den Himmel aufzusteigen schien. Denn dies glaubte Sokrates und dies lehrte er, daß es zwei Wege und zwei Wanderungen für die Seelen gebe, die aus dem Körper hinausträten: wer sich mit den menschlichen Lastern besudelt und sich ganz den Leidenschaften preisgegeben habe und durch sie verblendet sich entweder mit privaten Lastern und Schandtaten befleckt oder den Staat verletzt und unsühnbare Verbrechen auf sich geladen habe, für solche gebe es einen abseitigen Weg, ausgeschlossen von der Gemeinschaft der Götter. Wer sich aber untadelig und rein bewahrte, sowenig als möglich mit dem Körper zu schaffen hatte, sich von ihm immer wegwandte und in menschlichem Leibe weilend das Leben der Götter nachahmte, diesen stehe eine leichte Rückkehr zu jenen offen, von denen sie ausgegangen seien. Darum sagt er auch, daß die Tugendhaften und Weisen alle handeln müßten wie die Schwäne, die nicht ohne Grund dem Apollon geweiht seien, weil sie von ihm die Sehergabe zu haben schienen, kraft deren sie, vorausschauend, was der Tod für ein Gut sei, mit Gesang und Lust sterben. Es könnte auch niemand daran zweifeln, wenn uns nicht bei genauer Betrachtung der Seele dasselbe begegnete, was oft jenen begegnet, die die sich verfinsternde Sonne scharf anschauen, daß sie nämlich vollständig das Gesicht verlieren. So ermattet zuweilen die

Schärfe des Geistes, der sich selbst betrachtet, und aus diesem Grunde verlieren wir die Sorgfalt des Betrachtens. Dann bewegt sich unsere Rede zweifelnd, unsicher umher blickend, zögernd, viele Hindernisse fürchtend wie auf einem Floß inmitten des unermeßlichen Meeres.

Doch dies sind alte und griechische Dinge. Cato aber ist derart aus dem Leben abgeschieden, daß er sich freute, eine Ursache des Sterbens gefunden zu haben. Denn der in uns regierende Gott verbietet es, ohne seinen Befehl von hier aus wegzuwandern. Wenn aber die Gottheit selbst eine gerechte Ursache gegeben hat, wie damals dem Sokrates, später dem Cato, oftmals Vielen, dann wird, bei Gott, der Weise heiter aus dieser Finsternis in jenes Licht übergehen; er wird nicht die Ketten des Gefängnisses zerbrechen — denn dies verbieten die Gesetze —, sondern wie von der Behörde oder einer andern gesetzlichen Macht, so wird er, von Gott aufgerufen und entlassen, aus dem Leben abscheiden. Das ganze Leben der Philosophen ist ja, wie derselbe Sokrates sagt, eine Bekümmerung um den Tod. Denn was anderes tun wir, wenn wir den Geist von der Lust, also vom Körper, vom Besitz, also von der Gehilfin und Dienerin des Körpers, vom Staat und von aller Geschäftigkeit wegrufen, was tun wir dann anderes, sage ich, als daß wir die Seele zu sich selbst rufen, sie zwingen, bei sich selbst zu sein, und sie so weit als möglich vom Körper entfernen? Den Körper aber von der Seele trennen bedeutet eben dieses: sterben lernen. Deshalb wollen wir uns darum kümmern, glaub mir, und uns vom Körper lösen, also uns ans Sterben gewöhnen. Dies wird jenem himmlischen Leben ähnlich sein, solange wir auf der Erde leben, und wenn wir, aus den Fesseln hier entlassen, uns dorthin bewegen, so wird der Lauf der Seele weniger aufgehalten werden. Wer nämlich dauernd in den Fesseln des Körpers gelegen hat, der wird langsamer schreiten, auch wenn er von ihnen gelöst ist, so wie jene, die viele Jahre in Eisen geschmiedet waren. Wenn wir aber dorthin gekommen sind, dann erst werden wir leben. Denn dieses Leben hier ist der Tod und ich könnte es bejammern, wenn ich Lust darauf hätte.

A: Du hast es in der Trostschrift schon hinlänglich bejammert.

Wenn ich sie lese, möchte ich nichts lieber als diese Dinge hier verlassen; und jetzt noch mehr, nachdem ich eben dies gehört habe.

B: Die Zeit wird kommen, und zwar bald, magst Du sie verzögern oder beschleunigen wollen. Denn das Leben fliegt dahin. Der Tod ist aber so wenig ein Übel, wie Dir eben vorhin geschienen hatte, daß ich eher meine, es gebe für den Menschen nichts, was so gewiß kein Übel und so zuverlässig ein Gut ist, vorausgesetzt nämlich, daß wir entweder selbst Götter oder mit den Göttern zusammen sein werden ...

...

A: Was kommt darauf an?

B: Es gibt nämlich solche, die nicht billigen, was ich gesagt habe Ich werde Dich aber keinesfalls so aus dieser Unterhaltung entlassen, daß Dir aus irgendeinem Grunde der Tod noch als ein Übel erscheinen könnte.

A: Wie könnte er das, nachdem ich dieses eingesehen habe?

B: Du fragst, wie er das könnte? Es kommen ganze Scharen, die dagegen reden, nicht bloß von Epikureern — die ich nicht unbedingt verachte — sondern merkwürdigerweise haben auch die gelehrtesten Männer mit Entschiedenheit und am leidenschaftlichsten mein Liebling Dikaiarchos gegen diese Unsterblichkeit geschrieben. Dieser hat drei Bücher verfaßt, die „Lesbische" hießen, weil der Dialog in Mytilene spielt und worin er zeigen will, daß die Seele sterblich ist. Die Stoiker wiederum gewähren uns eine Anleihe, wie wenn wir Krähen wären. Sie sagen, die Seelen dauerten lange, aber nicht ewig. Willst Du nun nicht etwa hören, warum der Tod auch dann kein Übel ist, wenn es sich so verhalten sollte?

A: Wie Du willst; aber die Unsterblichkeit wird mir keiner entreißen können.

B: Ich lobe Dich, auch wenn Du Dich nicht zu sehr auf Dich verlassen darfst. Denn wir werden oft durch eine scharfsinnige Schlußfolgerung gewonnen, und werden dann unsicher und wechseln unsere Ansicht auch in viel einfacheren Fragen; in diesen dagegen gibt es allerlei Schwierigkeiten. Wenn wir also da bedroht werden sollten, wollen wir gerüstet sein.

A: Ich werde schon darüber wachen, daß dies nicht geschehen wird.
B: Nun, gibt es einen Grund, unsere Freunde, die Stoiker nicht zu verabschieden? Ich meine jene, die lehren, die Seelen würden eine Weile dauern, wenn sie den Körper verlassen haben, aber nicht ewig.
A: Du meinst also jene, die annehmen, was in dieser ganzen Frage das schwierigste ist, nämlich, daß die Seele dauert, wenn sie vom Körper frei ist, dagegen verwerfen, was nicht nur leicht zu glauben ist, sondern sich folgerichtig aus dem ergibt, was sie zunächst behaupten, daß nämlich die Seele überhaupt nicht untergeht, wenn sie lange dauert?
B: Dein Tadel ist richtig und so verhält es sich in der Tat. Wollen wir nun also dem Panaitios glauben, wenn er von seinem Meister Platon abweicht? Er nennt ihn immer wieder göttlich, weise und heilig und den Homer der Philosophen, aber diese eine Lehre von der Unsterblichkeit der Seele nimmt er nicht an. Er behauptet, was keiner leugnet, daß nämlich alles untergehe, was entstanden ist. Die Seelen aber würden entstehen, wie sich zeige an der Ähnlichkeit der Kinder mit ihren Eltern nicht nur am Körper, sondern auch in der geistigen Begabung. Als zweites Argument führt er an, daß nichts Schmerz empfindet, was nicht auch krank sein kann. Was aber der Krankheit ausgesetzt ist, kann auch untergehen. Die Seelen empfänden aber Schmerz, würden also auch untergehen.
Dies läßt sich widerlegen. Denn wer so spricht, übersieht, daß man, wenn von der Unsterblichkeit der Seele die Rede ist, den Geist meint, der stets von aller verwirrten Bewegung frei ist, und nicht jene Teile, in denen sich Kummer, Zorn und Begierden umtreiben, und die jener, gegen den sich Panaitios wendet, durchaus vom Geiste getrennt und abgeschlossen sein läßt. Ferner erscheint die Ähnlichkeit eher bei den Tieren, deren Seelen ohne Vernunft sind. Bei den Menschen beschränkt sie sich mehr auf die körperliche Gestalt, und es kommt auch für die Seele viel darauf an, in was für einen Körper sie versetzt ist. Denn der Körper trägt außerordentlich dazu bei, den Geist zu schärfen oder abzustumpfen. Aristoteles jedenfalls sagt, daß

alle Begabten schwarzgallig seien, so daß ich nicht darüber betrübt bin, nicht so begabt zu sein. Er zählt eine Menge solcher Fälle auf, behandelt es als feststehende Tatsache und gibt die Gründe an, weshalb es so sei. Wenn also die Dinge, die im Körper entstehen, einen solchen Einfluß auf die Verfassung des Geistes ausüben, und wenn diese Dinge es sind, was immer sie seien, die die Ähnlichkeiten begründen, so fordert also die Ähnlichkeit nicht, daß die Seelen geworden sind. Die Unähnlichkeiten lasse ich ganz beiseite. Wenn doch nur Panaitios hier sein könnte — er lebte bei dem jüngern Africanus —: ich würde ihn fragen, wem der Verwandten der Enkel des Bruders des Africanus ähnlich gewesen sei; das Gesicht glich dem Vater, in seinem Leben war er allen Verbrechern so ähnlich, daß er leicht als der schlimmste unter ihnen gelten konnte. Und wem war der Enkel des P. Crassus ähnlich, eines weisen und redebegabten und vorzüglichen Mannes? — und ebenso die Enkel und Söhne vieler anderer Männer, die wir hier nicht zu nennen brauchen.

Aber was tun wir? Haben wir vergessen, daß es unsere Aufgabe war, nachdem wir über die Ewigkeit der Seele hinreichend gesprochen haben, zu zeigen, daß auch dann der Tod kein Übel sei, wenn die Seelen untergingen?

A: Ich habe mich gewiß daran erinnert, aber mir war es recht, daß Du, als Du von der Ewigkeit der Seele sprachst, diese Abschweifung machtest.

B: Ich sehe, daß Du hoch hinauf schaust und in den Himmel hinaufsteigen möchtest. Hoffentlich wird uns dies vergönnt sein. Aber nehmen wir nun an, wie es jene wollen, daß die Seelen den Tod nicht überdauern. Wenn es so ist, so werden wir offenbar der Hoffnung auf ein glückseligeres Leben beraubt. Aber was enthält diese Ansicht an Übel? Nimm an, die Seele gehe ebenso unter wie der Leib: findet sich nach dem Tode im Körper irgendein Schmerz oder überhaupt eine Empfindung? Keiner behauptet das, auch wenn Epikur dies dem Demokrit zuschiebt, die Demokriteer es aber bestreiten. Jedenfalls bleibt in der Seele keine Empfindung zurück. Denn die Seele ist ja nirgendwo. Wo soll dann ein Übel sein, da ein Drittes nicht in

Frage kommt? Etwa, daß gerade die Trennung der Seele vom Körper nicht ohne Schmerz vor sich geht? Mag sein, wie wenig ist dies doch! Aber ich glaube, daß dies überhaupt falsch ist und daß sich dies meist ganz ohne Empfindung vollzieht, zuweilen sogar mit Lust; jedenfalls, wie immer es sich verhält, so bleibt es etwas Geringfügiges. Denn es geschieht in einem Augenblicke.

Was schmerzt und quält, ist vielmehr etwas Anderes: die Trennung von Allem, was es im Leben an Gütern gibt. Man könnte freilich beinahe sagen: „was es an Übeln gibt." Doch wozu soll ich jetzt das menschliche Leben bejammern? Ich könnte es in Wahrheit und mit Recht. Aber wozu ist es notwendig, schon dieses Leben durch Jammern noch elender zu machen, wenn ich darauf hinziele, die Meinung zu widerlegen, wir würden nach dem Tode unglücklich sein? Wir haben das in jenem Buche getan, in welchem wir uns, so gut wir konnten, selbst getröstet haben. Der Tod trennt uns also von Übeln, nicht von Gütern, wenn wir die Wahrheit wissen wollen. Dies hat ja auch der Kyrenaiker Hegesias so ausführlich dargelegt, daß berichtet wird, das Unterrichten sei ihm vom König Ptolemaios verboten worden, weil viele, nachdem sie ihn gehört hatten, sich den Tod gegeben hätten.

Es gibt auch das Epigramm des Kallimachos auf den Theombrotos von Ambrakia, von dem er erzählt, es sei ihm nichts Widriges zugestoßen, aber er habe das Buch Platons über die Seele gelesen und da habe er sich von einer Mauer ins Meer gestürzt. Das Buch des Hegesias, den ich genannt habe, heißt „der Faster", weil dort jemand durch Nahrungsentzug dem Leben entweichen will, dann von Freunden zurückgerufen wird und diesen nun die ganzen Mühsale des menschlichen Lebens aufzählt. Ich könnte dasselbe tun, wenn auch weniger als jener, der meint, zu leben sei überhaupt für niemanden ein Gewinn. Um die anderen beiseite zu lassen, war es für mich ein Gewinn? Wenn ich, der häuslichen und politischen Tröstungen und Ehren beraubt, früher gestorben wäre, so hätte mich der Tod nicht von Gütern, sondern von Übeln getrennt.

Man nehme nun jemanden, der keinerlei Unglück hat und dem

das Schicksal keine Wunden versetzte; Metellus hatte vier Söhne in Ehrenstellungen, Priamos dagegen fünfzig, davon siebzehn von der rechtmäßigen Gattin. Über beide hatte das Schicksal dieselbe Macht, aber angewandt hat es sie nur beim zweiten. Den Metellus haben viele Söhne und Töchter, Enkel und Enkelinnen auf den Scheiterhaufen getragen, Priamos wurde seiner ganzen großen Nachkommenschaft beraubt und, als er zum Altare geflohen war, von der Hand des Feindes niedergemacht. Wenn er gestorben wäre in unversehrtem Reiche und während seine Söhne lebten „rings um sich den barbarischen Reichtum, mit Häusern in getriebener Arbeit und getäfelt", hätte er dann Güter oder Übel verlassen müssen? Es hätte so ausgesehen, als wenn es nur Güter gewesen wären. Jedenfalls wäre es besser für ihn gewesen und man hätte nicht jene Jammergesänge singen hören: „All das habe ich in Flammen aufgehen sehen, gesehen, wie dem Priamos das Leben mit Gewalt geraubt, der Altar des Zeus mit Blut befleckt wurde." Als ob ihm damals irgendetwas Besseres hätte geschehen können als eben jene Ermordung! Wenn er freilich vorher gestorben wäre, so wäre er einem solchen Ausgang überhaupt entronnen; doch in jener Lage verlor er wenigstens die Empfindung für das Unheil.

Als unser Freund Pompeius in Neapel schwer krank lag, ging das Schicksal besser mit ihm um. Die Neapolitaner bekränzten sich, natürlich auch die Puteolaner und aus den Dörfern kamen die offiziellen Glückwünsche in Mengen; gewiß eine einfältige Sitte und typisch griechisch, aber doch ein Zeichen von Glück. Wenn er nun damals gestorben wäre, hätte er eher Gutes oder Schlechtes verlassen? Sicherlich Schlimmes. Denn dann hätte er nicht mit seinem Schwiegervater Krieg geführt, hätte nicht unvorbereitet zu den Waffen gegriffen, sein Haus verlassen, aus Italien fliehen müssen, sein Heer verloren und wäre waffenlos in die Schwerter und Hände von Sklaven gefallen; seine Kinder wären nicht beweinenswert geworden, seine Reichtümer nicht vollständig in die Hände der Sieger übergegangen. Wenn er damals gestorben wäre, hätte er auf dem Höhepunkt seines Glücks sein Ende genommen. Wie viele, wie große, wie unerhörte Schrecknisse hat er erlebt, weil sein Leben sich verlängerte!

Diesen Dingen entflieht man durch den Tod, auch wenn sie noch nicht eingetroffen sind, aber doch weil sie eintreffen könnten. Aber die Menschen denken nicht daran, daß dergleichen ihnen begegnen kann. Jeder erhofft für sich das Schicksal eines Metellus, wie wenn etwa mehr Menschen glücklich sind als unglücklich, oder in den menschlichen Angelegenheiten irgendetwas sicher wäre, oder es klüger wäre zu hoffen als zu fürchten.

Aber mag auch zugestanden sein, daß die Menschen durch den Tod vieler Güter beraubt werden. Ist es ein Unglück, daß die Toten der Annehmlichkeiten des Lebens entbehren? Gewiß müssen sie dies bejahen. Kann aber der, der gar nicht existiert, irgendeiner Sache entbehren? Unglücklich ist schon der Begriff des Entbehrens selbst, weil ihm diese Bedeutung unterlegt wird: man hatte, man hat nicht mehr, man begehrt, sucht, entbehrt. Das sind wohl die Leiden dessen, der einer Sache entbehrt. Man entbehrt der Augen, und die Blindheit ist eine Qual; man entbehrt der Kinder, und dann ist es die Einsamkeit. Das gilt bei den Lebenden; von den Toten aber entbehrt keiner der Annehmlichkeiten des Lebens, nicht einmal des Lebens überhaupt.

Ich rede von den Toten, die gar nicht sind. Wir, die wir sind, ermangeln wir der Hörner oder Federn? Hat das schon jemand gesagt? Ich denke kaum. Warum? Weil man keinen Mangel leidet, wenn man nicht hat, was einem weder durch Gewohnheit noch durch Natur angemessen ist, auch wenn man merkt, daß man es nicht hat.

Darauf muß man immer und immer wieder insistieren und es wiederholen, wenn wir zuvor bestätigt haben, was man nicht bezweifeln kann, — vorausgesetzt, daß die Seelen sterblich sind —, daß nämlich der Untergang beim Tode so vollständig ist, daß nicht der geringste Rest einer Empfindung übrig bleibt. Wenn dies zuverlässig festgesetzt und gesichert ist, muß man sich gründlich merken, was entbehren bedeutet, damit kein Irrtum im Begriffe übrig bleibe. Entbehren bedeutet also das folgende: vermissen, was man gerne haben möchte. Denn im Entbehren steckt ein Wollen, außer wenn man das Wort, wie beim Fieber in einer ganz anderen Bedeutung gebraucht. Man spricht nämlich auch in einem andern Sinne von Entbehren, wenn man etwas nicht hat und spürt, daß man es nicht hat, auch wenn man darunter nicht leidet. Dieser Sinn gilt nicht dem Tode gegenüber; denn dann brauchte man keinen Schmerz zu empfinden. Man meint aber: ein Gutes entbehren, was eben ein Übel ist. Aber auch ein Lebender entbehrt nicht eines Gutes, wenn er es nicht vermißt. Doch wenn Du lebst, so begreift man wenigstens, daß Du des Königtums entbehrst (obschon man dies genau genommen von Dir nicht sagen kann, wohl aber von Tarquinius, nachdem er aus seinem Königtum vertrieben war). Aber bei einem Toten kann man das nicht einmal begreifen. Denn Entbehren setzt Empfinden voraus, Empfindung gibt es aber bei einem Toten nicht. Also gibt es bei den Toten auch kein Entbehren.

Aber wozu brauchen wir in dieser Sache zu philosophieren, wo wir doch sehen, daß die Sache der Philosophie kaum bedarf? Wie oft sind nicht nur unsere Heerführer, sondern ganze Heere einem unzweifelhaften Tode entgegengeeilt! Wenn man ihn fürchtete, so wäre nicht L. Brutus in der Schlacht gefallen, um jenen Tyrannen, den er selbst vertrieben hatte, an der Rückkehr zu verhindern, und es hätte sich nicht Decius im Kampfe mit den Latinern, sein Sohn im Kampf mit den Etruskern und der Enkel im Kampfe mit Pyrrhos den Geschossen der Feinde entgegengestellt, dann hätte nicht Spanien die Scipionen in einem und demselben Kampfe für das Vaterland fallen gesehen, Cannae den Paulus und Geminus, Venusia den Marcellus, Litana den Albinus, die Lukaner den Gracchus. Wer von diesen ist heute unglücklich? Nicht einmal damals nach ihrem letzten Atemzug waren sie es. Denn keiner kann unglücklich sein, wenn seine Empfindung zu Grunde gegangen ist.

‚Aber eben ohne Empfindung zu sein, ist scheußlich' —. Gewiß, wenn dies bedeutete, der Empfindung ermangeln. Wenn es aber vollkommen klar ist, daß nichts an demjenigen sein kann, der überhaupt nicht ist, was kann dann bei jenem abscheulich sein, der keinen Mangel leidet und nichts empfindet? Natürlich wiederhole ich diese Frage allzu oft, doch nur darum, weil hier alle Todesangst und Verkrampfung der Seele steckt. Wer nämlich hinlänglich eingesehen hat — was sonnenklar ist — daß nach der Zerstörung von Seele und Körper und dem Untergang des Lebewesens in seiner Gesamtheit eben jenes Lebewesen, das vorher war, nun nicht mehr ist, der wird vollständig begreifen, daß zwischen dem Hippokentauros, der niemals existiert hat, und dem König Agamemnon ⟨der nicht mehr existiert⟩ kein Unterschied besteht und daß sich jetzt M. Camillus nicht eher um den gegenwärtigen Bürgerkrieg kümmert als ich mich zu seinen Lebzeiten um die Eroberung Roms gekümmert habe. Warum würde wohl Camillus Schmerz empfinden, wenn er vermutet hätte, daß sich dies dreihundertfünfzig Jahre später abspielen würde, oder ich, wenn ich annähme, daß nach zehntausend Jahren irgendein Volk sich unserer Stadt bemächtigen würde? Offenbar nur, weil die Liebe zum Vaterland so groß ist, daß wir sie nicht nach unserer Empfindungsfähigkeit bemessen, sondern nach seinem Wohlergehen.

So erschreckt denn nicht den Weisen der Tod, der aus irgendwelchen Zufällen täglich droht und wegen der Kürze des Lebens niemals weit weg ist, und hindert ihn nicht, die gesamte Dauer des Staates und der Seinigen zu bedenken und zu glauben, daß die Nachfahren, von denen er nichts mehr empfinden wird, ihn etwas angehen. Darum darf man, selbst wenn man die Seele für sterblich hält, doch Ewiges vorbereiten, nicht aus Begierde nach Ruhm, den man nie empfinden wird, sondern aus Begierde nach Tugend, auf die notwendig der Ruhm folgt, auch wenn man ihn nicht sucht. Wenn sich freilich die Natur so verhält, daß, wie unsere Geburt uns den Anfang aller Dinge gebracht hat, so der Tod das Ende, dann hat uns vor unserer Geburt nichts berührt, und wird uns auch nach unserm Tode nichts berühren. Was kann es da noch Schlimmes geben, da der Tod weder die Lebenden etwas angeht noch die Toten? Die einen existieren nicht und die anderen geht er nichts an.

Wer den Tod leicht machen will, nimmt an, er sei dem Schlafe ähnlich. Wie wenn einer neunzig Jahre lang leben dürfte unter der Bedingung, daß er nach sechzig Jahren die übrigen verschliefe! Das möchten nicht einmal seine Angehörigen, genau so wenig wie er selbst. Endymion freilich, der, wie der Mythos uns glauben machen will, irgendwann einmal auf dem Berge Latmos eingeschlafen ist, der sich in Karien befindet, ist vermutlich jetzt noch nicht wieder aufgewacht. Glaubst Du, er kümmere sich darum, wenn Selene sich abmüht, die ihn eingeschläfert haben soll, um ihn im Schlafe küssen zu können? Um was soll einer sich kümmern, der überhaupt keine Empfindung hat? Du hast den Schlaf als Abbild des Todes und erfährst ihn täglich und zweifelst noch, daß es beim Tode keine Empfindung gebe, da Du ja siehst, daß es bei seinem Abbilde keine gibt? Also weg mit jenen Altweibertorheiten, daß es ein Unglück sei, vor der Zeit zu sterben. Was für eine Zeit? der der Natur? Aber sie hat uns das Leben ausgeliehen wie Geld, ohne den Fälligkeitstermin festzulegen. Warum beklagst Du Dich also, wenn sie es zurückverlangt, wann sie will? Unter dieser Bedingung hast Du es ja erhalten. Dieselben Leute meinen, wenn ein kleiner Knabe stirbt, so müsse man dies mit Gleichmut tragen, und wenn er in den Windeln stirbt, so solle man überhaupt nicht klagen. Dennoch hat von einem solchen die Natur rücksichtsloser zurückgefordert, was sie gegeben hatte. Aber da heißt es: „Er hat die Süßigkeit des Lebens noch nicht gekostet; jener aber hoffte schon auf Großes und hatte es zu genießen begonnen“. Aber bei den andern Dingen gilt es als besser, etwas erreicht zu haben als gar nichts. Warum ist es mit dem Leben anders? Allerdings sagt Kallimachos mit Recht, Priamos habe viel öfter geweint als Troilos.

Dagegen wird das Schicksal jener gepriesen, die nach Vollendung ihrer Lebenszeit sterben. Warum? Ich denke, für niemanden könnte das Leben angenehmer werden, wenn es verlängert würde; und sicher ist nichts für den Menschen angenehmer als die Weisheit, die das Greisenalter erzeugt, mag es auch das Übrige wegnehmen. Was für ein Leben ist denn lang, und was ist überhaupt für den Menschen lang? Werden wir nicht „eben noch als Knaben, dann als Jünglinge im Laufe hinter unserm Rücken verfolgt und unerwartet eingeholt“ vom Greisenalter? Aber weil wir nichts dahinter ansetzen, nennen wir dies lang. Alle diese Dinge, so wie sie einem jeden zu festgesetzten Teilen zugemessen sind, heißen je nachdem lang oder kurz. Beim Flusse Hypanis, der vom europäischen Gebiete her in den Pontos hineinfließt, soll es nach Aristoteles gewisse Tierchen geben, die einen Tag lang leben. Dasjenige also, das zur achten Stunde stirbt, stirbt in vorgerücktem Alter. Was bei Sonnenuntergang stirbt, ist schon ganz verfallen und erst recht, wenn es sich um den Tag der Sonnenwende handelt. Vergleiche wiederum unsere längste Lebenszeit mit der Ewigkeit, und es wird sich zeigen, daß die Kürze unseres Lebens dieselbe ist wie diejenige jener Tierchen.

Wir wollen also alle Torheiten verachten — denn was soll ich für eine leichtere Bezeichnung für so viel Leichtfertigkeit finden? — und uns mit der ganzen Kraft eines guten Lebens auf die Stärke und Größe der Seele, auf die Geringschätzung und Verachtung aller menschlichen Dinge und auf jede Art von Tugend konzentrieren. Denn auch jetzt noch lassen wir uns durch schwächliche Überlegungen schlaff machen, so daß wir meinen, wenn der Tod käme, bevor sich uns die Versprechungen der Chaldäer erfüllt haben, seien wir irgendwelcher großen Güter beraubt und um sie betrogen worden. Wenn wir aber so in Erwarten und Begehren schweben, gequält werden und bedrängt sind, wie angenehm muß dann, bei den unsterblichen Göttern, jener Weg sein, an dessen Ende keine Sorge und kein Kummer mehr übrig bleiben! Wie freue ich mich an Theramenes! Wie großartig ist seine Gesinnung! Auch wenn wir weinen müssen, wenn wir es lesen, so sehen wir doch, daß ein großer Mann nie auf eine jämmerliche Weise stirbt. Als er, auf Befehl der dreißig Tyrannen ins Gefängnis geworfen, das Gift zum Munde geführt hatte, als ob er Durst hätte, da schleuderte er den Rest so aus dem Becher, daß es tönte und beim Tone lächelte er und sagte: „Ich trinke dies dem schönen Kritias zu" — der nämlich ihm gegenüber der grausamste gewesen war. Die Griechen pflegen ja beim Gelage denjenigen aufzurufen, dem sie den Becher übergeben wollen. So spielte der treffliche Mann mit seinem letzten Atemzug, als er schon in seinem Inneren den Tod aufgenommen hatte, und prophezeite in Wahrheit jenem, dem er mit dem Gift zugetrunken hatte, den Tod, der denn auch in kurzer Zeit folgte.

Wer würde diese Ausgeglichenheit eines großen Geistes im Angesicht des Todes loben, wenn er den Tod für ein Übel hielte? In denselben Kerker und zu demselben Becher schreitet wenige Jahre später Sokrates durch dasselbe Verbrechen seiner Richter, wie Theramenes durch dasjenige der Tyrannen. Welches ist nun seine Rede, die ihn Platon bei den Richtern halten läßt, nachdem er schon zum Tode verurteilt war? „Eine große Hoffnung hält mich fest, ihr Richter, daß es für mich gut ist, zum Tode geschickt zu werden. Denn notwendig muß der Tod eines von zweien sein; entweder nimmt er alle Empfindung weg oder er ist eine Reise von diesen Orten weg an irgendeinen andern Ort. Darum, mag nun die Empfindung ausgelöscht werden und der Tod jenem Schlafe ähnlich sein, der zuweilen auch ohne Träume die mildeste Ruhe bringt, was für ein Gewinn ist es dann, ihr Götter, zu sterben! Oder wie viele Tage lassen sich finden, die einer solchen Nacht vorzuziehen wären! und wenn ihr die ganze Dauer der nachfolgenden Zeit ähnlich ist, wer könnte dann glückseliger sein als ich? Wenn es aber wahr ist, was man sagt, daß der Tod eine Wanderung ist an die Gestade, die von jenen bewohnt werden, die das Leben verlassen haben, dann ist dies noch viel glückseliger. Wenn man jenen entronnen ist, die sich als Richter gebärden, und nun zu denen kommt, die man wirklich Richter nennen darf, Minos, Rhadamanthys, Aiakos und Triptolemos, und mit denen umgeht, die gerecht und ehrenhaft gelebt haben — kann euch eine solche Wanderung gleichgültig lassen? Mit Orpheus, Musaios, Homer und Hesiod zu sprechen, wie hoch würdet ihr das schätzen? Ich möchte gern mehrmals sterben, wenn es möglich wäre, nur damit ich dann das erleben dürfte, was ich gesagt habe. Welche Freude würde ich empfinden, wenn ich Palamedes, Aias und den andern, die ein ungerechtes Urteil erfahren haben, begegnete! Ich könnte dann auch die Weisheit des großen Königs prüfen, der das riesige Heer nach Troja geführt hat, und ebenso die des Odysseus und Sisyphos und ich würde nicht zum Tode verurteilt werden, wenn ich die Fragen stellte, die ich hier zu stellen pflegte. Und auch ihr Richter, die ihr mich freigesprochen habt, dürft nicht den Tod fürchten. Denn keinem anständigen Menschen kann irgendein Übel zustoßen, weder im Leben noch im Tode, und niemals werden seine Angelegenheiten von den unsterblichen Göttern vernachlässigt werden, wie auch mir selbst dies nicht zufällig zugestoßen ist. Ich mag auch nicht jenen, die mich angeklagt und die mich verurteilt haben, zürnen, außer deswegen, weil sie gemeint haben, sie würden mir schaden."

So hat er also geredet. Doch nichts ist schöner als der Schluß: „Aber es ist Zeit von hier wegzugehen, für mich um zu sterben, für euch um zu leben. Was aber von beidem besser ist, das wissen die unsterblichen Götter, von den Menschen aber, glaube ich, weiß es keiner."

Diese Gesinnung des Sokrates möchte ich bei weitem dem Glücke aller jener vorziehen, die ihn verurteilt haben. Auch wenn er erklärt, außer den Göttern wisse es niemand, so weiß doch er selbst, was besser ist. Denn er hat es vorher gesagt; aber seinen Grundsatz, nichts sicher zu behaupten, behält er bis zum Schlusse bei. Wir dagegen wollen daran festhalten, daß wir nichts für schlecht halten, was von der Natur allen Menschen gegeben ist, und daß wir einsehen, wenn der Tod ein Übel wäre, so wäre er ein ewiges Übel. Denn der Tod scheint das Ende des Elends des Lebens zu sein; ist aber auch der Tod ein Elend, so gibt es kein Ende.

Aber wozu nenne ich Sokrates und Theramenes, Männer, die sich durch den Ruhm der Tugend und der Weisheit auszeichneten? Da etwa ein Spartaner, von dem nicht einmal der Name überliefert ist, den Tod so sehr verachtete, daß er, als er von den Ephoren dazu verurteilt und zur Hinrichtung geführt wurde und ein heiteres und fröhliches Antlitz zeigte und ihm ein Feind sagte: „Verachtest du die Gesetze des Lykurgos?", antwortete: „Ich danke ihm vielmehr, daß er mich mit einer solchen Strafe belegte, die ich bezahlen kann ohne Geld auszuleihen und Zinsen zu bezahlen". Wahrlich ein Mann, Spartas würdig! Mir jedenfalls scheint einer, der so groß gesinnt war, unschuldig verurteilt worden zu sein.

Solcher Männer hat unser Staat eine unzählige Menge gehabt. Aber was soll ich die Heerführer und Staatsmänner nennen, da doch Cato schreibt, die Legionen seien oft fröhlich an Orte marschiert, von denen sie, wie sie wußten, nicht wiederkehren würden? Mit derselben Gesinnung sind die Spartaner in den Thermopylen gefallen, auf die Simonides dichtete: „Wanderer, kommst du nach Sparta, so sage, du habest uns hier liegen gesehen, da wir dem heiligen Gesetz des Vaterlandes gehorchten." Und was sagte jener Heerführer Leonidas: „Greifet an mit tapferem Geiste, Spartaner, heute werden wir vielleicht bei den Unterirdischen speisen." Das war ein tapferes Volk, solange die Gesetze des Lykurgos in Kraft standen. Einer von ihnen bemerkte, als ein persischer Feind beim Gespräch hochmütig sagte, sie würden vor der Menge der Speere und Pfeile die Sonne nicht sehen: „Also werden wir im Schatten kämpfen". Ich rede von Männern. Aber die spartanischen Frauen? Eine sandte ihren Sohn in die Schlacht und als sie hörte, daß er gefallen sei, sagte sie: „Dazu habe ich ihn geboren, daß er nicht zögere, für das Vaterland den Tod zu erleiden."

Nun, mag sein, daß die Spartaner tapfer und hart waren; die staatliche Zucht hat da einen großen Einfluß. Aber nun? Werden wir nicht den Theodoros von Kyrene, einen nicht unbedeutenden Philosophen, bewundern? Als ihm der König Lysimachos mit der Kreuzigung drohte, sagte er: „Mit dergleichen Grausamkeit bedrohe deine Purpurträger hier; dem Theodoros kommt es nicht darauf an, ob er unter der Erde oder in der Höhe verfault."

Dieser Ausspruch erinnert mich daran, daß wohl auch etwas über die Beerdigung und Bestattung zu sagen ist; ein einfaches Problem, vor allem, wenn wir festhalten, was wir kurz zuvor über die Empfindungslosigkeit gesagt haben. Was Sokrates darüber gedacht hat, zeigt sich in dem Buche, in welchem er stirbt, und woraus wir schon so viel angeführt haben. Als er sich nämlich über die Unsterblichkeit der Seele unterhalten hatte und schon die Zeit des Sterbens drängte, da fragte ihn Kriton, wie er begraben zu werden wünschte; er erwiderte: „Meine ganze Mühe, ihr Freunde, ist also umsonst gewesen. Ich habe unsern Kriton nicht überzeugen können, daß ich von hier wegfliegen und nichts von mir zurücklassen werde. Aber, Kriton, wenn Du mich einholen kannst und mich irgendwo erreicht hast, so begrabe mich, wie du willst. Aber glaube mir, keiner von euch wird mich einholen, wenn ich von hier weggegangen sein werde." Edel war dies, wie er teils dem Freunde die Freiheit ließ, teils selbst zeigte, daß ihm an diesen ganzen Fragen nichts liege. Härter äußerte sich Diogenes, der dieselbe Meinung hatte, aber sie als Kyniker rauher aussprach; er befahl, man solle ihn unbestattet hinwerfen. Darauf die Freunde: „Für die Vögel und wilden Tiere?" und jener: „Durchaus nicht, legt nur meinen Stock neben mich, damit ich sie verscheuchen kann." — „Wie kannst du das? Du wirst ja nichts empfinden." — „Nun, wenn ich nichts empfinde, was soll es mir dann ausmachen, von den Tieren zerrissen zu werden?". Großartig auch Anaxagoras, als er in Lampsakos zum Sterben kam und die Freunde ihn fragten, ob er, wenn ihm etwas geschehe, nach Klazomenai, in seine Vaterstadt gebracht zu werden wünsche: „Das braucht es nicht, denn von überall her ist der Weg in die Unterwelt gleich lang."

Bei dem ganzen Problem der Beerdigung ist eines festzuhalten, daß sie nur den Körper angeht, mag die Seele untergehen oder weiterleben. Daß aber der Körper keine Empfindung mehr hat, wenn die Seele untergegangen oder entwichen ist, ist klar.

Aber Alles ist voll von Irrtümern. Achilleus schleift Hektor an seinen Wagen gebunden hinter sich her; er zerfetzt ihn, wie er meint, und bildet sich wohl ein, daß jener es spüre. So rächt er sich, wie er glaubt. Jene dagegen trauert darüber wie über das schlimmste Unglück: „Ich habe gesehen, das schmerzlichste von allem, was ich sehen mußte: Hektor dahingerissen von dem vierspännigen Wagen". Welchen Hektor oder wie lange soll das noch Hektor sein? Besser dichtet Accius und sagt Achilleus, der zuweilen weise ist: „Nein, den Körper habe ich dem Priamos zurückgegeben, den Hektor habe ich weggenommen". Du hast also nicht Hektor dahingeschleift, sondern den Körper, der einstmals derjenige Hektors war.

Da kommt ein anderer, der aus der Erde aufsteigt und seine Mutter nicht schlafen läßt: „Mutter, Dich rufe ich, Du, die Du

Deine Sorge durch den Schlaf erleichterst; kein Mitleid hast Du mit mir: auf, und begrabe Deinen Sohn ...“ Wenn dies mit gedrückten und weinerlichen Tönen, die ein ganzes Theater mit Schmerz erfüllen, gesungen wird, so ist es schwierig, jene, die nicht begraben sind, nicht für unglücklich zu halten: „... bevor die wilden Tiere und die Vögel ...“ Er hat wohl gefürchtet, daß er seine zerrissenen Glieder weniger gut gebrauchen könne —, wenn sie aber verbrannt werden, hat er keine Angst. „Erlaube nicht, daß meine Reste hin- und hergeschleift werden auf dem Boden, angefressen, mit entblößten Knochen und scheußlich mit Eiter besudelt“. Ich verstehe nicht, was er fürchtet, wenn er zur Flöte so gute Verse von sich geben kann.

Man muß also festhalten, daß man sich um das Schicksal nach dem Tode nicht zu kümmern braucht, obwohl Viele ihre Feinde noch nach dem Tode zu strafen suchen. So verflucht bei Ennius Thyestes in wahrhaftig großartigen Versen den Atreus: zuerst, er möchte in einem Seesturm untergehen. Das ist schon hart, denn ein solcher Untergang findet nicht ohne schlimme Schmerzen statt. Aber das weitere ist Unsinn: „er selbst soll oben auf spitzen Steinen aufgespießt sein, zerfetzt, mit hängenden Eingeweiden, die Felsen bespritzend mit Unrat, Eiter und schwarzem Blute“. Die Steine selbst werden genau so viel Empfindung haben wie jener „mit den heraushängenden Eingeweiden“, dem Thyestes eine solche Tortur wünschen zu müssen glaubt. Schrecklich wäre es, wenn er sie empfände. Ohne Empfindung ist sie aber nichts. Jenes endlich ist vollends einfältig: „Er soll kein Grabmal haben, das ihn aufnimmt als ein Hafen für seinen Körper, wo der Körper, befreit vom menschlichen Leben, sich von seinen Leiden erholen kann.“ Du siehst, wie groß der Irrtum in diesen Versen ist. Er redet von einem Hafen des Körpers und meint, der Tote ruhe im Grabe aus; Pelops hat eine große Schuld, daß er seinen Sohn nicht unterrichtet und ihn darüber belehrt hat, wie weit man sich um jede einzelne Sache kümmern solle.

Aber was erwähne ich die Meinungen Einzelner, wo man die verschiedenen Irrtümer ganzer Völker betrachten kann? Die Ägypter balsamieren ihre Toten ein und bewahren sie zu

Hause auf, die Perser bestatten sie, nachdem sie sie mit Wachs umwunden haben, damit die Leiber so lange als möglich dauern. Sitte der Magier ist es, die Körper der Ihrigen nicht eher zu beerdigen als bis sie durch wilde Tiere zerrissen worden sind. In Hyrkanien unterhält das Volk zu diesem Zwecke öffentliche Hunde, die Vornehmen Hunde für sich privat. Wir wissen, daß dort eine vornehme Hunderasse existiert; aber jeder sorgt nach seinem Vermögen vor, durch welche er sich zerreißen läßt, und das ist nach ihrer Meinung die schönste Grabstätte. Viele andere Dinge hat Chrysippos gesammelt, der sich ja um jede Art von Forschung bemüht hat. Aber einiges ist so widerwärtig, daß die Rede es meidet und davor zurückschreckt.

Dieser ganze Punkt muß also, was uns selbst angeht, mit Verachtung behandelt werden; was unsere Angehörigen angeht, darf man ihn nicht vernachlässigen, doch so, daß wir, die Lebenden, uns bewußt bleiben, daß die Körper der Toten keine Empfindung mehr haben. Wie weit man da auf die Gewohnheit und die öffentliche Meinung Rücksicht nehmen soll, darum haben sich die Lebenden zu kümmern, vorausgesetzt, daß sie begreifen, daß dies die Toten selbst nichts angeht.

In Wahrheit aber begegnet man dann dem Tode am gleichmütigsten, wenn sich das untergehende Leben an seinen eigenen Leistungen trösten kann. Keiner hat zu kurz gelebt, der die Pflicht vollkommener Tugend vollkommen erfüllt hat. Mir selbst sind viele Situationen für meinen Tod zurecht gekommen. Hätte ich doch damals sterben können! Denn ich konnte nichts mehr dazu gewinnen, die Aufgaben des Lebens waren erfüllt, nur die Kämpfe mit dem Schicksal blieben übrig. Darum, wenn die Vernunftgründe allein nicht dazu führen, daß wir den Tod zu verachten vermögen, so wird doch das verflossene Leben es zustandebringen, daß wir den Eindruck haben, wir hätten genug und übergenug gelebt. Mag auch die Empfindung verlorengehen, so entbehren die Toten doch nicht jener Güter des Lobes und des Ruhmes, die ihnen eigen sind und angehören, auch wenn sie es nicht spüren. Wenn auch der Ruhm nichts an sich hat, weshalb man ihn erstreben sollte, so folgt er doch der Tugend wie ihr Schatten.

Allerdings ist eher das Urteil der Menge über die Tüchtigen, wenn es einmal richtig ist, zu loben als daß man annehmen dürfte, jene würden durch eben dieses Urteil glückselig. Ich kann aber nicht sagen, — wie immer man dies auffassen mag —, daß Lykurg und Solon des Ruhmes in der Gesetzgebung und der Staatseinrichtung ermangeln, Themistokles und Epameinondas des Ruhmes in der Kriegstüchtigkeit. Denn eher wird Poseidon Salamis selbst begraben als die Erinnerung an das Siegeszeichen von Salamis und eher wird Leuktra aus Boiotien verschwinden als der Ruhm der Schlacht bei Leuktra. Und noch viel später wird der Ruhm eines Curius, Fabricius, Calatinus, der zwei Scipionen, der zwei Africani, des Maximus, Marcellus, Paulus, Cato, Laelius und unzähliger anderer untergehen. Hat man sich irgendeine Ähnlichkeit mit diesen angeeignet, und zwar nicht gemäß dem Gerede des Volkes, sondern dem wahren Lobe der Tüchtigen, so wird man mit zuversichtlicher Seele, wenn es so sein soll, zum Tode schreiten, in welchem wir entweder das höchste Gut oder doch keinerlei Übel erkannt haben. Wenn man in glücklichen Verhältnissen ist, dann wird man sogar sterben wollen. Denn der Gipfel der Güter kann nicht ebenso angenehm sein wie der Verlust dann lästig ist.

Diese Meinung scheint auch das Wort jenes Spartaners auszudrücken, der, als der Rhodier Diagoras, ein berühmter Olympionike, an einem einzigen Tag seine zwei Söhne als Sieger in Olympia sah, zum Greise kam und glückwünschend sagte: „Stirb, Diagoras, denn in den Himmel kannst Du doch nicht aufsteigen“. Für groß und vielleicht für allzugroß halten oder vielmehr hielten früher die Griechen diese Dinge und er, der dies dem Diagoras sagte, meinte, es sei etwas Ungeheures, daß aus einer Familie drei Olympioniken hervorgingen; und so glaubte er, es habe für jenen keinen Sinn, im Leben weiter zu zögern und sich dem Schicksal auszusetzen.

Ich habe Dir nun, soweit es notwendig war, in wenigen Worten — so scheint es mir — geantwortet. Du hattest schon zugegeben, daß die Toten kein Unglück leiden; aber ich habe aus diesem Grunde daran festgehalten, mehr zu sagen, weil in der Sehnsucht und im Schmerze eben dies der größte Trost ist. Denn unsern persönlichen Schmerz und den, den wir unseretwegen erleiden, müssen wir mit Maß tragen, damit es nicht aussieht, als liebten wir uns selbst. Doch jene Befürchtung quält mit unerträglichem Schmerze, wenn wir meinen, daß jene, deren wir beraubt sind, mit irgendeiner Empfindung sich in den Leiden bewegen, die sich die Leute vorstellen. Diese Meinung wollte ich in mir mit der Wurzel ausreißen und darum bin ich vielleicht allzu lang geworden.

A: Du allzulang? Jedenfalls nicht für mich. Denn der erste Teil Deiner Rede bewirkte, daß ich zu sterben wünschte, der zweite, daß ich teils nicht widerstrebte, teils mich nicht darum kümmerte. Durch die Gesamtheit Deiner Rede hast Du aber sicher das erreicht, daß ich den Tod nicht zu den Übeln zähle.

B: Wünschen wir nun auch einen rhetorischen Epilog? Oder haben wir diese Kunst schon ganz aufgegeben?

A: Gib doch nicht jene Kunst preis, der Du immer eine Zierde warst, und mit Recht. Denn sie war es, wenn wir die Wahrheit reden wollen, die Dich berühmt gemacht hat. Aber wie lautet dieser Epilog? Ich möchte ihn gern hören, wie er auch sei.

B: In den Schulen pflegt man das Urteil der unsterblichen Götter über den Tod anzuführen, und zwar nicht solches, das man selbst erfunden hat, sondern man beruft sich auf Herodot und viele Andere. Als erstes werden Kleobis und Biton, die Söhne der argivischen Priesterin angeführt. Die Legende ist bekannt. Da das Gesetz vorschrieb, daß die Priesterin mit dem Wagen zu einem feierlichen festgesetzten Opfer fahren sollte und zwar zu einem Heiligtum, ziemlich weit von der Stadt entfernt, und die Zugtiere auf sich warten ließen, da legten die beiden Jünglinge, die ich eben genannt habe, ihre Kleider ab, salbten sich mit Öl und schirrten sich vor den Wagen. So kam die Priesterin zum Heiligtum auf dem Wagen, der von den Söhnen gezogen worden war. Da soll sie die Göttin gebeten haben, sie möchte jenen als Lohn für ihre Kindesliebe das Größte schenken, was die Gottheit einem Menschen schenken kann. Da hätten denn die Jünglinge mit der Mutter zusammen gespeist, hätten sich zum Schlafe hingelegt und seien am Morgen tot aufgefunden worden.

Dieselbe Bitte sollen Trophonios und Agamedes ausgesprochen haben. Nachdem sie den Tempel Apollons in Delphi erbaut hatten, beteten sie den Gott an und verlangten einen ihrer Leistung und Mühe angemessenen Lohn, freilich nichts Bestimmtes, sondern was für den Menschen das Beste sei. Apollon verkündete ihnen, er würde ihnen dies nach drei Tagen geben. Und als der dritte Tag anbrach, wurden sie tot aufgefunden. So soll also der Gott geurteilt haben und zwar jener Gott, dem die andern Götter vor allen Übrigen die Gabe der Weissagung zugestanden haben.

Es wird auch von Silenos eine Geschichte erzählt. Als er von Midas gefangen genommen worden war, soll er für seine Freilassung folgendes Geschenk gegeben haben: er soll den König gelehrt haben, es sei für den Menschen bei weitem das beste, nicht geboren zu werden, das zweitbeste aber, so rasch als möglich zu sterben. Dieselbe Meinung hat Euripides im Kresphontes ausgesprochen: „Wir müßten eigentlich im Hause bei unseren Zusammenkünften klagen, wenn ein Mensch ans Tageslicht kommt, wenn wir nämlich die vielen Leiden des menschlichen Lebens bedenken. Wer aber seinen schweren Mühen mit dem Tode ein Ende gemacht hat, den sollten die Freunde mit allem Lob und aller Freude zum Grabe geleiten. “

Etwas Ähnliches steht in der Trostschrift Krantors. Er sagt nämlich, daß ein Elysios von Terina, der über den Tod seines Sohnes bitter trauerte, zu einem Psychomanteion gekommen sei um zu fragen, welches die Ursache seines großen Unglücks sei. Ihm seien auf einem Täfelchen die drei folgenden Verse gegeben worden: „Mit unwissendem Geiste irren die Menschen im Leben. Euthynoos hat den Tod erreicht durch die Gnade des Schicksals; so war es das beste, zu enden, für ihn und für dich.« Mit diesen und ähnlichen Zeugnissen versichert man, daß die Frage von den unsterblichen Göttern entschieden sei. Alkidamas, einer unter den besten alten Rednern, hat auch eine Lobrede auf den Tod geschrieben, die in einer Aufzählung der menschlichen Leiden besteht. Ihm fehlten jene Gründe, die subtiler von den Philosophen ausgearbeitet werden, aber die Fülle der Rede fehlte ihm nicht.

Weiterhin scheint für die Rhetoren ruhmreicher Tod fürs Vaterland nicht nur ruhmreich zu sein, sondern auch glückselig. Sie beginnen mit Erechtheus, dessen Töchter sogar begierig den Tod suchten um des Lebens ihrer Mitbürger willen. Sie erwähnen Kodros, der sich in Sklavenkleidung mitten unter die Feinde stürzte, damit man ihn nicht erkenne, wenn er im Königsschmuck erscheine, weil ein Orakel gegeben war, daß Athen siegen würde, wenn sein König getötet würde. Menoikeus wird nicht übergangen, der ebenfalls auf Grund eines Orakels dem Vaterland sein Blut geschenkt hat. Iphigenia in Aulis befiehlt, daß man sie zum Opfer führe „damit das Blut der Feinde durch das ihre hervorgelockt werde". Von da kommen sie zum näheren: Harmodios ist bekannt und Aristogeiton, in Sparta Leonidas und in Theben Epameinondas. Unsere kennen sie nicht, die aufzuzählen allzu lange wäre. So groß ist die Zahl derer, denen, wie wir sehen, ein ruhmvoller Tod erwünscht war.

Da das so ist, muß man dann eine große Redekunst anwenden und gewissermaßen von erhöhtem Orte aus reden, daß die Menschen entweder den Tod zu wünschen begännen oder ihn doch zu fürchten aufhörten? Denn wenn der letzte Tag nicht eine Vernichtung, sondern eine Veränderung des Ortes bringt, was ist erwünschter? Wenn er aber völlig zerstört und vernichtet, was gibt es Besseres als mitten in den Mühsalen des Lebens einzuschlafen und so in eine ewige Ruhe überzugehen? Falls es so ist, dann ist die Rede des Ennius besser als diejenige Solons. Denn unser Dichter dichtete: „Keiner soll mich mit Tränen ehren und die Bestattung mit Tränen netzen" — jener Weise dagegen: „Mein Tod soll nicht der Tränen ermangeln. Wir wollen den Freunden Trauer hinterlassen, daß sie die Bestattung mit Seufzen begehen." Wir unserseits, wenn etwas derartiges geschieht, wodurch uns Gott anzuzeigen scheint, wir möchten das Leben verlassen, wollen heiter und danksagend gehorchen und überzeugt sein, wir würden aus einem Gefängnis entlassen und von Fesseln befreit, um in ein ewiges und wahrhaft uns gehörendes Haus überzusiedeln, oder doch alle Empfindung und allen Kummer hinter uns zu lassen. Wenn aber Gott nichts anzeigt, so wollen wir doch so gesonnen sein, daß

wir jenen für andere schrecklichen Tag für uns gesegnet nennen und nicht als Unglück rechnen, was entweder von den unsterblichen Göttern oder von der Natur, der Mutter Aller, so eingerichtet ist. Denn wir sind nicht auf gut Glück und zufällig geschaffen und gezeugt worden, sondern es gab gewiß eine Kraft, die für das Menschengeschlecht sorgte und es nicht darum erzeugte und aufzog, damit es erst alle Mühsale durchmachte und schließlich in das ewige Unheil des Todes geriete. Wir wollen eher annehmen, daß er als Hafen und als Zuflucht für uns bereit ist. Möchten wir mit geschwellten Segeln dorthin kommen! Wenn wir durch widrige Winde wieder zurückgestoßen werden, so werden wir doch notwendig ein wenig später an denselben Ort wieder zurückgeführt. Was aber für alle notwendig ist, kann das für einen Einzelnen jammervoll sein?
Da hast Du den Epilog, damit Du nicht meinst, es sei etwas übergangen oder ausgelassen worden.

A: Sicher nicht — und mich hat jedenfalls noch dieser Epilog sicherer gemacht.

B: Gut, aber jetzt wollen wir ein wenig an unsere Gesundheit denken; morgen und solange wir eben im Tusculanum Zeit haben, wollen wir dies weiterführen und besonders, was die Sorgen, Ängste und Begierden zu heilen vermag. Denn dies ist die kostbarste Frucht der ganzen Philosophie.

ZWEITES BUCH

Neoptolemos sagt bei Ennius: „er habe es nötig zu philosophieren, aber mit Maß; denn schlechthin gefalle es ihm nicht“. Ich meinerseits, Brutus, finde, es sei auch für mich nötig zu philosophieren (denn was soll ich Besseres tun, besonders da ich nichts zu tun habe?), aber nicht mit Maß wie jener. Denn in der Philosophie ist es schwierig, daß einer etwas mit Maß kennt, der nicht schon das Meiste oder Alles kennt. Weniges läßt sich nur aus Vielem auslesen, und wer Weniges begriffen hat, wird das übrige mit gleichem Eifer verfolgen.

Aber in einem beschäftigten Leben und einem kriegerischen, wie es damals für Neoptolemos galt, nützt auch Weniges viel und bringt Frucht, wenn auch nicht soviel, wie aus der gesamten Philosophie geschöpft werden kann; immerhin doch soviel, daß wir bis zu einem gewissen Grade von der Begierde oder dem Schmerz oder der Angst befreit werden. So schien sich mir aus dem Gespräch, das wir neulich im Tusculanum abgehalten haben, eine große Verachtung des Todes ergeben zu haben, die zur Befreiung der Seele von der Angst nicht wenig beiträgt. Denn wer fürchtet, was nicht zu vermeiden ist, der kann auf keine Weise in Ruhe leben. Wer aber den Tod nicht fürchtet, nicht bloß, weil man zwangsläufig sterben muß, sondern auch, weil der Tod nichts Schreckliches an sich hat, der verschafft sich einen starken Schutz im Hinblick auf das glückselige Leben.

Freilich weiß ich, daß Viele eifrig widersprechen werden. Dies könnte ich nur vermeiden, wenn ich überhaupt nichts schriebe. Denn wenn die Reden, in denen wir den Beifall der großen Menge suchten — die Redekunst bewegt sich ja in der Öffentlichkeit und ihr Ziel ist die Zustimmung der Zuhörer —, wenn sich da einige fanden, die nichts lobten als was sie glaubten nachahmen zu können, und die die Grenzen der richtigen Redekunst mit ihren eigenen Möglichkeiten gleichsetzten und die, wenn sie von der Fülle der Gedanken und Worte überschüttet wurden, behaupteten, sie zögen Magerkeit und Hunger dem Reichtum und der Fülle vor — woraus dann die Gruppe der Attiker entstand, die selbst denen, die sie nachzubilden beanspruchten, fremd blieb und die beinahe schon verstummt sind, da sie sogar vom Forum verlacht werden —, was werden wir dort erwarten, wo wir offensichtlich auf die Hilfe des Volkes, das uns damals beistand, überhaupt nicht zählen können?

Denn die Philosophie ist mit wenigen Richtern zufrieden, meidet mit Absicht die Menge und ist gerade ihr verhaßt und verdächtig; wenn man also die Philosophie im Ganzen tadeln wollte, so könnte man dies unter dem Beifall des Volkes tun; und wenn man die Philosophie, der wir vor allem folgen, angreifen will, so wird man bei den Doktrinen der andern Philosophen willkommene Hilfe finden.

Wir haben nun den Tadlern der Philosophie überhaupt im Hortensius geantwortet, und was für die Akademie zu sagen ist, haben wir wohl in den vier Büchern der Academica hinreichend genau dargelegt. Dennoch sind wir so weit davon entfernt, zu mißbilligen, daß gegen uns geschrieben werde, daß wir es vielmehr sehr gerne wünschen. Denn in Griechenland selbst wäre die Philosophie niemals in solcher Ehre gestanden, wenn sie nicht in den Diskussionen und Meinungsverschiedenheiten der weisesten Männer kräftig gelebt hätte.

Darum fordere ich alle auf, die dazu fähig sind, sie möchten dem schon ermatteten Griechenland den Ruhm auch in diesen Dingen entreißen und ihn in unsere Stadt verpflanzen, wie unsere Vorfahren schon Alles andere, soweit es wünschbar war, mit Arbeit und Bemühen übernommen haben.

Der Ruhm der Redner begann bei bescheidensten Anfängen und stieg bis zum Gipfel, so daß er bereits, wie dies die Natur fast in allen Dingen mit sich bringt, zu altern beginnt und in naher Zukunft ins Nichts zu enden droht; die Philosophie dagegen möge inmitten der gegenwärtigen schwierigen Zeiten in lateinischer Sprache geboren werden, und wir werden ihr helfen und es auch uns gefallen lassen, daß wir angegriffen und widerlegt werden. Denn dies ertragen mit unduldsamem Geiste nur jene, die gewissen bestimmten und fixierten Ansichten sozusagen verkauft und verschworen sind und durch solche Notwendigkeit gezwungen werden, auch das, was sie nicht zu billigen pflegen, um der Konsequenz willen zu verteidigen. Wir dagegen folgen dem Wahrscheinlichen und können nicht weiter voranschreiten als bis zu dem, was uns als wahrscheinlich begegnet, und sind bereit, ohne Fanatismus zu widerlegen und uns ohne Zorn widerlegen zu lassen.

Wenn dann also diese Studien zu uns Römern übergegangen sein werden, so brauchen wir nicht einmal mehr griechische Bibliotheken, in welchen sich unendliche Massen von Büchern befinden wegen der Menge derer, die geschrieben haben. Denn viele sagen dasselbe, und so ist alles vollgestopft mit Büchern.

Das wird auch bei uns geschehen, wenn sich einmal mehrere an derartigen Studien beteiligen. Doch aufmuntern möchten wir nach unsern Kräften jene, die allgemein gebildet sind, über Eleganz der Ausdrucksweise verfügen und nun mit Verstand und Methode philosophieren. Es gibt nämlich eine Gruppe von Leuten, die sich Philosophen nennen lassen, und von denen es auf lateinisch ziemlich viele Bücher geben soll. Ich verachte sie nicht, denn ich habe sie überhaupt nie gelesen; da nämlich jene selbst, die da schreiben, erklären, sie wollten weder genau noch geordnet noch elegant noch schön schreiben, so verzichte ich auf eine Lektüre, die mir keine Freude macht. Denn was diejenigen sagen und denken, die jener Lehre anhängen, das weiß jeder auch nur mäßig Gebildete. Da sie sich also nicht darum kümmern, wie sie schreiben, sehe ich nicht ein, warum jemand sie lesen soll, außer etwa diejenigen unter sich, die derselben Meinung sind.

Denn Platon und die übrigen Sokratiker und die, die von ihnen ausgehen, liest jedermann, auch wenn man nicht billigt, was sie sagen, und sich für ihre Ansichten nur wenig interessiert. Den

Epikur und Metrodoros aber nimmt kaum einer in die Hand außer den Gesinnungsgenossen, und auch diese lateinischen Bücher werden nur von jenen gelesen, die ihre Ansichten teilen.

Wir dagegen meinen, daß das, was niedergeschrieben wird, der Lektüre aller Gebildeten zugänglich gemacht werden soll. Wenn wir das selbst nicht ganz erreichen können, so meinen wir darum nicht, daß man das nicht erstreben müsse. Daher hat mir die Gewohnheit der Peripatetiker und Akademiker, in allen Fragen dafür und dagegen zu disputieren, nicht nur darum immer gefallen, weil anders nicht entdeckt werden kann, was in jedem einzelnen Falle richtig ist, sondern auch, weil sie die beste Übung für das Reden ist. Aristoteles hat dies zuerst angewandt und dann seine Nachfolger. Zu unserer Zeit hat Philon, den wir häufig gehört haben, es so eingerichtet, daß er abwechselnd zu verschiedenen Zeiten in der Rhetorik und in der Philosophie unterrichtete. Zu eben diesem Vorgehen sind wir durch unsere Freunde ermuntert worden und haben die Zeit, die wir im Tusculanum zur Verfügung hatten, darauf verwendet. Nachdem wir also den Vormittag für die Deklamation verwendet hatten, wie schon am Tage vorher, stiegen wir am Nachmittag zur Akademie hinunter. Die Diskussion, die sich da ergab, wollen wir nicht nacherzählen, sondern ungefähr mit denselben Worten wiedergeben, mit denen sie gehalten wurde.

Während wir auf und ab gingen, haben wir also folgendes Gespräch geführt und etwa so begonnen:

A: Ich kann nicht sagen, wie sehr mir Dein gestriger Vortrag Freude gemacht oder vielmehr geholfen hat. Auch wenn ich mir bewußt bin, niemals allzusehr am Leben gehangen zu haben, so trat doch gelegentlich eine gewisse Angst und ein Schmerz vor die Seele bei der Überlegung, daß einmal dieses Licht und alle Annehmlichkeiten des Lebens ein Ende nehmen würden. Von dieser Art Besorgnis bin ich, glaube mir, so befreit, daß ich glaube, ich brauche mich um nichts weniger zu kümmern als um dies.

B: Dies ist keineswegs erstaunlich. Denn gerade dies bewirkt die Philosophie: sie heilt die Seelen, verscheucht den nichtigen

Kummer, befreit von den Begierden, vertreibt die Angst. Aber diese ihre Kraft wirkt nicht gleich auf Alle; sie ist nur dann groß, wenn sie eine geeignete Natur ergreift. Denn nicht nur hilft, nach dem alten Sprichwort, das Schicksal dem Starken, sondern noch mehr die Vernunft, die die Kraft der Ausdauer sozusagen durch bestimmte Vorschriften bestärkt. Dich hat die Natur als einen Menschen von großer Art, großzügig und das Menschliche verachtend geschaffen und so setzt sich leicht in einer starken Seele die Rede gegen den Tod fest.

Aber glaubst Du etwa, diese Lehren wirkten auch auf jene — außer ganz wenigen —, von denen sie ausgedacht, untersucht und formuliert worden sind? Wie selten sind diejenigen unter den Philosophen, die so angelegt und in ihrer Seele und ihrem Leben so beschaffen sind, wie es die Vernunft fordert? Die ihre Lehre nicht als eine Schaustellung von Wissen, sondern als ein Gesetz des Lebens auffassen? Die sich selbst gehorchen und ihren eigenen Lehren folgen? Man kann Philosophen beobachten, die so leichtfertig und eitel sind, daß es besser gewesen wäre, sie hätten überhaupt nichts gelernt, andere sind geldgierig, einige ruhmsüchtig, viele Knechte der Leidenschaften, so daß also ihre Unterweisung in erstaunlicher Weise ihrem Leben widerspricht. Doch gerade dies scheint mir das schändlichste zu sein. Wie nämlich einer, der als Sprachlehrer auftritt und ungebildet redet oder sich als Musiker gibt und verkehrt singt, gerade darum so schimpflich dasteht, weil er sich in eben dem verfehlt, das er zu wissen beansprucht, so ist auch der Philosoph, der sich in der Lebensführung verfehlt, darum besonders schändlich, weil er Fehler macht in eben jener Aufgabe, deren Lehrer er zu sein beansprucht, und weil er die Kunst des Lebens zu besitzen vorgibt und sich eben im Leben verfehlt.

A: Muß man aber nicht fürchten, wenn es so ist, wie Du sagst, daß Du die Philosophie mit falschem Ruhm schmückst? Denn was gibt es für einen stärkeren Beweis dafür, daß sie nichts nützt, als daß Einige ausgezeichnete Philosophen sind und dennoch schändlich leben?

B: Dies ist durchaus kein Argument. Denn wie nicht alle Äcker Frucht tragen, die bebaut werden, und die Verse des

Accius falsch sind: „Auch wenn gute Saat in einen schlechten Acker gesenkt wird, so wird sie doch kraft ihrer eigenen Natur emporblühen" — so bringen auch nicht alle Seelen die Frucht ihrer Bearbeitung. Und, um bei demselben Gleichnis zu bleiben: wie ein Acker, auch wenn er fruchtbar ist, ohne Pflege keine Frucht tragen kann, so auch die Seele nicht ohne Belehrung. Jedes ist ohne das andere wirkungslos. Pflege der Seele ist aber die Philosophie: sie zieht die Laster mit der Wurzel aus, bereitet die Seelen dazu, die Saat zu empfangen, übergibt sie ihnen und säet — um so zu reden —, was dann, wenn es ausgewachsen ist die reichste Frucht bringt.

Fahren wir also fort, wie wir angefangen haben. Sag, wenn Du willst, worüber Du ein Gespräch hören möchtest.

A: Ich halte den Schmerz für das größte aller Übel.

B: Auch für ein größeres als die Schande?

A: Ich wage das nicht zu behaupten und schäme mich, so rasch in meiner Meinung unsicher geworden zu sein.

B: Die Schande wäre größer, wenn Du bei Deiner Meinung geblieben wärest. Denn was ist unwürdiger, als wenn Dir irgendetwas schlimmer vorkäme als Unehre, Schande und Schmach? Um dem zu entgehen, welcher Schmerz muß nicht nur vermieden, sondern freiwillig aufgesucht, übernommen und ausgehalten werden?

A: So meine ich es auch. Aber wenn der Schmerz also sicher nicht das größte Übel ist, so ist er doch sicher ein Übel.

B: Siehst Du, nach wie kurzer Ermahnung Du den Schrecken vor dem Schmerze verloren hast?

A: Ich sehe es durchaus, aber ich verlange nach mehr.

B: Ich werde es gern versuchen, aber es ist eine große Sache und ich brauche einen Geist, der nicht von vornherein widerstrebt.

A: Dies wirst Du gewiß haben. Wie ichs nämlich gestern gemacht habe, so werde ich auch jetzt der Vernunft folgen, wohin immer sie mich führt.

B: So will ich also zuerst von der Schwäche der Leute und den verschiedenen Lehren der Philosophen sprechen.

Der erste an Bedeutung und Alter, der Sokratiker Aristippos, zögerte nicht, den Schmerz als das größte Übel zu bezeichnen. Dann hat sich Epikur dieser schwächlichen und weibischen Lehre gegenüber recht gelehrig gezeigt. Nach ihm hat der Rhodier Hieronymos als das größte Gut die Freiheit von Schmerz bezeichnet; so schlimm erschien ihm der Schmerz. Die übrigen außer Zenon, Ariston, Pyrrhon, haben so ziemlich dasselbe gelehrt wie Du, nämlich daß er ein Übel sei, daß es aber Schlimmeres gebe.

Also, jene Lehre, die die Natur selbst und eine Art von edler Tugend sofort verwerfen, daß man nämlich den Schmerz als das größte Übel bezeichnet (so daß, wie bei Dir, die Konfrontation mit der Schande genügt, um diese Meinung fahren zu lassen) in jener Lehre verharrt die Philosophie, die Lehrmeisterin des Lebens, schon so viele Jahrhunderte. Was wird für den, der den Schmerz als das größte Übel ansieht, die Pflicht, die Ehre, der Ruhm, den man mit körperlichem Schmerze erwerben kann, viel bedeuten? Welche Schande und Schmach wird er nicht auf sich nehmen, um dem Schmerz zu entgehen, wenn er überzeugt ist, daß dieser das größte Übel sei? Wer wird nicht bloß dann unglücklich sein, wenn er durch die größten Schmerzen bedrängt wird — wenn darin das größte Übel liegen soll —, sondern auch dann, wenn er weiß, daß ihm dies geschehen könnte? Und wem könnte dies nicht geschehen? Also kann überhaupt niemand glückselig sein.

Metrodoros allerdings hält jenen für vollkommen glückselig, der einen gesunden Körper hat und die Gewißheit besitzt, daß dies immer so sein werde. Aber wem wird dies jemals gewiß sein können? Epikur wiederum redet so, daß man meinen möchte, er wolle uns zum Lachen bringen. Er versichert an einer Stelle, der Weise werde, wenn er verbrannt und gefoltert werde — Du wirst vielleicht erwarten, er werde sagen: dann wird er es aushalten, ertragen und nicht unterliegen, was ein großes Lob wäre und wohl des Herakles, bei dem ich schwöre, würdig — für Epikur, einen harten und rauhen Menschen, ist dies nicht genug: wenn er im Stier des Phalaris liegt, wird er sagen: „Wie angenehm, wie wenig kümmert mich dies!"; also sogar angenehm! Ist es wohl zu wenig, daß es nicht schmerzt? Nicht einmal jene, die leugnen, daß der Schmerz ein Übel sei, pflegen zu sagen, es sei für irgendwen angenehm, gefoltert zu werden. Sie sagen, es sei mühsam, schwierig, abscheulich, gegen die Natur, aber kein Übel. Jener dagegen, der allein den Schmerz ein Übel nennt, und zwar das Äußerste aller Übel, meint, der Weise werde dies angenehm finden.

Ich verlange nun nicht von Dir, daß Du den Schmerz ähnlich schilderst wie Epikur die Lust, ein Mann, der wie Du weißt, der Lust ergeben war. Jener mag im Stier des Phalaris dasselbe gesagt haben, wie wenn er auf seinem Bett gelegen hätte. Ich schreibe der Weisheit keine solche Macht über den Schmerz zu. Wenn einer im Ertragen stark ist, so genügt er der Pflicht. Daß er sich auch darüber freue, verlange ich nicht. Denn ohne Zweifel ist es eine traurige Sache, hart, bitter, der Natur widerstrebend, schwer auszuhalten und zu überstehen.

Schau Philoktetes an, dem man sein Jammern verzeihen muß: er hatte auf dem Oita den Herakles selbst gesehen, wie er unter der Größe der Schmerzen heulte. Ihn trösteten also nicht die Pfeile, die er von Herakles erhalten hatte, als „durch den Biß der Schlangen die Adern seines Eingeweides von Gift erfüllt schreckliche Schmerzen erzeugten". So ruft er denn aus, Hilfe suchend, zu sterben begehrend: „Weh, wer wird mich von dem hohen Scheitel des Felsens herab der salzigen Flut übergeben? Schon verzehre ich mich, die Gewalt der Wunde, der Brand der Verletzung vernichten mein Leben." Es scheint schwer zu behaupten, daß er nicht in einem Übel gewesen sei, und zwar einem großen, wenn er so zu schreien gezwungen war.

Aber betrachten wir Herakles selbst, der damals unter Schmerzen zusammenbrach, als er durch seinen Tod selbst die Unsterblichkeit suchte. In was für Klagen bricht er aus bei Sophokles in den Trachinierinnen! Als ihm Deianeira die mit dem Blute des Kentauren getränkte Tunika angezogen hatte und sie an seinem Körper klebte, sagte er: „O Vieles, zu sagen Schweres, zu ertragen Hartes, das ich mit Körper und Seele aufgenommen und ausgehalten habe! Nicht der unversöhnliche Zorn der Juno, nicht der elende Eurystheus hat mir solches Unheil gebracht, wie die eine törichte Tochter des Oineus. Sie hat mich

Ahnungslosen in ein Kleid der Furien verstrickt, das nun an meinem Körper klebt, beißend mein Fleisch zerfetzt; es drückt auf meine Lungen und entreißt ihnen den Atem. Schon hat es mein Blut ganz entfärbt und getrunken. So wird mein Körper durch entsetzliches Unheil hinweggerafft und verfault, und ich selbst vergehe, gefesselt in das verfluchte Gewand.

Solche Schläge hat nicht die Rechte der Feinde, nicht die Gewalt der Giganten, die aus der Erde stammten, nicht der Kentaur mit doppelgestaltigem Kampfe meinem Körper zugefügt, nicht die Gewalt der Griechen, nicht die Wildheit der Barbaren, nicht ein grausames Volk, verwiesen an die Grenzen der Erde, die ich durchwandernd von allen Gewaltsamkeiten befreit habe, sondern durch eine Frau und die Hand einer Frau vergehe ich als Mann!

O Sohn, laß Deinen Vater Dir den Namen mit Recht geben, und die Liebe zu Deiner Mutter soll nicht meinen Untergang überleben. Schlepp sie hierher, reiße sie von dort weg mit frommer Hand, ich werde schon sehen, ob Du sie oder mich für den Stärkeren hältst. Auf, mein Sohn, wage es und weine über das Unheil deines Vaters, erbarme Dich! Die Völker werden mein Elend beweinen. Weh, daß ich wie ein Mädchen aus dem Mund ein Jammern ertönen lasse, ich, den niemand je über ein Unheil seufzen sah. Die Tapferkeit ist weibisch geworden, niedergeschlagen und untergegangen. Komm, Sohn, steh neben mich und betrachte den bejammernswerten, zerfleischten, zerrissenen Körper des Vaters! Schaut ihr alle und Du, Vater der Himmlischen, wirf auf mich, ich bitte Dich, die funkelnde Gewalt des Blitzes. Jetzt quälen mich die Gipfel der angsteinjagenden Schmerzen, jetzt schleicht der Brand. O ihr früher siegreichen Hände, Brust, Rücken, mächtige Arme, hat unter eurem Drucke einstmals der Löwe von Nemea knirschend schwer den letzten Atemzug getan? Diese Rechte hat die scheußliche Schlange hingeopfert und Lerna befriedet? Diese hat den Ansturm der Zweikörprigen vernichtet? Diese hat das verwüstende Untier von Erymanthos niedergemacht? Hat sie den von der Hydra geborenen dreiköpfigen Hund aus dem dunklen Gestade des Tartaros weggeschleppt und hinaufgeführt? Hat sie den Drachen getötet, der in vielfältigen Windungen den goldtragenden Baum bewachte? Vieles Andere hat unsere siegreiche Hand gereinigt und keiner hat von unserem Lobe etwas erbeuten können."

Können wir den Schmerz verachten, wenn wir den Herakles selbst so unerträglich leiden sehen?

Aischylos soll herankommen, nicht nur ein Dichter, sondern auch ein Pythagoreer; so wird nämlich berichtet. Auf welche Weise trägt bei ihm Prometheus den Schmerz, den er wegen seines Diebstahls auf Lemnos erdulden muß! „Von daher, heißt es, wurde das Feuer heimlich den Sterblichen verteilt. Der weise Prometheus soll es mit List gestohlen und durch sein letztes Geschick dem Zeus die Strafe gezahlt haben."

Wie er nun diese Strafe abbüßt, gefesselt an den Kaukasos, sagt er folgendes: „Nachkommenschaft der Titanen, Verbündete unseres Blutes, vom Himmel gezeugt, schaut den, der an rauhe Felsen gebunden und gefesselt ist, so wie die Seeleute, die Nacht auf dem schrecklich dröhnenden Meere fürchtend, angstvoll das Schiff anbinden. So hat mich der Kronossohn Zeus gefesselt und sein Walten hat sich der Hilfe des Hephaistos bedient. Dieser hat die Nägel mit grausamer Kunst eingeschlagen und meine Glieder zerrissen. Durch seine Sorgfalt bin ich jammervoll durchbohrt und bewohne dieses Schloß der Erinnyen.

Und an jedem dritten, schrecklichen Tage zerreißt der Diener des Zeus in traurigem Anflug mit krummen Krallen mich zu grausigem Fraße. Dann gemästet mit fetter Leber und hinreichend gesättigt stößt er einen lauten Schrei aus und fliegt in die Höhe davon und mit gefiedertem Schwanze verspritzt er mein Blut. Wenn aber die angefressene Leber durch den Anhauch sich erneuert hat, wendet sich der Adler wieder hungrig zum gräßlichen Mahle. So ernähre ich diesen Wächter meiner jammervollen Folter, der mich lebendig mit ewigem Elend beschmutzt. Denn, wie ihr seht, festgehalten durch die Fesseln des Zeus vermag ich nicht den schrecklichen Vogel von meiner Brust wegzustoßen. So bin ich von mir selbst im Stiche gelassen und muß angstvolles Unheil auf mich nehmen und suche mit Sehnsucht den Tod als das Ende meiner Leiden. Aber auch vom Sterben werde ich durch die Macht des Zeus weit ferngehalten. Und diese alte schmerzbringende Verderbnis, angehäuft in schrecklichen Jahrhunderten, ist in meinem Körper befestigt, aus welchem unter der Glut der Sonne flüssige Tropfen hinunterfallen, die ununterbrochen die Felsen des Kaukasos besprengen."

Wir können kaum jemanden, der in solchem Zustand ist, nicht bejammernswert nennen, und wenn wir ihn so nennen, dann ist sicher der Schmerz ein Übel.

A: Bis dahin führst Du meine Sache. Aber darüber werde ich bald ins Reine kommen. Sag mir jetzt nur, woher sind diese Verse? Ich kenne sie nicht.

B: Ich werd es Dir sagen, denn Du stellst die Frage mit Recht. Siehst Du nicht, daß ich freie Zeit habe, so viel ich will?

A: Nun?

B: Du warst sicher oft, als Du in Athen warst, in den Vorträgen der Philosophen.

A: Gewiß, und gerne.

B: Da hast du sicher gemerkt, auch wenn damals keiner besonders redebegabt war, wie sie ihren Vorträgen Verse beigaben.

A: Gewiß viele, vor allem der Stoiker Dionysios.

B: Richtig, aber dieser machte es wie diktiert, ohne Auswahl und ohne Eleganz. Philon dagegen beließ das Versmaß, wählte die Stücke aus und brachte sie am rechten Ort. So kommt es, daß auch ich, seitdem ich Freude an dieser Art Deklamation des Greisenalters bekommen habe, fleißig unsere Dichter benütze. Wo jedoch diese versagen, da habe ich Vieles aus dem Griechischen übersetzt, damit die lateinische Sprache auch nicht in dieser Art von Gespräch des Schmuckes entbehre.

Aber siehst Du nun, was für ein Unheil die Dichter anrichten. Sie zeigen die tapfersten Männer, wie sie jammern, sie verweichlichen unsere Seele und sind so einschmeichelnd, daß man sie nicht nur liest, sondern sogar auswendig lernt. Wenn also zu einer schlechten häuslichen Erziehung und einem im Schatten verzärtelten Leben auch die Dichter herzukommen, zerreißen sie alle Sehnen der Tugend. Mit Recht werden sie also von Platon aus jenem Staate, den er sich ausgedacht hat, weggewiesen, da er die besten Sitten und die beste Staatsverfassung suchte. Aber wir, natürlich durch die Griechen belehrt, lesen und lernen diese Verse von Kindheit auf und nennen das eine weltmännische Unterweisung und Bildung.

Aber wozu ärgern wir uns über die Dichter? Es hat Lehrer der Tugend, Philosophen gegeben, die den Schmerz als das größte Übel bezeichneten. Du dagegen, junger Mann, als Du kurz vorher dieselbe Meinung zu haben behauptetest, bist auf ein Wort hin von Deiner Ansicht abgekommen, als ich Dich fragte, ob Du ihn auch für ein größeres Übel als die Schande hieltest. Stelle dieselbe Frage an Epikur. Er wird sagen, ein mäßiger Schmerz sei ein größeres Übel als die größte Schande. Diese selbst sei gar kein Übel, wenn nicht Schmerzen nachfolgten. Aber was für ein Schmerz folgt nun für Epikur, wenn er sagt, der Schmerz sei das größte Übel? Eine größere Schande läßt sich ja kaum von einem Philosophen erwarten. Darum hast Du mir genug konzediert, als Du antwortetest, Dir schiene die Schande ein größeres Übel zu sein als der Schmerz. Wenn Du eben dies festhältst, so wirst Du erkennen, wie entschieden man dem Schmerz widerstehen muß. Also haben wir nicht so sehr zu fragen, ob der Schmerz ein Übel sei, als vielmehr die Seele zu stärken, damit sie den Schmerz erträgt.

Die Stoiker formulieren kleine Beweisgänge, um zu zeigen, warum er kein Übel sei; als ob der Streit um Worte und nicht um die Sache ginge. Warum täuschest Du mich, Zenon? Denn wenn Du behauptest, was ich scheußlich fände, sei gar kein Übel, werde ich gefesselt und möchte wissen, wie das, was ich für das Jammervollste halte, überhaupt kein Übel sein kann. Er sagt: „Nichts ist ein Übel außer der Schande und dem Laster.“ Du kehrst zu Dummheiten zurück. Von dem, was mich bedrückt, befreist Du mich nicht. Ich weiß ja, daß der Schmerz kein Laster ist. Höre also auf, mich dies zu lehren. Lehre mich, daß es keinen Unterschied macht, ob ich Schmerz empfinde oder nicht. Er sagt: „Es macht keinen Unterschied, jedenfalls im Hinblick auf das glückselige Leben, das ausschließlich in der Tugend beruht. Aber dennoch muß man ihn verwerfen.“ Warum? „Er ist hart, gegen die Natur, schwer zu ertragen, traurig, mühsam." Das ist eine Sprachbegabung, wenn man auf soviele Weisen sagen kann, was wir alle mit einem einzigen Worte als Übel bezeichnen. Du definierst mir den Schmerz, aber Du nimmst ihn nicht weg, wenn Du ihn rauh nennst und gegen die Natur und so, daß man ihn kaum ertragen und aushalten kann. Du lügst gewiß nicht. Aber man soll sich nicht an Worten ergötzen und in der Sache unterliegen. „Wenn es nichts Gutes gibt als die Tugend und nichts Übles als die Schande" — das heißt wünschen, aber nicht lehren.

Besser und wahrer ist das Folgende: Alles, was die Natur ablehnt, gehört zum Übel, Alles, was sie sich aneignet, zum Guten. Wenn man dies festhält und den Streit um Worte beiseite läßt, so tritt das hervor, an was jene mit Recht festhalten, und was wir als edel, recht und ehrenvoll bezeichnen und was wir zuweilen mit dem Gesamtnamen Tugend umfassen; dann wird alles Andere, was man die Güter des Körpers und des Glückes nennt, winzig und belanglos erscheinen, derart daß es kein Übel gibt, das mit dem Übel der Schande zu vergleichen wäre, auch wenn sie alle zu einer einzigen Masse gesammelt werden. Darum, wenn, wie Du am Anfang sagtest, die Schande etwas Schlimmeres ist als der Schmerz, so ist der Schmerz überhaupt nichts. Denn solange es Dir schändlich und eines Mannes unwürdig erscheint, zu seufzen, zu heulen, zu jammern, sich durch den Schmerz niederbrechen und schwächen zu lassen, und solange Tugend, Würde und Ehre vorhanden sind und Du, auf sie hinblickend gefaßt bleibst, solange wird sicher der Schmerz der Tugend weichen und vor der Entschlossenheit der Seele ermatten. Denn entweder ist die Tugend nichtig oder jeder Schmerz ist zu verachten.

Willst Du, daß die Klugheit existiert, ohne die man nicht einmal begreifen kann, was die Tugend ist. Nun? Wird sie es zugeben, daß Du etwas tust, wovon Du keinen Gewinn hast, sondern Dich vergebens abmühst? Wird die Selbstzucht es zugeben, daß Du irgendetwas unbesonnen tust, oder kann die Gerechtigkeit gepflegt werden von einem Manne, der aus lauter Schmerz Anvertrautes verrät, Mitwisser preisgibt, viele Pflichten vernachlässigt? Wie? Was wirst Du der Tapferkeit und ihren Gefährten, der Seelengröße, der Würde, der Geduld, der Verachtung der menschlichen Dinge antworten? Wenn Du niedergeschlagen bist und daliegst und mit weinerlicher Stimme klagst, wird man Dir dann sagen: „Tapferer Mann!“? Wenn Du in solcher Verfassung bist, wird man Dich nicht einmal als einen Mann bezeichnen. Man muß also entweder die Tapferkeit preisgeben oder den Schmerz begraben.

Weißt Du wohl, daß Du, wenn Du irgendeine Deiner korinthischen Vasen verlierst, doch den Rest Deines Geschirrs wohlbehalten verwenden kannst, wenn Du aber eine einzige Tugend verloren hast — obschon die Tugend ja nicht verloren gehen kann, — also, wenn Du bekennst, eine einzige der Tugenden nicht zu besitzen, keine einzige haben wirst? Kannst Du als tapfer, als großgesinnt, als geduldig, würdig, das Menschliche verachtend etwa jenen Philoktetes bezeichnen — denn ich will lieber nicht von Dir reden? Sicher ist jener nicht tapfer, der daliegt: „unter einem feuchten Dache, das stumm die weinenden Töne wiedergibt, widerhallend in Geheul, Klage, Jammer und Seufzen.“

Ich leugne also nicht, daß der Schmerz Schmerz sei — denn wozu bedürfte es sonst der Tapferkeit? —, sondern ich behaupte, daß er durch die Ausdauer überwunden wird, wenn es überhaupt eine Ausdauer gibt. Wenn es sie nicht gibt, wozu loben wir dann die Philosophie und sind in ihrem Namen stolz? Der Schmerz stößt oder er mag sogar in Dich eindringen. Wenn Du nackt bist, reiche den Nacken dar. Wenn Du aber bewehrt bist „mit den Waffen des Vulcanus“, also der Tapferkeit, dann widersteh. Denn wenn Du dies nicht tust, wird Dich dieser Wächter Deiner Würde verlassen und preisgeben.

Die Gesetze der Kreter, die entweder Zeus oder Minos nach den Anweisungen des Zeus geschaffen hat, wie die Dichter sagen, ebenso die des Lykurgos erziehen die Jugend durch Anstrengungen, durch Jagen, Laufen, Hungern, Dürsten, durch Ertragen von Kälte und Hitze. In Sparta werden die Knaben am Altar derart mit Schlägen empfangen, „daß viel Blut aus den Eingeweiden strömt“, zuweilen sogar — wie ich hörte, als ich dort war — bis zum Tode. Aber von ihnen hat keiner jemals geschrien, ja nicht einmal gejammert. Nun? Was die Knaben können, werden Männer das nicht können? Wird die Tradition herrschen können, nicht aber die Vernunft?

Es gibt nun einen Unterschied zwischen Anstrengung und Schmerz. Sie sind zwar nahe verwandt, aber dennoch unterscheiden sie sich. Die Anstrengung ist eine Leistung der Seele oder des Körpers bei einer besonders schweren Aufgabe und Verpflichtung, der Schmerz aber eine rauhe Bewegung im Körper, die von den Sinnen abgelehnt wird.

Diese beiden Dinge werden von den Griechen, deren Sprache doch reicher ist als die unsere, mit einem einzigen Worte bezeichnet. So nennen sie denn die arbeitswilligen Menschen mühebereit oder noch eher schmerzliebend, wir dagegen mit größerem Rechte arbeitsam. Denn arbeiten und Schmerz empfinden sind verschiedene Dinge. Wie arm bist du doch zuweilen an Worten, Griechenland, obschon du immer meinst, du hättest eine Überfülle davon! Sich mühen und Schmerz empfinden sind, sage ich, zweierlei. Als dem C. Marius die Krampfadern wegoperiert wurden, empfand er Schmerzen. Als er in der Sommerhitze eine Marschkolonne anführte, mühte er sich.

Dennoch gibt es unter ihnen eine gewisse Ähnlichkeit. Denn die Gewöhnung an Mühen macht das Ertragen von Schmerzen leichter. Darum haben jene, die Griechenland seine Staatsformen gegeben haben, vorgeschrieben, daß die Körper der Jünglinge durch Anstrengung gekräftigt werden sollten. Die Spartaner haben dies auch auf die Frauen übertragen, die in den übrigen Staaten in weichlichstem Leben „im Schatten ihrer Wände versteckt sind". Jene dagegen haben nichts dergleichen gestattet „bei den spartanischen Jungfrauen, die sich mehr um die Palaestra, den Eurotas, die Sonne, den Staub, die Anstrengung, das Kriegswesen kümmern als um die barbarische Fruchtbarkeit". Bei diesen mühevollen Übungen kommt es zuweilen auch zu Schmerzen, man wird gestoßen, getroffen, zu Boden geworfen, man fällt, und die Anstrengung selbst erzeugt eine gewisse Unempfindlichkeit gegen den Schmerz.

Der Kriegsdienst nun — ich meine den unsrigen, nicht den der Spartaner, deren Schlachtreihe nach dem Takt der Musik und der Flöte marschiert und keine andern anfeuernden Lieder kennt als die im anapästischen Rhythmus — woher unsere Heere ihren Namen haben, siehst Du; ferner welches die Anstrengung ist, in der Kolonne zu marschieren und Verpflegung für mehr als einen halben Monat herumzutragen, dazu alles, was zum persönlichen Gebrauche dient, ferner Schanzwerkzeuge; den Schild, das Schwert, den Helm rechnen unsere Soldaten ebenso wenig zum Gepäck wie die Schultern, die Arme, die Hände. Denn die Waffen heißen die Glieder des Soldaten. Sie werden so geschickt getragen, daß man, wenn es notwendig ist, sofort die Lasten abwerfen und mit freien Waffen wie mit den eigenen Gliedern kämpfen kann. Und weiter: die Übung der Legionen, der Lauf, das Sichsammeln, das Kriegsgeschrei, welche Mühen macht das! Daraus entsteht jene Gesinnung, die in den Kämpfen bereit ist, Wunden zu empfangen. Stell daneben einen Soldaten gleicher Gesinnung, aber ungeübt: er wird aussehen wie ein Weib. Warum ist der Unterschied zwischen einem Heer von Alten und einem solchen von Jungen so groß, wie wir es selbst gesehen haben? Das Alter der Rekruten ist im allgemeinen kräftiger, aber Mühen zu ertragen, Wunden zu verachten lehrt nur die Gewohnheit. Dies bemerken wir auch öfters, wenn aus der Schlacht die Verwundeten fortgetragen werden und dann der Unerfahrene und Ungeübte, obschon nur leicht getroffen, in das jämmerlichste Stöhnen ausbricht; der Geübte dagegen, der Veteran, ist aus eben diesem Grunde tapferer und verlangt nur nach einem Arzte, um verbunden zu werden: „O Patroklos, ich komme zu euch und bitte um Hilfe und um eure Hände, bevor ich dem schlimmen Unheil unterliege, das mir die Hand des Feindes zugefügt hat. — — Auf keine Weise ist es möglich, den Strom des hervorquellenden Blutes zu hemmen und nur vielleicht durch eure Kunst kann der Tod vermieden werden. Denn die Verwundeten belagern die Tore der Söhne des Asklepios, unmöglich ist es, Zutritt zu erlangen. —

Dies ist ohne Zweifel Eurypylos, ein wohlerprobter Mann!“ Wo andere bloß das Jammern fortsetzen, sieh, wie er durchaus nicht weinerlich antwortet, und sogar den Grund nennt, warum er dies mit Gleichmut tragen muß: „Wer einem andern den Tod zubereitet, der muß wissen, daß ihm dasselbe Unheil auch zubereitet werden kann.“ So wird ihn Patroklos, wie ich denke, wegführen, um ihn auf ein Lager zu bringen und die Wunde zu verbinden. Gewiß, wenn er ein gewöhnlicher Mensch wäre; aber ich habe keinen gesehen, der es weniger wäre. Also fragt er vielmehr, was geschehen ist: „ ‚Erzähle, erzähle, wie sich im Kampfe die Sache der Argiver behauptet‘. — ‚Es kann in Worten gar nicht beschrieben werden, wie mühsam es in der Tat gewesen ist‘.“

Nun sei ruhig und verbinde die Wunde — auch wenn es Eurypylos gekonnt hätte, Aesop hätte es sicher nicht gekonnt: „Als das Glück Hektors unsere hartnäckige Schlachtreihe zum Weichen gebracht hatte ...“ und mitten unter den Schmerzen berichtet er das Übrige. So zügellos ist der kriegerische Ruhm bei einem tapferen Manne. Nun, was ein alter Soldat kann, wird das ein gebildeter und weiser Mann nicht können? Gewiß noch besser und zwar beträchtlich.

Aber bisher habe ich nur von der Gewöhnung und Übung gesprochen, nicht von der Vernunft und der Weisheit. Alte Frauen halten oft ein Fasten von zwei und drei Tagen aus. Nimm einem Athleten die Nahrung eines einzigen Tages weg: Zeus, den olympischen Zeus selbst, für den er trainiert, ruft er an und schreit, er könne das nicht aushalten. Groß ist die Macht der Gewohnheit. Die Jäger verbringen die Nacht im Schnee, lassen sich in den Bergen ausbrennen, und die Faustkämpfer, durch die Riemen zerschlagen, stöhnen nicht einmal. Aber wozu reden wir über die Leute, für die ein Sieg in Olympia das ist, was bei uns in alten Zeiten ein Konsulat. Die Gladiatoren, verworfene Menschen oder Barbaren, was für Schläge halten sie aus! Wie jene, die gut unterrichtet sind, sich lieber den Schlägen aussetzen als sie mit Schande vermeiden! Wie oft zeigt es sich, daß sie nichts lieber wollen als entweder ihrem Herrn gefallen oder dem Volke! Sogar mit Wunden bedeckt, schicken sie Boten zu ihrem Herrn um sich zu erkundigen, was dieser wünscht: wenn er zufrieden ist, seien sie bereit, den Todesstreich zu empfangen. Welcher auch nur einigermaßen tüchtige Gladiator hat je gestöhnt und hat seine Miene verzogen? Wer hat sich jemals im Stehen oder sogar im Fallen schimpflich gezeigt? Wer hat den Kopf eingezogen, als er gefallen war und den Befehl erhielt, den Hals hinzuhalten? Soviel vermag die Übung, das Lernen, die Gewohnheit.

Wenn nun dies „ein Samniter vermag, ein ordinärer Mensch, eines solchen Lebens und Ranges wohl wert“, wird ein Mann, der zum Ruhme geboren ist, in irgendeinem Teil seiner Seele so weichlich sein, daß er sie nicht durch Lernen und Überlegung stärken kann? Manchen kommt das Gladiatorenspiel grausam und unmenschlich vor und ich bin nicht sicher, ob es nicht stimmt, so wie diese Spiele jetzt gegeben werden. Als aber Verbrecher mit dem Schwerte kämpften, so konnte es, wenn nicht für die Ohren, so doch sicher für die Augen keine härtere Schulung gegen den Tod und den Schmerz geben als diese.

Ich habe von der Übung, der Gewohnheit, der Vorbereitung gesprochen. Nun wohl, reden wir von der Vernunft, wenn Du nicht etwas dazu zu bemerken hast.

A: Soll ich Dich unterbrechen? Ich möchte eine solche Frage nicht einmal hören. So überzeugend ist mir Deine Rede.

B: Ob nun der Schmerz ein Übel ist oder nicht, das sollen die Stoiker ausmachen, die mit kleinen verdrehten und subtilen Schlüssen, die keine Überzeugungskraft erreichen, zu beweisen suchen, daß er kein Übel sei. Mag sich dies verhalten, wie es will, ich halte dies für nicht so bedeutend wie es scheint; die Menschen werden durch den falschen Anblick und falsches Aussehen zu stark erregt, und in Wahrheit ist ihnen jeder Schmerz erträglich.

Wo soll ich also anfangen? Soll ich kurz das noch einmal berühren, was ich soeben gesagt habe, damit dann mein Vortrag umso leichter weitergehen kann?

Es ist also allgemein anerkannt, nicht nur unter den Philosophen, sondern auch unter den Laien, daß es tapferen, großgesinnten, ausdauernden, und das Menschliche überwindenden Männern zukommt, mutig den Schmerz zu ertragen. Niemand hat einen Menschen, der ihn so aushielt, nicht als lobenswürdig erklärt. Ist es nun nicht beschämend, das, was vom Tapferen gefordert und bei ihm gelobt wird, zu fürchten, wenn es nahekommt oder es nicht auszuhalten, wenn es da ist? Bedenke doch: wenn alle rechten Verfassungen der Seele Tugenden genannt werden, so ist dies nicht der Eigenname von allen, sondern sie haben vielmehr ihren Namen von einer, die in besonderer Weise Tugend heißt. Denn Tugend (virtus) ist von Mann (vir) abgeleitet. Dem Manne ist aber vorzugsweise die Tapferkeit eigen, die zwei vornehmste Eigenschaften hat, die Verachtung des Todes und die des Schmerzes. Diese muß man also bewähren, wenn wir der Tugend teilhaft, oder vielmehr: wenn wir Männer sein wollen, da ja die Tugend ihren Namen von der Mannhaftigkeit hat.

Du fragst vielleicht, wie das geschehen soll, und mit Recht: denn das Heilmittel in eben diesem Falle beansprucht die Philosophie zu geben.

Nun kommt aber Epikur, ein gar nicht bösartiger, sondern vielmehr ausgezeichneter Mann. Er predigt, soviel er begreift: „Vernachlässige den Schmerz." Wer sagt dies? Derselbe, der den Schmerz für das größte Übel erklärt. Das ist kaum sehr konsequent. Hören wir weiter: „Ist der Schmerz sehr stark, so wird er kurz sein" — Wiederhole mir dies bitte. Denn ich verstehe nicht recht, was Du mit „sehr stark" meinst und was mit „kurz". — „Sehr stark ist, was nicht stärker sein kann, kurz, was nicht kürzer sein kann". – Ich verachte die Größe eines Schmerzes, von dem mich die Kürze der Zeit befreit, beinahe bevor er überhaupt gekommen ist. — „Aber wenn der Schmerz so groß ist, wie derjenige des Philoktetes?" „Er scheint mir augenscheinlich groß zu sein, aber noch nicht sehr groß; denn es ist ja nur der Fuß, der leidet. Es können aber auch die Augen leiden, der Kopf, die Seiten, die Lungen, Alles. Er ist also vom höchsten Schmerze noch weit entfernt; also, sagt Epikur, hat ein lange dauernder Schmerz mehr Freude als Verdruß."

Nun darf ich nicht behaupten, daß ein so großer Mann nichts versteht, aber ich glaube, er lacht uns aus. Ich werde nicht gleich behaupten, daß ein sehr starker Schmerz — ich nenne ihn „sehr stark", auch wenn er um zehn Atome geringer ist als ein anderer — kurz sei und ich kann viele treffliche Männer nennen, die manche Jahre hindurch von den ärgsten Podagraschmerzen geplagt wurden. Aber der Schlaue bestimmt nie das Maß der Größe oder der Dauer, damit ich erfahren kann, was er das Größte beim Schmerz und die Kürze bei der Zeit nennt. Lassen wir ihn also, da er eigentlich nichts sagt und zwingen ihn, einzugestehen, daß man von ihm keine Heilmittel gegen den Schmerz erwarten kann, da er ja den Schmerz als das größte aller Übel bezeichnet hat, obschon er sich selbst recht tapfer in seinen Krämpfen und Nierenbeschwerden gezeigt hat.

Man muß also das Heilmittel anderswo suchen, und vor allem, soweit Konsequenz in Frage kommt, bei denen, für die die Tugend das höchste Gut und die Schande das größte Übel ist. Wenn diese anwesend sind, wirst Du sicher nicht jammern und Dich beklagen dürfen. Denn durch ihren Mund redet die Tugend selbst zu Dir: „Du hast die Knaben in Sparta, die Jünglinge in Olympia, die Barbaren in der Arena die schwersten Schläge empfangen und schweigend aushalten gesehen, und wenn Dich irgendein Schmerz schüttelt, schreist Du wie ein Weib und hältst ihn nicht gleichmütig und gefaßt aus? — „Das ist unmöglich, die Natur gestattet dies nicht." — Ich verstehe. Die Knaben halten ihn aber aus, aus Ehrgeiz, Andere aus Schamgefühl, Viele aus Angst und doch fürchten wir, die Natur halte dies, was von so Vielen und an so vielen Orten ertragen wird, nicht aus? Sie erträgt es nicht nur, sondern fordert es sogar. Denn sie kennt nichts vornehmeres, nichts, was sie mehr erstrebt, als die Tugend, das Lob, die Auszeichnung und Ehre. Mit diesen verschiedenen Worten meine ich eine einzige Sache, aber ich verwende doch mehrere Worte, um so deutlich wie möglich zu sein. Ich will nämlich sagen, es sei für den Menschen bei weitem das beste, was an und für sich zu wünschen ist: was von der Tugend ausgeht oder in ihr selbst beruht, an sich lobenswert, und was ich lieber das einzige Gut nennen möchte als verneinen, daß es das höchste Gut sei. Wenn dies von der Tugend gilt, so gilt von der Schande das Gegenteil, daß nichts scheußlicher, verachtenswerter und menschenunwürdiger sei als sie.

Wenn Du also davon überzeugt bist — Du sagtest ja am Anfang, daß Dir die Schande ein größeres Übel schiene als der Schmerz —, so bleibt nur, daß Du auch Herr über Dich seiest. Das tönt allerdings sonderbar, als ob wir zwei Wesen seien, von denen das eine regiert und das andere gehorcht. Dennoch sagt man dies nicht unüberlegt. Denn die Seele ist in zwei Teile geteilt, deren einer vernunftbegabt ist, der andere vernunftlos. Wenn uns also befohlen wird, uns selbst zu beherrschen, so wird befohlen, daß die Vernunft die Leidenschaft beherrsche. In der Seele aller Wesen gibt es von Natur etwas Weiches, Nachgiebiges, Niedriges, gewissermaßen Gelähmtes und Mattes. Wenn es nichts anderes gäbe, gäbe es nichts Mißgestalteteres als den Menschen. Aber es gibt auch die Herrin und Königin über Alles, die Vernunft, die in sich gesammelt und entwickelt zur vollkommenen Tugend wird. Daß sie jenen Seelenteil regiere, der dienen soll, dafür zu sorgen ist die Aufgabe des Mannes. „Wie denn?" wirst Du fragen. Nun, wie ein Herr über den Sklaven, ein Feldherr über den Soldaten, ein Vater über den Sohn. Wenn sich jener Seelenteil, von dem ich gesagt habe, daß er weichlich sei, schändlich benimmt, sich weibischem Klagen und Weinen hingibt, so soll er durch die Freunde und Nahestehenden überwacht, gefesselt und gebunden werden. Denn wir sehen oft, wie solche, die sich durch keine Vernunft besiegen ließen, durch die Scham überwältigt werden. Sie werden also wie Sklaven in Fesseln und Bewachung gehalten. Wer aber stärker ist, aber doch nicht ganz gefestigt, diese bedürfen einer Ermahnung, damit sie wie gute Soldaten, zur Ordnung gerufen, ihre Würde bewahren. Nicht allzusehr, sondern eher mit Maß jammert in den Niptra jener weiseste Grieche, wenn er verwundet ist: „Geht Schritt für Schritt voran und mit ruhiger Bewegung, damit nicht durch einen Stoß größerer Schmerz entstehe." Pacuvius sagt dies besser als Sophokles; denn bei diesem klagt Odysseus jämmerlich über seine Wunde. Aber obschon er nur wenig stöhnt, zögern doch gerade jene, die den Verwundeten tragen, mit Hinblick auf die Würde seiner Person nicht, zu sagen: „Auch Du, Odysseus, obwohl wir sehen, daß Du schwer getroffen bist, bist von beinahe allzu weichlicher Art, wo Du doch gewohnt bist, Dein Leben in Waffen zu führen." Der kluge Dichter hat begriffen, daß die Gewohnheit keine geringe Lehrerin im Ertragen des Schmerzes ist. Und jener sagt, nicht allzu maßlos, mitten in großem Schmerz: „Haltet mich fest, haltet mich! Die Wunde bedrängt mich, deckt mich auf! Ach, ich Armer, wie ich leide!“ Er beginnt schwach zu werden, faßt sich aber sofort wieder: „Bedeckt mich und zieht euch zurück. Laßt mich, sofort. Denn durch Berühren und Schütteln verstärkt ihr meinen grimmigen Schmerz.“ Siehst Du, wie er verstummt, nicht weil der körperliche Schmerz sich beruhigt, sondern weil der Schmerz der Seele überwunden ist? So mahnt er am Ende der Niptra sogar Andere und dies im Sterben: „Zu klagen über das widrige Geschick, nicht aber zu jammern schickt sich. Das ist die Pflicht des Mannes, das Weinen ist der Art des Weibes gegeben.“ Bei ihm gehorcht der weichere Seelenteil so der Vernunft wie einem strengen Feldherrn ein Soldat mit Ehrgefühl.

Wer aber die vollkommene Weisheit besitzt — so jemanden haben wir bis jetzt noch nicht erlebt; aber in den Lehren der Philosophen wird gezeigt, wie ein solcher sein wird, wenn es ihn einmal geben sollte —, dieser also, oder die Vernunft, die als eine vollkommene und abgeschlossene in ihm sein wird, wird derart dem untergeordneten Teile befehlen wie ein gerechter Vater tüchtigen Söhnen: mit einem Wink wird er erreichen, was er will, ohne Mühe, ohne Umstände. Er wird sich aus sich selbst aufrichten, aufwecken, bewehren, bewaffnen, um dem Schmerz wie einem Feinde entgegenzutreten. Welches sind diese Waffen? Die Anspannung, die Entschiedenheit, das innere Wort, wenn er mit sich spricht: „Hüte dich vor Schande, Schlaffheit, Unmännlichkeit.“ Dem Geiste sollen edle Vorbilder vorschweben: Zenon von Elea, der lieber alles erduldete als die zum Sturze der Tyrannis Mitverschworenen zu verraten; man denke an den Demokriteer Anaxarchos, der, als er in Kypros in die Hand des Königs Timokreon gefallen war, vor keiner Art der Folter um Gnade bat oder vor ihr zurückschreckte. Der Inder Kalanos, ein ungebildeter Barbar, geboren am Fuße des Kaukasus, ist nach seinem Willen lebendig verbrannt worden. Wir dagegen, wenn wir weh an einem Fuß, an einem Zahn haben, können es nicht ertragen. Unsere Vorstellung davon ist verweichlicht und schwächlich — im Schmerz genau so wie in der Lust —; sie löst uns auf und macht uns in Weichlichkeit verschwimmen, so daß wir ohne Geschrei nicht einmal einen Bienenstachel ertragen können. Aber C. Marius, ein Bauer, doch ein echter Mann, ließ sich, als er operiert werden sollte, wie ich oben berichtet habe, von Anfang an gar nicht anbinden und es heißt, es sei vor Marius niemand, ohne gebunden worden zu sein, operiert worden. Warum wohl nach ihm auch Andere? Sein Vorbild setzte sich durch. Siehst du also, daß das Übel im Meinen liegt, nicht in der Natur? Und doch zeigte derselbe Marius, daß der Eingriff des Schmerzes mühsam war. Denn das andere Bein ließ er nicht operieren. So trug er also den Schmerz wie ein Mann, und wie ein Mensch wollte er einen größeren Schmerz ohne notwendigen Grund nicht auf sich nehmen.

Alles liegt also daran, daß Du dich selbst beherrschest. Ich habe gezeigt, was für eine Art von Herrschaft gemeint ist. Und dieser Gedanke, was der Ausdauer, der Tapferkeit, der Seelengröße würdig sei, festigt nicht nur die Seele, sondern macht auf irgendeine Weise auch den Schmerz milder. Wie es nämlich in der Schlacht vorkommt, daß ein feiger und ängstlicher Soldat, sowie er den Feind sieht, den Schild wegwirft und flieht, so viel er kann und zuweilen aus eben diesem Grunde bei heilem Leibe zugrundegeht, während demjenigen, der an seinem Posten bleibt, nichts passiert, so geben sich auch jene, die den Anblick des Schmerzes nicht ertragen können, selbst auf und liegen darum niedergeschlagen und ohnmächtig da. Wer aber Widerstand leistet, geht meistens als der Stärkere daraus hervor. Denn es gibt gewisse Ähnlichkeiten der Seele mit dem Körper. Wie der angespannte Körper die Lasten leichter trägt, der gelockerte Körper aber Mühe hat, so wehrt auch die angespannte Seele den Druck aller Lasten ab, wird aber durch das Nachlassen so bedrängt, daß sie sich gar nicht mehr aufrichten kann.

Und wenn wir die Wahrheit suchen, so sehen wir, daß bei der Erfüllung aller Pflichten diese Anspannung der Seele notwendig ist. Sie allein wacht gewissermaßen über die Erfüllung der

Pflicht. Doch gerade darauf muß man beim Schmerze vor allem achten, daß man nichts verächtlich, ängstlich, feig, sklavisch und weibisch tue, und vor allem muß jenes Geschrei des Philoktetes abgelehnt und verworfen werden. Zu seufzen ist zuweilen, wenn auch selten, dem Manne gestattet, zu heulen nicht einmal einer Frau. Dies ist sicherlich mit jenem „Klagegeschrei“ gemeint, dessen Anwendung bei Begräbnissen die zwölf Tafeln verboten haben. Niemals wird ein tapferer und ausdauernder Mann auch nur stöhnen, außer um sich zur Festigkeit anzuspannen, wie etwa im Stadion die Läufer so laut rufen, als sie nur können. Dasselbe tun die Athleten beim Training, die Ringkämpfer stöhnen sogar beim Vorstoßen der Riemen, wenn sie den Gegner treffen, nicht weil sie Schmerz empfinden und innerlich schwach werden, sondern weil der ganze Körper angespannt ist, wenn er einen Laut von sich gibt, und der Schlag dann härter wird.

Nun: wenn man noch kräftiger schreien will, genügt es, die Seiten, die Kehle, die Zunge anzuspannen, woher, wie wir sehen, die Stimme kommt? Mit dem ganzen Körper und mit allen Fasern, um es so zu sagen, unterstützt man die Anspannung der Stimme. Ich habe wahrhaftig den M. Antonius, als er leidenschaftlich für sich selbst in der Anklage gemäß der Lex Varia sprach, mit dem Knie den Boden berühren gesehen. Wie nämlich die Steinschleudern und die sonstigen Geschoßschleudern umso wuchtiger schießen, je mehr sie angespannt und angezogen sind, desto stärker ist auch die Stimme, der Lauf, der Schlag, je angespannter er geführt wird. Da also die Kraft dieser Anspannung so groß ist, und wenn beim Schmerz das Stöhnen dazu dient, die Seele zu stärken, so werden wir eben stöhnen. Wenn freilich das Stöhnen jämmerlich ist, schwach, armselig und weinerlich, so kann ich den kaum einen Mann nennen, der sich ihm ergibt. Wenn umgekehrt das Stöhnen eine Erleichterung schaffte, würden wir uns doch fragen, was zu einem tapferen und tüchtigen Manne gehört. Wenn es aber den Schmerz überhaupt nicht mindert, warum wollen wir uns sinnlos schmählich benehmen? Und was ist für einen Mann schmählicher als weibisches Weinen?

Und dieser Rat, der hinsichtlich des Schmerzes gegeben wird, gilt weiter: allen Dingen, nicht bloß dem Schmerze, muß man mit derselben Anspannung der Seele begegnen: der Zorn entflammt, die Begierde peitscht auf. Da muß man in dieselbe Burg fliehen und dieselben Waffen ergreifen. Aber da wir hier nur vom Schmerz reden, lassen wir das Übrige.

Um den Schmerz ruhig und gefaßt ertragen zu können nützt es also am meisten, mit ganzer Seele, wie man zu sagen pflegt, zu bedenken, wie ehrenvoll das ist. Denn wir sind von Natur, wie schon gesagt — und man muß es öfter sagen —, im höchsten Maße begierig und eifrig auf das Edle. Wenn wir es gewissermaßen aufleuchten sehen, so gibt es nichts, was wir nicht zu ertragen und auszuhalten bereit wären, um es zu erlangen. In diesem Laufe und Drang der Seele zum wahren Ruhm und zur Tugend werden alle Gefahren in den Kämpfen ausgehalten. Die tapferen Männer spüren in der Schlacht die Wunden nicht, oder vielmehr sie tun es, aber sie wollen lieber sterben als auch nur ein wenig von der Höhe der Ehre hinabsteigen. Die Decier haben die funkelnden Schwerter der Feinde gesehen, als sie in deren Schlachtreihe einbrachen. Vor der Ehre des Todes und dem Ruhm verschwand ihnen alle Angst vor den Wunden. Glaubst du, Epameinondas habe gestöhnt, als er sein Blut und sein Leben gleichzeitig entströmen spürte? Er hinterließ sein Vaterland als Herrn über Sparta, nachdem er es als Knecht empfangen hatte. Das sind die Tröstungen und Heilmittel in den größten Schmerzen.

Du wirst sagen: Wie ist das im Frieden, in unserm Hause, in unserm Bette? Du erinnerst mich an die Philosophen, die nicht oft zur Schlacht ausrücken. Einer von ihnen, ein eher leichtfertiger Mensch, Dionysios von Heraklea, der bei Zenon tapfer zu sein gelernt hatte, verlernte dies im Schmerze. Denn da er an den Nieren litt, schrie er unter Geheul, es sei falsch, was er selbst früher über den Schmerz gelehrt habe. Als ihn sein Mitschüler Kleanthes fragte, was für ein Grund ihn von dieser Meinung abwendig gemacht habe, antwortete er: „Wenn ich den Schmerz nicht ertragen könnte, wenn ich mich nur ein wenig mit Philosophie beschäftigt hätte, wäre dies schon ein hinreichendes Argument dafür, daß der Schmerz ein Übel ist. Nun habe ich aber viele Jahre auf die Philosophie verwandt und kann den Schmerz trotzdem nicht aushalten. Also ist der Schmerz ein Übel.“ Da soll Kleanthes mit dem Fuß auf den Boden gestampft und den Vers aus den Epigonoi gesagt haben: „Hörst Du dies, Amphiaraos, der du unter der Erde verborgen bist?“ Er meinte damit Zenon, dessen mißratener Schüler jener zu seinem Schmerze war.

Mit unserm Poseidonios stand es anders: ihn habe ich selbst öfters gesehen und will erzählen, was Pompeius zu berichten pflegte: er habe, als er bei seiner Rückkehr aus Syrien nach Rhodos kam, Poseidonios hören wollen. Aber als er vernahm, dieser sei schwer krank, weil er heftig an Rheumatismus litt, wollte er doch wenigstens den hochberühmten Philosophen besuchen. Er sah ihn also, begrüßte ihn, sprach ihn mit ehrenvollen Worten an und sagte, er bedauere, daß er ihn nicht hören könne. Da erwiderte jener: „Du kannst es, denn ich werde nicht gestatten, daß der Schmerz meines Körpers bewirkt, daß ein so großer Mann vergebens zu mir gekommen ist.“ Und so habe er denn würdig und ausführlich darüber geredet, daß es kein anderes Gut gebe als die Tugend, und dies auf seinem Bette liegend, und als ihn der Schmerz gleichsam zu brennen anfing, habe er oftmals gesagt: „Du richtest nichts aus, Schmerz. Denn magst Du auch lästig sein, so werde ich doch nie zugeben, daß Du ein Übel seist.“

Ganz allgemein werden alle edlen und vornehmen Anstrengungen eben dadurch sogleich erträglich. Wir sehen doch, daß dort, wo die sogenannten gymnischen Spiele in hohen Ehren stehen, jene, die zu solchem Wettstreit antreten, keinerlei Schmerzen scheuen. Und wo Jagen und Reiten gepriesen werden, haben jene, die sich dafür interessieren, keine Angst vor Schmerzen. Und was soll ich von unserm Ehrgeiz, der Begierde nach Ehrenämtern sagen? Welches Feuer haben jene nicht durchlaufen, die einstmals solche Ämter sozusagen Punkt für Punkt sammelten? So hatte Scipio Africanus immer den Sokratiker Xenophon zur Hand, den er vor allem darum lobte, weil er sagte, dieselben Mühen seien für den Feldherrn und den Soldaten nicht gleich beschwerlich, weil eben die Ehre die Mühe des Feldherrn leichter mache.

Es kommt nun immerhin vor, daß die Menge der Toren eine Vorstellung von der Tugend hat, ohne daß sie sie selbst sehen können. So werden sie durch das Gerede und das Urteil der Leute angetrieben, so daß sie für edel halten, was von den Meisten gelobt wird. Was aber Dich angeht, auch wenn Du unter den Augen der Menge lebst, so möchte ich doch nicht, daß Du von ihrem Urteil abhängig seist und nicht das für das schönste haltest, was jene dafür hält. Du mußt Dein eigenes Urteil anwenden. Wenn Du Deine Entschlüsse als richtig billigst und damit zufrieden bist, dann wirst Du nicht nur Dich selbst besiegt haben, was ich Dir kurz zuvor anempfohlen hatte, sondern Alle und Alles.

Sei Dir also bewußt, daß eine solche Großzügigkeit und sozusagen höchste Konzentration der Seele, wie sie im Verachten und Übersehen der Schmerzen am meisten sichtbar wird, das schönste von allem ist und umso schöner, je unabhängiger es vom Volke ist, keinen Beifall sucht und mit sich selbst zufrieden ist. Mir scheint jedenfalls all das lobenswerter, was ohne Zurschaustellung und ohne Dabeisein des ganzen Volkes geschieht, nicht als ob man das fliehen müßte — denn alle edlen Taten wollen im Lichte erscheinen —, aber dennoch ist keine Bühne größer für die Tugend als das eigene Bewußtsein.

Als erstes wollen wir also überlegen, daß diese Ausdauer im Schmerze, von der ich schon oft sagte, daß sie durch Anspannung der Seele zu befestigen sei, sich gleichmäßig in allen Dingen bewähre. Denn oft haben viele, die aus Begierde nach einem Siege oder nach Ruhm, oder um ihr Recht und ihre Freiheit zu behaupten, tapfer Wunden empfingen und aushielten, wenn diese Anspannung fehlte, den Schmerz einer Krankheit nicht aushalten können. Denn jenen Schmerz, den sie leicht aushielten, hielten sie nicht mit Vernunft und Weisheit aus, sondern eher in Leidenschaft und Ruhmsucht. So können denn auch manche Barbaren und Rohlinge wild mit dem Schwerte kämpfen, aber mannhaft krank zu sein vermögen sie nicht. Die Griechen wiederum, die nicht besonders mutig sind, doch klug, soweit es die Art der Menschen ist, können dem Feinde nicht ins Auge schauen, doch Krankheiten ertragen sie gelassen und ruhig. Die Kimbern und Keltiberer jubeln in der Schlacht und jammern in Krankheiten. Denn nichts kann gleichmäßig sein, was nicht von einer bestimmten Einsicht ausgeht.

Wenn Du aber siehst, wie selbst jene, die durch Leidenschaft oder Einbildung getrieben in diesem Drange durch den Schmerz nicht niedergedrückt werden, so mußt Du annehmen, daß der Schmerz entweder kein Übel ist oder, wenn man das, was rauh und der Natur zuwider ist, ein Übel nennen will, so ist er doch so geringfügig, daß er von der Tugend derart zugedeckt wird, daß er nirgendwo erscheint. Dies überlege, ich bitte Dich, bei Tag und Nacht. Denn dieser Grundsatz gilt noch weiter und wird sich auf mehr als bloß auf den Schmerz anwenden lassen. Denn wenn wir alles tun werden, um der Schande zu entgehen und Tugend zu erlangen, so werden wir nicht nur die Stacheln des Schmerzes, sondern auch die Blitzschläge des Schicksals verachten können, besonders wenn jener Zufluchtsort, von dem wir gestern sprachen, offen steht.

Wie ein Seefahrer, den die Piraten verfolgten und zu dem ein Gott spräche: „Wirf Dich aus dem Schiff. Es ist jemand bereit, Dich aufzunehmen, vielleicht ein Delphin, wie den Arion von Methymna; oder jene neptunischen Pferde des Pelops, von denen es heißt, daß sie den eilenden Wagen durch die Wogen dahingejagt haben, sie werden Dich aufnehmen und führen, wohin Du willst“, jede Furcht verlöre, so siehst auch Du, wohin Du fliehen kannst, wenn Dich rauhe und scheußliche Schmerzen bedrängen, so große, daß Du sie nicht auszuhalten vermagst.

Dies, glaube ich, war in diesem Zusammenhange zu sagen. Aber vielleicht beharrst Du bei Deiner Meinung.

A: Gewiß nicht und ich hoffe vielmehr, ich sei in diesen zwei Tagen von der Furcht vor den zwei Dingen, die mich am meisten ängstigten, befreit worden.

B: Also morgen wieder zur Uhrzeit. Denn dies haben wir abgemacht und darin darf ich nicht Dein Schuldner bleiben.

A: Gewiß, und zwar die Redeübung vor dem Mittag, die Philosophie aber zu derselben Zeit wie heute.

B: Gut, und ich will Deinem ausgezeichneten Eifer Folge leisten.

DRITTES BUCH

Was soll ich für eine Ursache annehmen, Brutus, dafür, daß wir, die wir aus Leib und Seele bestehen, zwar zur Heilung und Bewahrung des Körpers uns um eine Wissenschaft bemüht haben, deren Nützlichkeit durch die Erfindung der unsterblichen Götter geheiligt wurde — daß dagegen ein Heilmittel für die Seele weder besonders begehrt war, bevor es entdeckt wurde, noch besonders benutzt wurde, als es entdeckt war, und auch nicht vielen Leuten erwünscht und willkommen ist als vielmehr Manchen verdächtig und verhaßt? Ist es, weil wir die Beschwerden und den Schmerz des Leibes mit der Seele bemerken, die Krankheit der Seele aber mit dem Körper nicht empfinden? So kommt es, daß die Seele über sich selbst urteilt, während doch an ihr gerade, was urteilt, krank ist.

Wenn uns nun die Natur so geschaffen hätte, daß wir sie selbst betrachten und durchschauen und unter ihr als bester Leiterin den Lauf des Lebens vollenden könnten, so würde sicherlich niemand Gründe und Belehrung verlangen. Jetzt aber hat sie uns nur winzige Lichtlein gegeben, die wir, verdorben durch schlechte Sitten und Meinungen, rasch so gründlich auslöschen, daß uns nirgendwo das Licht der Natur erscheint. Denn in unserm Geiste sind Samen der Tugenden eingeboren und wenn sie heranwachsen dürften, würde uns die Natur von selbst zum seligen Leben hinführen. Jetzt aber bewegen wir uns, sowie wir geboren und in die Gemeinschaft aufgenommen sind, sofort in jeglicher Schlechtigkeit und in vollkommener Verkehrtheit unserer Meinungen, so daß es aussieht, als hätten wir beinahe mit der Milch der Amme zusammen das Irren eingesogen. Wenn wir dann den Eltern zurückgegeben und später den Lehrern anvertraut sind, werden wir so sehr von den verschiedenen Irrtümern durchtränkt, daß die Wahrheit dem Schein und dem gefestigten Meinen die Natur selbst nachgibt.

Es kommen die Dichter dazu, die einen bedeutenden Anschein von Wissen und Weisheit anbieten und angehört, gelesen und auswendig gelernt werden und sich schließlich tief im Geiste festsetzen. Wenn überdies als der sozusagen größte Lehrer das Volk dazukommt und die ganze Menge der Leute, die überall in den Lastern übereinstimmen, dann werden wir vollkommen von den verkehrten Meinungen überwältigt und fallen von der Natur ab und glauben, jene hätten am ehesten die Absicht der Natur begriffen, die überzeugt sind, es gebe nichts besseres für den Menschen, nichts erstrebenswerteres, nichts vollkommeneres als Ehren, Ämter, Ruhm beim Volke. Darauf steuern nun die Besten und meinen die wahre Ehre zu suchen, die die Natur ausschließlich erstrebt, und treiben in der größten Eitelkeit umher und erreichen kein klares Bild der Tugend, sondern nur ein schattenhaftes Abbild des Ruhmes. Denn der wahre Ruhm ist eine feste und scharf umrissene Sache, kein Schatten. Er ist das übereinstimmende Lob der Guten, die unverdorbene Stimme jener, die über hervorragende Tugend richtig urteilen können. Er ist wie ein Echo, das der Tugend antwortet. Und da er zumeist rechten Taten folgt, so werden tüchtige Männer ihn nicht abweisen.

Jener dagegen, der sein Nachahmer zu sein beansprucht, ist frech und unüberlegt und lobt zumeist Fehler und Laster, ist Gerede des Volkes und verdirbt durch Vortäuschen der Tugend ihre Gestalt und Schönheit. In dieser Blindheit haben Menschen, welche zwar Edles suchten, aber nicht wußten, wo und was es sei, teils ihre Staaten ruiniert, teils sind sie selbst zugrunde gegangen. Sie haben zwar den besten Willen gehabt und sind nicht an ihrem Willen, sondern am Irrtum ihres Weges zugrunde gegangen.

Und wie? Jene, die durch die Begierde nach Geld und die Gier nach Lust getrieben werden und deren Geist so verwirrt wird, daß sie vom Wahnsinne nicht mehr weit entfernt sind (wie dies allen Toren geschieht), gibt es für diese keinerlei Heilung? Oder

soll man annehmen, die Krankheiten der Seele seien weniger gefährlich als die des Körpers, oder die Körper könnten geheilt werden, aber für die Seelen gebe es keine Medizin?
Aber die Krankheiten der Seele sind gefährlicher und häufiger als die des Körpers. Diese wiederum sind nur deshalb verabscheuenswert, weil sie die Seele beeinflussen und sie beunruhigen, und wie Ennius sagt: „Eine kranke Seele irrt immer, kann nicht aushalten und überdauern und hört nie auf zu begehren." Um das übrige beiseite zu lassen, welche Krankheiten des Körpers könnten schlimmer sein als diese beiden, Kummer und Begierde? Wie kann man weiterhin beweisen, daß die Seele sich nicht zu heilen vermag, wenn es gerade sie ist, die die Heilmittel für den Körper erfunden hat? Und während die Heilung der Körper gerade vom Körper und seiner Natur wesentlich abhängt und nicht alle, die sich heilen lassen, sogleich wieder gesund sind, werden dagegen die Seelen, die gesund werden wollen und den Vorschriften der Weisen gehorchen, ohne jeden Zweifel gesund. Es gibt nämlich ein Heilmittel für die Seele, die Philosophie. Damit sie hilft, muß man nicht wie bei den Krankheiten des Körpers auswärts suchen, sondern mit allen Mitteln und Kräften darauf hinarbeiten, daß wir uns selbst heilen können.
Über die gesamte Philosophie nun, wie weit sie zu erstreben und zu pflegen sei, habe ich, wie ich glaube, im Hortensius genug gesagt.' Über die größten Dinge zu sprechen und zu schreiben haben wir aber inzwischen niemals aufgehört. Und in den vorliegenden Büchern berichten wir, was wir mit unseren Freunden im Tusculanum besprochen haben. Da nun in den zwei vorangehenden vom Tod und vom Schmerz die Rede war, so soll dieses Buch den dritten Tag der Unterhaltung darstellen.
Wie wir nämlich in unsere Akademie hinabstiegen und der Tag sich schon zum Nachmittag neigte, da forderte ich einen der Anwesenden auf, einen Gegenstand des Gesprächs anzugeben. Und da begann es folgendermaßen:
A: Es scheint mir, daß der Weise dem Kummer unterworfen ist.
B: Auch den andern Leidenschaften, der Angst, der Begierde, dem Zorn? Denn diese sind es ungefähr, die die Griechen πάθη

nennen. Ich könnte sie Krankheiten nennen, und dies wäre eine wörtliche Übersetzung, würde aber unserer Gewohnheit nicht entsprechen. Denn die Griechen nennen Mitleid, Neid, Vergnügen, Freude, dies alles Krankheiten: Bewegungen der Seele, die der Vernunft nicht gehorcht. Wir aber bezeichnen diese selben Bewegungen einer erregten Seele mit Recht, wie mir scheint, als Leidenschaften, denn Krankheiten wäre zu ungebräuchlich, es sei denn, Du seist anderer Ansicht.

A: Gewiß nicht.

B: Du meinst also, der Weise sei dem unterworfen?

A: Gewiß.

B: Dann ist diese großartige Weisheit nicht hoch zu schätzen, wenn sie sich so wenig vom Wahnsinn unterscheidet.

A: Wie? Kommt Dir jede Erregung der Seele als Wahnsinn vor?

B: Nicht bloß mir allein, sondern, worüber ich oft staune, auch unseren Vorfahren schien es offenbar so, viele Jahrhunderte vor Sokrates, von dem doch diese ganze Philosophie des Lebens und der Sitten ausging.

A: Wie meinst Du dies?

B: Daß das Wort Wahnsinn (insania) ein Leiden und eine Krankheit des Geistes bezeichnet, nämlich eben jene Krankheit und jenes Leiden, das sie Wahnsinn nannten. — Alle Leidenschaften nennen die Philosophen Krankheiten und behaupten, kein Tor sei von diesen Krankheiten frei. Wer aber krank ist, ist nicht gesund, und die Seelen aller Toren sind krank. Also sind alle Toren wahnsinnig. — Die Gesundheit der Seele erblickten sie in einer gewissen Ruhe und Gleichmäßigkeit. Den Geist, der dies nicht hätte, nannten sie wahnsinnig, weil in einem verwirrten Geiste wie in einem entsprechenden Körper keine Gesundheit sein könne.

Auch jenes ist nicht weniger scharfsinnig, daß sie ein Leiden der Seele, das des Lichtes des Geistes ermangelt, Verrücktheit (amentia, dementia) nannten. Daraus ist zu entnehmen, daß die, die diese Namen schufen, dasselbe gemeint hatten, was Sokrates lehrte und die Stoiker sorgfältig festgehalten haben, daß nämlich alle Toren Wahnsinnige seien. Die Seele, die krank ist — und Krankheiten nennen die Philosophen, wie eben gesagt, die Leidenschaften —, ist ebenso wenig gesund, wie ein Körper, der krank ist. Also ist die Weisheit die Gesundheit der Seele, die Torheit eine Art von Krankheit, die man eben Wahnsinn oder Verrücktheit nennt. Dies läßt sich mit lateinischen Worten viel besser ausdrücken, als mit griechischen, was auch sonst vielfach festzustellen ist. Aber darüber ein anderes Mal, jetzt unser Problem:

Was und wie beschaffen jenes Ganze sei, wonach wir fragen, zeigt sich an der Bedeutung des Wortes selbst. Da man jene als gesund betrachten muß, deren Geist nicht durch krankhafte Bewegungen verwirrt ist, so wird man diejenigen krank nennen müssen, die in dem entgegengesetzten Zustand sind. So gibt es keinen besseren Ausdruck als den, der in der lateinischen Sprache üblich ist, wenn wir sagen, jene seien nicht mehr in ihrer Gewalt (exisse ex potestate), die durch Begierde oder Zorn außer sich geraten sind. Freilich ist der Zorn selbst ein Teil der Begierde. Denn definiert wird er als Begierde nach Rache. Wer also nicht mehr in seiner Gewalt ist, heißt so, weil er nicht mehr in der Gewalt des Geistes steht, dem die Natur die Herrschaft über die ganze Seele anvertraut hat. Woher die Griechen das Wort μανία haben, kann ich nicht leicht sagen. Doch ihr Wesen unterscheiden wir besser als jene. Denn jenen Wahnsinn, der, mit der Torheit verbunden, weit verbreitet ist, unterscheiden wir vom Irrsinn. Die Griechen wollen dies auch, sind aber mit ihren Worten nicht hinreichend dazu in der Lage. Was wir Irrsinn nennen, nennen jene Melancholia, — wie wenn der Geist bloß durch die schwarze Galle und nicht häufig auch durch schweren Zorn oder Angst und Schmerz in Bewegung gesetzt würde! In diesem Sinne nennen wir Athamas, Alkmeon, Aias und Orestes irrsinnig. Wer so ist, dem entziehen die zwölf Tafeln das Verfügungsrecht über sein Vermögen. Darum heißt es nicht: „wer wahnsinnig ist", sondern: „wer irrsinnig ist". Sie meinten nämlich, daß eine Torheit, die zwar der Gleichmäßigkeit, also der Gesundheit ermangle, dennoch die durchschnittlichen Pflichten und den allgemeinen und üblichen Ablauf des Lebens wahrzunehmen vermöchte. Den Irrsinn nannten sie dagegen eine vollständige Blindheit des Geistes. Obschon dieser schlimmer zu sein scheint als der Wahnsinn, ist er doch von solcher Art, daß er den Weisen befallen kann, der Wahnsinn aber nicht. Doch dies ist eine andere Frage; kehren wir nun zu unserm Gegenstand zurück.

Ich glaube, Du wolltest sagen, daß der Weise von Kummer befallen werden könne.

A: Gewiß, das meine ich.

B: Es ist menschenfreundlich, daß Du dies glaubst. Denn wir sind ja nicht aus Stein geboren, sondern es ist in der Seele von Natur etwas zartes und weiches, was durch den Kummer wie durch einen Sturm erschüttert wird; nicht mit Unrecht sagt Krantor, der in unserer Akademie als einer der Besten angesehen ist: „Ich stimme in keiner Weise jenen bei, die die sogenannte Schmerzlosigkeit so sehr loben, die doch weder existieren kann noch existieren soll. Ich möchte nicht krank werden, aber wenn ich es werden sollte, so möchte ich die Empfindung bewahren, mag etwas geschnitten oder etwas vom Körper wegoperiert werden. Denn jene Schmerzlosigkeit ist um zu großen Preis erkauft, die Unmenschlichkeit der Seele und die Lähmung des Körpers."

Aber wir müssen prüfen, ob solche Rede nicht eher zu Menschen paßt, die unserer Schwachheit nachgeben und unsere Weichlichkeit gewähren lassen. Wir dagegen wollen es wagen, nicht nur die Zweige des Jammers abzuschneiden, sondern auch die letzten Wurzeln auszureißen. Irgendetwas wird wohl auch so übrig bleiben; denn so tief reichen die Wurzeln unserer Torheit. Aber es soll nur das übrig bleiben, was wirklich notwendig ist. Jedenfalls halte jenes fest, daß es kein Ende des Elends geben wird, wenn die Seele nicht geheilt ist, was ohne die Philosophie nicht geschehen kann. Darum wollen wir uns ihr zur Pflege anvertrauen, was wir ja schon begonnen haben. Wir werden geheilt werden, wenn wir nur wollen. Ich will noch weiter gehen: ich will nicht nur vom Kummer reden, obschon dies das erste ist, sondern von jeder Leidenschaft, wie ich es genannt habe, oder Krankheit, wie es die Griechen nennen. Und zuerst wollen wir, wenn es Dir recht ist, in der Weise der Stoiker vorgehen, die ihre Beweise in knappe Form zusammenzuziehen pflegen; dann werden wir nach unserer Art weiter ausholen.

Wer tapfer ist, hat Selbstvertrauen — ich verwende das Wort fidens, nicht confidens, weil diesem Wort durch Gewohnheit ein schlechter Sinn beigelegt wird, durchaus ohne Recht, da das Wort von confidere kommt, was ein Lob ist —, und wer Selbstvertrauen hat, wird sicher nicht Angst haben. Denn Vertrauen und Fürchten widersprechen einander. Aber wen der Kummer befällt, den befällt auch die Angst. Denn die Dinge, deren Gegenwart uns bedrückt, fürchten wir, wenn sie nahen und im Kommen sind. So ergibt sich, daß der Kummer der Tapferkeit widerstreitet. Es ist also wahrscheinlich, daß der, den Kummer befällt, auch von Angst befallen werde und von Zusammenbruch und Erschlaffung der Seele. Wenn dies einen Menschen befällt, so befällt es ihn auch, sklavisch zu sein und etwa auch sich besiegt zu bekennen. Wer dies geschehen läßt, läßt sich auch von Ängstlichkeit und Feigheit ergreifen. Dies befällt aber nicht den Tapferen, also auch nicht der Kummer. Weise ist aber nur der Tapfere. Also befällt den Weisen kein Kummer.

Außerdem muß, wer tapfer ist, auch großgesinnt sein. Wer dies ist, wird unbesiegt sein. Und wer dies ist, wird die menschlichen Dinge verachten und sie als untergeordnet betrachten. Niemand kann aber etwas verachten, weswegen er in Kummer geraten kann. Daraus ergibt sich, daß der Tapfere niemals in Kummer gerät. Alle Weisen sind aber tapfer. Also befällt den Weisen kein Kummer.

Und wie ein gestörtes Auge nicht ordentlich imstande ist, seine Aufgabe zu erfüllen, und wie ebenso die übrigen Glieder und der ganze Körper, wenn sie aus ihrer Fassung gebracht sind, ihrer Pflicht und Aufgabe nicht nachkommen können, so ist auch eine verwirrte Seele nicht in der Lage, ihre Aufgabe zu erfüllen. Aufgabe der Seele ist aber, die Vernunft gut anzuwenden, und die Seele des Weisen ist immer in der Lage, die Vernunft aufs beste anzuwenden. Sie ist also nie verwirrt. Der Kummer ist aber eine Verwirrung der Seele. Also wird der Weise immer von ihm frei sein.

Auch dies ist wahrscheinlich, daß, wer besonnen ist — die

Griechen nennen ihn sophron und die entsprechende Tugend Sophrosyne, was ich bald temperantia, bald moderatio nenne, zuweilen auch modestia; ich weiß freilich nicht, ob man nicht dieselbe Tugend auch frugalitas nennen kann. Denn dies hat im Griechischen eine viel engere Bedeutung, da wackere Menschen chresimoi genannt werden, also bloß brauchbar. Unser Wort dagegen umfaßt mehr; denn jede Bescheidenheit und Rechtschaffenheit — die bei den Griechen gar keinen gangbaren Namen hat; aber man kann sie Ablabeia nennen; denn die Rechtschaffenheit ist ein Verhalten der Seele, in dem man keinem schadet — diese und die übrigen Tugenden enthält die frugalitas in sich. Wenn sie keine so große Bedeutung hätte und vielmehr einen so engen Bereich, wie es die meisten meinen, würde der Beiname des L. Piso niemals derart gelobt sein. Weil aber die frugalitas weder von jenem gilt, der aus Angst seinen Posten verläßt, was feig ist, noch von dem, der aus Geiz ein heimliches Depositum nicht zurückgibt, was ungerecht ist, noch von dem, der aus Tollheit etwas falsch macht, was töricht ist, so umfaßt eben die frugalitas alle drei Tugenden: Tapferkeit, Gerechtigkeit und Klugheit — freilich ist dies den Tugenden überhaupt gemeinsam, denn alle sind unter einander verbunden und verknüpft — so sind sie also durch die letzte und vierte Tugend so zusammengefaßt, daß die frugalitas die höchste Tugend ist.

Ihre Eigentümlichkeit scheint es nämlich zu sein, die Bewegungen der strebenden Seele zu regieren und zu beruhigen und in allen Dingen die der Begierde entgegengesetzte maßvolle Gleichmäßigkeit zu bewahren. Das ihr entgegenstehende Laster heißt die Schlechtigkeit.

Die frugalitas kommt, wie ich vermute, von frux (Frucht), dem besten, was die Erde zu geben vermag, die Schlechtigkeit (nequitia) daher — es ist freilich hart, aber wir wollen es doch versuchen; mag es als bloßes Spiel gelten, wenn es falsch ist —, daß es in einem solchen Menschen nichts gibt (nequiquam), weshalb man auch sagt, er sei „nichts wert“. Wer nun frugi ist, oder wenn Du lieber willst, maßvoll und besonnen, der muß auch gleichmäßig sein, und wer dies ist, ruhig. Wer ruhig ist, muß von aller Leidenschaft frei sein, also auch von Kummer.

Dies kommt nun dem Weisen zu. Es wird also der Weise von Kummer frei sein.

Darum diskutiert auch Dionysios von Heraklea nicht unklug gegen die Verse Homers, in denen Achilleus etwa folgendermaßen, wie ich meine, klagt: „Mein Herz im Innersten schwillt an von traurigem Zorne, wenn ich daran denke, daß ich der Ehre und allen Ruhmes beraubt bin." Ist nun eine Hand im guten Zustand, wenn sie geschwollen ist, oder ist nicht jedes sonstige Glied krank, wenn es angeschwollen ist? So ist also auch ein aufgeblasener und geschwollener Geist krank. Der Geist des Weisen ist aber immer ohne Krankheit, schwillt niemals an, ist nie geschwollen. Doch der Geist des Zornigen ist derart. Also wird der Weise niemals zornig sein. Denn wenn er zornig ist, begehrt er auch. Denn es ist dem Zornigen die Begierde eigentümlich, jenem, durch den er verletzt scheint, den größten Schmerz einzubrennen. Wer aber dies begehrt, muß sich notwendig, wenn er es erreicht, freuen, woraus sich ergibt, daß er sich über ein fremdes Unglück freut. Da dies nicht dem Weisen begegnet, so begegnet ihm auch nicht, zu zürnen. Wenn aber der Weise von Kummer befallen würde, so würde er auch von Zorn befallen. Da er von diesem frei ist, wird er auch von jenem frei sein.

Ferner, wenn der Weise in Kummer geraten könnte, könnte er auch in Mitleid und Neid geraten — ich sage nicht invidia, die entsteht, wenn man selbst beneidet wird. Von invidere kann man aber wohl invidentia bilden, um den Doppelsinn des Wortes invidia zu meiden, eines Wortes, das daher abgeleitet ist, daß man allzu sehr auf das Glück eines andern starrt, wie es im Melanippus heißt: „Wer betrachtete denn mißgünstig die Blüte meiner Kinder?" Das ist schlechtes Latein, aber Accius drückt sich doch ausgezeichnet aus, denn invidere florem, parallel zu videre, ist besser als flori. Wir werden durch die Sprachgewohnheit eingeschränkt. Der Dichter aber hat sein Recht wahrgenommen und konnte kühner reden —.

Denselben Menschen also befällt das Mitleid und der Neid. Denn wer Schmerz empfindet über das Unglück anderer, wird es auch über das Glück anderer; so wie Theophrast den Untergang seines Freundes Kallisthenes beklagt und sich gleichzeitig ärgert über das Glück Alexanders. So sagt er, daß Kallisthenes auf einen Mann von größter Macht und größtem Glück gestoßen sei, der aber nicht wußte, wie er mit seinem Glück umzugehen habe. Wie nun das Mitleid der Kummer über das Mißgeschick eines anderen ist, so ist der Neid der Kummer über das Glück eines anderen. Wer also zu Mitleid bereit ist, ist es auch zu Neid. Neid ist aber dem Weisen fremd, also auch das Mitleid. Und wenn der Weise Kummer zu spüren pflegte, so pflegte er auch Mitleid zu empfinden. Also ist der Kummer dem Weisen fremd.

Derart lauten die allzu straffen Beweisgänge der Stoiker. Man darf aber dasselbe auch etwas breiter und lockerer sagen, ohne die Ansicht derer zu verlassen, deren Vernunft und Denken am tapfersten und sozusagen am männlichsten ist. Denn die Peripatetiker, unsere Freunde, sind zwar gedankenreicher, gelehrter und gewichtiger als alle andern, aber sie vermögen mich nicht von der Mäßigkeit in den Leidenschaften oder Krankheiten der Seele zu überzeugen. Denn jedes Übel, auch wenn es nur mäßig ist, ist ein Übel. Wir gehen aber davon aus, daß es am Weisen überhaupt kein Übel gibt. Denn wie ein Körper, auch wenn er nur mäßig krank ist, eben doch nicht gesund ist, so ermangelt auch an der Seele jene Mäßigkeit der Gesundheit. Darum haben unsere Römer vortrefflich, wie so vieles andere, die Sorge, den Kummer, die Angst wegen der Ähnlichkeit mit kranken Körpern eben aegritudo genannt.

Mit demselben Begriff bezeichnen die Griechen jede Leidenschaft der Seele: jede erregte Bewegung der Seele nennen sie πάθος, also Krankheit. Wir tun es besser: der Krankheit des Körpers ist der Kummer der Seele äußerst ähnlich. Aber nicht mit der Krankheit ist zu vergleichen die Begierde, die maßlose Freude, die eine übermütige und wilde Lust der Seele ist. Auch die Furcht ist nicht so sehr der Krankheit ähnlich, obschon sie dem Kummer verwandt ist. Aber wie die Krankheit am Körper, so hat der Kummer in der Seele einen bestimmten Begriff, der vom Schmerz nicht trennbar ist. Wir müssen den Ursprung dieses Schmerzes erklären, also die Ursache, die den Kummer in der

Seele erzeugt wie die Krankheit am Körper. Denn wie die Ärzte meinen, daß mit der Ursache einer Krankheit zugleich auch die Methode ihrer Heilung entdeckt worden sei, so werden auch wir die Möglichkeit der Heilung finden, wenn wir die Ursache des Kummers kennen gelernt haben.

Die gesamte Ursache liegt im Meinen, nicht nur für den Kummer, sondern auch für alle übrigen Leidenschaften, die vier Gattungen, aber noch mehr Unterarten besitzen. Denn wenn jede Leidenschaft eine Bewegung der Seele ist, die entweder ohne Vernunft ist, oder die Vernunft verachtet oder der Vernunft nicht gehorcht, und diese Bewegung sich zweiteilt, je nachdem das Meinen auf ein Gutes oder ein Übles geht, so sind also vier Arten von Leidenschaften gleichmäßig verteilt. Zwei stammen aus dem Meinen eines Guten, deren eine, die übermäßige Lust, d. h. die das Maß überschreitende Freude, aus der Meinung eines großen gegenwärtigen Gutes entsteht, die andere die Begierde ist, die man mit Recht auch Begehren nennen kann und die das maßlose Verlangen nach einem vermeinten großen Gute ist, und zwar so, daß es der Vernunft nicht gehorcht. Also entstehen diese beiden Leidenschaften, die maßlose Lust und die Begierde, durch das Meinen von Gutem ebenso wie die zwei übrigen, Angst und der Kummer durch das Vermeinen eines Übels. Denn die Angst ist das Meinen eines großen drohenden Übels, der Kummer das Meinen eines großen gegenwärtigen Übels, und zwar ein unmittelbar frisches Meinen eines solchen Übels, so daß es aussieht, man quäle sich mit Recht deswegen, d. h., daß der, der Schmerz empfindet, meint, er müsse ihn empfinden. Diesen Leidenschaften, die die Torheit auf das Leben der Menschen wie irgendwelche Furien losläßt, muß man mit allen Kräften und Mitteln Widerstand leisten, wenn wir das, was uns an Leben gegeben ist, ruhig und friedlich verleben wollen. Aber das übrige später. Jetzt wollen wir den Kummer verscheuchen, wenn wir können. Dies sei unsere Aufgabe, da Du ja sagtest, es schiene Dir, der Weise sei dem Kummer zugänglich, was ich in keiner Weise glaube. Der Kummer ist vielmehr etwas Scheußliches, Elendes, Verabscheuenswertes und mit aller Anstrengung, sozusagen mit Segeln und Rudern, zu fliehen.

Denn wie kommt Dir etwa jener vor: „Enkel des Tantalos, Sohn des Pelops, der einstmals von seinem Schwiegervater, dem König Oinomaos, in erzwungener Hochzeit Hippodameia erhielt"? Er ist der Urenkel des Zeus. Soll er nun so niedergeschlagen und so gebrochen sein: „Kommt nicht zu mir, ihr Fremdlinge! Bleibt, wo ihr seid, damit nicht die Berührung mit mir oder mein Schatten eurem Glücke schade. So groß ist die Kraft des Verbrechens, das in meinem Körper haftet."

Also, Thyestes, Du verurteilst Dich und beraubst Dich des Lichts wegen eines fremden Verbrechens? Weiterhin, findest Du nicht, daß jener Sohn des Helios des Lichtes seines Vaters selbst unwürdig sei? „Die Augen sind zurückgetreten, der Körper ist von Magerkeit zerfallen, die Tränen haben mit ihrem Fließen die blutleeren Wangen ausgegraben, um meinen Mund ist ein Bart, starrend vor Schmutz, ungeschoren, wallend auf die Brust, die durch das Strömen ausgehöhlt ist." Diese Übel, törichter Aietes, hast Du Dir selbst zugefügt. Sie waren nicht bei dem, was Dir der Zufall angetan hat und zwar, als das Übel schon alt war, als die Schwellung der Seele sich schon wieder beruhigt hatte — denn der Kummer besteht, wie ich noch zeigen werde, in dem Meinen eines unmittelbar gegenwärtigen Übels —; sondern Du trauerst offenbar aus Sehnsucht nach Deinem Reiche, nicht nach Deiner Tochter. Denn jene haßtest Du, und vielleicht mit Recht. Das Reich vermißtest Du nicht mit Gleichmut. Es ist aber schamlos, sich in der Verzweiflung des Klagens zu verzehren, weil man nicht mehr über Freie regieren kann. Dionysios, der Tyrann, aus Syrakus vertrieben, lehrte in Korinth die Kinder; in solchem Maße verlangte er danach, zu regieren. Und gibt es unverschämteres als Tarquinius, der Krieg führte mit denen, die seinen Hochmut nicht mehr ertragen konnten? Als er weder mit den Waffen der Veienter, noch denjenigen der Latiner sein Reich wiedergewinnen konnte, soll er sich nach Cumae begeben und sich dort in Alter und Kummer verzehrt haben.

Glaubst Du also, daß dies dem Weisen geschehen könne, daß er durch Kummer, also durch Elend bedrückt zu werden vermag? Denn wenn jede Leidenschaft ein Elend ist, so ist der Kummer ein mörderisches. Die Begierde hat ihren Brand, die unmäßige Freude ihre Leichtfertigkeit, die Angst das Demütigende, aber der Kummer ein noch schwereres Leiden, Verfall, Qual, Niedergeschlagenheit, Verworfenheit. Er zerfetzt und zerfrißt die Seele und vernichtet sie ganz. Wenn wir ihn nicht beseitigen, so daß wir ihn von uns werfen, können wir vom Elend nicht wegkommen.

Dies ist jedenfalls klar, daß der Kummer dann entsteht, wenn wir den Eindruck haben, ein großes Übel sei da und bedränge uns. Epikur lehrt, daß das Vermeinen des Übels das Wesen des Kummers ausmache, so daß, wer immer auf ein größeres Übel hinblickt und meint, es habe ihn getroffen, sofort von Kummer befallen werde. Die Kyrenaiker dagegen lassen den Kummer nicht durch jedes Übel bewirkt werden, sondern nur durch ein unerwartetes und plötzliches. In der Tat ist dies auf die Verstärkung des Kummers nicht ohne Einfluß. Denn alles Plötzliche ist schlimmer. Darum lobt man auch mit Recht Folgendes: „Als ich sie zeugte, wußte ich, daß sie sterben würden, und ich zog sie auf im Hinblick darauf. Später sandte ich sie nach Troia, um Griechenland zu verteidigen, und wußte, daß ich sie in einen tödlichen Krieg und nicht zu einem Gelage schickte."

Dieses Vorausbedenken künftiger Übel macht ihr Kommen weniger hart, da man sie von weitem nahen sieht. So wird auch gelobt, was Euripides den Theseus sagen läßt; nach unserer Gewohnheit wollen wir auch dies ins Lateinische übersetzen: „Denn wie ich mich erinnere, von einem weisen Manne gehört zu haben, habe ich mir kommendes Leiden vorgestellt, den bitteren Tod oder die traurige Flucht in die Verbannung, oder auch sonst bedachte ich immer irgendein ungeheures Unheil, damit mich nicht, wenn zufällig etwas Widriges auf mich stürzen sollte, die plötzliche Sorge unvorbereitet zerfetzte".

Was aber Theseus von einem Weisen gehört zu haben behauptet, das sagt Euripides von sich selbst. Er war nämlich Schüler des Anaxagoras, der bei der Nachricht von dem Tod seines Sohnes gesagt haben soll: „Ich wußte, daß ich ihn als Sterblichen gezeugt habe." Dieses Wort zeigt, daß dergleichen nur jenen bitter ist, die nicht darauf gefaßt waren. So ist denn kein Zweifel, daß von allem, was als Übel gilt, das Unvorhergesehene das Schlimmere ist. Gewiß erzeugt nicht nur dies allein den größten Kummer, aber dennoch muß ein Mensch immer alles Menschliche bedenken, da die Vorsicht und Vorbereitung des Geistes den Schmerz sehr zu mindern vermag. Dies ist eben jene hervorragende und göttliche Weisheit, die menschlichen Dinge völlig begriffen und durchgedacht zu haben, sich über nichts zu wundern, wenn es geschieht, und nichts für unmöglich zu halten, ehe es geschehen ist. „Darum müssen alle dann, wenn das Glück am größten ist, am meisten bei sich überlegen, wie sie widrigen Kummer auszuhalten vermögen. Gefahren, Schaden soll man auf der Rückkehr von der Reise immer bei sich bedenken, eine Verfehlung des Sohnes, den Tod der Gattin, die Krankheit der Tochter. Man soll erkennen, daß dies allgemein ist, damit der Seele nichts davon jemals unerwartet zustoße. Was aber gegen unser Erwarten Gutes eintrifft, das soll man alles als Gewinn rechnen." Werden wir nun das, was Terentius von der Philosophie übernommen und so geschickt gesagt hat, nicht noch besser sagen und noch dauerhafter empfinden können, da ja dies aus unseren Quellen geschöpft ist? Dies ist ja doch jene immer gleiche Miene, die nach dem Worte der Xanthippe ihr Gatte Sokrates gehabt haben soll: sie habe ihn immer gleich aus dem Hause gehen und zum Haus zurückkehren sehen. Es war aber nicht die Miene jenes alten M. Crassus, von dem Lucilius sagt, er habe in seinem ganzen Leben ein einziges Mal gelacht, sondern eine ruhige und heitere. So wird nämlich berichtet. Und mit Recht war die Miene immer dieselbe, da ja keine Veränderung in dem Geiste, durch den sie geprägt wurde, vor sich ging. So nehme ich denn auch von den Kyrenaikern diese Waffe gegen Zufälle und Zwischenfälle an, so daß ihr Ansturm durch die tägliche Erwartung gebrochen werde; und gleichzeitig bin ich der Überzeugung, daß dies Übel vom Meinen stammt, nicht von der Natur. Wenn es nämlich in der Sache selbst begründet wäre, warum würde es leichter, wenn man es voraussieht?

Aber über diese Dinge kann man noch genauer reden, wenn wir zuvor die Lehre Epikurs geprüft haben, der meint, es müßten Alle bekümmert sein, die unglücklich zu sein vermeinen, mag das Unglück vorausgesehen und erwartet oder schon alt sein. Denn das Unglück würde weder durch die Dauer geringer noch durch die Voraussicht leichter, und das Erwarten eines künftigen Unheils, das vielleicht nicht einmal eintreffen werde, sei überhaupt töricht. Jedes Übel sei schon hassenswert genug, wenn es einmal eingetreten sei. Wer aber immer daran denke, es könne ihm etwas Widriges begegnen, der hätte ein immerwährendes Unglück. Wenn das Unglück aber dann nicht einmal eintreffen würde, so würde man sinnlos ein freiwilliges Elend auf sich nehmen. So sei man denn dauernd in Bedrängnis, indem man das Übel bald auf sich nehmen muß, bald daran denkt.

Was die Linderung des Kummers betrifft, so verlegt er sie in zwei Punkte: das Nachdenken über den Kummer zu vermeiden und sich auf die Betrachtung der Genüsse zu konzentrieren. Denn er meint, die Seele könne der Vernunft gehorchen und ihr nachfolgen, wohin diese sie führe. Die Vernunft aber verbietet, das Unglück zu betrachten, lenkt uns ab von bitteren Gedanken und stumpft unsern Blick ab, wenn er sich auf das Unglück richten will. Wenn sie einmal zum Rückzug vor dem Unglück geblasen hat, treibt sie die Seele wieder an und muntert sie dazu auf, die verschiedenen Genüsse zu betrachten und mit ganzer Seele aufzunehmen, jene Genüsse, die, wie er meint, als vergangene durch die Erinnerung, und als zukünftige durch die Hoffnung das Leben des Weisen erfüllen.

Dies haben wir nun auf unsere Weise dargestellt, die Epikureer sagen es auf die ihrige. Aber jetzt wollen wir prüfen, was sie sagen; wie sie es sagen, ist gleichgültig.

Erstens tadeln sie mit Unrecht das Vorausbedenken künftiger Dinge. Denn nichts schlägt den Kummer stärker nieder und entfernt ihn mehr als das dauernde Erwägen in jeder Lebenslage, daß es nichts gebe, was nicht geschehen könne, als das Nachdenken über die Lage des Menschen, als das Gesetz des Lebens, und der Entschluß, diesem zu gehorchen; dies führt nicht dazu, daß wir immer trauern, sondern dazu, daß wir niemals trauern. Denn wer an die Natur des Alls, die Wechselfälle des Lebens, die Schwäche des Menschengeschlechtes denkt, der wird nicht trauern, wenn er dies tut, sondern gerade dann bewährt er sich im höchsten Grade als Weiser. Er erreicht nämlich beides: in der

Betrachtung der Dinge erfüllt er die eigentliche Aufgabe der Philosophie und in Widrigkeiten heilt ihn ein dreifacher Trost: erstens, daß er schon lange daran gedacht hat, daß dergleichen geschehen könne, ein Gedanke, der in hervorragendstem Maße alle Kummer schwächt und auflöst; zweitens, daß er begreift, man müsse menschliche Dinge auf menschliche Weise tragen; drittens endlich, daß er einsieht, daß es kein Übel gibt außer der Schuld und daß keine Schuld dort vorliegen kann, wo etwas eintrifft, was der Macht des Menschen entzogen ist.

Denn jener Hinblick auf die Genüsse, der uns nach Epikurs Meinung vom Betrachten des Übels ablenken soll, ist nichtig. Wenn jene Dinge, die uns als ein Übel vorkommen, in uns wühlen, so haben wir keine Macht, uns über sie zu täuschen oder sie zu vergessen. Sie zerreißen, verfolgen, stacheln, brennen und lassen nicht zum Aufatmen kommen. Und Du heißest uns vergessen, was gegen die Natur ist, und schlägst uns gleichzeitig aus der Hand, was von der Natur als Hilfe gegeben worden ist, nämlich die Dauer des Schmerzes? Denn dies ist zwar eine langsam wirkende Medizin, aber doch eine bedeutende, diejenige nämlich, die im Ablaufen der Tage liegt. Du heißest mich, das Gute zu bedenken und die Übel zu vergessen. Dein Rat hätte Gewicht und wäre eines großen Philosophen würdig, wenn Du jenes als Güter verstündest, was des Menschen am würdigsten ist.

Wenn mir Pythagoras, Sokrates oder Platon sagten: „Warum liegst Du da, trauerst, unterliegst und weichst dem Schicksal? Mag sein, daß es Dich zerzausen und stechen konnte, aber Deine Kräfte hat es doch nicht brechen können. In den Tugenden liegt eine große Kraft. Rufe sie auf, falls sie etwa schlafen. Gleich wird Dir als erste die Tapferkeit zur Seite stehen, die Dich zu so großer Gesinnung zwingt, daß Du alles verachtest, was dem Menschen geschehen kann, und es für nichts hältst. Die Besonnenheit wird da sein, die dasselbe ist wie die Mäßigkeit und was ich eben vorhin frugalitas nannte, und die nicht dulden wird, daß Du etwas Schändliches oder Gemeines tust. Und was ist gemeiner oder schändlicher als ein weibischer Mann? Nicht einmal die Gerechtigkeit wird Dir erlauben, derartiges zu tun, obschon sie in dieser Sache nichts zu schaffen zu haben scheint;

aber sie wird Dir sagen, daß Du doppelt ungerecht bist, der Du Fremdes begehrst, wenn Du als sterblich geborener nach dem Zustand der Unsterblichkeit verlangst, und der Du es übel nimmst, daß Du zurückgeben mußtest, was Du nur zum Gebrauche anvertraut erhalten hast.

Was wirst Du aber endlich der Klugheit antworten, die Dich lehrt, daß die Tugend an sich selbst genug hat, und zwar zum guten Leben ebenso wie zum glückseligen? Wenn sie nämlich an Äußeres gebunden wäre und davon abhinge und nicht sowohl aus sich selbst begänne und wieder in sich zurückkehrte und all das Ihrige in sich umfaßte und nichts von anderswoher brauchte, so begriffe ich nicht, weshalb man sie in Worten dermaßen verherrlichen und der Sache nach derart erstreben sollte.«

Wenn Du mich zu solchen Gütern rufst, Epikur, gehorche ich und folge Dir und vertraue mich Dir selbst als Führer an und werde auch die Übel vergessen, wie Du mich heißest und dies umso leichter, weil ich meine, daß man sie überhaupt nicht als Übel rechnen darf. Aber Du lenkst meine Gedanken auf die Genüsse hin. Auf was für welche? Ich denke, die des Körpers oder jene, an die man des Körpers wegen in Erinnerung und Hoffnung denkt. Denn um was anderes handelt es sich? Deute ich Deine Lehre recht?

Jene behaupten nämlich immer, wir würden nicht verstehen, was Epikur meint. Er meint eben dies, und eben dies pflegte der scharfsinnige alte Zenon, der subtilste unter den Epikureern, zu behaupten und mit lauter Stimme zu erklären, als ich ihn in Athen anhörte, daß nämlich jener glückselig sei, der sich der gegenwärtigen Genüsse erfreue und darauf vertraue, daß er sich auch im kommenden Leben ganz oder doch zumeist ihrer erfreuen werde, soweit kein Schmerz dazwischen komme; fallst er aber komme, so sei er kurz, wenn er stark sei; daure er hingegen lange so habe er in sich mehr Angenehmes als Schmerzliches. Wenn man dies bedenke, werde man glückselig sein, vor allem wenn man zufrieden sei mit den Gütern, die man schon erhalten habe, und weder den Tod noch die Götter fürchte. Da hast Du den Umriß des glückseligen Lebens nach Epikur und mit den Worten Zenons, derart, daß nichts davon bestritten werden kann.

Nun? Die Aussicht auf ein solches Leben und der Gedanke daran, werden sie Thyestes aufrichten können oder Aietes, von dem ich soeben gesprochen habe, oder Telamon, wenn er fern der Heimat in der Verbannung und im Elend lebt? der so absonderlich aussah, daß es hieß: „Ist dies jener Telamon, den soeben noch der Ruhm zum Himmel trug, den man anschaute und dessen Antlitz die Griechen ihre Blicke zuwandten?“ Wenn nun also jemandem, wie derselbe sagt, „der Geist gleichzeitig mit seiner Sache zusammenbrach“, dann muß man das Heilmittel bei jenen ernsten alten Philosophen suchen, nicht bei diesen Freunden der Lust. Denn was nennen diese eine Fülle der Güter? Mag man annehmen, das höchste Gut sei tatsächlich, keinen Schmerz zu empfinden (obschon man das nicht eben Lust nennt; aber es ist nicht nötig, dies alles jetzt zu erörtern), ist es der Gedanke daran, mit dem wir den Kummer beseitigen? Mag der Schmerz das größte Übel sein; wird nun der, der keinen Schmerz empfindet, sofort das höchste Gut genießen, einfach, weil er ohne Übel ist?

Warum machen wir Umstände, Epikur, und nennen nicht dies die Lust, die auch Du zu meinen pflegst, wenn Du das Gesicht gewaschen hast? Sind das Deine Wort oder nicht? In jenem Buche nämlich, das Deine ganze Lehre enthält (ich werde mich jetzt gleich als Übersetzer betätigen, damit keiner meine, ich erfände etwas), sagst Du folgendes: „Ich weiß nicht, was ich als das Gute begreifen soll, wenn ich jene Genüsse abziehe, die man durch den Geschmack wahrnimmt, jene, die durch den Liebesgenuß entstehen und durch das Hören von Gesängen, oder auch jene, die als angenehme Bewegungen durch die Augen beim Wahrnehmen von Gestalten entstehen und was sonst an Genüssen dem gesamten Menschen durch irgendeines der Sinnesorgane vermittelt wird. Man kann auch nicht sagen, daß bloß die Freude des Geistes ein Gut sei. Denn die Freude des Geistes erkenne ich an der Hoffnung, daß unsere Natur, wenn sie sich alle jene Dinge aneignet, die ich oben genannt habe, von Schmerz frei sein werde.“ Das sagt er mit eben diesen Worten, damit ein jeder auch erkenne, was für eine Lust Epikur meint. Dann wenig später: „Ich habe oftmals jene, die man weise

nannte, gefragt, was sie denn als Güter übrig ließen, wenn sie jenes abzögen, außer sie wollten bloß nichtige Worte machen. Ich habe nichts von ihnen erfahren können. Mögen sie von Tugenden schwatzen und von Weisheiten, sie werden nichts anderes nennen können als eben den Weg, durch den jene Genüsse zustande kommen, die ich oben erwähnt habe." Was nachfolgt, spricht dieselbe Meinung aus, und sein ganzes Buch über das höchste Gut ist voll von solchen Worten und Gedanken.
Zu einem solchen Leben also wirst Du Telamon einladen, um ihm seinen Kummer zu erleichtern, und wenn Du einen der Deinigen von Trauer überwältigt siehst, so wirst Du ihm lieber eine Delikatesse als ein sokratisches Buch geben? Du wirst ihn eher ermahnen, sich eine Wasserorgel anzuhören als die Stimme Platons? Du wirst ihm einen Blumengarten zum Anschauen geben und ihm ein Bukett an die Nase halten? Wirst Du Parfums verbreiten und ihn auffordern, sich mit Kränzen und Rosen zu schmücken? Und wenn er dazu noch —, so wirst Du ihm damit seinen ganzen Kummer beseitigen?
Das muß man aus Epikur entnehmen oder er muß das, was ich soeben wörtlich übersetzt habe, streichen oder vielmehr das ganze Buch wegwerfen. Denn es ist mit Lüsten vollgestopft.
Wir werden uns also fragen, wie wir einen Mann von Kummer befreien, der etwa folgendermaßen spricht: „Wahrhaftig, mir fehlt jetzt mehr das Glück als meine Abkunft. Denn Du sollst wissen, daß ein Königreich mir zur Verfügung stand, und Du siehst, aus welchem Range, aus welchem Reichtum und welcher Macht das Schicksal mich hinuntergeworfen hat." Nun, soll man ihm einen Becher voll Süßwein einflößen, damit er zu jammern aufhört, oder sonstiges derart? An anderer Stelle sagt derselbe Dichter: „Der größten Reichtümer beraubt, Deiner Hilfe, Hektor, bedürftig." Ihr müssen wir helfen, denn sie sucht Hilfe: „Was soll ich Schutz suchen oder erlangen? Wie soll ich Hilfe von der Verbannung erwarten und mich auf Flucht verlassen? Der Burg, der Stadt bin ich beraubt. Wo soll ich mich stützen, wo mich aufrichten? Mir stehen nicht mehr die Altäre des Vaterlandes zu Hause, zerschlagen und zerstreut liegen sie am Boden, die Tempel sind durch das Feuer verzehrt, verrußt stehen die ho-

hen Wände da, verstümmelt und mit verkrümmten Balken.“ Ihr wißt, was nachher kommt, und vor allem jenes: „O Vater, Heimat, Haus des Priamos, Tempel umzäunt mit tiefdonnernden Toren! Ich habe Dich dastehen sehen in barbarischem Reichtum, mit getriebenen, gedrechselten Decken, mit Gold und Elfenbein königlich hergerichtet.“ Trefflicher Dichter, mag er auch heute von den Bewunderern Euphorions verachtet werden! Er weiß, daß alles plötzliche und unerwartete besonders hart trifft. Nachdem er also eine königliche Macht gepriesen hat, die ewig zu dauern schien, was fügt er bei? „All dies habe ich in Flammen aufgehen sehen, dem Priamos das Leben mit Gewalt geraubt, den Altar Jupiters mit Blut besudelt.“ Herrliche Verse! Die Trauer spiegelt sich in den Gedanken, den Worten, dem Rhythmus. Ihr wollen wir die Trauer nehmen. Wie? Wollen wir sie auf ein Federkissen setzen, eine Musikantin bestellen, einen Parfumverbrenner anzünden, ihr eine Schale süßen Getränks reichen und uns auch nach etwas Essen umsehen? Das sind doch die Güter, durch die man von den quälendsten Leiden abgelenkt werden kann. Du sagtest kurz vorher, Du würdest nicht einmal begreifen, was es sonst noch anderes geben könne. Ich wäre also mit Epikur darin einverstanden, daß man von der Trauer auf die Gedanken an Güter abgelenkt werden solle, wenn wir uns bloß darüber einigen könnten, was diese Güter sind.

Man wird nun sagen: ‚Glaubst Du wirklich, daß Epikur dergleichen gewollt hat oder daß seine Lehren ausschweifend gewesen seien?‘ Ich ganz gewiß nicht. Denn ich sehe, daß er viele ernste und ausgezeichnete Dinge gesagt hat. Es handelt sich ja auch, wie ich oft gesagt habe, um seinen Scharfsinn, nicht um seinen Charakter: obwohl er jene Genüsse verachtet, die er vorhin gelobt hatte, werde ich doch nicht vergessen, was er das höchste Gut nennt. Er hat nicht bloß das Wort Lust hingesetzt, sondern auch erläutert, was es heißt: „Den Geschmack, die Vereinigung der Körper, Spiele, Gesänge und jene Gestalten, die die Augen in eine angenehme Bewegung versetzen.“ Erfinde ich etwas oder lüge ich? Ich möchte gern widerlegt werden, denn schließlich, worum bemühe ich mich, als darum, daß in jeder Frage die Wahrheit ans Licht komme!

Aber derselbe Epikur sagt auch, die Lust nehme nicht zu, nachdem einmal der Schmerz beseitigt sei, und es sei die höchste Lust, keinen Schmerz zu empfinden. In diesen wenigen Worten stecken drei große Fehler. Der erste ist, daß er mit sich selbst im Widerspruch steht. Denn eben erst erklärte er, er könne sich ein Gut nicht einmal vorstellen, außer demjenigen der Sinne, die gewissermaßen durch die Lust gekitzelt werden. Jetzt dagegen bezeichnet er die Freiheit von Schmerz als die höchste Lust. Kann man sich ärger widersprechen? Der zweite Fehler: während es in der Natur drei Zustände gibt: Freude, Schmerz und weder Freude noch Schmerz, so hält er den ersten und den dritten für identisch und unterscheidet die Lust nicht von der Schmerzlosigkeit. Den dritten Fehler hat er mit andern gemeinsam: während doch die Tugend am meisten erstrebt wird und die Philosophie eben dazu da ist, sie zu erreichen, so hat er das höchste Gut von der Tugend abgesondert.

‚Doch er lobt oft die Tugend.' Gewiß, auch C. Gracchus, der die größten Spenden veranstaltete und die Staatskasse leerte, verteidigte in seinen Reden eben diese Staatskasse. Was soll ich auf Worte hören, wo ich die Taten sehe? L. Calpurnius Piso Frugi hatte stets gegen das Getreidegesetz gesprochen. Als das Gesetz erlassen war, begab er, der Konsul gewesen war, sich zum Empfang des Getreides. Gracchus sah den Piso in der Menge stehen und fragte in Anwesenheit des römischen Volkes, wie das zusammenpasse, daß er auf Grund desselben Gesetzes, das er bekämpft hatte, nun Getreide verlange. Darauf Piso: „Ich hätte es nicht gern, Gracchus, wenn es Dir einfiele, meinen Besitz unter die Bürger aufzuteilen, aber wenn Du es tätest, so würde ich meinen Anteil verlangen." Hat auf diese Weise der würdige und kluge Mann nicht deutlich zu verstehen gegeben, daß durch das Sempronische Gesetz der öffentliche Besitz verschleudert werde? Lies nun aber die Reden des Gracchus; Du wirst meinen, er sei der Verteidiger der Staatskasse gewesen.

Epikur leugnet, daß man angenehm leben könne, wenn man nicht tugendhaft lebe; er leugnet, daß der Zufall irgendeine Gewalt über den Weisen habe; er zieht einen bescheidenen Lebensunterhalt einem üppigen vor; er bestreitet, daß es irgendeine Lage gebe, in der der Weise nicht glückselig sei. All dies ist gewiß eines Philosophen würdig, aber im Widerspruch zur Lust. — ‚Er meint aber nicht diese Lust' — Er mag meinen, welche er will, er wird immer von einer solchen sprechen, an welcher die Tugend keinen Anteil hat. Und: wenn wir nicht verstehen, was die Lust ist, so verstehen wir wohl auch nicht, was der Schmerz ist? Ich behaupte allerdings, jener, der den Schmerz als das größte Übel rechnet, hat kein Recht, von der Tugend zu sprechen.

Einige Epikureer, ausgezeichnete Männer (denn es gibt keine Gattung, die weniger bösartig wäre) beklagen sich, daß ich mit Eifer gegen Epikur polemisiere. Nun, wir kämpfen, wie ich glaube, um Ehre und Würde miteinander. Für mich scheint das höchste Gut in der Seele zu liegen, für ihn im Körper; für mich in der Tugend und für ihn in der Lust. Jene streiten für ihre Lehre und rufen sogar die Hilfe der Nachbarn herbei; es gibt auch viele, die sofort herbeieilen. Ich bin in der Lage, zu erklären, daß ich mir keine Sorgen mache. Ich werde akzeptieren, was sie beschlossen haben werden. Warum auch nicht? Handelt es sich etwa um den punischen Krieg? Darüber waren M. Cato und L. Lentulus durchaus verschiedener Meinung, aber dennoch haben sie sich nie darüber gestritten. Diese dagegen gehen gar zu gereizt vor und dabei verteidigen sie eine keineswegs besonders mannhafte Lehre; sie würden es weder im Senat, noch in der Volksversammlung noch beim Heer oder vor den Censoren wagen, sich für sie einzusetzen. Aber mit ihnen sei bei anderer Gelegenheit diskutiert und zwar so, daß ich keinerlei Streit vom Zaune breche, sondern ihnen gerne nachgebe, wenn sie die Wahrheit sagen. Ich erinnere sie nur an eines: mag es noch so wahr sein, daß der Weise alles auf den Körper bezieht oder um es dezenter zu sagen: daß er nichts tut, als was ihm zuträglich ist oder daß er Alles auf seinen Nutzen bezieht, so sollen sie doch, da dies schwerlich Beifall finden wird, sich lieber im Verschwiegenen daran freuen und darauf verzichten, ruhmredig aufzutreten.

Es bleibt die Lehre der Kyrenaiker. Diese meinen, der Kummer entstehe dann, wenn etwas Unerwartetes eintrete. Dies ist ohne Zweifel wichtig, wie ich oben gesagt habe. Ich weiß, daß auch Chrysipp meint, daß dasjenige heftiger verwunde, was man nicht vorausgesehen habe. Aber darin liegt nicht Alles. Mag auch zuweilen das plötzliche Auftauchen der Feinde eine größere Verwirrung erzeugen als das erwartete, und mag ein plötzlicher Sturm auf dem Meere die Seefahrer mehr erschrekken als ein vorausgesehener usw., so wirst Du doch, wenn Du die Natur des Unerwarteten prüfst, nichts Anderes finden als daß alles Plötzliche aus zwei Gründen größer erscheint: erstens hat man keine Zeit zu überblicken, wie groß das sei, was einem begegnet, und zweitens macht der Gedanke, man hätte sich vorsehen können, wenn man es vorausgewußt hätte, den Kummer ärger, da es einem vorkommt, als habe man sich das Übel durch eigene Schuld zugezogen.

Daß dies so ist, zeigt der Ablauf der Zeit, der die Übel fortschreitend derart mildert, daß diese, obwohl sie dieselben bleiben, nicht nur gelindert, sondern vielfach ganz aufgehoben werden. Viele Karthager waren in Rom Sklaven und ebenso Makedonen nach der Gefangennahme des Königs Perseus. Ich habe auch in der Peloponnes, als ich jung war, einige Korinther gesehen. Diese alle hätten in die Klagereden aus der Andromache ausbrechen können: „All dies habe ich gesehen . . .", aber wahrscheinlich waren sie damit schon zu Ende. Denn ihr Gesicht, ihre Redeweise, ihre ganze Art, sich zu bewegen und zu verhalten, waren von solcher Art, daß man sie für Argiver oder Sikyonier hätte halten können; und mich erschütterte der plötzliche Anblick der zerstörten Mauern Korinths mehr als die Korinther selbst, deren Seele durch die lange Zeit gegen die Erinnerung abgehärtet worden war. Wir haben auch das Buch des Kleitomachos gelesen, das er nach der Zerstörung Karthagos zum Troste seinen gefangenen Mitbürgern gesandt hat. Dort findet sich ein Gespräch des Karneades niedergeschrieben, das jener erklärt, zur Publikation redigiert zu haben. Da war die These aufgestellt, der Weise werde sicherlich Schmerz empfinden, wenn sein Vaterland erobert sei, und Kleitomachos hat aufgeschrieben, was Karneades dagegen gesagt hatte. Bei einem gegenwärtigen Unglück ist also die Arznei des Philosophen im höchsten Grade notwendig, einem schon verjährten gegenüber vermißt man sie nicht einmal; und wenn jenes selbe Buch einige Jahre später den Gefangenen gesandt worden wäre, so hätte es nicht Wunden zu heilen gefunden, sondern Narben. Denn ein Schmerz, der unvermerkt und langsam weiterläuft, verschwindet allmählich, nicht weil die Sache selbst sich veränderte oder sich verändern könnte, sondern weil die Erfahrung uns lehrt, was die Vernunft uns hätte lehren sollen, daß nämlich das, was uns als allzu groß erschien, in Wahrheit viel kleiner ist.

Aber nun kann einer sagen: Wozu brauchen wir überhaupt die Vernunft oder jene Tröstung, die wir anzuwenden pflegen, wenn wir den Schmerz von Trauernden zu erleichtern suchen? Denn wir bringen im allgemeinen nur das eine vor, daß man nichts für unerwartet halten dürfe. Und wie wird derjenige ein Mißgeschick geduldiger ertragen, der eingesehen hat, daß dergleichen notwendigerweise dem Menschen zustößt? Eine solche Rede nimmt von der Gesamtheit des Übels nichts weg, sondern fügt bloß bei, es sei nichts geschehen, was man nicht hätte erwarten können. Dennoch hat dieses Vorgehen seine Bedeutung, ja vielleicht sogar die größte ... Jenes Unerwartete hat also nicht einen solchen Einfluß, daß etwa der ganze Kummer nur aus ihm entstünde Vielleicht trifft es uns härter, aber es bewirkt nicht, daß das, was uns trifft, größer erscheint. Größer erscheint es, weil es frisch ist, nicht weil es plötzlich kommt ...

Es gibt also zwei Wege, die Wahrheit zu erkennen, nicht nur bei dem, was als ein Übel, sondern auch bei dem, was als gut erscheint. Denn erstens fragen wir, welches die Beschaffenheit und Größe der Sache sei; so etwa gelegentlich bei der Armut, deren Last wir verringern, indem wir zeigen, wie weniges und geringes es ist, was die Natur verlangt. Zweitens lassen wir die Rede von den Feinheiten der Diskussion zu Beispielen übergehen. Da wird denn Sokrates erwähnt, Diogenes und jener Satz des Caecilius: „Oft findet sich Weisheit auch unter einem schmutzigen Mantel." Wenn nämlich die Wirkung der Armut überall eine und dieselbe ist, wie läßt sich dann begründen, weshalb sie dem Fabricius erträglich gewesen sein soll, Andere aber behaupten, sie sei unerträglich? Diesem zweiten Vorgehen ist jene Art des Tröstens ähnlich, die darauf hinweist, daß Alles, was geschieht, menschlich sei. Denn eine solche Überlegung bewirkt nicht nur, daß man das Menschengeschlecht kennenlernt, sondern deutet auch darauf hin, daß das erträglich sein müsse, was Andere ertragen haben und auch jetzt ertragen.

Wenn von der Armut die Rede ist, so wird man an viele geduldige Arme erinnern. Wenn von der Verachtung der Ehren die Rede ist, dann nennt man viele, die ohne Ehren blieben und gerade darum glückseliger waren; man wird ausdrücklich das Leben solcher, die die Muße des Privatmannes den politischen Geschäften vorzogen, mit Lob beschreiben und auch nicht den Anapäst jenes mächtigen Königs vergessen, der einen Greis preist und ihn glücklich nennt, weil er ohne Ruhm sei und unbekannt bis zu seinem letzten Tage leben dürfe.

Ebenso werden beim vorzeitigen Verlust von Kindern Beispiele angeführt, und der Schmerz derer, die dies allzu schwer nehmen, wird durch Beispiele Anderer gelindert. So bewirkt das Dulden Anderer, daß man das, was einem zustieß, für bedeutend geringer hält, als man es zuvor geglaubt hatte. Beim Nachdenken ergibt sich allmählich, wie sehr unser Meinen uns getrogen hat. Dies erklärt auch jener Telamon: „Ich, als ich sie zeugte . . .“ und Theseus: „Ich überlegte in mir die kommenden Leiden“ und Anaxagoras: „Ich wußte, daß ich ihn als einen Sterblichen gezeugt hatte.“ Diese Alle haben lange über die menschlichen Dinge nachgedacht und erkannt, daß man sie durchaus nicht so zu fürchten brauche, wie es die Leute meinen.

Mir jedenfalls scheint es, daß diejenigen, die voraus bedenken, so ziemlich in derselben Lage sind wie jene, die die Zeit heilt, außer daß jene eine gewisse Einsicht gesund macht, die andern dagegen die Natur selbst, wenn sie nämlich die Hauptsache begriffen haben, daß jenes Unheil, das sie für das größte gehalten haben, in keinem Falle so groß ist, daß es das glückselige Leben zu zerstören vermag.

So ergibt sich denn, daß der Schlag des Unerwarteten gewiß größer ist, aber nicht so, wie jene es meinen, daß von zweien, die dasselbe Unglück getroffen hat, nur jener von Kummer befallen wird, zu dem es unerwartet gekommen ist.

Man sagt auch, daß Einzelne, denen von der gemeinsamen Situation der Menschen gesprochen worden war: daß wir nämlich unter jenem Gesetz geboren seien, daß keiner auf immer vom Unheil frei sein könne, ihren Schmerz daraufhin nur umso schwerer empfanden. Darum soll auch Karneades, wie ich bei unserm Antiochos lese, oft Chrysippos getadelt haben, weil er die Verse des Euripides gelobt hätte: „Es gibt keinen Sterblichen, den nicht der Schmerz berührt und die Krankheit. Viele müssen ihre Kinder beerdigen und andere neu zeugen und Allen ist der Tod bestimmt. Aber dies quält ohne Sinn das Menschengeschlecht. Der Erde ist die Erde zurückzugeben und das Leben Allen wegzumähen wie das Korn. So befiehlt es die Notwendigkeit." Er leugnete, daß diese Art des Redens in irgendeiner Weise zur Erleichterung des Schmerzes beitragen könne. Denn eben dies sei zu beklagen, daß wir von einer so grausamen Notwendigkeit festgehalten würden. Jener Hinweis auf das Unglück Anderer sei nur dazu da, böswillige Menschen zu trösten. Mir scheint sich dies aber durchaus anders zu verhalten. Denn die Notwendigkeit, die Lage des Menschen auszuhalten, verbietet uns, gewissermaßen mit der Gottheit zu kämpfen und mahnt uns, Mensch zu bleiben; und dieser Gedanke erleichtert den Schmerz sehr. Die Reihe der Beispiele wiederum führt man an, nicht um den Geist der Böswilligen zu erfreuen, sondern damit jener, der trauert, einsieht, daß er das aushalten müsse, was, wie er sieht, viele Andere maßvoll und ruhig ertragen haben.

Denn auf alle Weisen sollen jene gestützt werden, die am Zusammenbrechen sind und sich wegen der Größe der Schmerzen nicht mehr zusammennehmen können. Darum meint auch Chrysipp, daß der Schmerz „lype" heiße, weil er gewissermaßen den ganzen Menschen auflöst (lyei). Er läßt sich aber vollständig ausreißen, wenn, wie ich am Anfang gesagt habe, die Ursache des Kummers klargelegt ist; sie besteht in nichts Anderem als in der Meinung und dem Urteil, man habe es mit einem großen, gegenwärtigen und bedrückenden Unglück zu tun. So wird man auch den körperlichen Schmerz, dessen Biß der schärfste ist, aushalten, wenn man auf etwas Besseres hofft;

und ein ehrenhaft und glänzend zugebrachtes Leben enthält einen solchen Trost, daß jene, die so gelebt haben, entweder vom Kummer überhaupt nicht berührt oder doch durch seelischen Schmerz nur ganz leicht angegriffen werden.

Wenn aber zu der Vorstellung von einem großen Unglück noch die andere Vorstellung dazu kommt, es sei notwendig, richtig und pflichtgemäß, über das betrübt zu sein, was uns zugestoßen ist, dann erst entsteht jener schwere leidenschaftliche Schmerz.

Aus dieser Vorstellung entstammen die verschiedenen verwerflichen Formen der Trauer, das sich Beschmutzen, weibisch sich die Wangen zerkratzen, die Brust, die Schenkel, das sich an den Kopf schlagen. Da haben wir den Agamemmon des Homer und ebenso des Accius: „Im Schmerz unaufhörlich ausreißend sein wallendes Haar“, worüber Bion witzig bemerkte, es sei schon ein einfältiger König, der sich im Schmerz die Haare ausrisse, als ob die Trauer durch eine Glatze geheilt würde.

Aber alle solche Sachen machen jene, die meinen, man müsse das tun. So greift auch Aischines den Demosthenes an, weil dieser am siebenten Tage nach dem Tode seiner Tochter den Göttern geopfert habe. Mit welcher Rhetorik, welcher Fülle, welcher Häufung von Gedanken, welcher Gewandtheit der Worte! So daß man sieht, wie sich ein Redner alles erlauben kann, was er will. Dennoch hätte niemand seinen Angriff gebilligt, wenn wir nicht die eingewurzelte Überzeugung hätten, alle anständigen Menschen müßten über den Tod der Ihrigen die äußerste Trauer bezeigen. So kommt es denn, daß im Schmerz ihrer Seele die einen die Einsamkeit aufsuchen, wie es Homer von Bellerophon sagt: „Trauernd irrte der Unselige in den Aleischen Feldern, selbst sein eigenes Herz aufzehrend, die Spuren der Menschen meidend.“ Ebenso stellt man sich Niobe steingeworden vor, wohl wegen des ewigen Schweigens ihrer Trauer. Von Hekuba dagegen meint man, sie sei wegen der Bitterkeit ihrer Seele und ihres Hasses als in einen Hund verwandelt dargestellt worden. Andere wiederum freuen sich daran, im Schmerz mit der Einsamkeit selbst Zwiesprache zu halten, wie die Amme bei Ennius: „Mich Arme hat jetzt die Begierde gepackt, Himmel und Erde von dem Elend Medeas zu erzählen.“

Dies alles macht man im Schmerze, weil man meint, damit Rechtes, Wahres, Schuldiges zu tun. Daß dies sozusagen als ein Gebot der Pflicht aufgefaßt wird, zeigt sich vor allem daran, daß die Leute, die zu trauern entschlosssen sind und nun zufällig etwas Liebenswürdiges getan oder heiter geredet haben, sich zur Trauer zurückrufen und das Gefühl haben, sie hätten sich verfehlt, weil sie im Trauern nachgelassen hätten. Die Kinder werden von ihren Müttern und Lehrern sogar gezüchtigt; nicht nur mit Worten, sondern auch mit Schlägen werden sie zu weinen gezwungen, wenn sie in einer häuslichen Trauer etwas Fröhliches gesagt oder getan haben. Aber wenn dann endlich der Schmerz nachgelassen und man eingesehen hat, daß das Trauern nichts nützt, zeigen dann nicht die Tatsachen, daß das Alles eine Sache des Willens war?

Wie steht es mit jenem Selbstpeiniger des Terenz? „Ich habe festgestellt, ich, Chremes, daß mein Unrecht meinem Sohne gegenüber weniger groß ist, solange ich selbst unglücklich bin." Dieser beschließt also, unglücklich zu sein. Aber beschließt man jemals etwas unfreiwillig? „Ich möchte mich als jeder Strafe wert bezeichnen." Er hält sich für strafwürdig, wenn er nicht elend ist. Du siehst also, daß das Unglück aus der Vorstellung stammt, nicht aus der Natur. Wie nun, wenn die Sache selbst das Trauern verbietet? Wie etwa bei Homer die täglichen Todesfälle und der Untergang Vieler eine Beruhigung im Trauern schaffen. Bei ihm heißt es: „Denn wir sehen viel zu viele fallen an jedem Tage, so daß niemand Zeit hat zum Trauern. Umso billiger ist es, die Toten mit gefaßter Seele den Grabhügeln zu übergeben und den Schmerz auf die Tränen eines Tages zu beschränken." Also steht es in unserer Macht, den Schmerz abzuwerfen, wenn wir wollen, und uns den Umständen zu fügen. Aber gibt es überhaupt eine Lage (da doch die Sache in unserer Macht steht), der wir uns nicht so fügen können, daß wir Kummer und Sorgen fahren lassen? Es ist bekannt, daß jene, die den Gnaeus Pompeius an seinen Wunden zusammenbrechen sahen, aber mitten in jenem bittern und jammervollen Schauspiel für sich selbst fürchten mußten, da sie sich von der Flotte der Feinde umgeben sahen, nichts anderes getan haben, als die Ruderer anzufeuern und ihr Heil in der Flucht zu suchen. Und erst als sie nach Tyros kamen, hätten sie angefangen zu trauern und zu jammern. Die Angst hat also bei diesen die Trauer vertreiben können: soll es die Einsicht und die wahre Weisheit nicht können? Denn was wird den Schmerz stärker stillen als die Erkenntnis, daß er nichts nützt und daß man ihn vergebens pflegt? Wenn man ihn aber ablegen kann, so kann man ihn auch nicht zulassen. Man wird also gestehen müssen, daß man den Kummer aus freiem Willen und Urteil zuläßt.

Das zeigt sich auch an der Geduld jener, die oft Vieles haben erleiden müssen und nun leichter aushalten, was ihnen zustößt, und das Gefühl haben, sie seien schon gegen das Geschick abgehärtet, wie jener bei Euripides: „Wenn mir jetzt zum ersten Mal ein trauriger Tag aufleuchtete und ich nicht unter so vielen Schmerzen übers Meer gefahren wäre, dann hätte ich einen Grund zu klagen, so wie die Füllen sich aufbäumen bei der ungewohnten Berührung mit dem angelegten Geschirr. Aber ich bin schon vom Elend unterworfen und abgestumpft.“ Da also die Ermattung im Unglück den Kummer leichter macht, muß man folgern, daß nicht die Sache selbst die Ursache und die Quelle der Trauer ist.

Merken denn die Philosophen, die zwar bedeutend sind, aber noch nicht die Weisheit erreicht haben, nicht, daß sie im höchsten Unglück sind? Sie sind nämlich Toren, und es gibt kein größeres Unglück als die Torheit. Aber sie trauern deswegen nicht. Warum? Weil sich an diese Art von Unglück nicht die Vorstellung knüpft, es sei recht und billig und pflichtgemäß, traurig zu sein, daß man nicht weise ist, während wir uns genau das bei jenem Kummer einbilden, bei dem man klagt und der von allen der schlimmste ist.

So tadelt denn Aristoteles die alten Philosophen, die gemeint hätten, die Philosophie sei durch ihre Leistung vollendet, und erklärt, sie müßten entweder sehr töricht oder sehr selbstbewußt gewesen sein; da aber nun in wenigen Jahren ein großer Fortschritt erzielt worden sei, so sehe er voraus, daß in kurzer Zeit die ganze Philosophie vollendet sein würde. Theophrast wiederum soll im Sterben die Natur angeklagt haben, daß sie den Hirschen und Krähen, bei denen es nicht darauf ankäme, ein langes Leben geschenkt habe, den Menschen dagegen, für die es im höchsten Grade darauf angekommen wäre, ein so kurzes; wenn ihre Lebenszeit länger hätte sein können, so würden alle Wissenschaften zur Vollendung gelangen und das Leben der Menschen durch jede Art von Unterweisung gebildet werden. Er klagte also, er werde in dem Augenblick hinweggerafft, in welchem er dies zu sehen begonnen habe. Und wird nicht auch von den übrigen Philosophen ein jeder unter den besten und ernstesten bekennen, daß er Vieles nicht wisse und Vieles immer und immer wieder lernen müsse?

Obschon sie also einsehen, daß sie mitten in der Torheit hängen, was das schlimmste ist, was es geben kann, sind sie doch keineswegs durch Trauer niedergedrückt. Denn da gibt es keine Vorstellung, daß die Trauer Pflicht sei. Und was soll man von denen sagen, die der Meinung sind, daß Männer nicht trauern dürfen? So war Q. Maximus, der seinen Sohn, der Konsul gewesen war, zu Grabe trug, so L. Paulus, der innerhalb von wenigen Tagen seine beiden Söhne verlor, so M. Cato beim Tode des Sohnes, der zum Praetor designiert worden war, und so auch alle die übrigen, die wir in unserer Consolatio zusammengestellt haben. Was hat diese anderes beruhigt als die Überzeugung, daß Trauer und Klage sich für einen Mann nicht schicke? Während also Andere es für richtig halten, sich der Trauer zu ergeben, da haben diese die Trauer gerade abgewiesen, weil sie sie für eine Schande hielten. Daraus ergibt sich, daß die Trauer nicht in der Natur, sondern in der Vorstellung begründet ist.

Dagegen wendet man ein: Wer ist so wahnsinnig, daß er aus freiem Entschluß trauert? Die Natur bringt den Schmerz mit sich und euer Krantor, so sagen sie, meint, man solle ihm nachgeben. Denn der Schmerz drängt und drückt und man kann ihm nicht widerstehen. So ist etwa bei Sophokles jener Oileus, der zuvor den Telamon über den Tod des Aias getröstet hatte, zusammengebrochen, als er den Tod seines eigenen Sohnes erfuhr. Über diese Sinnesänderung heißt es: „Kein Mensch besitzt eine so große Weisheit, daß er, nachdem er die Sorgen Anderer mit Worten erleichtert hat, nicht plötzlich an seinem eigenen Leiden zusammenbreche, wenn das Schicksal sich wandelt und seine Gewalt auf ihn richtet, so daß ihm dann entfällt, was er Andern gesagt und wozu er sie ermahnt hat.“ Wenn sie dies darlegen, suchen sie zu beweisen, daß man in keiner Weise der Natur Widerstand leisten könne. Dennoch geben sie zu, daß man sich schwererem Kummer hingebe als es die Natur erfordere. Was ist aber dies für ein Wahnsinn? So können wir dieselbe Frage an sie richten.

Doch es gibt mehrere Ursachen, weshalb man sich dem Schmerz ergibt. Die erste ist die Vorstellung von einem Unheil; sobald man dies gesehen und sich davon überzeugt hat, folgt sogleich der Kummer mit Notwendigkeit. Außerdem meint man, man tue den Toten einen Gefallen, wenn man sie leidenschaftlich betrauere. Dazu kommt eine Art weibischen Aberglaubens. Sie meinen, sie würden die unsterblichen Götter leichter besänftigen, wenn sie, durch deren Schlag getroffen, sich als gedemütigt und zerschmettert bekennten. Wie sehr sich dies alles widerspricht, sehen die meisten gar nicht. Sie loben jene, die gefaßten Geistes sterben, halten aber solche für tadelnswert, die den Tod eines Andern gefaßten Geistes tragen; wie wenn es möglich wäre, was man in der Liebessprache zu behaupten pflegt, daß man nämlich einen Anderen mehr liebt als sich selbst. Denn eines ist zwar edel, und, wenn Du das wissen willst, auch richtig und wahr, daß wir diejenigen, die uns die liebsten sein müssen, ebenso lieben wie uns selbst. Daß wir sie mehr lieben, ist in keinem Falle möglich. In der Freundschaft ist dies nicht einmal zu wünschen, daß der Andere mich mehr liebe als sich und ich ihn mehr als mich selbst. Denn wenn das so wäre, würde sich eine Verwirrung des Lebens und aller Pflichten ergeben.

Aber darüber an anderer Stelle; jetzt mag die Feststellung genügen, daß man nicht unser Unglück mit dem Verlust der Freunde verknüpfen darf; denn sonst würden wir sie mehr lieben als sie es selbst möchten, wenn sie es spürten, und jedenfalls mehr als uns selbst lieben. Wenn aber gesagt wird, daß die meisten durch Tröstungen nicht erleichtert werden, und beigefügt wird, daß die Tröstenden sich selbst als unglücklich bekennen, wenn das Schicksal seine Wucht auf sie lenkt, so sind beide Bemerkungen nichtig. Denn diese Mängel gehen nicht auf die Natur, sondern auf unsere Schuld zurück. Die menschliche Torheit anzuklagen ist aber leicht. Wer sich nicht trösten läßt, der treibt sich selbst ins Elend, und wer sein eigenes Unglück anders trägt als er selbst es die Anderen tragen heißt, begeht keinen schlimmeren Fehler als die meisten Menschen, die als Geizige den Geiz, als Ruhmsüchtige die Ruhmsüchtigen tadeln. Dies ist eben der Torheit eigentümlich, die Fehler der Andern zu bemerken, die eigenen dagegen zu vergessen.

Vor allem ist aber klarzulegen, daß, wenn anerkanntermaßen der Kummer durch die Dauer beseitigt wird, diese Wirkung nicht im Zeitablauf liegt, sondern in dem täglichen Nachdenken. Denn wenn es sich um denselben Menschen und dieselbe Sache handelt, wie kann dann am Schmerze etwas geändert werden, wenn weder an dem, was die Trauer hervorruft, sich irgendwas ändert, noch an dem, der die Trauer empfindet? Das tägliche Bedenken also, daß an der Sache kein Unglück sei, heilt den Schmerz, nicht die Zeitdauer selbst.

Nun werden mir die Mittelzustände entgegengehalten. Wenn sie naturgemäß sind, wozu bedarf es dann der Tröstung? Denn die Natur selbst wird das Maß bestimmen. Wenn sie aber aus der Vorstellung stammen, so muß die Vorstellung als Ganzes beseitigt werden.

Ich glaube, wir haben damit genug darüber gesprochen, daß der Kummer die Vorstellung von einem gegenwärtigen Unglück und daß in dieser Vorstellung eingeschlossen ist, man müsse den Kummer auf sich nehmen. Dieser Bestimmung wird von Zenon mit Recht beigefügt, daß die Vorstellung von einem gegenwärtigen Unglück frisch sein müsse. Dieser Begriff wird so erläutert, daß ‚frisch' nicht bloß heißen soll, ‚was kurz vorher geschehen ist', sondern daß das vorgestellte Unglück noch eine solche Wirkung habe, daß man es als stark und lebendig empfinde. So hat jene berühmte Artemisia, die Gattin des Königs Maussolos von Karien, die ihm das berühmte Grabmal in Halikarnaß setzen ließ, so lange sie lebte, in Trauer gelebt und ist auch von der Trauer gebrochen gestorben. Für sie war die Vorstellung täglich frisch. Sie wird erst dann nicht mehr frisch genannt, wenn sie durch die Verjährung verdorrt ist.

Das sind also die Aufgaben der Tröster, den Kummer entweder ganz zu beseitigen oder ihn zu lindern oder ihn soweit als möglich zu verringern oder ihn zu unterdrücken und nicht zu gestatten, daß er sich weiter ausdehne, oder die Gedanken auf anderes abzulenken. Einige meinen, es sei die einzige Aufgabe des Tröstenden, zu zeigen, daß das vermeinte Unglück kein Unglück sei, so Kleanthes; Andere, zu zeigen, daß es kein großes Unglück sei — so die Peripatetiker. Andere wiederum lenken vom Übel zum Guten ab, wie Epikur. Andere halten es für genügend, zu zeigen, daß das Unglück nicht als ein unerwartetes geschehen sei. Chrysippos endlich meint, beim Trösten sei es die Hauptsache, den Trauernden von der Meinung zu befreien, er erfülle eine gerechte und geschuldete Pflicht. Noch andere kombinieren alle diese Arten des Tröstens — denn diesem hilft diese, jenem eine andere —, wie auch wir in der Consolatio Alles zu einer einzigen Tröstung aufgeboten haben. Denn die Seele war damals verwundet und jede Art von Heilung wurde an ihr versucht.

Man muß sich jedoch bei den Krankheiten der Seele nicht weniger Zeit lassen, als bei denen des Leibes. So etwa jener Prometheus des Aischylos, der, als ihm gesagt wurde: „Aber, Prometheus, ich denke, du weißt dies, daß die Überlegung den Zorn heilen kann“, antwortete: „Gewiß, wenn es einer ist, der das Heilmittel zur rechten Zeit anwendet und nicht mit der Hand die Wunde aufreißt und sie noch schlimmer macht.“ So wird es denn beim Trösten das erste Heilmittel sein, zu zeigen, daß es sich um kein Übel handele oder nur um ein sehr geringes, das zweite, auf die gemeinsame Bedingung des Lebens hinzuweisen und je nach dem auch auf die besondere desjenigen, der trauert, das dritte, daß es die größte Torheit sei, sinnlos sich durch Trauer vernichten zu lassen, da man doch einsieht, daß es nichs nützt. Kleanthes tröstet bloß den Weisen, der des Trostes nicht bedarf. Wenn du nämlich einen Trauernden davon überzeugst, daß es kein Unglück gebe außer der Schande, so wirst du ihm nicht die Trauer, sondern die Torheit wegnehmen. Und dies zu lehren, ist dann nicht die rechte Zeit. Außerdem scheint mir Kleanthes nicht hinlänglich beachtet zu haben, daß man zuweilen Kummer haben kann eben durch das, was er selbst als das größte Übel bezeichnet. Denn was werden wir über den Fall sagen, wo Sokrates, wie wir lesen, den Alkibiades davon überzeugt, daß er ein Nichts von einem Menschen sei und daß zwischen dem vornehmen Alkibiades und einem beliebigen Lastträger gar kein Unterschied bestehe, und wo dann Alkibiades traurig wurde und weinend Sokrates anflehte, er möge ihm die Tugend geben und seine Schlechtigkeit vertreiben? Was werden wir da sagen, Kleanthes? Ist an der Sache, die Alkibiades Kummer bereitete, kein Übel gewesen? Und wie sind die Ansichten Lykons zu beurteilen? Er suchte den Kummer zu bagatellisieren und erklärte, er werde durch Kleinigkeiten veranlaßt, die Mißlichkeiten des äußeren Schicksals und des Körpers, nicht durch die Übel der Seele. Nun? Ging das, worüber Alkibiades Schmerz empfand, nicht auf die Übel und Fehler der Seele zurück? Was die Tröstungen Epikurs betrifft, haben wir vorhin schon genug darüber gesprochen.

Auch dies ist keine ganz zuverlässige Tröstung, auch wenn sie gebräuchlich ist und oftmals nützt: „Das geschieht nicht dir allein.“ Dies kann helfen, wie ich sagte, aber nicht immer und nicht bei Allen; einige weisen dies zurück. Es kommt also darauf an, wie man es anbringt. Man muß nämlich davon reden, wie ein jeder von denen, die Unglück besonnen getragen haben, es getragen hat, und nicht davon, von was für Unglück sie alle betroffen worden sind.

Gemessen an der Wahrheit ist das Vorgehen des Chrysippos das zuverlässigste, aber im Augenblick des Trauerns unsicher. Denn es ist eine schwierige Sache, einem Trauernden zu beweisen, er trauere aus freien Stücken und weil er meine, es sei seine Pflicht, so zu handeln.

Jedenfalls: wie wir bei Auseinandersetzungen nicht immer von denselben Gegebenheiten (status) ausgehen — so nennen wir die verschiedenen Arten der Beweisführung —, sondern uns an die Situationen, an die Art des Streitfalles und an die Person an-

passen, so muß man auch beim Lindern des Kummers darauf achten, welche Art von Heilmittel ein jeder zu ertragen vermag.
Aber auf irgendeine Weise ist meine Darlegung vom Thema, das Du gestellt hattest, abgewichen. Denn Du fragtest nach dem Weisen, für den es entweder außerhalb der Schande überhaupt kein Übel geben kann, oder doch nur ein so geringes, daß es durch die Weisheit unterdrückt und kaum sichtbar wird; der Weise bildet sich nichts in seiner Vorstellung ein und mehrt damit seinen Kummer; er hält es auch nicht für richtig, sich so sehr als möglich zu quälen und im Gram zu vernichten, was die schlimmste Torheit ist. Immerhin zeigte doch die Überlegung, wie mir scheint — obwohl nicht dies der eigentliche Gegenstand unserer gegenwärtigen Frage war, ob es ein Übel geben könne, das von der Schande verschieden sei —, daß offensichtlich Alles, was am Kummer verwerflich ist, nicht naturgemäß, sondern durch gewollten Entschluß und den Irrtum unseres Meinens herbeigeführt ist.
Wir haben damit jenen Kummer behandelt, der von allen der größte ist, so daß wir, wenn dieser beseitigt ist, uns wohl um die Heilmittel für die übrigen nicht allzu sehr bemühen müssen. Denn es gibt bestimmte Dinge, die man über die Armut, das Leben ohne Ehrenämter, die Ruhmlosigkeit zu sagen pflegt. Es gibt bestimmte spezielle Vorträge über die Verbannung, den Untergang des Vaterlandes, die Sklaverei, die Kränklichkeit, die Blindheit und alle Ereignisse, die man als Unglücksfälle zu bezeichnen pflegt. Dies teilen die Griechen in besondere Kurse und Bücher auf. Denn sie suchen Beschäftigung, — obschon ihre Darlegungen sehr angenehm zu lesen sind.
Wie aber die Ärzte, wenn sie den ganzen Körper heilen, zur gleichen Zeit auch den geringsten Körperteil, der mitgelitten hatte, mitheilen, so beseitigt die Philosophie, wenn sie die Gesamtheit des Kummers beseitigt, gleichzeitig, was sonst an Irrtümern entstanden war: wenn die Armut quälte und die Unehre bedrängte oder die Verbannung ihr Dunkel ausbreitete oder sonst etwas von dem entstanden war, was ich eben nannte. Gewiß gibt es auch Tröstungen für die einzelnen Fälle, von denen Du etwas wirst hören können, wenn Du Lust hast. Aber

man muß immer zu demselben Ursprung zurückkehren, daß jede Art von Kummer dem Weisen durchaus fern ist, weil er nichtig ist und zwecklos erlitten wird; weil er nicht von Natur entsteht, sondern durch unseren Entschluß und unsere Vorstellung und eine Art von Aufforderung zum Schmerze, wenn wir meinen, es schicke sich so.

Wenn all dies, was aus freiem Entschluß stammt, beseitigt ist, wird jener Kummer des Klagens auch verschwunden sein, aber eine Wunde und ein kleines Zucken der Seele wird übrig bleiben. Diese mag man naturgemäß nennen, wenn nur der schlimme Begriff des Kummers fernbleibt, der scheußlich und verhängnisvoll ist und der in keiner Weise mit der Weisheit verbunden sein und, um es so zu sagen, mit ihr zusammenwohnen kann. Aber was für Wurzeln hat der Kummer, wie viele und wie bittere! Wenn einmal der Stamm selbst gefällt ist, müssen sie alle ausgerissen werden und, wenn nötig, mit einzelnen Untersuchungen. Dazu haben wir ja die Muße, was immer sie sonst sein mag. Das Wesen des Kummers ist immer dasselbe, nur die Namen sind verschieden. Denn zum Kummer gehören der Neid und die Eifersucht und die Mißgunst, das Mitleid, die Sorge, das Leid, dann Traurigkeit, Grübeln, Jammern, Besorgnis, Schmerz, Ärgern, Niedergeschlagenheit und Verzweiflung.

Alles dies umgrenzen die Stoiker, und diese Worte bezeichnen verschiedene Dinge, nicht, wie man meinen könnte, dasselbe; sie geben gewisse Unterschiede an, was wir vielleicht an anderer Stelle behandeln werden. Das sind jene Verästelungen der Wurzeln, die, wie ich am Anfang sagte, alle aufzusuchen und auszureißen sind, damit keine übrig bleiben kann. Wer wird leugnen, daß es eine große und schwierige Arbeit ist? Was aber ist rühmlich, was nicht mühsam wäre? Dennoch verspricht die Philosophie, daß sie es zustande bringt, wenn wir uns nur ihren Heilmitteln anvertrauen.

Darüber nun genug. Das Übrige steht euch, so oft ihr wollt, hier und anderswo zur Verfügung.

VIERTES BUCH

In vielen Dingen, Brutus, pflege ich die Begabung und Tüchtigkeit unserer Landsleute zu bewundern, besonders aber in jenen Studien, die sie erst spät begehrten und von Griechenland nach Rom gebracht haben. Denn da schon gleich bei der Entstehung Roms durch Einrichtungen der Könige und teilweise auch durch Gesetze die Auspizien, Zeremonien, Volksversammlungen, Appellationen, der Senat, die Aufstellung von Reiterei und Fußvolk und das ganze Heerwesen in wunderbarer Weise geordnet worden waren, vollzog sich nach der Befreiung des Staates von der Königsherrschaft erst recht ein großartiger Fortschritt und ein unerhörter Lauf zu jeder Vollkommenheit. Doch ist es hier nicht der Ort, von den Sitten und Einrichtungen der Vorfahren, ihrer Ordnung und Staatsführung zu sprechen. Das ist anderswo von uns hinreichend genau behandelt worden, vor allem in den sechs Büchern über den Staat.
Hier denke ich nun an die Bemühungen um die Wissenschaft und da kommt mir vieles in den Sinn, unter welchen Umständen auch diese von anderswoher geholt, aber nicht nur erstrebt, sondern auch bewahrt und gepflegt worden zu sein scheint.
Es lebte nämlich sozusagen vor den Augen unserer Vorfahren Pythagoras, ein Mann von hervorragender Weisheit und Vornehmheit, und zwar in Italien und zu derselben Zeit, als L. Brutus Rom befreite, der ruhmreiche Begründer Deines adligen Geschlechtes. Da sich die Lehre des Pythagoras weithin verbreitete, scheint sie mir auch in unsern Staat eingedrungen zu sein, und zwar läßt sich dies nicht bloß vermuten, sondern auch aus einigen Spuren entnehmen. Wer wird nämlich glauben, daß, als in Italien Griechenland die mächtigsten und größten Städte

zählte, jenes Gebiet nämlich, das Großgriechenland genannt wurde, und als daselbst zuerst der Name des Pythagoras und dann derjenige der Pythagoreer die höchste Berühmtheit besaß, daß da die Ohren unserer Mitbürger ihren weisen Stimmen verschlossen geblieben wären? Ich glaube auch, daß wegen der Bewunderung der Pythagoreer König Numa von den Spätern für einen Pythagoreer gehalten worden ist. Denn als sie die Lehre und die Einrichtungen des Pythagoras kennen lernten und von ihren Vorfahren von der Gerechtigkeit und Weisheit jenes Königs gehört hatten, das Alter und die Zeit beider aber als eine längst vergangene nicht mehr wußten, da glaubten sie, der, der so hervorragend an Weisheit gewesen war, müsse ein Schüler des Pythagoras gewesen sein; soviel über das, was man bloß vermuten kann. Was aber die Spuren der Pythagoreer betrifft, so könnte man zwar viele sammeln, doch wir werden nur wenige nennen, da dies jetzt nicht unser Gegenstand ist. So heißt es, daß jene die Sitte gehabt hätten, gewisse Gebote in verhüllter Weise durch Gedichte zu überliefern und ihren Geist von der Anspannung des Denkens durch Gesang und Saitenspiel zur Ruhe zu bringen; genau so sagt nun ein so bedeutender Autor wie Cato in den Origines, bei unseren Vorfahren sei es Sitte beim Mahle gewesen, daß die Teilnehmer der Reihe nach zur Flöte das Lob und die Tapferkeit der berühmten Männer besängen. Daraus ergibt sich, daß es damals Gesänge mit bestimmten Stimmangaben gegeben hat und auch Gedichte.

Daß man damals schon zu dichten pflegte, erklären allerdings auch die zwölf Tafeln. Denn sie haben unter Strafe verboten, daß man dies zum Schaden eines Andern täte. Ein Zeichen eines gebildeten Zeitalters ist auch, daß bei den Mahlzeiten der Götter und den Banketten der Beamten zur Leier vorgesungen wird, was ebenfalls eine Eigentümlichkeit der genannten Lehre gewesen war. Mir kommt auch das Gedicht des Appius Caecus, das Panaitios in einem Briefe an Q. Tubero außerordentlich lobt, pythagoreisch vor. Ebenso ist in unsern Einrichtungen Vieles von ihnen übernommen. Das übergehe ich, damit es nicht aussehe, als hätten wir anderswo gelernt, was als unsere eigene Erfindung gilt.

Doch um zur Sache zurückzukommen: in wie kurzer Zeit sind so viele und große Dichter und Redner entstanden! So daß es leicht sichtbar wird, daß unsere Landsleute Alles erreichen konnten, sobald sie es einmal zu wollen anfingen. Aber über die sonstigen Studien werden wir an anderm Orte sprechen, wenn es zweckmäßig sein wird, und haben wir schon oft gesprochen. Das Studium der Philosophie ist bei den Unsrigen auch schon alt, doch kenne ich vor der Zeit des Laelius und Scipio keinen, den ich mit Namen nennen könnte. In der Jugend dieser beiden sind, wie ich feststelle, der Stoiker Diogenes und der Akademiker Karneades von den Athenern als Gesandte zum Senat geschickt worden; sie hatten sich niemals mit Politik beschäftigt und der eine stammte aus Kyrene, der andere aus Babylon, und sie wären gewiß beide niemals aus ihrem Unterricht geholt und zu dieser Aufgabe ausgewählt worden, wenn nicht einige der damals maßgebenden Politiker Roms sich für die Philosophie interessiert hätten. Diese haben über anderweitige Gegenstände auch geschrieben, Einige über das Rechtswesen, Andere Reden, Andere wieder die Geschichte der Vorfahren; aber die bedeutendste aller Künste, die Lehre von der rechten Lebensform, haben sie mehr im Leben als in Schriften dargestellt.

So gibt es denn für jene wahre und vornehme Philosophie, die von Sokrates ausging und bei den Peripatetikern weiterdauerte und ebenso mit einer anderen Terminologie bei den Stoikern, während die Akademiker die Streitpunkte zwischen beiden diskutierten, in lateinischer Sprache bisher nahezu keine oder doch nur wenige Schriften; vielleicht wegen der Größe des Gegenstandes und der Beanspruchung der Menschen, oder, weil sie meinten, diese Dinge könnten den Ungebildeten doch nicht überzeugend dargestellt werden. Während aber jene schwiegen, erhob sich C. Amafinius und gab Bücher heraus, die die Menge dazu bewogen, sich vor allem seiner Lehre zuzuwenden, vielleicht, weil sie überaus leicht zu verstehen war, oder weil man durch die einschmeichelnden Verlockungen der Lust dazu verführt wurde, oder weil man sich eben daran hielt, solange nichts besseres vorlag. Als nach Amafinius viele andere in derselben Richtung mit ihm wetteiferten und vieles schrieben, da konnten sie ganz Italien für sich gewinnen. Und was der größte Beweis dafür ist, daß jene Lehre nicht wissenschaftlich ist, daß man sie sich nämlich so leicht aneignen kann und sie so leicht auch von Ungebildeten gebilligt wird, das halten jene für einen Beweis ihrer Richtigkeit.

Aber jeder mag verteidigen, was seine Überzeugung ist. Denn das Urteil steht frei. Wir werden bei unserm Vorsatz bleiben und, ohne an die Vorschriften einer einzigen Philosophie, der wir notwendigerweise gehorchen müßten, gebunden zu sein, unermüdlich prüfen, was in jedem einzelnen Falle das Wahrscheinlichste ist.

Das haben wir schon öfters sonst und auch neulich im Tusculanum mit Eifer getan. Bisher haben wir über die Gespräche dreier Tage berichtet. Dasjenige des vierten Tages soll in diesem Buche dargestellt werden.

Als wir nämlich in die untere Wandelhalle hinuntergestiegen waren, wie wir es schon an den vorangehenden Tagen getan hatten, da wurde folgendermaßen begonnen:

B: Jeder, der mag, soll sagen, über was für einen Gegenstand er eine Diskussion wünscht.

A: Ich glaube nicht, daß der Weise von jeder Leidenschaft frei sein kann.

B: In der gestrigen Diskussion schien es immerhin, daß er vom Kummer frei sein könne, es sei denn, Du habest uns nur aus Zeitmangel zugestimmt.

A: Durchaus nicht. Deine Ausführungen haben mich vollständig überzeugt.

B: Du glaubst also nicht, daß der Weise von Kummer befallen werden kann?

A: Gewiß nicht.

B: Aber wenn dieser den Geist des Weisen nicht verwirren kann, so wird es auch keine andere Leidenschaft vermögen. Oder soll ihn die Angst verwirren? Aber Angst hat man eben in der Abwesenheit jener Dinge, deren Anwesenheit den Kummer erzeugt. Nimmt man also den Kummer weg, so nimmt man die Angst weg. Es bleiben also nur noch zwei Leidenschaften: das Vergnügen und die Begierde. Wenn auch sie den Geist des

Weisen nicht befallen, wird der Geist des Weisen immer ruhig sein.

A: So meine ich es auch.

B: Was willst Du nun lieber? Wollen wir sofort alle Segel aufsetzen oder zuerst einmal ein wenig rudern, wie jene, die eben erst den Hafen verlassen?

A: Wie meinst Du dies? Ich verstehe es nicht.

B: Wenn nämlich Chrysipp und die Stoiker von den Leidenschaften reden, so verwenden sie eine lange Zeit darauf, sie einzuteilen und zu definieren, während sie die Frage, wie die Seele geheilt und alle Leidenschaft von ihr abgewehrt wird, nur äußerst knapp abmachen. Die Peripatetiker dagegen bringen viel bei, um die Seele zu beruhigen und lassen das Gestrüpp des Einteilens und Definierens beiseite. Ich fragte dich also, ob ich sofort die Segel meiner Rede ausspannen oder sie zuerst ein wenig mit den Rudern der Dialektiker vorantreiben soll.

A: Lieber auf die zweite Art. Denn auf diese Weise wird das ganze Problem, nach dem ich frage, nach beiden Richtungen erschöpfender behandelt.

B: Das ist gewiß auch richtiger. Aber frage mich nachher, wenn Dir etwas unklar geblieben ist.

A: Das werde ich tun; Du wirst allerdings, wie immer, die unklaren Dinge noch klarer ausdrücken als es die Griechen selbst tun.

B: Jedenfalls werde ich mir Mühe geben, aber die volle Aufmerksamkeit ist notwendig, damit nicht Alles auseinanderbricht, wenn man ein Einziges übersehen hat.

Da wir nun also, was die Griechen πάθη nennen, lieber Leidenschaften nennen wollen als Krankheiten, so will ich bei ihrer Beschreibung jener Einteilung folgen, die zuerst von Pythagoras und dann von Platon angewandt worden ist: sie teilen die Seele in zwei Teile ein, einen vernunftbegabten und einen vernunftlosen. Dem vernunftbegabten schreiben sie die Ruhe, d. h. die friedliche und beruhigte Beständigkeit zu, dem andern die wirren Bewegungen des Zorns und besonders der Begierde, die beide der Vernunft entgegengesetzt und feindlich sind.

Dies sei also der Ausgangspunkt. Bei der Beschreibung dieser Leidenschaften wollen wir aber immerhin die Definitionen und

Einteilungen der Stoiker zugrundelegen, die mir diese Frage am scharfsinnigsten behandelt zu haben scheinen. Die Definition Zenons ist diese: Die Leidenschaft (die er also Pathos nennt) ist eine von der rechten Einsicht abgewandte naturwidrige Bewegung der Seele. Andere sagen kürzer, die Leidenschaft sei ein allzuheftiges Streben; unter allzuheftig verstehen sie eben ein solches, das sich allzu weit von der Beständigkeit der Natur entfernt. Die verschiedenen Formen der Leidenschaft lassen sie aus zwei vermeintlichen Gütern und aus zwei vermeintlichen Übeln entstehen; so sind es denn vier: auf die Güter beziehen sich die Begierde und die Lust (diese aus den gegenwärtigen, jene aus den künftigen Gütern erwachsend), auf die Übel die Angst und der Kummer, jene gegenüber dem künftigen, dieser gegenüber dem gegenwärtigen. Das, dessen Kommen man fürchtet, bereitet eben Kummer, wenn es da ist.

Vergnügen und Begierde betreffen also das Meinen von Gütern: die Begierde wird hingerissen, entflammt und verführt zu dem, was ein Gut zu sein scheint; das Vergnügen dagegen hat das Begehrte schon erreicht und gerät außer sich und wird überschwänglich. Denn von Natur erstreben Alle das, was gut zu sein scheint und meiden das Gegenteil. Sobald sich also das Bild von etwas zeigt, was gut zu sein scheint, treibt die Natur selbst dazu, es zu erstreben. Wenn dies mit Beständigkeit und Klugheit geschieht, so nennen die Stoiker diese Art von Streben βούλησις und wir den Willen. Sie meinen, daß es diesen nur beim Weisen gebe und definieren ihn so: der Wille ist es, der etwas mit Vernunft begehrt. Was aber gegen die Vernunft allzuheftig erregt ist, ist das Begehren oder die zügellose Begierde, wie sie sich bei allen Toren findet.

Desgleichen, wenn wir derart bewegt werden, daß wir etwas Gutes empfinden, so vollzieht sich dies auf zwei Arten. Wenn nämlich die Seele durch die Vernunft bewegt wird und dies mit Ruhe und Beständigkeit, so nennen wir dies Freude. Wenn aber sinnlos und ungehemmt der Geist sich begeistert, so ist dies ein übertriebenes Vergnügen, das so definiert wird: eine Erhebung der Seele ohne Vernunft.

Ferner: da wir von Natur ebenso sehr die Güter erstreben wie uns von den Übeln abwenden, so soll dieses Abwenden, das mit Vernunft geschieht, Vorsicht genannt werden; auch sie soll sich nur am Weisen finden. Geschieht es aber ohne Vernunft und in einer niedrigen und schwächlichen Panik, dann mag sie Angst heißen. Die Angst ist also eine von der Vernunft abgewandte Vorsicht.

Dem gegenwärtigen Übel gegenüber gibt es keine Reaktion des Weisen; bei den Toren heißt sie Kummer, der sie befällt, wo sie ein Übel vermeinen und ihre Seele dadurch schwächen und verkrampfen, da sie der Vernunft nicht gehorchen. So ist dies die erste Definition: der Kummer ist eine Verkrampfung der Seele gegen die Vernunft.

So gibt es also vier Leidenschaften und drei Beständigkeiten, da dem Kummer keine eigene Beständigkeit gegenübersteht.

Sie lehren ferner, daß alle Leidenschaften auf Grund eines Urteils und eines Meinens zustandekommen. So definieren sie sie genauer, damit man nicht nur erkennt, wie schlecht, sondern auch wie sehr sie in unserer Gewalt sind: Der Kummer ist also das gegenwärtige Vermeinen eines gegenwärtigen Übels, in das die Seele zu stürzen und zu verkrampfen richtig zu sein scheint. Die Lust ist das gegenwärtige Vermeinen eines gegenwärtigen Guten, in das sich treiben zu lassen richtig zu sein scheint. Die Angst ist das Vermeinen eines drohenden Übels, das unerträglich zu sein scheint. Die Begierde endlich ist das Vermeinen eines kommenden Guten, das man gerne gegenwärtig und greifbar haben möchte.

Aber was ich das Urteil und das Meinen der Leidenschaften nannte, so lehren sie, daß auf ihnen nicht nur die Leidenschaften begründet seien, sondern auch das, was durch diese zustandekommt, wie etwa, daß der Kummer gewissermaßen einen Biß des Schmerzes verursacht, die Angst eine Art von Rückzug und Flucht der Seele, das Vergnügen eine ausgelassene Heiterkeit und die Begierde ein wildes Streben. Das Vermeinen aber, das wir in alle die vorangehenden Definitionen eingeschlossen haben, bestimmen sie als eine schwache Zustimmung.

Aber den einzelnen Gattungen der Leidenschaften werden verschiedene Arten untergeordnet, wie etwa dem Kummer der

Neid (invidentia; der Belehrung halber sei hier ein weniger gebräuchliches Wort angewandt, da invidia nicht nur von jenem ausgesagt wird, der beneidet, sondern auch von dem, der beneidet wird), Eifersucht, Mißgunst, Mitleid, Sorge, Leid, Traurigkeit, Grübeln, Schmerz, Jammern, Besorgnis, Ärger, Niedergeschlagenheit, Verzweiflung usw. Der Angst werden untergeordnet: Faulheit, Scham, Schrecken, Furcht, Entsetzen, Ohnmacht, Verstörtheit, Besorgnis; der Lust: Schadenfreude, Genuß, Eitelkeit usw.; der Begierde: Zorn, Erhitzung, Haß, Feindschaft, Zwist, Habsucht, Sehnsucht usw.

Dies definieren sie auf folgende Weise: Der Neid ist ein Kummer wegen des Glücks eines Anderen, ohne daß dieses dem Beneidenden schadete. Denn wenn einer Schmerz empfindet über ein fremdes Glück, das ihn selbst verletzt, so wird man nicht mit Recht von Neid sprechen können, etwa Agamemnon gegenüber Hektor. Wenn aber einer Schmerz empfindet über den Genuß, den ein Anderer hat, der aber ihm selbst in keiner Weise schadet, so ist dies sicherlich Neid.

Die Eifersucht wird zwiefach verstanden, da man sie ebenso gut lobend wie auch tadelnd verstehen kann. Denn die Nachahmung der Tugend heißt Eifersucht (aber das untersuchen wir hier nicht, denn dies ist lobenswert); daneben gibt es eine Eifersucht, die Kummer ist, wenn nämlich ein Anderer erreicht, was man begehrt, und man selbst es entbehren muß. Unter der Mißgunst will ich die Zelotypia verstehen, den Kummer darüber, daß auch ein Anderer das erreicht, was man selbst begehrt hat.

Mitleid ist der Kummer über das Leiden eines Andern, dem es zu Unrecht schlecht geht (denn niemand wird durch die Hinrichtung eines Vatermörders oder eines Verräters zu Mitleid gerührt). Sorge ist ein drängender Kummer, Leid der Kummer über den grausamen Untergang eines nahestehenden Menschen, Traurigkeit ein Kummer mit Tränen, Grübeln ein mühevoller Kummer, Schmerz ein quälender Kummer, Jammer ein Kummer mit Geschrei, Besorgnis ein Kummer mit Nachdenken, Ärger ein dauernder Kummer, Niedergeschlagenheit ein Kummer mit körperlicher Ermattung, Verzweiflung ein Kummer ohne Erwartung besserer Zustände.

Was der Angst untergeordnet ist, wird so definiert: Faulheit eine Angst vor bevorstehender Arbeit, ⟨Scham eine Angst, die das Blut durch alle Teile des Körpers treibt⟩, Schrecken eine erschütternde Angst, so daß denn zur Scham das Erröten, zum Schrecken das Erbleichen, das Zittern und Zähneklappern gehört. Die Furcht ist die Angst vor einem herannahenden Übel, das Entsetzen eine Angst, die den Geist durcheinander bringt, wie denn Ennius gedichtet hat: „Da treibt mir Ohnmächtigem das Entsetzen die ganze Weisheit aus der Brust." Die Ohnmacht ist eine Angst, die dem Entsetzen nachfolgt und es sozusagen begleitet, die Verstörung eine Angst, die uns aus unsern Gedanken treibt, die Besorgnis eine dauernde Angst.

Die Teile der Lust werden folgendermaßen beschrieben: die Schadenfreude ist die Lust an fremdem Unheil ohne Gewinn für sich selbst, der Genuß eine Lust, die durch die Süße des Anhörens den Geist milde stimmt; und wie es sich da mit den Ohren verhält, so gibt es Entsprechendes für die Augen, das Berühren, das Riechen und Schmecken, was alles Lust von derselben Art ist, gewissermaßen verflüssigt und bereit die Seele zu durchtränken. Eitelkeit ist eine Lust, die übertreibt, unverschämt und hemmungslos ist.

Was endlich der Begierde untergeordnet ist, wird so definiert: der Zorn ist die Begierde einen zu strafen, der mit Unrecht verletzt zu haben scheint, die Erhitzung ist ein erwachender Zorn, der eben erst entstanden ist, was die Griechen Thymosis nennen. Der Haß ist ein eingewurzelter Zorn, die Feindschaft ein Zorn, der auf den Augenblick der Rache wartet, der Zwist ein grimmiger Zorn, der im Innern der Seele und des Herzens wohnt, die Habsucht ein unersättliches Begehren, die Sehnsucht das Begehren einen zu sehen, der nocht nicht da ist.

Sie unterscheiden auch so, daß die Begierde sich auf etwas bezieht, was von einem Menschen oder von Sachen ausgesagt wird und was die Dialektiker Attribute nennen, etwa Reichtum besitzen, Ehren erlangen, die Habsucht dagegen auf die Sachen selbst wie Ehren und Geld.

Die Quelle aller Leidenschaften nennen sie die Maßlosigkeit, die ein vollständiger Abfall vom Geiste ist und zwar ein solches

Abweichen von der Vorschrift der Vernunft, daß die Strebungen der Seele weder regiert noch zurückgehalten werden können. Wie nun also die Mäßigkeit die Strebungen stillt und bewirkt, daß sie der rechten Einsicht gehorchen, und die überlegten Urteile des Geistes in Erinnerung behält, so entflammt die dieser feindliche Maßlosigkeit die Gesamtheit des Geistes, verwirrt ihn, peitscht ihn auf, und so entstehen daraus der Kummer, die Angst und alle übrigen Leidenschaften.

Wie nun im Körper die Krankheiten und Störungen auftreten, wenn das Blut verdorben ist oder zuviel Schleim und Galle vorhanden sind, so zerstört die Verwirrung der falschen Meinungen und ihr gegenseitiger Widerspruch die Gesundheit der Seele und zerrüttet sie durch Krankheiten. Aus den Leidenschaften entstehen erstens die Krankheiten, die jene Nosemata nennen, und ebenso, was jenen Krankheiten entgegengesetzt ist und bestimmten Dingen gegenüber eine schädliche Abneigung und Widerwillen erzeugt, und zweitens die Störungen, die die Stoiker Arrostemata nennen, und die diesen Dingen wiederum entgegengesetzten Abneigungen.
An diesem Punkt wenden die Stoiker eine ungeheure Mühe auf, vor allem Chrysipp, um die Ähnlichkeit der seelischen Krankheiten mit denjenigen des Körpers nachzuweisen. Seine Ausführungen lassen wir als durchaus unnötig weg und beschränken uns auf das, was zur Sache gehört.
Man muß also erkennen, daß die Leidenschaft in dauernder Bewegung ist inmitten der unbeständig und wirr aufbegehrenden Meinungen. Wenn aber diese Erhitzung und Aufhetzung der Seele sich einwurzelt und gewissermaßen in den Adern und Eingeweiden Fuß faßt, dann entstehen die Krankheit und Störung und jene Abneigungen, die den Krankheiten und Störungen entgegengesetzt sind. Was ich da sage, ist dem Begriff nach verschieden, der Sache nach aber verbunden und entsteht aus der Begierde und dem Vergnügen. Denn wenn man etwa Geld begehrt und nicht sofort die Vernunft anwendet als eine Art sokratischer Arznei, die dieses Begehren heilt, so dringt das Übel in die Adern ein und heftet sich im Innern fest, und es

entstehen Krankheit und Störung, die, wenn sie eingewurzelt sind, nicht mehr ausgerissen werden können, und eine solche Krankheit heißt dann der Geiz. Ebenso entstehen die andern Krankheiten, wie die Ruhmsucht, die Sucht nach Weibern, was die Griechen Philogynia nennen, und die sonstigen Krankheiten und Störungen. Was dem aber entgegengesetzt ist, entsteht, wie man glaubt, aus der Angst, wie der Weiberhaß, wie es im Misogynen des Atilius ist, wie der allgemeine Menschenhaß, wie von Timon erzählt wird, der Misanthrop heißt, wie die Ungastlichkeit, was alles Störungen der Seele sind, die aus irgendeiner Angst vor den Dingen entstehen, die man fürchtet und haßt.
So wird denn diese Störung der Seele definiert als ein heftiges Meinen von Dingen, die nicht zu erstreben sind, als ob sie sehr zu erstreben seien, und zwar so, daß es anhaftet und im Innern festsitzt. Was aber aus Abneigung entsteht, wird so definiert: Ein heftiges, anhaftendes und im Innern festsitzendes Meinen von einer Sache, die nicht zu meiden ist, als ob sie zu meiden wäre. Ein solches Meinen ist ein Urteil, man wisse etwas, was man doch nicht weiß. Jener Störung sind zugeordnet: Geiz, Ehrsucht, Sucht nach Weibern, Hartnäckigkeit, Schlemmerei, Trunkenheit, Naschhaftigkeit usw. Der Geiz ist ein heftiges, anhaftendes und im Innern festsitzendes Meinen über das Geld, als ob es sehr begehrenswert sei, und entsprechend sind die übrigen Definitionen. Die Definitionen der Abneigungen sind folgender Art, daß die Ungastlichkeit eine heftige, anhaftende und im Innern festsitzende Meinung darüber ist, man habe Gäste sehr zu meiden: ebenso wird der Weiberhaß wie bei Hippolytos, der Menschenhaß wie bei Timon definiert.
Um aber zum Vergleich mit der Gesundheit zu kommen, so sei er doch etwas herangezogen, wenn auch sparsamer als es die Stoiker tun. Wie dieser Mensch für die eine, jener für eine andere Krankheit anfällig ist (so sagen wir von einigen, daß sie zum Katarrh neigen, andere zur Dysenterie, nicht als ob sie jetzt krank seien, sondern weil sie es oft sind), so sind die einen zur Angst geneigt, andere zu einer andern Leidenschaft. Demgemäß wird von den einen die Ängstlichkeit ausgesagt, wodurch sie ängstlich sind, von andern der Jähzorn, was von

Zorn unterschieden ist: der eine ist jähzornig, der andere erzürnt, so wie die Ängstlichkeit von der Angst unterschieden ist. Denn nicht alle, die einmal Angst empfinden, sind ängstlich und die, die ängstlich sind, empfinden nicht immer Angst. So ist auch ein Unterschied zwischen Trunkenheit und Trunksucht, zwischen dem Frauenjäger und dem Liebenden. Diese Neigung Verschiedener zu verschiedenen Krankheiten liegt offen am Tage. Denn dies gilt für alle Leidenschaften.

Entsprechendes findet sich auch bei vielen Lastern, hat aber keine Namen. So spricht man von Neidischen, Mißgünstigen, Zuchtlosen, Ängstlichen und Mitleidigen, weil sie eine Neigung zu solchen Leidenschaften haben, nicht weil sie immer von ihnen befallen sind. Diese Neigung des Einzelnen zu seiner besonderen Art mag vom Bild des Körpers her Kränklichkeit genannt werden, wenn man sie als Neigung zur Krankheit versteht. Bei den guten Dingen, wo denn nicht jeder zu demselben geschickt ist, mag man das Leichtigkeit nennen, beim Üblen Neigung, um damit das Ausgleiten zu bezeichnen. Bei den neutralen Dingen wird man den ersten Namen wählen.

Wie nun im Körper Krankheit, Kränklichkeit und Fehler vorhanden sind, so auch in der Seele. Krankheit nennt man die Zerstörung des ganzen Körpers, die Kränklichkeit eine schwächende Krankheit, einen Fehler, wenn die Körperteile nicht übereinstimmen, woher die Häßlichkeit, Verdrehung und Verstümmelung der Glieder kommt. So entstehen denn jene zwei, die Krankheit und die Kränklichkeit, aus der Erschütterung und Verwirrung des gesamten körperlichen Zustandes. Der Fehler dagegen wird auch bei gesundem Körper als solcher sichtbar.

Bei der Seele können wir nur begrifflich die Krankheit von der Kränklichkeit unterscheiden. Die Fehlerhaftigkeit dagegen ist ein Zustand und eine Eigenschaft, die den ganzen Lebenswandel unbeständig und in sich uneins macht. So entsteht aus einer bestimmten Verderbnis der Meinungen die Krankheit und Kränklichkeit, aus einer anderen die Unbeständigkeit und Widersprüchlichkeit. Denn nicht jeder Fehler hat dieselbe Art von Widerspruch: So befinden sich jene, die von der Weisheit nicht allzusehr entfernt sind, in einem Zustand, in dem zwar ein

Widerspruch vorhanden ist, solange man ein Tor ist, aber keine Verdrehung oder Häßlichkeit. Krankheiten und Kränklichkeiten sind Teile der Fehlerhaftigkeit, aber ob die Leidenschaften ebenso Teile davon sind, das ist eine offene Frage.

Die Fehler sind dauernde Zustände, die Leidenschaften vorübergehende, so daß diese also nicht Teile von jenen sein können.

Wie nun bei den Übeln der Vergleich mit dem Körper sich auf die Natur der Seele bezieht, so auch bei den Gütern. Am Körper handelt es sich dabei vor allem um Schönheit, Kraft, Gesundheit, Festigkeit, Schnelligkeit. Ebenso bei der Seele: Die Gleichmäßigkeit des Körpers, wenn das miteinander übereinstimmt, woraus wir zusammengesetzt sind, ist die Gesundheit; ebenso redet man bei der Seele, wenn ihre Urteile und Meinungen miteinander übereinstimmen, und nennt dies jene Tüchtigkeit der Seele, die die einen eben als Gleichmäßigkeit bezeichnen, die anderen als einen Gehorsam den Vorschriften der Gleichmäßigkeit gegenüber und eine Folge von dieser, ohne daß sie eine eigene Form hat. In jedem Falle, mag es so sein oder anders, gibt es dies, wie sie sagen, nur beim Weisen. Es gibt allerdings auch eine Art Gesundheit der Seele beim Toren, wenn durch die ärztliche Pflege und Reinigung die Verwirrung des Geistes beseitigt wird.

Wie es ferner beim Körper eine angemessene Zusammenordnung der Glieder gibt und eine angenehme Farbe dazu und man dies Schönheit nennt, so gibt es auch beim Geiste eine Gleichmäßigkeit der Meinungen und Urteile und eine Beständigkeit und Festigkeit und Sicherheit, die der Tugend nachfolgt oder die Kraft der Tugend selbst in sich enthält, und dies nennt man Schönheit. Ebenso wird mit demselben Wort von den Kräften der Seele gesprochen, die man mit den Kräften, Muskeln und der Spannkraft des Körpers vergleicht. Die Schnelligkeit des Körpers nennt man Behendigkeit und diesen Vorzug rühmt man auch an der Seele, wenn der Geist in kurzer Zeit viele Dinge zu durchlaufen fähig ist.

Darin liegt wiederum der Unterschied zwischen Seele und Körper, daß eine gesunde Seele nicht durch die Krankheit angegriffen werden kann, wohl aber der Körper. Umgekehrt können Verletzungen des Körpers ohne eigene Schuld vorkommen, was bei der Seele unmöglich ist, da sich dort alle Krankheiten und Leidenschaften aus der Verachtung der Vernunft ergeben. Darum existieren sie auch nur am Menschen. Denn die Tiere machen zwar Ähnliches, aber in Leidenschaften geraten sie nicht.

Zwischen den Scharfsinnigen und den Stumpfen besteht der Unterschied, daß die Klugen, gleich wie das korinthische Erz später rostig wird, langsamer in Krankheiten verfallen und rascher sich wieder erholen, die Stumpfen dagegen nicht. Außerdem gerät ein begabter Geist nicht in jede Krankheit und Leidenschaft, vor allem nicht in Ausgelassenes und Grausames, wohl aber in einige, die zunächst einen Anschein von Menschlichkeit haben wie Mitleid, Kummer und Angst. Man meint auch, daß solche Kränklichkeiten und Krankheiten der Seele schwerer ausgerottet werden können als jene eigentlichen Laster, die den Tugenden entgegengesetzt sind. Denn die Laster können verschwinden, während die Krankheiten doch bleiben, weil diese nicht so schnell geheilt wie jene beseitigt werden.

Damit hast Du, was die Stoiker im Einzelnen über die Leidenschaften sagen. Sie nennen das Logika, weil dies besonders genau nachgewiesen wird. Von diesen Dingen ist also das Schiff unserer Darlegung wie von felsigen Ufern ausgegangen und jetzt werden wir den Lauf der übrigen Erörterung weiter festhalten, vorausgesetzt allerdings, daß wir das Bisherige, gemessen an der Schwierigkeit der Sachen, hinlänglich klar ausgedrückt haben.

A: Gewiß hinlänglich. Und wenn wir etwas noch genauer kennen lernen wollen, so werden wir bei einer andern Gelegenheit darnach fragen; jetzt erwarten wir, daß Du wie Du vorhin gesagt hast, die Segel aufspannst und voraneilst.

B: Wenn nun, wie wir an anderer Stelle von der Tugend gesagt haben und öfters wiederholen werden (denn die meisten Fragen, die sich auf Leben und Handeln beziehen, haben ihren Ursprung in der Tugend), wenn also die Tugend eine beständige und angemessene Verfassung der Seele ist, und jene lobwürdig macht, bei denen sie ist, und selbst lobenswert ist, auch wenn man sie vom Nutzen trennt und für sich betrachtet, so entstehen aus ihr der tugendhafte Wille, die Gesinnung, das Handeln und jede rechte Einsicht, auch wenn die Tugend selbst mit einem Wort als rechte Einsicht bezeichnet werden kann. Dieser Tugend entgegengesetzt ist die Lasterhaftigkeit (denn so will ich lieber sagen als Schlechtigkeit, für jenes nämlich, was die Griechen Kakia nennen; denn die Schlechtigkeit ist der Name eines bestimmten Lasters, die Lasterhaftigkeit derjenige aller). Aus ihr erregen sich die Leidenschaften, die, wie wir kurz zuvor gesagt haben, wirre und erregte Bewegungen der Seele sind, der Einsicht abgewandt und dem Geiste und dem ruhigen Leben so feindlich als möglich. Denn sie bringen angstvolle und bittere Sorgen heran, drücken die Seele und schwächen sie durch die Furcht. Ebenso entflammen sie durch allzu heftiges Begehren, was wir bald Begierde, bald Genußsucht nennen, eine Unbeherrschtheit der Seele, die zur Mäßigung und Bescheidenheit im äußersten Gegensatz steht. Wenn sie einmal erreicht hat, was sie begehrte, so läßt sie sich durch das Vergnügen treiben, so daß „nichts mehr festbleibt, was sie tut", wie jener Dichter sagt, der „das allzugroße Vergnügen der Seele als den größten Irrtum" bezeichnet. Diese Übel also sind allein durch die Tugend heilbar.

Aber was ist nicht nur jämmerlicher, sondern auch häßlicher und abstoßender als ein von Kummer Überwältigter, der schwächlich am Boden liegt? Am nächsten diesem Elend steht jener, der ein herannahendes Übel fürchtet und nun außer sich vor Spannung ist. Diese Gewalt des Übels meinen die Dichter, wenn sie in der Unterwelt einen Felsen über Tantalos herabhängen lassen, „wegen der Verbrechen, der Unbeherrschtheit des Geistes und seines hochmütigen Redens". Dies ist die allgemeine Strafe der Torheit. Denn über allen, deren Geist von der Einsicht abgewandt ist, hängt stets irgendein derartiger Schrecken.

Und wie dies aufzehrende Leidenschaften sind (ich meine Kummer und Angst), so unterscheiden sich jene heitereren, die Begierde, die immer unersättlich nach etwas verlangt, und das eitle Vergnügen, also die ausgelassene Freude, nicht weit von der Verrücktheit. Daraus ergibt sich, wie jener ist, den wir bald mäßig, bald bescheiden und beherrscht, bald wieder beständig und zurückhaltend nennen. Zuweilen beziehen wir alle diese Worte auf die Anständigkeit (frugalitas) als auf ihren Hauptbegriff. Wenn nicht alle Tugenden in diesem Begriff eingeschlossen wären, hätte man nicht so häufig gesagt, daß das schon als Sprichwort gilt: „ein anständiger Mensch macht alles richtig". Wenn die Stoiker dasselbe vom Weisen sagen, so scheinen sie gar zu paradox und großartig zu reden.

Wer nun immer in Bescheidenheit und Ruhe friedlichen Geistes ist und mit sich selbst einig, so daß er weder durch Ärger verzehrt wird noch durch Angst gebrochen, noch dürstend etwas erstrebt und von Sehnsucht brennt, noch sich in nichtiger ausgelassener Lustigkeit auflöst, der ist der Weise, den wir suchen, und der Glückselige, dem nichts Menschliches so unerträglich zu sein scheint, daß er in seiner Seele verzweifelt, noch auch so vergnüglich, daß es ihn zur Ausgelassenheit triebe.

Denn was kann dem an den menschlichen Dingen groß erscheinen, dem die ganze Ewigkeit und die Größe des ganzen Kosmos bekannt ist? Was kann bei den menschlichen Bemühungen und in der Kürze des Lebens dem Weisen groß erscheinen, der in seinem Geist stets so wach ist, daß ihm nichts Unerwartetes geschehen kann, nichts Unvermeintes, nichts überhaupt Neues?

Er richtet die Schärfe seines Blickes derart auf alle Richtungen, daß er immer einen Ort erblickt, wo er ohne Ärger und Angst sich wird aufhalten und die zufällige Lage, wie immer sie ihm das Schicksal zubereitet, angemessen und ruhig wird ertragen können. Wer dies tut, wird nicht nur frei von Kummer sein, sondern auch von allen übrigen Leidenschaften. Ein Geist, der von diesen frei ist, führt zur vollkommenen und unbedingten Glückseligkeit. Wird er aber aufgehetzt und weggerissen von der unverletzten und sichern Einsicht, so verliert er nicht nur seine Beständigkeit, sondern auch seine Gesundheit.

Darum muß man die Lehre und die Bücher der Peripatetiker für weichlich und entnervt halten, die behaupten, die Seele werde notwendigerweise von Leidenschaften erfaßt, doch solle ein gewisses Maß festgehalten werden, über das man nicht hinausgehen dürfe.

Willst Du bei einem Laster von Maß reden? Oder ist der Ungehorsam gegen die Vernunft kein Laster? Oder lehrt die Einsicht nicht klar genug, daß das kein Gut sei, was Du brennend begehrst und nach dessen Erreichung Du unverschämt ausgelassen wirst, und auch wiederum kein Übel, was Dich zu Boden drückt und wogegen Du dich seelisch kaum behaupten kannst, um nicht erdrückt zu werden? Und daß all das allzu Traurige und allzu Vergnügte auf einem Irrtum beruhe? Wenn dieser Irrtum sich schon bei den Toren mit der Zeit verflüchtigt, so daß sie, obschon die Sache gleich bleibt, das Verjährte anders tragen als das Gegenwärtige, so wird er den Weisen überhaupt nicht befallen. Und endlich, was bedeutet denn dieses Maß? Wir fragen nämlich nach dem Maß des Kummers, um das sie sich am meisten Mühe machen. Fannius schreibt, P. Rupilius habe den Mißerfolg seines Bruders bei der Bewerbung ums Konsulat sehr schwer genommen. Er scheint sicherlich das Maß überschritten zu haben, da er ja aus dieser Ursache aus dem Leben schied. Er hätte dies also mäßiger tragen sollen. Aber wenn er nun dies mit Maß erlitten hätte und noch der Tod der Kinder dazugekommen wäre? Da wäre ein neuer Kummer entstanden, aber auch dieser mit Maß. Immerhin hätte er sich sehr gemehrt. Wenn weiterhin schwere körperliche Schmerzen sich eingestellt hätten, Verlust des Besitzes, Erblindung, Verbannung? Wenn bei jedem einzelnen dieser Übel ein Kummer dazukäme, so würde sich ein Ganzes ergeben, das nicht mehr auszuhalten wäre.

Wer also im Fehler ein Maß sucht, tut Ähnliches, wie wenn er meinte, einer, der sich vom Leukadischen Felsen hinunterstürzt, könne sich im Falle aufhalten, wann er wolle. Wie er nun dies nicht kann, so kann auch ein durch Leidenschaft aufgehetzter Geist sich nicht mehr zurückhalten und nicht stehen bleiben, wo er will, und überhaupt: was gefährlich ist, wenn es herangewachsen ist, das ist schon schädlich, wenn es entsteht. Kummer und die übrigen Leidenschaften sind, wenn sie groß geworden sind, sicherlich verderblich. Also bergen sie schon einen großen Teil ihrer Gefährlichkeit, sobald sie entstanden sind. Sie treiben sich nämlich selbst an, sobald man einmal die Vernunft preisgegeben hat; die Schwäche gibt sich selbst nach, gleitet unversehens ab zur Tiefe und findet keinen Ort mehr, wo sie standhalten kann. Darum macht es keinen Unterschied, ob man nun maßvolle Leidenschaften billigt oder maßvolle Ungerechtigkeit, maßvolle Feigheit oder maßvolle Zügellosigkeit. Wer nämlich den Fehlern ein Maß zugibt, der nimmt einen Teil von ihnen an. Dies ist nicht nur an sich verwerflich, sondern umso ärgerlicher, weil der Fehler sich auf gleitendem Boden befindet und einmal angetrieben nach vorn stürzt und in keiner Weise mehr aufzuhalten ist.

Dabei erklären dieselben Peripatetiker jene Leidenschaften, die wir ausgerottet sehen möchten, nicht bloß für natürlich, sondern auch zu unserm Nutzen von der Natur gegeben. Und zwar reden sie folgendermaßen: zuerst loben sie mit vielen Worten den Zorn und sagen, er sei der Wetzstein der Tapferkeit; der Ansturm der Zornigen auf den Landesfeind und den ungerechten Bürger sei viel heftiger, wogegen die Überlegung jener, die etwa so sagen: „Es ist gerecht, daß dieser Kampf stattfinde, man soll für die Gesetze kämpfen, für die Freiheit und fürs Vaterland“ nicht ins Gewicht fielen. Dies alles habe keine Kraft, wenn nicht die Tapferkeit im Zorne erglüht. Sie führen aber nicht nur die Krieger an. Auch ein wirklich strenges Regiment sei ohne eine gewisse Heftigkeit des Zornes nicht zu führen. Ein Redner schließlich leiste nicht bloß bei der Anklage, sondern sogar auch bei der Verteidigung nichts ohne den Stachel des Zornes; und auch wenn dieser nicht da ist, so soll man ihn doch durch Worte und Bewegungen vortäuschen, damit der Vortrag des Redners den Zorn des Hörers entfache. Außerdem erklären sie, das sei gar kein Mann, der nicht zornig werden könne, und was wir die Milde nennen, das bezeichnen sie mit dem tadelnden Begriff der Trägheit.

Sie loben jedoch nicht nur diese Begierde (denn, wie ich eben definierte, ist der Zorn die Begierde nach Rache); sondern auch das Begehren und Verlangen überhaupt sei von der Natur zu unserm höchsten Nutzen gegeben. Denn niemand könne etwas ausgezeichnet machen, wenn er dies nicht begehre. Bei Nacht ging Themistokles auf den Straßen auf und ab, weil er keinen Schlaf finden konnte, und als man ihn nach dem Grunde fragte, so antwortete er, die Siegeszeichen des Miltiades weckten ihn auf. Und wer kennt nicht die Nachtwachen des Demosthenes? Er erklärte, es mache ihm Kummer, wenn er in der Frühe vor dem Morgen noch durch den Arbeitsfleiß der Handwerker übertroffen würde. Auch die Häupter der Philosophie selbst hätten in ihrer Arbeit niemals solche Fortschritte ohne einen brennenden Eifer machen können. Wir hören, daß Pythagoras, Demokrit und Platon bis an die äußersten Grenzen der Erde vorgedrungen sind. Denn sie waren überzeugt, wo immer etwas sei, was man lernen könne, dahin müsse man gehen. Werden wir meinen, daß dies ohne das heißeste Begehren möglich gewesen wäre?

Jenen Kummer selbst, von dem wir sagten, er müsse wie ein scheußliches und grausames Untier gemieden werden, lassen sie nicht ohne großen Nutzen von der Natur geschaffen sein, damit die Menschen bei ihren Vergehen Schmerz darüber empfänden, daß sie mit Strafen, Schande und Vorwürfen überhäuft würden. Denn wer nach einer Verfehlung Schande und Schmach ohne Schmerz aushält, der scheint straflos ausgegangen zu sein. Besser ist es, durch sein Gewissen gequält zu werden. So sagt Afranius direkt nach dem Leben: als ein ausschweifender Sohn klagte, „ach, ich Armer!“, da erwiderte der strenge Vater: „Mag er Kummer empfinden, worüber er will, wenn er nur überhaupt Kummer empfindet“.

Auch die andern Teile des Kummers sind nach ihrer Behauptung nützlich: das Mitleid um Hilfe zu bringen und das Unglück der ungerecht Leidenden zu erleichtern. Die Eifersucht und sogar die Mißgunst seien nicht unnütz, wenn einer sieht, daß er nicht dasselbe erreicht hat wie ein Anderer oder ein Anderer dasselbe wie er. Wer ferner die Angst unterdrückt, der wird alle Gewissenhaftigkeit aus dem Leben entfernen, die am größten sei bei denen, die die Gesetze, Behörden, die Armut, die Schande, den Tod und den Schmerz fürchten. Dies wollen sie freilich so verstehen, daß man diese Leidenschaften zurückschneiden müsse, aber sie völlig ausreißen, das sei, sagen sie,

erstens unmöglich und zweitens nicht einmal nötig. In allen Dingen sei das Mittelmaß das beste. Wenn sie nun dies darlegen, findest Du, daß sie recht haben oder nicht?
A: Mir scheinen sie recht zu haben, und ich bin gespannt, was Du darauf antworten wirst.
B: Das wird sich vielleicht finden, aber zuvor noch dies: siehst Du, welche Zurückhaltung die Akademiker geübt haben? Sie sagen durchaus nur, was zur Sache gehört. Den Peripatetikern antworten die Stoiker. Meinetwegen mögen sie sich gegenseitig hinschlachten, denn mir kommt es nur darauf an, zu suchen, was der Wahrheit am nächsten kommen mag. Was gibt es nun in der gegenwärtigen Frage an Tatsachen und wie können wir etwas Wahrscheinliches erfassen, da der menschliche Geist ja doch nicht weiter vorzudringen vermag? Ich denke, es ist die Definition der Leidenschaft, wie sie nach meiner Ansicht Zenon richtig aufgestellt hat. Er definiert so, daß die Leidenschaft eine von der Vernunft abgewandte naturwidrige Bewegung des Geistes sei, oder kürzer, daß die Leidenschaft ein allzu heftiges Begehren sei, wobei heftig als das verstanden wird, was von der Beständigkeit der Natur allzu weit entfernt ist.
Was könnte ich diesen Definitionen beifügen? Und so ist hier das Meiste ein Ergebnis kluger und scharfsinniger Diskussion, jenes dagegen stammt aus dem Pomp der Rhetoren: „das Feuer des Geistes und der Wetzstein der Tugenden". Kann denn ein tapferer Mann erst dann tapfer sein, wenn er zu schimpfen anfängt? Das ist Art der Gladiatoren. Und dabei sehen wir gerade bei ihnen oft eine Beständigkeit: „Sie unterhalten sich, kommen zusammen, fragen etwas und bitten um etwas", so daß sie eher friedlich als erzürnt aussehen. Aber mag es in dieser Kategorie auch einen Pacideianus geben, der, wie ihn Lucilius schildert, eben in solcher Stimmung ist: „Ich werde ihn umbringen und besiegen, wenn ihr das wissen wollt. Ich denke, es wird so zugehen: erst werde ich im Gesicht getroffen werden und dann mein Schwert in den Bauch und die Lunge des Halunken bohren. Ich hasse ihn und kämpfe mit Zorn und ich kann es nicht erwarten, bis der Andere sein Schwert in die rechte Hand nimmt, so sehr bin ich aus Haß gegen ihn in Eifer und Wut

entflammt.“ Dagegen sehen wir bei Homer den Aias ohne diesen Gladiatorenzorn und mit viel Heiterkeit voranschreiten, wie er sich mit Hektor messen soll. Und nachdem er seine Waffen aufgenommen hat, da erzeugt sein Schreiten Zuversicht bei seinen Freunden und Schrecken bei den Feinden, so daß Hektor selbst, wie Homer erzählt, in seiner ganzen Brust zittert und es bereut, ihn zum Kampfe aufgefordert zu haben. Dann reden sie miteinander, bevor sie zum Kampfe schreiten; langsam und ruhig und haben nicht einmal im Kampfe selbst irgend etwas Zorniges oder Wildes an sich. Ich glaube, daß auch nicht jener Torquatus, der sich diesen Beinamen schuf, im Zorne dem Gallier die Halskette wegnahm und auch nicht, daß Marcellus darum bei Clastidium so tapfer war, weil er zornig war. Was den Africanus betrifft, der uns bekannter ist, weil er später lebte, könnte ich sogar schwören, daß er nicht zornentbrannt war, als er in der Schlacht den Paeligner M. Alliennius mit dem Schilde deckte und das Schwert dem Feinde in die Brust stieß. Bei L. Brutus kann man vielleicht vermuten, daß er sich wegen des unendlichen Hasses gegen den Tyrannen zügellos auf Arruns stürzte. Denn ich lese, daß sie beide im Nahkampf Einer unter den Schlägen des Anderen fielen. Aber wozu erwähnt ihr denn hier den Zorn? Hat die Tapferkeit keine Gewalt, außer wo sie zu rasen beginnt? Und gar Herakles, den eben jene Tapferkeit, die ihr als Zorn bezeichnet, in den Himmel erhob, meinst Du, er habe im Zorn mit dem erymanthischen Eber gekämpft oder mit dem Löwen von Nemea? Oder hat auch Theseus die Hörner des marathonischen Stieres im Zorne gepackt? Vielleicht hat die Tapferkeit überhaupt nichts mit Raserei zu tun und ist der Zorn nichts als Leichtfertigkeit. Denn es gibt keine Tapferkeit ohne Vernunft.

Man muß die menschlichen Dinge verachten, den Tod für gleichgültig und Schmerzen und Mühen für erträglich halten. Wenn dies im Urteil und in der Meinung feststeht, dann entsteht jene kräftige und beständige Tapferkeit, es sei denn, wir meinten, was heftig, leidenschaftlich und mutig geschehe, geschehe im Zorn. Mir scheint nicht einmal jener Pontifex Maximus Scipio, der den stoischen Satz „kein Weiser ist ein Privatmann“ als wahr bewährte, gegen Ti. Gracchus zornig gewesen zu sein, als er den zögernden Konsul verließ und als Privatmann, wie wenn er selbst der Konsul gewesen wäre, alle jene, denen an der Rettung des Staates gelegen sei, aufforderte, ihm zu folgen.

Ich weiß nicht, wie weit ich selbst etwas Tapferes im Staate vollbracht habe. Wenn ja, so habe ich es sicherlich nicht im Zorne getan. Oder gibt es etwas, was der Verrücktheit näher käme als der Zorn? Wie richtig nennt ihn Ennius „den Anfang des Wahnsinns". Farbe, Stimme, Augen, Atem, die Unbeherrschtheit in Worten und Handlungen, was hat das mit Gesundheit zu tun? Was ist häßlicher, als der homerische Achilleus oder als der schimpfende Agamemnon? Den Aias hat der Zorn geradezu in den Wahnsinn und den Tod getrieben. Die Tapferkeit bedarf also nicht des Zorns als Beistand. Sie ist aus sich allein genügend ausgerüstet, vorbereitet und bewaffnet. Denn auf diese Weise könnte man ebenso gut behaupten, die Trunksucht und der Irrsinn seien gut für die Tapferkeit, weil auch die Irrsinnigen und die Betrunkenen oftmals mit großer Wucht handeln. Aias ist immer tapfer, aber vor allem im Wahnsinn, denn: „da hat er die größte Tat vollbracht, als er mit seiner Hand den Kampf entschied, wie die Danaer schon wankten". Im Wahnsinn hat er das Kampfglück wiederhergestellt. Sollen wir darum den Wahnsinn als nützlich bezeichnen? Betrachte die Definitionen der Tapferkeit: Du wirst sehen, daß sie der Aufregung nicht bedarf. Die Tapferkeit ist: „ein Verhalten des Geistes, das im Aushalten dem obersten Gesetze gehorcht" oder: „ein sicheres Bewahren des Urteils beim Aushalten oder Zurückstoßen von Dingen, die gefährlich scheinen", oder: „das Wissen der furchterregenden Dinge, der gegenteiligen und der gleichgültigen, das das sichere Urteil über eben diese Dinge bewahrt", oder kürzer wie bei Chrysipp (denn die vorangegangenen Definitionen stammen von Sphairos, einem Philosophen, der, wie die Stoiker meinen, ein besonderer Meister im Definieren war. Sie sind einander alle ziemlich ähnlich, aber die eine drückt den gemeinsamen Sinn des Begriffes mehr aus, die andere weniger), wie sagt es also Chrysipp? „Die Tapferkeit ist das Wissen von den Dingen, die man auszuhalten hat, oder ein Verhalten des Geistes, das im Aushalten und Ertragen dem obersten Gesetze ohne Angst gehorcht.“ Mögen wir jene auch angreifen, wie es Karneades zu tun pflegte, so fürchte ich doch, daß sie allein die wahren Philosophen sind. Denn welche dieser Definitionen enthüllt nicht jenen Begriff der Tapferkeit, den wir alle in einer verdeckten und verhüllten Form besitzen? Und wo er enthüllt ist, wer wird da bei einem Krieger, einem Feldherrn oder einem Redner etwas anderes verlangen oder meinen, sie könnten ohne Raserei nichts Tapferes vollbringen?

Und nun die Stoiker, die alle Toren für wahnsinnig halten, berücksichtigen sie dabei nicht eben dies? Nimm dabei die Leidenschaften und vor allem den Zorn aus ihrem Begriff des Wahnsinns aus und es wird aussehen, als würden sie Unsinn behaupten. In Wahrheit aber erklären sie, sie würden alle Toren in der Weise wahnsinnig nennen, wie man sagt, daß jeder Dreck übel riecht. — Aber nicht immer. — Rühre ihn um und Du wirst es merken. So ist auch der Zornmütige nicht immer zornig. Reize ihn und du wirst rasch einen Rasenden vor Dir sehen. Und: jene kriegerische Zornmütigkeit, wie wird sie sich zu Frau, Kindern und Dienerschaft verhalten, wenn sie nach Hause zurückgekehrt sein wird? Ist sie dann auch nützlich? Gibt es denn etwas, was ein leidenschaftlicher Geist besser zustandebrächte als ein ruhiger? Oder kann einer zornig werden ohne Leidenschaft? Mit Recht haben also unsere Römer, da alle Fehler in den Sitten (mores) beruhen und keiner häßlicher ist als der Zorn, die Zornmütigen allein unangenehm (morosi) genannt.

Der Redner darf durchaus nicht zornig sein, wohl aber darf er dies vortäuschen. Oder meinst Du, wir seien zornig, wenn wir etwas in einem Prozesse scharf und leidenschaftlich sagen? Wenn wir Reden, nachdem die Sachen selbst bereits erledigt und abgetan sind, niederschreiben, schreiben wir dann im Zorne? „Hat das einer gemerkt? nun, dann bindet ihn!“ Meinst Du, daß Aesop dies jemals im Zorne vorgetragen oder Accius im Zorne geschrieben hat? Man kann dies alles ausgezeichnet aufführen, und ein Redner, wenn er wirklich ein Redner ist, kann dies besser als irgendein Schauspieler; aber man spielt es gemessen und mit ruhigem Geiste.

Und was für eine Begierde kann dazu treiben, die Begierde zu loben? Ihr nennt mir Themistokles und Demosthenes und fügt Pythagoras, Demokrit und Platon hinzu. Nennt ihr denn das Studium eine Begierde? Mag es sich auf die höchsten Dinge richten, wie eben das, was ihr erwähnt, so muß es doch maßvoll und ruhig bleiben.

Und gar den Kummer zu loben, der das Allerwiderwärtigste ist, was für eine Philosophie bringt das fertig? Gewiß hat Afranius gut gesagt: „Mag er Kummer empfinden, worüber er will, wenn er nur überhaupt Kummer empfindet", aber er sprach von einem ruinierten und ausschweifenden Jüngling; wir dagegen fragen nach dem beständigen und weisen Manne. Mag jenen Zorn ein Centurio haben oder ein Standartenträger oder andere, über die wir nicht reden wollen, um nicht die Geheimnisse der Rhetoren zu verraten. Denn mit Nutzen wird jener sich einer Gemütsbewegung bedienen, der sich der Vernunft nicht zu bedienen weiß. Wir aber, wie ich immer wieder betone, fragen nach dem Weisen.

Aber auch Eifersucht, Mißgunst und Mitleid sollen nützlich sein. Warum wirst Du eher Mitleid empfinden als Hilfe bringen, wenn Du das kannst? Oder können wir ohne Mitleid nicht großzügig sein? Wir sollen ja nicht wegen Andern selbst Kummer empfinden, sondern den Anderen, wenn wir können, ihren Kummer erleichtern. Einem Andern aber mißgünstig sein und mit ihm wetteifern in einem falschen Wettstreit, der der Rivalität ähnlich ist, was kann dies für einen Nutzen haben, da doch der Eifersüchtige sich ärgert über das Gute eines Andern, weil er es nicht hat, und der Mißgünstige darüber, daß auch der Andere es hat? Wie kann man das billigen, Kummer zu erleiden anstatt zu handeln, wenn man etwas haben möchte? Denn bloß haben zu wollen, ist der äußerste Unsinn.

Wie gibt es überhaupt eine richtige Weise, das Mittelmaß im Übel zu loben? Wer kann, wenn einmal die Genußsucht und das Begehren in ihm ist, nicht genußsüchtig und begehrlich sein? Und in dem der Zorn ist, nicht zornig? In dem die Angst ist, nicht ängstlich? Und wo die Furcht ist, nicht furchtsam? Werden wir also den Genußsüchtigen, Zornmütigen, Ängstlichen und Furchtsamen für weise halten? Über dessen Vollkommenheit könnte des Langen und Breiten viel gesagt werden, aber am kürzesten auf jene Art, daß nämlich die Weisheit die Wissenschaft der göttlichen und menschlichen Dinge sei und das Wissen davon, was die Ursache jeder Erscheinung ist. Daraus ergibt sich, daß der Weise das Göttliche nachahmt und alles Menschliche für geringer erachtet als die Tugend. Und Du glaubtest, er könne in eine solche Leidenschaft hineingeraten, wie in ein Meer, das den Winden unterworfen ist? Was wird denn einen solchen Ernst und eine solche Beständigkeit verwirren können? Etwa etwas Unvorhergesehenes und Plötzliches? Aber wie könnte dergleichen einem zustoßen, der nichts von dem, was einem Menschen geschehen kann, nicht schon vorher bedacht hat? Denn wenn sie sagen, man müsse das Allzuviele zurückschneiden, das Natürliche bestehen lassen, wie kann denn etwas natürlich sein, was auch zuviel werden kann? Dies alles nämlich ist aus den Wurzeln des Irrtums erwachsen und diese muß man völlig ausreißen und ausrotten und nicht bloß beschneiden und stutzen.

Aber da ich vermute, daß Du nicht so sehr nach dem Weisen als vielmehr nach Dir selbst fragst (denn von jenem bist Du überzeugt, er sei von allen Leidenschaften frei, und Du selbst möchtest so weit kommen), so wollen wir prüfen, welches Gewicht die Arzneien haben, die die Philosophie anwendet, um die Krankheiten der Seele zu heilen. Es gibt nämlich eine zuverlässige Medizin, und die Natur ist dem Menschengeschlecht nicht so feindlich und abweisend gesinnt gewesen, daß sie für den Körper so viele heilsame Dinge, für die Seele aber nichts bereitgestellt hätte. Sie hat sich vielmehr um diese noch mehr verdient gemacht, sofern die Hilfsmittel für den Körper von außen herangebracht werden, das Heil der Seele aber in ihr selbst zu finden ist. Aber je vorzüglicher und göttlicher diese ist, desto größerer Sorgfalt bedarf sie. Die gut angewandte Vernunft erblickt genau, was das Beste ist; wenn sie aber vernachlässigt wird, so verstrickt sie sich in viele Irrtümer. So muß sich denn meine ganze Darlegung Dir zuwenden. Denn Du tust so, als ob Du nach dem Weisen fragtest, aber vermutlich fragst Du in Wirklichkeit nach Dir selbst.

Für die Leidenschaften also, die ich besprochen habe, gibt es verschiedene Heilmethoden. Denn nicht jeder Kummer wird auf dieselbe Weise geheilt. Die Medizin für einen Trauernden ist eine andere als für einen Mitleidigen oder einen Mißgünstigen. Außerdem gibt es bei allen vier Leidenschaften das Problem, ob sich die Rede besser auf die gesamte Leidenschaft richtet, die eine Verachtung der Vernunft ist und ein allzu heftiges Streben, oder auf eine einzelne, etwa auf Angst, Genußsucht usw.; ferner ob man zeigen soll, daß man nicht Kummer über das besondere haben darf, was die Ursache des Kummers war, oder ob man den Kummer allgemein im bezug auf alle Dinge wegnehmen soll; etwa ob Du, wenn einer über seine Armut klagt, darüber diskutierst, daß Armut kein Übel ist, oder darüber, daß ein Mensch über nichts Kummer empfinden soll. Gewiß ist das zweite besser, damit er nicht, falls Du ihn hinsichtlich der Armut nicht überzeugen kannst, dem Kummer überhaupt nachgeben wird. Wenn aber der Kummer im Ganzen überwunden ist, so kann man mit den besonderen Gründen, die wir gestern angeführt haben, in gewisser Weise auch das Übel der Armut beseitigen.

Aber jede derartige Leidenschaft sollte jenem Beruhigungsmittel weichen, daß Du lehrst, es sei kein Gut dasjenige, aus welchem Ausgelassenheit oder Genußsucht, noch ein Übel, aus welchem Angst und Kummer entstehen. Doch nur dies ist die zuverlässige und eigentliche Heilung, wenn Du lehrst, daß die Leidenschaften an sich fehlerhaft seien und nichts Natürliches oder Notwendiges an sich haben. So sehen wir, wie der Kummer von selbst gelindert wird, wenn wir dem Trauernden die Schwäche einer verweichlichten Seele vorhalten und den Ernst und die Beständigkeit jener loben, die das Menschliche ohne Unruhe tragen. Das scheint auch denen möglich zu sein, die zwar jenes für ein Übel halten, aber doch meinen, man müsse es mit Gleichmut tragen. Einer mag die Lust für ein Gut halten, ein anderer das Geld. Dennoch kann der eine von der Zügellosigkeit, der andere vom Geize ferngehalten werden. Jene andere Überlegung und Rede, die gleichzeitig die falsche Meinung wegnimmt und den Kummer beseitigt, ist zwar nützlicher, aber schlägt selten an und ist der Menge gegenüber untauglich.

Es gibt indessen bestimmte Kummer, die jene Medizin in keiner Weise erleichtern kann; so wenn etwa einer darunter leidet, daß er an sich keinerlei Tugend findet, keinen Stolz, kein Pflichtgefühl, keinen Anstand. Er leidet zweifellos wegen der Übel, aber da muß man eine andere Heilmethode anwenden, und zwar eine solche, die alle Philosophen annehmen können, auch die, die in allen übrigen Dingen anderer Meinung sind. Denn alle müssen darin einig sein, daß die von der rechten Einsicht abgewandten Bewegungen der Seele fehlerhaft sind; auch wenn das an sich ein Übel ist, was die Angst und den Kummer, und ein Gut, was die Begierde und die Ausgelassenheit erregt, so ist doch die Bewegung selbst fehlerhaft. Denn wir suchen die Beständigkeit, Sicherheit, Würde und jenen Mann, der alles Menschliche unter sich läßt und den wir großgesinnt und tapfer nennen. Ein solcher kann niemals traurig, ängstlich, begehrlich oder ausgelassen sein. Denn so sind nur jene, die die menschlichen Ereignissse für größer halten als ihre eigene Seele.

Darum gibt es für alle Philosophen einen einzigen Weg der Heilung, wie ich schon sagte, daß man nämlich nicht über das spricht, was die Seele verwirrt, sondern nur über die Leidenschaft selbst. So ist gleich bei der Begierde, wenn es sich bloß darum handelt, sie zu beseitigen, nicht zu fragen, ob es ein Gut sei, was sie in Erregung bringt, oder nicht, sondern die Begierde selbst muß weggeschafft werden; mag also das höchste Gut die Tugend sein oder die Lust oder die Verbindung beider oder jene bekannten drei Arten von Gütern, so wird man in allen drei Fällen dieselbe Rede zur Abschreckung anführen, selbst wenn sich das allzuheftige Begehren auf die Tugend selbst richtete.

Alle Beruhigung der Seele liegt im Anblick der menschlichen Natur. Damit man sie leichter in ihrer Gestalt erkenne, muß man durch die Rede die gemeinsame Lage Aller und das Gesetz des Lebens darlegen. So soll nicht ohne Grund, als Euripides den Orestes aufführte, Sokrates die drei ersten Verse wiederholt haben: „Es gibt keine noch so schreckliche Kunde, noch ein Schicksal, noch ein durch den Zorn der Himmlischen gesandtes Unglück, das die menschliche Natur mit Geduld nicht aushalten könnte."

Um davon zu überzeugen, daß das, was geschieht, ausgehalten werden könne und solle, ist die Aufzählung jener nützlich, die dergleichen schon ausgehalten haben. Freilich habe ich die Beruhigung des Kummers schon in der gestrigen Unterhaltung erläutert wie auch im Buch der Consolatio, das ich mitten im Schmerz und in der Trauer (denn ich war nicht weise) geschrieben habe. Und was Chrysippos verbietet, nämlich die sozusagen frischen Geschwulste der Seele mit Arzneien zu behandeln, das haben wir damals getan und der Natur Gewalt angetan, damit der Größe des Heilmittels die Größe des Schmerzes weiche.

Dem Kummer, über den wir nun genug gesprochen haben, ist die Angst benachbart, über die nur wenig zu bemerken ist. Wie der Kummer zu einem gegenwärtigen Übel gehört, so die Angst zu einem künftigen. So haben denn Einige gesagt, daß die Angst ein Teil des Kummers sei; Andere wiederum nannten die Angst einen vorweggenommenen Kummer, weil sie gewissermaßen als Anführer den nachfolgenden Kummer ankündigt. Dieselben Gründe also, die das Gegenwärtige ertragen machen, lassen auch das Kommende verachten. Denn in beiden Fällen ist darauf zu achten, daß wir nichts Demütigendes, Niedriges, Weichliches, Weibisches, Zusammengebrochenes und Verwerfliches tun. Aber obschon derart von der Unbeständigkeit, Schwäche, Leichtfertigkeit der Angst selbst zu reden ist, so nützt es doch viel, auch das zu verachten, was man fürchtet. Mag es nun zufällig oder mit Absicht geschehen sein, jedenfalls war es außerordentlich zweckmäßig, daß wir am ersten und zweiten Tage gleich über die Dinge gesprochen haben, die man am meisten fürchtet, Tod und Schmerz. Wenn dies überzeugt hat, so sind wir zu einem großen Teile von der Angst befreit.

Soviel also über das Meinen des Übels. Nun wollen wir das Meinen des Guten betrachten, also Ausgelassenheit und Begehren. Mir scheint in der ganzen Frage, die die Leidenschaften angeht, ein einziger Punkt das Entscheidende zu treffen, daß nämlich alle Leidenschaften in unserer Gewalt sind, alle durch unsere Entscheidung angenommen und alle willentlich. Der Irrtum in diesem Punkt ist zu beseitigen und diese Meinung zu widerlegen, und wie beim vermeinten Übel nach dem Erträglichen zu streben ist, so soll beim Guten dasjenige mäßiger werden, was für groß und erfreulich gehalten wird. Dies jedenfalls ist für Gut und Übel gemeinsam: wenn es schon schwierig ist, jemanden davon zu überzeugen, daß nichts von den Dingen, die die Seele verwirren, zum Guten oder zum Schlechten zu rechnen ist, so muß außerdem noch die Heilung bei den verschiedenen Erregungen eine verschiedene sein, eine andere beim Böswilligen, eine andere beim Frauenjäger, beim Ängstlichen und beim Furchtsamen. Zudem wäre es leicht, jene Theorie, die beim Guten und Schlechten am meisten gebilligt wird, weiterzuführen und zu erklären, daß der Tor niemals Vergnügen empfinden könne, weil er niemals einem Gute begegne. Aber wir reden jetzt auf die gewöhnliche Weise. Mögen das auch Güter sein, was man so nennt, Ehrenstellen, Reichtum, Lust etc., so ist doch bei ihrem Erwerb eine ausgelassene Munterkeit schmählich, so wie man zwar das Lachen erlauben wird, aber ein lautes Gelächter doch tadelt. Denn das Sich-gehen-Lassen der Seele in der Ausgelassenheit ist derselbe Fehler wie die Verkrampfung im Schmerze; dieselbe Leichtfertigkeit zeigt sich beim heftigen Begehren wie beim ausgelassenen Genießen, und wie man leichtfertig jene nennt, die sich allzu sehr betrüben lassen, so auch mit Recht jene, die sich zu sehr der Ausgelassenheit ergeben. Und wenn der Neid zum Kummer gehört, die Schadenfreude aber zur Lust, so wird man beides so züchtigen, daß man es als eine Grausamkeit und Wildheit erweist. Und wie man zuversichtlich sein soll, aber nicht furchtsam, so auch freudig, aber nicht ausgelassen, da wir ja der Theorie zuliebe die Freude von der Ausgelassenheit unterscheiden wollen.

Jenes haben wir schon oben gesagt, daß eine Verkrampfung der Seele niemals gerechtfertigt werden kann, wohl aber eine Erhebung. Denn auf die eine Weise freut sich Hektor bei Naevius:

„Ich bin froh, von dir, Vater, gelobt zu werden als von einem gelobten Manne", auf die andere der junge Mann bei Trabea: „Die Kupplerin, die mit Geld weich gestimmt ist, wird auf meinen Wink achten, was ich will und wünsche. Bei meinem Kommen werde ich mit dem Finger die Tür aufstoßen und sie wird offen sein. Und wie mich Chrysis unerwartet erblicken wird, wird sie mir entgegeneilen, meine Umarmung erwarten und sich mir hingeben." Wie großartig er dies findet, sagte er selbst kurz danach: „Das Glück selbst werde ich durch mein Glück übertreffen."

Wie schändlich eine solche Ausgelassenheit ist, erkennt man klar, wenn man genau genug hinsieht.

Und wie jene schändlich sind, die vor Vergnügen außer sich sind, wenn sie die Lust der Liebe genießen, so sind ebenfalls jene tadelnswert, die dergleichen mit entflammter Seele begehren. Denn dieses Ganze, was die Leute Liebe nennen (ich weiß wahrhaftig nicht, was ich für einen anderen Namen finden soll), ist von solcher Leichtfertigkeit, daß ich nichts sehe, was man damit vergleichen könnte. Caecilius sagt vom Amor: „Wer ihn nicht für den obersten Gott hält, der muß dumm oder unerfahren im Leben sein. Denn in seiner Hand liegt es, wenn er einen wahnsinnig machen will, oder klug oder gesund oder krank ... und umgekehrt, wer geliebt werden soll, begehrt und eingeladen."

Was für eine ausgezeichnete Erzieherin im Leben ist doch die Dichtkunst, die den Amor in den Verein der Götter aufnehmen will, den Urheber von Schandtaten und von Leichtfertigkeiten! Ich spreche von der Komödie, die überhaupt nicht existieren könnte, wenn wir solche Schändlichkeiten nicht billigten. Und was sagt in der Tragödie jener Anführer der Argonauten? „Du hast mich eher um der Liebe als um meines Ruhmes willen gerettet." Nun? Welchen Brand von Elend hat diese Liebe der Medea entfacht! Und dennoch wagt sie es bei einem andern Dichter, dem Vater zu sagen: „Sie habe einen Mann zum Gatten gehabt, den ihr Amor gab, der ja mächtiger und stärker ist als sein Vater."

Aber lassen wir die Dichter spielen, in deren Dramen wir Jupiter selbst solchen Schändlichkeiten hingegeben sehen. Wir kommen zu den Philosophen, den Lehrern der Tugend, die behaupten, die Liebe habe nichts mit Unzucht zu tun, und sich in diesem Punkte mit Epikur streiten, der nach meiner Ansicht von der Wahrheit nicht allzu weit entfernt ist. Denn was ist jene ihre Freundschaftsliebe? Warum liebt keiner einen häßlichen Jüngling oder einen schönen Greis? Mir scheint dies eine in den griechischen Gymnasien entstandene Sitte zu sein, wo denn solche Liebesverhältnisse frei und erlaubt sind. Mit Recht sagt Ennius: „Anfang der Schandtat ist es, unter Mitbürgern seinen Körper zu entblößen." Mögen solche Leute züchtig sein, was offenbar auch möglich ist, so sind sie doch beunruhigt und ängstlich, und zwar umso mehr, je mehr sie sich zusammennehmen und beherrschen.

Und um die Frauenliebe beiseite zu lassen, wo die Natur größere Freiheit gestattet hat, wer weiß denn nicht, was die Dichter mit dem Raub des Ganymed meinen, und wer versteht nicht, was bei Euripides Laios sagt und begehrt? Und was haben die gelehrtesten Männer und größten Dichter nicht über sich selbst in Gedichten und Liedern öffentlich gesagt? Was schreibt nicht Alkaios über die Knabenliebe, ein tüchtiger Mann und in seinem Staate angesehen! Denn bei Anakreon ist überhaupt die ganze Dichtung Liebesdichtung. Am meisten scheint von Allen der Rheginer Ibykos in Liebe gebrannt zu haben, wie aus seinen Werken hervorgeht.

Wir sehen, wie begehrlich die Liebschaften von Allen diesen gewesen sind. Aber wir sind ja nun auch Philosophen und gewähren dieser Liebe Ansehen, vor allem durch unsern Platon, den deswegen Dikaiarchos nicht mit Unrecht anklagt.

Die Stoiker freilich erklären, daß der Weise lieben werde, und definieren die Liebe selbst als einen Versuch, auf Grund des Anblicks der Schönheit eine Freundschaft zu schaffen. Mag es nun in der Natur eine Liebe geben, die ohne Sorge, Begehren, Kummer und Seufzen ist — sie wird dann ohne Begierde sein. Hier aber reden wir von der Begierde. Es gibt denn auch eine andere Liebe, wie wir wissen, die gar nicht oder nicht viel von dem Wahnsinn unterschieden ist, so wie es in der Leukadia heißt: „Wenn es doch wenigstens irgendeinen Gott gäbe, der sich um mich kümmerte!“ Wahrhaftig, alle Götter hätten sich darum bemühen sollen, diesem Manne die Liebeslust zu beschaffen! „Ach, ich Unglücklicher!“ Sehr richtig, ebenso wie das Folgende: „Bist du wahnsinnig, so leichtfertig zu jammern?“ So scheint er sogar den Seinigen wahnsinnig zu sein. Aber was für Tragödien entstehen daraus: „Dich, heiliger Apollon, rufe ich an, hilf mir, Dich, Herr der Flüsse, Neptunus, und ihr noch, ihr Winde!“ Er meint, die ganze Welt müsse sich ihm zuwenden, um ihm seinen Liebeskummer zu erleichtern, nur die eine Venus schließt er aus als ungerecht: ‚Denn wozu soll ich dich anrufen, Venus?“ Er erklärt, ihr Liebesbegehren hindere sie, für irgendetwas zu sorgen; als ob er nicht selbst wegen eben dieses Begehrens so viele Schändlichkeiten täte und sagte.

Wenn einer in diesem Zustande ist, so muß man ihn dadurch heilen, daß man ihm zeigt, wie leichtfertig und verächtlich das ist, was er begehrt, wie vollkommen nichtig und wie leicht es von anderswo her oder auf andere Weise zu beschaffen oder überhaupt zu vernachlässigen ist. Man muß ihn auch zuweilen zu andern Interessen ablenken, zu Aufgaben, Sorgen, Geschäften, und oft muß man ihn wie einen Kranken, der nicht gesunden will, durch Ortsveränderung zu beeinflussen suchen.

Einige meinen, man solle die alte Liebe durch eine neue vertreiben wie einen Nagel durch einen anderen. Vor allem aber muß man daran erinnern, wie groß der Liebeswahnsinn ist. Denn von allen Leidenschaften ist sicherlich keine heftiger, so daß, wenn man sie schon nicht selbst anklagen will, ich meine die Vergewaltigungen und Verführungen, die Ehebrüche und schließlich Inzeste, die alle anklagenswerte Schändlichkeiten sind — auch wenn man das wegläßt, so ist doch die Verwirrung des Geistes bei der Verliebtheit als solche häßlich. Denn um zu übergehen, was zum Wahnsinn gehört, wie leichtfertig ist nicht in sich selbst das, was doch noch maßvoll aussieht: „Die Zänkereien, die Verdächtigungen, die Feindschaften, die Waffenruhe, der Krieg, dann wieder der Friede! Wenn du in solch unentschiedenen Verhältnissen etwas Entschiedenes tun willst, so wirst du nicht mehr ausrichten, als wenn du dir Mühe gäbest, mit Vernunft wahnsinnig zu sein.“

Diese Unbeständigkeit und Ruhelosigkeit der Seele, wen stößt sie nicht durch ihre eigene Häßlichkeit ab? Denn man muß auch da nachweisen, was für jede Leidenschaft gilt, daß alles daran der eigenen Meinung, dem eigenen Entscheid und Willen entstammt. Wenn nämlich die Liebe naturgegeben wäre, würden alle lieben und stets und immer dasselbe und es würde nicht der eine durch das Schamgefühl, der andere durch das Nachdenken, der dritte durch die Sättigung abgestoßen.

Daß aber der Zorn, so lange er die Seele verwirrt, Wahnsinn ist, ist nicht zu bezweifeln. Unter seinem Einfluß gibt es sogar unter Brüdern Szenen wie diese: „Wer von allen Menschen hat dich je an Unverschämtheit übertroffen? — Und wer Dich an Schlechtigkeit?“ Du kennst das Nachfolgende. Mit wechselweisen Versen werfen sich die Brüder die schlimmsten Beschimpfungen an, so daß man leicht erkennt, daß es sich um die Söhne des Atreus handelt, jenes Atreus, der sich eine neuartige Strafe gegen seinen Bruder ausdenkt: „Eine größere Masse, ein größeres Unheil muß ich brauen, um sein böses Herz zu zerquetschen und zu zermalmen.“ Und wohin wälzt sich diese Masse? Höre den Thyestes: „Mein Bruder selbst ermahnt mich, ich Unglücklicher, meine Kinder dem Unheil zu überliefern.“ Ihr Fleisch wird aufgetragen. Denn wohin ist der Zorn nicht fähig zu gehen ebenso wie der Wahnsinn? Darum sagen wir zutreffend, daß die Zürnenden ihrer selbst nicht mehr mächtig sind, also nicht mehr ihrer Vernunft, ihrer Einsicht, ihres Geistes. Denn die Macht dieser Dinge muß sich auf die ganze Seele erstrecken.

Solchen Leuten muß man die entziehen, auf die sie sich stürzen wollen, so lange, bis sie sich selbst wieder gefaßt haben (denn was bedeutet sich fassen anderes, als die verstreuten Teile der Seele wieder an ihren Ort zwingen?), oder man muß sie auffordern und bitten, ihre Kraft zur Rache auf eine andere Zeit zu verschieben, bis der Zorn verraucht ist. Verrauchen bezieht sich gerade auf jenen Brand der Seele, der gegen den Willen der Vernunft entfacht worden ist. So lobt man denn jenes Wort des Archytas, als er gegen seinen Verwalter in Zorn geraten war: „Wie hätte ich dich empfangen, wenn ich nicht zornig gewesen wäre!“ Wo sind also die, die behaupten, der Zorn sei nützlich (kann denn Wahnsinn nützlich sein?) oder naturgegeben? Ist irgendetwas naturgemäß, was gegen die Vernunft geschieht? Und wenn der Zorn naturgegeben wäre, wieso wäre denn der eine zornmütiger als der andere oder wie könnte die Begierde nach Rache aufhören, bevor sie ihr Ziel erreicht hat, oder wie könnte einer bereuen, was er im Zorne getan hat? Wir wissen, wie König Alexander beinahe an sich selbst Hand gelegt hätte, als er seinen Freund Kleitos getötet hatte. So groß war die Gewalt seiner Reue. Wenn man dies bedenkt, wird man da zweifeln können, daß auch diese Bewegung der Seele vollständig der Meinung und dem Willen unterworfen sei? Denn wer möchte bezweifeln, daß die Krankheiten der Seele wie Geiz oder Ruhmsucht daher kommen, daß die Sache, an der die Seele krankt, für bedeutend gehalten wird? So muß man denn erkennen, daß auch jede Leidenschaft auf der Meinung beruht.

Und wenn die Zuversicht, also das sichere Vertrauen der Seele, eine Art von Wissen ist und eine ernstzunehmende Meinung eines Menschen, der nicht voreilig zustimmt, so ist die Angst ein Mißtrauen im Hinblick auf ein erwartetes und drohendes Unheil; und wenn die Hoffnung die Erwartung von etwas Gutem ist, so ist die Angst notwendigerweise die Erwartung von etwas Schlimmem. Wie die Furcht, so beruhen also auch die übrigen Leidenschaften auf einem verkehrten Urteil. Wie also die Beständigkeit zum Wissen gehört, so die Leidenschaft zum Irrtum. Wer aber von Natur zornmütig, mitleidig, neidisch usw. heißt, der hat eine sozusagen kränkliche Seele, aber doch eine heilbare, so wie von Sokrates berichtet wird: als bei einer Zusammenkunft Zopyros, der behauptete, die Natur jedes Menschen aus seiner Gestalt ablesen zu können, bei ihm viele Laster festgestellt hatte, da wurde er von den Übrigen ausgelacht, weil ihnen jene Laster an Sokrates unbekannt waren; Sokrates dagegen tröstete ihn und sagte, sie seien allerdings in ihm, aber seine Vernunft habe sie vertrieben.

So wie also einer, der die beste Gesundheit besitzt, doch von Natur, wie sich zeigt, für eine bestimmte Krankheit besonders anfällig sein kann, so ist auch die eine Seele zu diesem, eine andere zu jenem Fehler disponiert. Wer aber nicht von Natur, sondern durch eigene Schuld fehlerhaft ist, dessen Fehler besteht in einem falschen Meinen über Güter und Übel, so wie denn dieser zu dieser, jener zu jener Bewegung und Leidenschaft neigt. Ein eingewurzelter Zustand aber kann, wie beim Körper, schwerer vertrieben werden als eine vorübergehende Verwirrung: eine akute Geschwulst am Auge ist leichter zu heilen als eine langdauernde Augenkrankheit.

Aber jetzt kennen wir schon den Fall der Leidenschaften, die alle aus dem Urteil des Meinens und aus dem Willen stammen, und so sei diese Untersuchung abgeschlossen. Wir müssen aber wissen, nachdem wir einmal, soweit es dem Menschen möglich ist, die Zielpunkte des Guten und Schlechten kennengelernt haben, daß man nichts Größeres oder Nützlicheres von der Philosophie erwünschen kann als eben dies, was wir in den vier Tagen untersucht haben. Wir lernten den Tod zu verachten, den Schmerz zu lindern, daß er erträglich ist, und haben daran die Beruhigung des Kummers angeschlossen, der das größte Unglück für den Menschen ist. Wenn auch nämlich jede Leidenschaft schlimm und vom Wahnsinn nicht weit entfernt ist, so nennen wir doch jene, die durch Angst, Ausgelassenheit oder Begehren verwirrt werden, bloß erregt und verwirrt; aber jene, die sich dem Kummer ergeben haben, heißen unselig, niedergeschlagen, kummervoll, unglücklich. So scheint es nicht zufällig zu sein, sondern von Dir mit Bedacht vorgeschlagen, daß wir den Kummer getrennt von den übrigen Leidenschaften behandelt haben. Denn dieser ist die Quelle und das Haupt allen Elends. Auch gibt es für den Kummer und die übrigen Leidenschaften eine einzige Heilung, nämlich die Einsicht, daß alles auf der Meinung und auf dem Willen beruht und dadurch zustandekommt, weil es so recht zu sein scheint. Diesen Irrtum verspricht die Philosophie als die Wurzel allen Unheils vollkommen auszureißen.

Lassen wir uns also durch sie pflegen und gestatten wir, daß sie uns heile. Solange nämlich dieses Übel in uns sitzt, können wir nicht nur nicht glückselig, sondern nicht einmal gesund sein. Wir müssen also entweder leugnen, daß sich irgendetwas durch die Vernunft erreichen läßt, während doch ohne die Vernunft nichts richtig geschehen kann, oder aber, da die Philosophie aus der Sammlung der Vernunftgründe besteht, so müssen wir von ihr, wenn wir gut und glückselig werden wollen, alle Stützen und Hilfsmittel erbitten, die zum guten und glückseligen Leben notwendig sind.

FÜNFTES BUCH

Dieser fünfte Tag soll, Brutus, die Gespräche in Tusculum abschließen und an diesem Tag haben wir uns über jene Lehre unterhalten, die Du unter allen am meisten schätzest. Denn ich weiß sowohl aus Deinem Buch, das Du so sorgfältig geschrieben und mir dediziert hast, wie auch aus vielen Gesprächen mit Dir, daß Du die Lehre, die Tugend sei zum glückseligen Leben sich selbst genug, besonders hochhältst. Wenn dies auch schwierig nachzuweisen ist, wenn man die so verschiedenen und so zahlreichen Quälereien des Schicksals bedenkt, so ist es doch von solcher Art, daß es sich lohnt, sich darum zu bemühen, damit es leichter zu beweisen sei. Denn von all den Dingen, die in der Philosophie verhandelt werden, gibt es nichts, was wichtiger und großartiger wäre.

Denn wenn dies der Grund war, der jene ersten Menschen zur Beschäftigung mit der Philosophie trieb, daß sie nämlich alle andern Dinge zurückstellten, um sich ausschließlich mit der Frage nach dem besten Zustande des Lebens zu beschäftigen, so haben sie sich doch offenbar in der Hoffnung auf ein glückseliges Leben derart um diese Frage gekümmert und bemüht. Wenn sie weiterhin die Tugend entdeckt und zur Vollkommenheit gebracht haben und wenn die Tugend ein genügender Schutz des glückseligen Lebens ist, wer wird dann nicht der Meinung sein, daß es vortrefflich ist, wie jene die Arbeit des Philosophierens begonnen und wir sie weitergeführt haben? Wenn freilich die Tugend den verschiedenen unbestimmten Zufälligkeiten ausgeliefert ist, dem Glück dienen muß und nicht genügend Kraft hat, um sich selbst zu schützen, dann fürchte ich, daß wir uns nicht so sehr auf die Verläßlichkeit der Tugend stützen dürfen, um das selige Leben zu erhoffen, als vielmehr, wie es scheint, Gebete verrichten müssen. Wenn ich jedenfalls jene Wechselfälle, in denen mich das Schicksal heftig umgetrieben hat, mit mir überdenke, so beginne ich zuweilen an jener Lehre zu zweifeln und die Schwäche und Gebrechlichkeit des Menschengeschlechts zu fürchten. Es könnte nämlich wohl so sein, daß die Natur uns nicht nur schwächliche Körper gegeben und sie mit unheilbaren Krankheiten und unerträglichen Schmerzen behängt hat, sondern auch Seelen gegeben hat, die mit den Leiden des Körpers mitleiden, und auch für sich in ihre eigenen Ängste und Schwierigkeiten verwickelt sind.

Aber darin weise ich mich selbst zurecht, daß ich die Kraft der Tugend von der Weichlichkeit Anderer und wohl auch meiner eigenen her beurteile und nicht von der Tugend selbst her. Jene nämlich (wenn es sie überhaupt gibt, woran aber zu zweifeln dein Onkel, Brutus, unmöglich gemacht hat) hält alles, was auf den Menschen stürzen kann, unter sich, verachtet es, verachtet auch die menschlichen Zufälligkeiten und, frei von aller Schuld, glaubt sie nicht, daß irgendetwas sie berühren könnte außer eben ihr selbst.

Wir dagegen steigern alles Widrige, wenn es naht, durch die Angst, und wenn es da ist, durch die Trauer und verurteilen lieber die Natur als unsern eigenen Irrtum.

Aber für diese Schuld und für unsere sonstigen Verfehlungen und Laster müssen wir alle Besserung bei der Philosophie suchen. Schon von unserer frühesten Jugend an hat mich mein Wille und Interesse in ihren Schoß getrieben und unter den gegenwärtigen harten Schlägen und bei großem Sturm habe ich mich nun in diesen selben Hafen geflüchtet, von dem ich ausgegangen war.

O Philosophie, Lenkerin des Lebens, Entdeckerin der Tugend, Siegerin über die Laster! Was wären nicht nur wir, sondern das Leben der Menschen überhaupt ohne dich? Du hast die Staaten geboren, Du hast die verstreuten Menschen in die Gemeinschaft des Lebens zusammengerufen und sie zuerst durch die Wohnstätten, dann durch die Ehe, endlich durch die Gemeinschaft des Denkens und Sprechens miteinander verbunden, du warst die Erfinderin der Gesetze und Lehrerin der Sitten und der Wissenschaft. Zu dir fliehen wir, von dir erbitten wir Hilfe und dir vertrauen wir uns an, früher schon zum großen Teile, jetzt ganz und vollständig. Denn ein einziger Tag, der gut und nach deinem Gebot verbracht worden ist, ist einer Unsterblichkeit voller Verfehlungen vorzuziehen. Wessen Hilfe sollen wir also eher in Anspruch nehmen als die deine, die du uns die Ruhe im Leben geschenkt und die Furcht vor dem Tode weggenommen hast?

Indessen wird die Philosophie, weit davon entfernt, daß sie ihren Verdiensten um das Leben der Menschen gemäß geehrt würde, vielmehr von den meisten übersehen und von vielen sogar getadelt. Aber wagt denn jemand die Schöpferin des Lebens zu tadeln und sich mit diesem Muttermord zu beflecken und so gottlos und undankbar zu sein, daß er die anklagt, die er verehren müßte, selbst wenn er sie nicht zu begreifen vermag? Doch ich glaube, dieser Irrtum und dieser Nebel liegt über den Seelen der Ungebildeten, weil sie nicht so weit zurückblicken können und nicht erkennen, daß schon jene Philosophen gewesen sind, von denen zuerst das menschliche Leben geordnet wurde.

Die Sache ist also uralt; vom Namen dagegen bekennen wir durchaus, daß er jung sei. Was freilich die Weisheit selbst betrifft, wer wird leugnen, daß sie nicht nur der Sache nach alt ist, sondern auch dem Namen nach? Bei den Alten wurde dieser herrliche Name auf die Kenntnis der göttlichen und menschlichen Dinge und die Einsicht in die Ursprünge und Ursachen aller Erscheinungen angewandt. So wurden denn jene Sieben von den Griechen als Sophoi, von uns als weise bezeichnet und dafür gehalten, und viele Jahrhunderte vorher sollen ebenso Lykurg (zu dessen Zeit Homer gelebt habe, noch vor der Gründung Roms) und schon zu den Zeiten der Heroen Odysseus und Nestor weise gewesen und dafür gehalten worden sein.

Es würde auch nicht erzählt werden, daß Atlas den Himmel trage, Prometheus an den Kaukasus gefesselt und Kepheus mit Gattin, Schwiegersohn und Tochter in Sterne verwandelt sei, wenn nicht ihre übermenschliche Kenntnis der Himmelsdinge ihren Namen in die Irrtümer des Mythos hineingezogen hätte. Von ihnen an sind dann alle, die sich um die Betrachtung der Dinge bemühten, für weise gehalten und so genannt worden, und dieser ihr Name hatte Bestand bis zur Zeit des Pythagoras.

Von ihm erzählt Herakleides vom Pontos, ein überaus gelehrter Mann und Schüler Platons, er sei einmal nach Phleius gekommen und habe sich dort mit Leon, dem Fürsten von Phleius, gelehrt und lange unterhalten. Leon bewunderte seinen Geist und seine Redegabe und fragte ihn, auf welche Kunst er am meisten Wert lege. Da erwiderte jener, er verstünde keine Kunst, sondern er sei ein Philosoph. Da habe sich Leon über die Neuheit des Namens gewundert und ihn gefragt, wer denn die Philosophen seien und was sie von den andern Menschen unterscheide.

Pythagoras habe geantwortet, das Leben der Menschen scheine ihm gleich zu sein wie jener Markt, der im ganzen Glanz der Spiele und in der Anwesenheit ganz Griechenlands abgehalten zu werden pflege. Denn wie dort die einen mit trainierten Körpern den Ruhm und die Ehre eines Kranzes erstrebten, andere mit Aussicht auf Gewinn und Profit durch Kauf und Verkauf angelockt würden und es endlich eine besondere Gruppe gebe, die die vornehmste sei und weder nach Beifall noch nach Gewinn strebe, sondern um des Schauens willen gekommen sei und aufmerksam betrachte, was geschehe und wie, ebenso seien auch wir gleichsam aus einer Stadt in irgendeinen belebten Markt gekommen, nämlich in dieses Leben aus einem andern Leben und einer andern Natur, und die einen dienten nun dem Ruhme, die andern dem Gelde. Es gebe aber einige seltene, die alles Andere verachteten und die Natur der Dinge aufmerksam betrachteten. Diese nennten sich Liebhaber der Weisheit, eben Philosophen. Und wie jenes das vornehmste sei, zuzuschauen ohne für sich etwas zu erstreben, so rage auch im Leben die Betrachtung und Erkenntnis der Dinge weit über alle andern Beschäftigungen hinaus.

Aber Pythagoras war nicht nur Erfinder des Namens, sondern auch Mehrer der Sache. Als er nach diesem Gespräch in Phleius nach Italien gekommen war, da schmückte er jenes Griechenland, das das Große heißt, privat und öffentlich mit den vortrefflichsten Einrichtungen und Künsten. Über seine Lehre kann vielleicht bei einer andern Gelegenheit gesprochen werden. Aber von der alten Philosophie an bis zu Sokrates, der den Schüler des Anaxagoras, Archelaos, gehört hatte, wurden die Zahlen und Bewegungen studiert und die Frage, woher alles käme und wohin es unterginge; ebenso erforschten sie aufmerksam die Größen, Abstände, Bahnen der Gestirne und alle Himmelserscheinungen.

Sokrates hat als erster die Philosophie vom Himmel herunter gerufen, sie in den Städten angesiedelt, sie sogar in die Häuser hineingeführt, und sie gezwungen, nach dem Leben, den Sitten und dem Guten und Schlechten zu forschen. Seine vielfache Art des Diskutierens, die Verschiedenheit der Probleme und Größe des Geistes ist durch die Erinnerung und Bücher Platons festgehalten worden und hat mehrere Arten von Philosophen mit verschiedenen Meinungen hervorgebracht. Wir haben davon vor allem dies übernommen, was auch Sokrates, wie wir glaubten, angewandt hat, daß wir unsere eigene Meinung zurückhielten, die Andern aber von ihrem Irrtum befreiten und bei jeder Untersuchung fragten, was der Wahrheit am nächsten käme.

Diese Sitte hat Karneades am scharfsinnigsten und reichlichsten gepflegt, und so haben auch wir es öfters und neulich im Tusculanum getan und haben dieser Übung gemäß diskutiert. Das Gespräch der vier vorangehenden Tage habe ich Dir in den vier frühern Büchern aufgeschrieben und übersandt; als wir uns am fünften Tage am gewohnten Orte hinsetzten, da wurde uns folgender Diskussionsgegenstand vorgelegt:

A: Ich glaube nicht, daß die Tugend das glückselige Leben hinreichend zustandebringt.

B: Aber mein Freund Brutus glaubt dies, dessen Urteil (Du wirst mich entschuldigen) ich dem Deinen weit voranstelle.

A: Daran zweifle ich nicht und es handelt sich auch jetzt nicht darum zu wissen, wie sehr Du ihn schätzest. Sondern ich möchte, daß Du Dich darüber äußerst, was von der These zu halten ist, die ich Dir als meine Meinung sagte.

B: Du leugnest also, daß die Tugend zum glückseligen Leben hinreiche?

A: Durchaus.

B: Wie? Um recht, ehrenhaft, lobenswert und endlich um gut zu leben, hat man da nicht in der Tugend einen hinreichenden Schutz?

A: Gewiß.

B: Kannst Du nun einen Menschen, der schlecht lebt, nicht unselig nennen, oder leugnen, daß der, von dem Du gestehst, er lebe gut, auch glückselig lebe?

A: Warum nicht? Gewiß kann man auch unter Foltern recht, ehrenhaft, lobenswert und aus eben diesem Grunde auch gut leben, nur muß man sehen, was man dann unter ‚gut' verstehen will. Ich meine damit: beständig, würdig, weise und tapfer. Dies findet sich auch vor dem Folterbock zusammen, aber das glückselige Leben trägt kein Verlangen danach.

B: Wie denn? Wird allein das glückselige Leben, ich bitte Dich, vor der Tür und der Schwelle des Kerkers zurückgelassen, während die Beständigkeit, Würde, Tapferkeit, Weisheit und die übrigen Tugenden sich bis vor den Henker schleppen lassen und vor keiner Folter und keinem Schmerz zurückschrecken?

A: Wenn Du etwas erreichen willst, mußt Du irgendwelche neuen Argumente finden. Diese Dinge rühren mich nicht im geringsten, nicht bloß, weil sie äußerst banal sind, sondern vor allem, weil diese stoischen Doktrinen ebenso sind wie gewisse leichte Weine, die nichts mehr taugen, wenn man Wasser beigibt: sie schmecken nur, wenn man daran kostet, nicht wenn man trinkt. Gewiß: dieser Chor der Tugenden, die auf dem Folterbock liegen, gibt ein anschauliches und großartiges Bild, so daß man meint, das glückselige Leben müsse im gestreckten Lauf dorthin eilen und nicht dulden, daß sie von ihm im Stiche gelassen würden. Wenn Du aber den Geist von einem solchen Gemälde und Bildern der Tugenden auf die Tatsachen und die Wahrheit hinlenkst, so bleibt die nüchterne Frage, ob einer, so lange er gefoltert wird, glückselig sein kann. Danach wollen wir jetzt fragen. Und fürchte nichts für die Tugenden, daß sie sich beschweren und klagen, sie seien vom glückseligen Leben verlassen worden. Wenn nämlich keine Tugend ohne Klugheit ist, so sieht gerade die Klugheit, daß nicht alle Guten gleichzeitig auch glückselig sind. Sie erinnert sich an Vieles über M. Atilius, Q. Caepio, M'. Aquillius und wenn Du Dich denn lieber an Bilder als an die Sachen selbst halten willst, so wird gerade die Klugheit das glückselige Leben daran hindern, sich dem Folterbock auszusetzen und wird erklären, es habe mit dem Schmerze und der Quälerei nichts gemein.

B: Ich lasse es durchaus gelten, daß Du auf diese Weise vorgehst, auch wenn es unfair von Dir ist, mir vorzuschreiben, wie ich die Untersuchung führen soll. Aber ich frage Dich nun, ob wir die Ergebnisse der Gespräche der letzten Tage anerkennen wollen oder nicht?

A: Gewiß anerkennen wir sie und zwar entschieden.

B: Nun, wenn es so ist, dann ist unsere Frage schon weitgehend erledigt und beinahe zu ihrem Ende gediehen.

A: Wieso?

B: Weil die verwirrten Bewegungen und die aufgehetzten Sprünge der Seele, die in unüberlegtem Ansturm sich erheben und alle Vernunft vertreiben, keinen Teil der Glückseligkeit übrig lassen. Denn wer kann, wenn er den Tod oder den Schmerz fürchtet, von denen das eine immer gegenwärtig ist, das andere immer droht, nicht unselig sein? Und ebenso, wenn derselbe, wie es meist der Fall ist, die Armut, Schande, Ehrlosigkeit fürchtet oder die Invalidität und Blindheit und endlich, was nicht nur einzelnen Menschen, sondern oft mächtigen Völkern widerfahren ist, die Knechtschaft? Kann einer, der das fürchtet, glückselig sein? Und wer diese Dinge nicht nur als künftige fürchtet, sondern auch ihre Gegenwart tragen und aushalten muß? Nimm dazu die Verbannungen, Trauerfälle und Verlust der Kinder. Wer durch solche Dinge gebrochen sich im Kummer aufreibt, kann der etwas anderes als übermäßig unglücklich sein? Und nun? Jenen, den wir von Lüsten entflammt und rasend sehen und der mit unersättlicher Begehrlichkeit alles gierig an sich reißt und der, je reichlicher er von allen Seiten die Genüsse schöpft, desto schlimmer und brennender dürstet, werden wir den nicht mit Recht überaus unglücklich nennen? Und: Wer in Leichtfertigkeit sich begeistert und sich in leerer Ausgelassenheit bedenkenlos gehen läßt, ist der nicht umso unseliger, je glücklicher er sich vorkommt? Wenn also diese elend sind, so sind umgekehrt jene glückselig, die keine Furcht erschreckt, kein Kummer zerfrißt, keine Begierden aufstacheln und keine einfältigen Ausgelassenheiten in weichlichen Genüssen auflösen. Wie man die Ruhe des Meeres daran erkennt, daß nicht der kleinste Lufthauch die Fluten bewegt, so sieht man den ruhigen und friedlichen Zustand der Seele daran, daß keine Leidenschaft da ist, die ihn zu stören vermöchte.

Wenn es also einen Mann gibt, der die Gewalt des Schicksals und alles Menschliche, was einem zustoßen kann, als erträglich empfindet, so daß ihn da weder Angst und Beklemmung überfällt, und wenn er nichts begehrt und durch keine eitle Lust der Seele aufgepeitscht wird, warum soll der nicht glückselig sein? Und wenn dies durch die Tugend zustande gebracht wird, warum soll dann die Tugend nicht aus sich allein die Menschen glückselig machen?

A: Gewiß kann man nicht leugnen, daß diejenigen, die nichts fürchten, an nichts leiden, nichts begehren und sich keiner unbeherrschten Ausgelassenheit hingeben, glückselig sind, und dies gestehe ich Dir also zu. Auch der zweite Punkt ist schon behandelt. Denn wir haben in den vorangehenden Untersuchungen gesehen, daß der Weise von allen Leidenschaften frei ist.

B: Das ist also ein erledigte Sache und so scheint es, daß die Frage zu ihrem Abschluß gelangt sei.

A: Gewiß, so ziemlich.

B: Indessen ist dies die Sitte der Mathematiker und nicht der Philosophen. Denn wenn die Geometer etwas beweisen wollen und eines der früheren Ergebnisse mit ihrer Frage zusammenhängt, dann nehmen sie jenes als zugestanden und bewiesen an und behandeln nur noch den Teil der Frage, von dem bisher noch nicht die Rede war. Die Philosophen dagegen sammeln, welche Frage immer sie unter der Hand haben, alles, was mit ihr zu tun hat, auch wenn es an einem andern Orte schon behandelt worden war. Wenn dies nämlich nicht so wäre, wozu brauchte dann der Stoiker viel zu sagen, wenn die Frage sich stellt, ob die Tugend zum glückseligen Leben ausreichen könne? Es genügte dann, zu antworten, man habe vorher gelehrt, es gebe kein Gut außer der Tugend und, sei dies bewiesen, so ergebe sich, daß das glückselige Leben sich mit der Tugend begnügen könne; wie dies aus jenem folge, so folge auch jenes aus diesem. Wenn nämlich das glückselige Leben sich mit der Tugend begnügen könne, dann existiere außer der Tugend kein anderes Gut.

Aber sie gehen trotzdem nicht so vor. Denn sie behandeln die Tugend und das höchste Gut in verschiedenen Werken und mag auch aus der Bestimmung des höchsten Gutes hervorgehen, daß die Tugend zum glückseligen Leben Kraft genug habe, so behandeln sie trotzdem diesen Punkt für sich. Denn jede Sache muß mit den ihr eigentümlichen Argumenten untersucht werden, und besonders eine so große Sache. Glaube ja nicht, es sei jemals in der Philosophie eine klarere Stimme laut geworden, jemals in der Philosophie etwas Größeres und Reicheres versprochen worden! Denn was wird versprochen? Ihr guten Götter: daß, wer den Gesetzen der Philosophie gehorcht habe, stets gegen das Schicksal gewappnet sei und in sich alle Waffen zum guten und glückseligen Leben besitze und schließlich dauernd glückselig sei.

Aber wir werden sehen, was sie tatsächlich zustande bringt. Immerhin halte ich schon das für groß, was sie verspricht. Xerxes, der mit allen Geschenken und Gaben des Schicksals überschüttet war und dennoch nicht zufrieden mit der Reiterei, dem Fußheer, der Menge der Schiffe und den unendlichen Massen Goldes, versprach eine Belohnung für den, der eine neue Art von Genuß erfände. Und auch mit der war er nicht zufrieden, denn das Begehren wird niemals ein Ende nehmen. Nun, ich wollte, daß wir durch eine Belohnung jemanden finden könnten, der uns einen Beweis brächte, der noch zuverlässiger wäre, als der genannte.

A: Das möchte ich auch; aber ich will Dir doch noch eine kleine Frage stellen: Ich bin mit Dir darin einig, daß von den zwei Sätzen, die Du nanntest, der eine auf den andern folge, also: wie das allein gut ist, was tugendhaft ist, und sich daraus ergibt, daß die Glückseligkeit durch die Tugend allein hergestellt wird, so wird auch, wenn die Glückseligkeit in der Tugend liegt, nichts gut sein außer eben der Tugend. Aber Dein Brutus, der dem Aristos und Antiochos folgt, ist nicht dieser Ansicht. Er meint nämlich, auch wenn es außer der Tugend etwas Gutes gebe, so vermöchte doch die Tugend genügend zum glückseligen Leben.

B: Wie? Meinst Du, ich würde nun gegen Brutus reden?

A: Tu, wie Du willst, denn es ist nicht meine Aufgabe, die Methode zu bestimmen.

B: Wir werden ein andermal sehen, was für jeden von uns konsequent ist. Denn in diesem Punkt war ich öfters mit Antiochos und neulich mit Aristos, als ich mich als Imperator bei ihm in Athen aufhielt, uneins. Mir nämlich schien keiner glückselig sein zu können, wenn er in einem Übel sei. In ein solches Übel könne aber der Weise geraten, wenn es irgendwelche Übel des Körpers und des Schicksals gebe. Man behauptete nämlich (und Antiochos hat dies auch wiederholt geschrieben), daß die Tugend aus sich zwar ein glückseliges Leben schaffen könne, aber nicht das glückseligste. Und dann wurde gezeigt, daß die meisten Dinge ihren Namen von dem Überwiegenden her hätten, auch wenn ein Teil mangele, so etwa die Kraft, die Gesundheit, Reichtum, Ehre, Ruhm, alles Dinge, die man im Ganzen und nicht im Einzelnen betrachtet. Dasselbe gelte für die Glückseligkeit: möge sie auch an einem Orte hinken, so habe sie doch ihren Namen vom weit überwiegenden Teile.

Das zu untersuchen ist jetzt nicht besonders notwendig, auch wenn ich den Eindruck habe, daß es nicht vollkommen konsequent ist. Denn, wenn einer glückselig ist, weiß ich nicht, was er verlangen sollte, um noch glückseliger zu sein (und wenn ihm etwas fehlt, so kann er auch nicht glückselig sein), und wenn sie sagen, daß Alles nach seinem überwiegenden Teile benannt und charakterisiert werde, so mag dies für bestimmte Fälle gelten; wenn sie aber von drei Arten von Übeln sprechen und wenn einer von allen Übeln zweier Arten geplagt wird, so daß er in allen äußeren Dingen Unglück hat und sein Körper von allen Schmerzen bedrängt und zerrissen ist, werden wir sagen, daß ihm wenig fehlt zum glückseligen Leben, nicht bloß zum glückseligsten?

Das ist eben dies, was Theophrast nicht festhalten konnte. Denn, nachdem er erklärt hatte, daß Peitschen, Folter, Qualen, Untergang des Vaterlandes, Verbannung, Tod der Kinder viel vermöchten, um ein Leben unselig und jammervoll zu machen, da wagte er nicht, großartig und stolz zu reden, da seine Haltung kleinmütig und verzagt war. Ob das gut war, fragen wir hier nicht; konsequent war es sicher. Ich mag denn auch nicht, daß man bloß die Folgerungen bekämpft, nachdem man einmal die Voraussetzungen gebilligt hat. Dieser eleganteste und gelehrteste aller Philosophen wird kaum deswegen getadelt, weil er drei Arten von Gütern unterschieden hat; dagegen machen ihm Alle Vorwürfe, vor allem weil er in dem Buche über das Glückselige Leben breit ausgeführt hat, wieso einer, der gefoltert und gequält werde, nicht glückselig sein könne. Es heißt sogar, er sage in diesem Buche, daß das glückselige Leben nicht aufs Rad steige (das ist ein griechisches Folterinstrument). Freilich sagt er das nirgendwo ausdrücklich, aber was er sagt, kommt auf das hinaus.

Kann ich nun, wenn ich jemandem zugegeben habe, daß die körperlichen Schmerzen und die Katastrophen des Schicksals zum Übel gehören, demselben Menschen zürnen, wenn er sagt, daß nicht alle Tugendhaften glückselig seien, da ja alle Tugendhaften von jenen Dingen, die er unter die Übel zählt, befallen werden können?

Derselbe Theophrast wird in Büchern und Vorträgen aller Philosophen angegriffen, weil er in seinem Buche ‚Kallisthenes' jenen Vers gelobt habe: „Das Leben regiert das Schicksal, nicht die Weisheit." Da wird gesagt, daß kein Philosoph jemals eine schwächlichere Sprache geführt habe. Dies ist sicher richtig, aber ich sehe nicht, wie er konsequenter hätte sein können. Wenn es nämlich so viele Güter des Körpers gibt und so viele außerhalb des Körpers im Zufall und im Schicksal, ist es dann nicht folgerichtig, zu sagen, das Schicksal, die Herrin der äußeren Dinge und jener, die den Körper betreffen, sei mächtiger als der Geist?

Oder wollen wir lieber Epikur nachahmen? Der sagt oft viel

Vortreffliches. Wie weit er dabei konsequent und angemessen ist, kümmert ihn nicht. Er lobt die bescheidene Lebensweise. Das ist philosophisch, paßt aber eher zu einem Sokrates oder Antisthenes als zu einem, der die Lust zum obersten Gute macht. Er erklärt, man könne nicht lustvoll leben, wenn man nicht zugleich auch tugendhaft, weise und gerecht lebe. Nichts ist würdiger und der Philosophie angemessener, wenn nicht eben er dieses ‚tugendhaft, weise und gerecht' auf die Lust zurückbezöge. Was ist ferner besser gesagt als dies, daß das Schicksal beim Weisen nur wenig auszurichten vermöge? Aber das sagt eben jener, der den Schmerz nicht bloß für das größte, sondern überhaupt für das einzige Übel hält und der also gerade dann, wenn er am meisten über das Schicksal zu triumphieren vermeint, am ganzen Körper von den grimmigsten Schmerzen bedrängt werden kann. Dasselbe sagt mit besseren Worten auch Metrodoros: „Ich habe dich besiegt, Schicksal, und unterworfen und alle deine Zugänge so verrammelt, daß du mich nicht mehr anrühren kannst." Das wäre großartig, wenn es Ariston von Chios oder Zenon sagten, die nichts für übel halten, was nicht schändlich ist. Du aber, Metrodoros, der du alles Gute in den Eingeweiden und Organen suchst und definierst, daß das höchste Gut in der zuverlässigen Körperverfassung und in der sicheren Hoffnung, daß es auch so bleiben werde, besteht, du willst dem Schicksal die Zugänge versperrt haben? Wie denn? Eben dieses Gut kann dir ja geraubt werden.

Aber die Unerfahrenen lassen sich dadurch täuschen, und wegen solcher Aussprüche haben jene eine Menge von Anhängern. Wer aber scharf nachdenkt, wird nicht auf das achten, was einer sagt, sondern auf das, was er sagen müßte. So ist in dieser unserer Diskussion unsere Meinung die, daß alle Tugendhaften immer glückselig sein werden. Wen ich dabei tugendhaft nenne, ist klar: solche, die mit allen Tugenden versehen und geschmückt sind, diese nennen wir weise und tugendhafte Männer. Nun wollen wir sehen, wen man glückselig nennen soll. Ich denke jene, die in Gütern sind und kein Übel an sich haben. Wenn wir das Wort glückselig anwenden, so hat es gar keine andere Bedeutung, als eben die einer zusammengefaßten

Aufhäufung der Güter unter Abtrennung von allem Übel. Dazu kann die Tugend, wenn außer ihr noch etwas gut ist, nicht gelangen. Denn es wird immer eine Schar von Übeln da sein, wenn wir jenes nämlich Übel nennen: Armut, Niedrigkeit, Demütigung, Einsamkeit, Verlust der Seinigen, schwere körperliche Schmerzen, verlorene Gesundheit, Invalidität, Blindheit, Untergang des Vaterlandes, Verbannung, endlich die Knechtschaft. In all diesem (und es kann noch mehr eintreffen) kann sich der Weise befinden. Denn der Zufall, der auf den Weisen einstürmen kann, bringt diese Dinge mit sich. Aber wenn dies Übel sind, wer darf dann behaupten, daß der Weise immer glückselig sein wird, wenn er sogar gleichzeitig in all diesen Übeln zu sein vermag?

Ich werde also nicht leicht weder meinem Brutus noch unsern gemeinsamen Lehrern noch jenen Alten, Aristoteles, Speusippos, Xenokrates und Polemon zugeben, daß sie zwar das, was ich oben angeführt habe, als Übel bezeichnen, dann aber doch erklären, der Weise sei immer glückselig. Wenn sie diese schöne und edle Bezeichnung, die eines Pythagoras, Sokrates und Platon würdig ist, beanspruchen, dann sollen sie die Seele dahin bringen, jene Dinge, durch deren Glanz sie verführt werden: Kraft, Gesundheit, Schönheit, Reichtum, Ehre und Macht, zu verachten und das, was diese gefährdet, für nichts anzusehen. Dann erst werden sie mit lauter Stimme erklären können, daß sie weder durch den Ansturm des Schicksals, noch durch das Meinen der Leute, noch durch Schmerz oder Armut sich erschrecken ließen und daß sie Alles, was sie brauchten, in sich selbst hätten und daß sie nichts von dem, was außer ihrer Gewalt sei, gut nennen würden. So aber kann in keiner Weise gebilligt werden, daß sie das sagen, was zu einem hochgesinnten Manne gehört, und gleichzeitig das zu den Gütern und Übeln rechnen, was das Volk dazu zählt. Ein solcher Ruhm hat Epikur zum Erwachen gebracht: auch ihm scheint, wenn es den Göttern so gefällt, der Weise stets glückselig zu sein. Durch den Ernst dieser Lehre ist er gepackt, aber er würde das nie sagen, wenn er sich selbst hörte. Denn was paßt weniger zusammen, als daß derselbe, der den Schmerz für das höchste und gar einzige

Übel erklärt, gleichzeitig den Weisen sagen läßt: „Wie angenehm!“ wenn er unter Schmerzen gefoltert wird? So sind denn die Philosophen nicht aus einzelnen Äußerungen zu beurteilen, sondern aus der Gesamtheit und Konsequenz ihrer Lehre.

A: Du veranlassest mich, Dir beizustimmen. Aber paß auf, daß es nicht auch Dir an Folgerichtigkeit mangle.

B: Wieso?

A: Ich habe vor kurzem Dein viertes Buch über das Lebensziel gelesen. Da schienst Du mir in der Diskussion gegen Cato zeigen zu wollen, was auch ich meine, daß nämlich zwischen Zenon und den Peripatetikern ein Unterschied nur in der Terminologie bestehe. Wenn dem so ist, was ist dann die Ursache, daß der Peripatetiker nicht mit derselben Folgerichtigkeit wie Zenon sagen kann, die Tugend habe eine hinlängliche Kraft zum glückseligen Leben? Denn ich denke, man muß auf die Sachen schauen und nicht auf die Worte.

B: Du diskutierst gegen mich mit unterschriebenen Dokumenten und rufst zu Zeugen auf, was ich anderswo gesagt oder geschrieben habe. Befolge diese Methode mit anderen, die sich bei der Diskussion an bestimmte Vorschriften halten müssen. Wir leben von einem Tag zum anderen. Was immer unsern Geist durch Wahrscheinlichkeit überzeugt hat, das sagen wir und so sind wir allein frei. Freilich, was die vorhin erwähnte Konsequenz betrifft, so denke ich nicht, daß wir jetzt zu fragen haben, ob Zenon und sein Schüler Ariston recht haben, daß nur das ein Gut sei, was tugendhaft ist, sondern ob, wenn das so ist, dann folgerichtig das ganze glückselige Leben ausschließlich auf der Tugend beruhe. Also werden wir sicherlich dies dem Brutus zugestehen, daß der Weise immer glückselig sei. Wie weit er dabei konsequent ist, soll er selbst prüfen. Der Ruhm einer solchen These freilich, wer ist seiner würdiger als er? Wir dagegen wollen festhalten, daß derselbe Weise auch der allerglückseligste sein wird.

Und wenn man nun meint, daß Zenon von Kition, ein Ausländer und ein niedriger Wortfabrikant, sich in die alte Philosophie eingeschlichen habe, so wird doch die Würde seiner These von der Autorität Platons gedeckt, bei dem oftmals die

Rede darauf gebracht wird, daß nichts gut sei außer der Tugend. So sagt Sokrates im Gorgias, als man ihn fragte, ob er Archelaos, den Sohn des Perdikkas, der damals als der glückbegünstigtste galt, nicht für glückselig hielte: „Ich weiß es nicht, denn ich habe niemals mit ihm gesprochen." — „Wie? kannst Du dies nicht auf eine andere Weise feststellen?" — — „Nein." — „Du kannst also nicht einmal vom Großkönig der Perser sagen, ob er glückselig sei?" — „Wie sollte ich es können, da ich nicht weiß, wie gebildet er ist und wie tugendhaft?" — „Meinst Du denn, daß das glückselige Leben darin bestehe?" — „Gewiß, die Tugendhaften sind glückselig, die Lasterhaften elend." — „Also ist Archelaos elend?" — „Gewiß, wenn er ungerecht ist."

Sieht man nicht, daß er das ganze glückselige Leben allein auf der Tugend aufbaut? Und sagt er nicht im Epitaphios dasselbe?: „Wem aus sich selbst alles bereit gestellt ist, was zum glückseligen Leben führt, und dies nicht angehängt ist an das Glück und das Unglück Anderer und nicht gezwungen ist, von den Taten anderer abzuhängen und mit ihnen zu irren, dem ist das Prinzip des Lebens auf das beste zubereitet. Dies ist dann jener Maßvolle, Tapfere, Weise, dieser wird sich fügen, wenn alle verschiedenen Güter und vor allem auch die Kinder entstehen und wieder fallen und er wird jenem alten Gebote gehorchen: er wird niemals weder allzu freudig noch allzu traurig sein, weil er immer auf sich allein alle seine Hoffnung setzt." Aus diesem platonischen Ursprung fließt wie aus einem heiligen und erhabenen Quell unsere ganze Darlegung.

Womit können wir nun besser anfangen als mit der Natur, der Mutter Aller? Sie hat gewollt, daß Alles, was sie schuf, nicht nur das Lebewesen, sondern auch das, was so aus der Erde emporwächst, daß es sich auf seine Wurzeln stützen kann, je in seiner Art vollkommen sei. So sind denn von den Bäumen und Sträuchern und von dem, was sich nicht höher von der Erde hinaufheben kann, die einen immer grün, die andern stehen im Winter entblößt da und erwärmen sich im Frühling und treiben Blätter, und es gibt nichts, was nicht aus seiner inneren Bewegung und aus den in jedem eingeschlossenen Samen die

Kraft schöpft, um Blüten, Früchte oder Beeren hervorzubringen, so daß, was auf das Einzelne selbst ankommt, Jedes in allem vollkommen wird, wenn keine Gewalt es hindert.

Noch leichter ist es, an den Tieren die Kraft der Natur selbst zu erkennen, da diese von ihr mit Sinnesorganen ausgestattet sind. Die einen Tiere machte sie zu Schwimmern und zu Bewohnern der Gewässer, andere ließ sie als Vögel den freien Himmel genießen, andere machte sie zu kriechenden, andere zu schreitenden. Von diesen wiederum leben die einen vereinzelt, die andern in Herden, die einen sind wild und die andern zahm und einige versteckt und in der Erde verborgen. Und von ihnen hat jedes Einzelne seine Aufgabe und bleibt dem Gesetz der Natur getreu, da sein Leben nicht in andersartige Lebewesen übergehen kann.

Und wie nun von den Tieren das eine diesen, das andere jenen Vorzug erhalten hat, den es als den seinigen behält und von dem es nicht abgeht, so ist dem Menschen etwas noch viel Vorzüglicheres gegeben. Man wird allerdings eher eine Vorzüglichkeit nennen, was mit anderem irgendwie vergleichbar ist; der menschliche Geist aber ist vom göttlichen Geiste abgezweigt und kann mit nichts anderem als mit der Gottheit selbst verglichen werden, wenn das zu sagen erlaubt ist. Wenn dieser nun gepflegt und seine Schärfe so ausgebildet ist, daß sie nicht durch Irrtümer geblendet wird, so entsteht daraus der vollkommene Geist, also die vollkommene Einsicht, also die Tugend. Und wenn all das glückselig ist, dem nichts fehlt und das in seiner Art erfüllt und vollständig ist und dies eben der besondere Sinn der Tugend ist, so sind sicher alle, die im Besitze der Tugend sind, glückselig. Hierin bin ich mit Brutus, also mit Aristoteles, Xenokrates, Speusippos und Polemon einig.

Aber solche scheinen mir nun auch die glückseligsten zu sein. Denn was fehlt zur völligen Glückseligkeit dem, der sich auf seine Güter verlassen kann? Oder kann der, der sich nicht verlassen kann, glückselig sein? Wer jedoch die Güter dreiteilt, der kann sich unmöglich auf sie verlassen. Denn wie soll man sich auf die Festigkeit des Körpers oder auf die Beständigkeit des Glücks verlassen können? Aber wenn das Gute nicht beständig, fest und dauerhaft ist, kann man nicht glückselig sein. Welches jener Güter hat einen solchen Charakter? So scheint mir denn auf sie der Ausssprudh jenes Spartaners zu passen, der einem Manne, der sich rühmte, als Kaufmann eine Menge von Schiffen in alle Häfen der Welt entsandt zu haben, sagte: „Ein solcher Reichtum, der nur an den Schiffstauen hängt, ist nicht besonders wünschenswert." Ist es also nicht klar, daß man das glückselige Leben nicht aus solchen Dingen zusammensetzen darf, die verloren gehen können? Nichts darf austrocknen, auslöschen oder zusammenstürzen von dem, was das glückselige Leben ausmacht. Denn wer fürchtet, er könne etwas von dem verlieren, wird nicht glückselig sein können.

Wir wollen nämlich, daß der glückselige Mensch sicher sei, unbesiegbar, umzäunt und ummauert, nicht um nur wenig Angst zu haben, sondern um gar keine zu haben. Wie nämlich nicht jener unschuldig heißt, der wenig schadet, sondern der überhaupt nicht schadet, so auch heißt nicht jener furchtlos, der weniges fürchtet, sondern der überhaupt frei von Furcht ist. Denn was ist die Tapferkeit anderes als eine Verfassung der Seele, die die Gefahren, Mühen und Schmerzen aushält und vor allem vom jeglicher Furcht frei ist? Dies würde sich sicherlich nicht so verhalten, wenn nicht alles Gute in der Tugend allein bestünde. Wie kann ferner jemand jene vor allem erwünschte und erstrebte Sicherheit (Sicherheit nenne ich jetzt die Freiheit von Kummer, worin eben das glückselige Leben besteht) erlangen, der vor einer Menge von Übeln steht oder doch stehen kann? Wie kann einer erhaben und aufgerichtet sein und Alles, was dem Menschen zustoßen kann, für gering achten, so wie wir uns den Weisen vorstellen, wenn er nicht überzeugt ist, daß Alles auf ihn allein ankommt? Als Philipp den Spartanern drohte, er würde alles, was sie unternähmen, zu verhindern wissen, da fragten sie ihn, ob er sie auch am Sterben hindern würde. Wird nicht leichter ein einzelner Mann von solcher Gesinnung sich finden lassen, als ein ganzer Staat? Und wenn zu dieser Tapferkeit, von der wir reden, die Mäßigkeit dazukommt, die die Beherrscherin aller Erregungen sein soll, was kann dann zum glückseligen Leben demjenigen fehlen, den die Tapferkeit vom Kummer und von der Angst fernhält und die Mäßigung nicht nur von der Begierde wegzieht, sondern ihm auch nicht gestattet, sich zügellosem Vergnügen hinzugeben? Ich würde nachweisen, daß dies die Tugend zustande bringt, wenn das nicht schon in den früheren Tagen geschehen wäre.

Wenn nun die Leidenschaften das Unglück, die Beruhigungen aber das glückselige Leben schaffen und es zwei Formen von Leidenschaften gibt, da Kummer und Angst auf vermeintlichen Übeln Ausgelassenheit und Begierde aber auf vermeintlichem Gute beruhen, was alles mit der Einsicht und Vernunft im Widerspruch steht, und wenn Du nun einen Menschen siehst, der von diesen schlimmen und so sehr einander widersprechenden und zerrissenen Unruhen frei und gelöst wird, wirst Du dann zögern, ihn glückselig zu nennen? Der Weise aber ist immer in diesem Zustande. Er ist also immer glückselig. Ebenso ist auch alles Gute erfreuend. Was aber erfreuend ist, ist schätzbar und zu preisen und was so ist, auch rühmlich und was rühmlich ist, sicher zu loben und was zu loben ist, tugendhaft. Was gut ist, ist also tugendhaft.

Was dagegen jene Philosophen als Güter aufzählen, das nennen nicht einmal sie tugendgemäß. Also ist nur gut, was tugendgemäß ist. Daraus ergibt sich, daß das glückselige Leben nur aus der Tugend besteht.

Man soll also nicht jene Dinge für gut halten noch auch besitzen wollen, die man in größter Fülle haben und dabei doch unglücklich sein kann. Oder zweifelst Du, daß jemand, der an Gesundheit, Kräften und Schönheit ausgezeichnet ist und der die schärfsten und gesündesten Sinnesorgane hat und meinetwegen auch noch Gewandtheit und Schnelligkeit, ferner Reichtum, Ehrenstellen, Macht, Besitzungen und Ruhm, daß also ein solcher, wenn er ungerecht, unmäßig, ängstlich, von stumpfem Geist und überhaupt ohne Geist ist, dennoch unselig ist? Was sind das aber für Güter, die man haben und dennoch unselig sein kann? So wie ein Kornhaufe aus Körnern derselben Art bestehen muß, so muß offenbar das glückselige Leben aus Teilen bestehen, die ihm ähnlich sind. Wenn es so ist, so muß die Glückseligkeit ausschließlich aus den Gütern bestehen, die tugendgemäß sind. Wenn verschiedenartige Güter vermengt sind, so kann aus ihnen nichts Tugendgemäßes werden. Und wenn das fehlt, was kann da noch als glückselig gelten?

Jedenfalls, mag immer gut sein, was will, so muß es erstrebenswert sein. Was aber erstrebenswert ist, ist auch zu billigen. Was man billigt, das muß auch willkommen und angenehm sein. Und so muß man ihm auch Würde zuschreiben. Wenn dies, dann ist es auch lobenswert. Also ist alles Gute lobenswert. Damit ist bewiesen, daß nur, was tugendgemäß ist, auch gut ist.

Wenn wir das nicht festhalten, so wird es vieles geben, was wir gut nennen müssen. Ich lasse den Reichtum beiseite (da ihn jeder noch so Unwürdige besitzen kann, kann ich ihn nicht gut nennen; denn was gut ist, kann nicht jeder beliebige besitzen). Ich lasse beiseite die Berühmtheit, den guten Ruf beim Volke, der durch den Beifall der Toren und schlechten Menschen zustandekommt. Aber diese Dinge, die zwar winzig sind, muß man doch Güter nennen: weiße Zähne, schöne Augen, eine angenehme Gesichtsfarbe und was Antikleia lobt, wenn sie die Füße des Odysseus wäscht: „Eine angenehme Art zu reden und Weichheit des Körpers." Wenn das Güter sind, inwiefern wird dann die Rede des würdigen Philosophen gewichtiger und großartiger sein als die Meinung der Leute und die Masse der Toren?

Indessen nennen die Stoiker diejenigen Dinge „vorzuziehende" oder „vorzügliche", die die Peripatetiker „gut" nennen. Gewiß, aber sie leugnen, daß sich mit ihnen das glückselige Leben vollende. Diese dagegen meinen, es könne ohne sie überhaupt nicht existieren, oder wenn doch das glückselige Leben, so sicher nicht das glückseligste. Wir aber suchen das glückseligste, und dies wird uns durch jene sokratische Schlußfolgerung bekräftigt. So nämlich argumentierte jener große Philosoph: „Wie die Seele eines jeden Menschen beschaffen sei, so sei auch der Mensch selbst. Und so wie der Mensch sei, so sei auch seine Sprache, und der Sprache glichen die Taten und den Taten das Leben. So sei denn der Zustand der Seele beim guten Menschen lobenswert, also auch sein Leben, desgleichen auch tugendhaft, da ja lobenswert. Woraus sich ergebe, daß das Leben der Tugendhaften glückselig ist.“

In der Tat, bei Göttern und Menschen, ist es denn in unsern frühern Unterhaltungen nicht klar genug geworden oder haben wir bloß zu unserer Unterhaltung und um uns die Zeit zu vertreiben festgestellt, daß der Weise von aller Unruhe der Seele, die ich Leidenschaft nenne, immer frei sei und daß in seiner Seele immer der tiefste Friede herrsche? Ist also ein Mann, der maßvoll, beständig, ohne Angst, Kummer, Ausgelassenheit und Begierden ist, nicht glückselig? Aber der Weise ist immer von dieser Art. Er ist also immer glückselig. Ferner: wie kann ein tugendhafter Mann nicht alles, was er tut und empfindet, auf das zurückbeziehen, was lobenswert ist? Er bezieht aber alles auf das glückselige Leben. Nichts ist aber ohne Tugend lobenswert. Also macht die Tugend das glückselige Leben aus.

Man schließt dies auch folgendermaßen: Weder gibt es im unseligen Leben etwas, was anerkennenswert oder rühmlich wäre, noch in demjenigen, das weder unselig noch selig ist. Es gibt aber in irgendeinem Leben etwas Schätzbares, Rühmliches und Anerkennenswertes, wie bei Epameinondas: „Durch unsere Klugheit ist das Lob Spartas beschnitten worden“, und bei Africanus: „Von der aufgehenden Sonne an jenseits der maiotischen Sümpfe gibt es keinen, der mir an Taten gleichkommt.“ Wenn dies so ist, so ist das glückselige Leben rühmlich, schätzbar und anerkennenswert. Denn es gibt nichts anderes, was anerkennenswert und schätzbar sein könnte.

Wenn dies angenommen ist, siehst Du, was daraus folgt: wenn nämlich nicht dies das glückselige Leben ist, das gleichzeitig tugendhaft ist, so müßte ein anderes gesucht werden, das besser wäre als das glückselige Leben. Was nun tugendhaft ist, wird man sicher als das bessere bezeichnen. Also wird etwas besseres als das glückselige Leben vorhanden ein. Was kann man verkehrteres sagen? Wenn man sagt, daß die Laster stark genug sind, um das Leben unselig zu machen, muß man da nicht auch bekennen, daß die Tugend dieselbe Kraft besitzt in der Richtung auf das glückselige Leben? Denn zum Entgegengesetzten gehören entgegengesetzte Folgerungen.

An diesem Punkte frage ich, welche Bedeutung jene Waage des Kritoalos haben soll, der in die eine Schale die Güter der Seele legt, in die andere die des Körpers und die äußeren und meint, daß die eine ein derartiges Übergewicht besitze, daß sie Erde und Meer hinunterdrücke.

Was hindert nun ihn oder sogar Xenokrates, den würdigsten aller Philosophen, wenn sie derart die Tugend steigern und alles Andere mindern und beiseiteschieben, auf der Tugend nicht nur das glückselige, sondern auch das glückseligste Leben zu begründen? Wenn nämlich dies nicht geschieht, so folgt der Untergang der Tugenden. Denn wer von Kummer befallen wird, der wird auch von der Angst befallen. Die Angst ist ja die besorgte Erwartung kommenden Kummers. Wen aber die Angst trifft, den trifft auch Schrecken, Ängstlichkeit, Zittern und Feigheit. So wird er sich zuweilen auch besiegen lassen und jene Regel des Atreus nicht auf sich beziehen: „Mögen sie sich im Leben so behaupten, daß niemand sie besiegen kann." Dieser aber wird besiegt werden, wie ich sagte, und nicht bloß dies, sondern auch Sklave werden. Wir wünschen indessen die Tugend immer frei und unbesiegt. Wenn das nicht gilt, so ist die Tugend beseitigt.

Wenn weiterhin die Tugend genügenden Schutz bietet zum guten Leben, so tut sie es auch zum glückseligen Leben. Denn dazu reicht die Tugend sicherlich aus, daß wir tapfer leben, wenn aber tapfer, dann auch großgesinnt und zwar so, daß uns nichts erschreckt und wir immer unbesiegt sind. Es folgt, daß uns dann nichts reut, nichts fehlt und nichts hindert. Alles ist reichlich, vollkommen, blühend, also glückselig. Die Tugend vermag also genügend zum tapferen Leben, also auch zum glückseligen. Wie nämlich die Torheit, auch wenn sie erreicht hat, was sie erstrebte, doch nie genug erhalten zu haben meint, so wird die Weisheit immer zufrieden sein mit dem, was sie hat, und niemals über sich Reue empfinden.

Siehst Du eine Ähnlichkeit zwischen dem einen Konsulat des C. Laelius, das nicht ohne einen Mißerfolg war — wenn es freilich nicht eher so ist, daß, wenn ein weiser und tugendhafter Mann, wie er, in der Abstimmung eine Niederlage erleidet, dann das Volk von einem tüchtigen Konsul abgelehnt wird und nicht der Konsul von einem tüchtigen Volke — willst Du also, wenn Du könntest, lieber einmal wie Laelius Konsul sein oder viermal wie Cinna?

Ich zweifle nicht, welches Deine Antwort sein wird; ich weiß ja, an wen ich mich wende. Aber ich möchte nicht jedem Beliebigen diese Frage stellen. Denn ein anderer würde vielleicht antworten, er ziehe nicht nur vier Konsulate einem einzigen vor, sondern auch einen einzigen Tag Cinnas dem ganzen Leben vieler berühmter Männer. Wenn Laelius einen Menschen mit dem Finger angerührt hätte, hätte er sich strafen lassen. Cinna hat den Kopf seines Kollegen, des Cn. Octavius abhauen lassen, ebenso dem P. Crassus, dem L. Caesar, vornehmsten Männern, deren Tugend in Frieden und Krieg bekannt war; dem M. Antonius, dem redebegabtesten Manne, den ich je gehört habe, dem C. Caesar, der mir ein Muster der Bildung, des Witzes, der Liebenswürdigkeit und der Eleganz gewesen zu sein scheint. Ist also der glückselig, der alle diese Menschen umgebracht hat? Mir scheint er vielmehr nicht nur darum unselig zu sein, weil er das getan hat, sondern auch, weil er sich so verhielt, daß ihm dies zu tun erlaubt war. Allerdings ist es niemandem erlaubt zu fehlen, sondern das ist ein Irrtum der Sprache: wir nennen erlaubt sein, was eben jedem an Spielraum gewährt wird.

War etwa C. Marius damals glückseliger, als er den Ruhm des Sieges über die Kimbern mit seinem Kollegen Catulus teilte, beinahe einem zweiten Laelius (denn ich finde diese beiden sehr ähnlich) oder als er, Sieger im Bürgerkrieg, den Freunden des Catulus, die ihn anflehten, nicht bloß einmal, sondern öfters zornig antwortete: „Er muß sterben?“ Da war jener glückseliger, der solcher verruchten Stimme gehorchte, als jener, der einen so verbrecherischen Befehl gab. Denn wie es besser ist, Unrecht zu leiden als zu tun, so ist es auch besser, dem schon von selbst nahenden Tode ein wenig entgegenzugehen, wie es Catulus tat, als was Marius tat, durch die Vernichtung eines solchen Mannes seine sechs Konsulate in Vergessenheit zu bringen und seine letzten Lebensjahre so zu beschmutzen.

Dionysios war achtunddreißig Jahre lang Tyrann von Syrakus, nachdem er mit fünfundzwanzig Jahren die Herrschaft an sich gerissen hatte. Wie schön war die Stadt, wie reich der Staat, den er in seiner Knechtschaft hielt! Aber von diesem Menschen lesen wir bei zuverlässigen Schriftstellern, er sei im Leben von größter Mäßigkeit gewesen, im Handeln energisch und sorgfältig, doch seiner Natur nach bösartig und ungerecht. Wenn man aus all diesen Angaben die Wahrheit entnehmen will, so muß man ihn für höchst unselig halten. Denn gerade das, was er erstrebte, konnte er nicht einmal dann erreichen, als er meinte, er vermöchte alles. Obschon er von vornehmen Eltern und aus ausgezeichneter Familie stammte (allerdings gibt es da verschiedene Überlieferungen) und eine große Menge gleichaltriger Freunde besaß und langjährige Bekannte, außerdem auch nach griechischer Sitte einige Jünglinge, mit denen er in Liebe verbunden war, so traute er doch keinem von ihnen, sondern vertraute seine persönliche Bewachung Sklaven an, die er im Haushalt reicher Leute ausgewählt und aus der Sklaverei befreit hatte, außerdem einigen Fremden und wilden Barbaren. So hatte er sich wegen seiner ungerechten Herrschbegier selbst gewissermaßen in ein Gefängnis eingeschlossen. Um seinen Hals nicht dem Friseur darbieten zu müssen, lehrte er seine Töchter das Haareschneiden. So rasierten denn in niedrigem Mägdedienst die Königstöchter wie Coiffeusen Bart und Kopf ihres Vaters. Und von ihnen sogar entfernte er, als sie erwachsen waren, das Eisen und verfügte, daß ihm Bart und Kopfhaar mit glühenden Nußschalen gesengt würden.

Er hatte zwei Frauen, seine Mitbürgerin Aristomache und Doris aus Lokroi. Nachts pflegte er in der Weise zu ihnen zu kommen, daß vorher alles ausspioniert und durchsucht wurde. Außerdem ließ er das Ehebett mit einem breiten Graben umgeben, über den man nur auf einer Holzbrücke gelangen konnte, und nachdem er die Tür des Schlafraums geschlossen hatte, ließ er erst noch diese Brücke wegdrehen.

Da er ferner nicht auf der üblichen Tribüne zu stehen wagte, pflegte er seine Reden von einem hohen Turm hinab zu halten. Wenn er Ball spielen wollte (dies tat er eifrig) und seine Tunika ablegte, so soll er sein Schwert einem der Jünglinge, die er liebte, gegeben haben. Als nun einmal einer seiner Freunde im Scherze sagte: „Ihm vertraust Du immerhin Dein Leben an“, und der Junge dabei lachte, da ließ er beide hinrichten, den einen, weil er gezeigt hatte, wie man ihn töten könnte, den andern, weil er durch Lachen jenen Ausspruch gebilligt hatte. Diese Tat schmerzte ihn dann so, wie sonst nichts in seinem Leben; denn er hatte den getötet, den er sehr geliebt hatte. So zerren denn die Begierden der Unbeherrschten in entgegengesetzte Richtungen. Folgt man der einen, muß man der andern widerstehen.

Dieser Tyrann zeigte selbst, wie glückselig er sei. Denn als einer seiner Schmeichler, Damokles, in einer Rede seine Heeresmacht, seinen Besitz, die Herrlichkeit seiner Herrschaft, die Fülle an Gütern und die Großartigkeit des Königspalastes rühmte und erklärte, es habe niemals einen glückseligeren Menschen gegeben, da sagte er: „Willst Du, Damokles, dieses Leben kosten, da es Dich so sehr erfreut, und mein Schicksal erproben?“ Und als jener sagte, es gelüste ihn danach, da ließ ihn Dionysios sich auf ein goldenes Ruhebett legen, bedeckt mit einem prächtig gewebten und kostbar bestickten Teppich. Dazu ließ er mehrere Tische mit getriebenem Gold- und Silbergeschirr aufstellen und zum Dienst bei Tisch Knaben von erlesener Schönheit aufwarten mit dem Befehl, auf jeden Wink hin ihn sorgfältig zu bedienen. Da gab es denn Parfüms und Kränze, Räucherwerk wurde verbrannt und Platten mit den erlesensten Gerichten wurden aufgetragen. Damokles kam sich hochbeglückt vor. Mitten unter diesem Aufwand aber ließ Dionysios von der Decke ein funkelndes Schwert herabsenken, aufgehängt an einem Roßhaar und so, daß es direkt über dem Scheitel jenes Glücklichen stand. Da schaute jener nicht mehr die schönen Sklaven an, noch das kunstreich gearbeitete Silber und langte auch nicht mehr bei den Gerichten zu, die Kränze fielen ihm zu Boden und schließlich bat er den Tyrannen, weggehen zu dürfen, weil er keine Lust mehr habe, glückselig zu sein. Scheint Dir Dionysios klar genug gesagt zu haben, daß nichts für den glückselig sein könne, über dem dauernd irgendein Schrecken hinge? Dabei hatte er nicht einmal die Freiheit, zur Gerechtigkeit zurückzukehren und den Bürgern die Freiheit und ihre Rechte zurückzugeben. Denn er hatte sich schon als Jüngling im Alter der Unklugheit in solche Netze verstrickt und solche Verbrechen begangen, daß er seines Lebens nicht mehr sicher sein konnte, wenn er einmal begonnen hätte, gesund zu werden.

Wie sehr er aber nach Freundschaft verlangte, obschon er die Untreue fürchtete, zeigte er bei jenen zwei Pythagoreern, von denen er den einen als Bürgen für den Tod des andern angenommen hatte, und der andere, um den Bürgen zu befreien, zur bestimmten Stunde für die Hinrichtung sich einstellte; da sagte er: „Möchte ich doch als dritter eurer Freundschaft zugerechnet werden." Wie unglücklich war der, der das Umgangs mit Freunden entbehrte, der Gemeinschaft des Lebens, jeden vertrauten Gespräches, vor allem da er ein Mann war, der von Kindheit an Unterricht genossen hatte und in den edelsten Künsten unterrichtet war! Er war ein großer Freund der Musik, sogar ein tragischer Dichter (ob ein guter, tut hier nichts zur Sache. Denn in dieser Gattung gefällt einem jeden mehr als anderswo aus irgendeiner Ursache das Eigene besser als das Fremde; ich habe bis jetzt noch keinen Dichter kennen gelernt — und ich war doch mit Aquinius befreundet —, der sich nicht selbst für den besten Dichter gehalten hätte. So ist es eben: dir gefällt das deine, mir das meine) — aber um zu Dionysios zurückzukehren, er war aller menschlichen Unterhaltung und Lebensart beraubt. Er lebte mit Verbannten, Verbrechern, mit Barbaren. Niemanden, der entweder der Freiheit wert war oder überhaupt frei zu sein begehrte, konnte er für seinen Freund halten.

Ich werde nun nicht mit dem Leben dieses Mannes, das mir über alle Maßen gräßlich, jammervoll und abscheulich vorkommt, etwa das Leben Platons oder des Archytas vergleichen, zweier gelehrter und wahrhaft weiser Männer. Aus derselben Stadt werde ich vielmehr ein bescheidenes Männchen von seinem Sandkasten und seinem Zeichenstab herbeirufen, einen, der viel später gelebt hat, Archimedes. Als ich Quaestor war, habe ich sein Grab, das die Syrakusaner nicht kannten und behaupteten, es existiere überhaupt nicht, gefunden, dicht umgeben und verhüllt von Büschen und Sträuchern. Ich kannte nämlich einige kleine Iamben, die auf seinem Grabe, wie ich erfahren hatte, geschrieben standen und besagten, daß auf der Spitze des Grabes sich eine Kugel und ein Zylinder befänden. Nachdem ich nun mit den Augen alles gemustert hatte (bei dem Agrigentinischen Tore gibt es nämlich eine ganze Masse von Gräbern), da bemerkte ich eine kleine Säule, die nicht sehr aus dem Gebüsch herausragte. Und da fand sich die Gestalt der Kugel und des Zylinders. Ich sagte sofort den anwesenden Syrakusanern, deren Notabeln bei mir waren, ich dächte, es sei eben dies, was ich suchte. Da wurden denn viele Leute mit Sicheln vorgeschickt und sie reinigten und öffneten den Ort. Als einmal der Zugang freigelegt war, begaben wir uns zu der anderen Seite der Basis. Es zeigte sich jenes Epigramm, bei dem die zweiten Teile der Verse ungefähr bis zur Hälfte verwittert waren. So hätte denn eine der vornehmsten Städte Griechenlands, einstmals auch eine der gebildetsten, das Grabmal eines ihrer scharfsinnigsten Bürger vergessen, wenn es nicht von einem Manne aus Arpinum wieder entdeckt worden wäre.

Aber kehren wir zu unserm Ausgangspunkt zurück. Wer würde, der überhaupt mit den Musen, also mit der Bildung und der Wissenschaft in irgendeinen Kontakt gekommen ist, nicht lieber dieser Mathematiker gewesen sein als jener Tyrann? Wenn wir nach der Art und den Taten des Lebens fragen, so wurde der Geist des einen durch Erwägen und Erforschen von Prinzipien und den Genuß des Nachdenkens genährt, was eine der angenehmsten Speisen der Seele ist, der des andern in Mord und Untaten und Angst bei Tag und Nacht. Vergleiche weiterhin Demokrit, Pythagoras, Anaxagoras: Welche Königreiche und Besitzungen möchtest Du ihren Studien und Freuden voranstellen?

Außerdem: das Beste, was Du suchst, kann nirgendwo sonst liegen als in dem, was das Beste am Menschen ist. Was ist aber am Menschen besser als ein wacher und gesunder Geist? Also müssen wir seine Güter genießen, wenn wir glückselig sein wollen. Das Gut des Geistes ist aber die Tugend. Also muß in ihr das glückselige Leben beschlossen sein. Von daher ist alles, was schön, edel, großartig ist, wie oben gesagt wurde (doch dies sei nun noch etwas genauer ausgeführt), voll von Freuden. Da es ferner klar ist, daß das glückselige Leben aus dauernder und voller Freude besteht, so ergibt sich, daß es auf der Tugend aufgebaut ist.

Aber um nicht nur mit Worten zu berühren, was wir meinen, so seien gewissermaßen die Beweggründe genannt, die uns näher zur Erforschung und Erkenntnis hinführen können. Nehmen wir irgendeinen vortrefflichen Mann, in den höchsten Wissenschaften ausgezeichnet, und stellen uns den für einen Augenblick im Geist und in Gedanken vor. Er muß zuerst von ausgezeichneter Begabung sein. Denn träge Geister begleitet nicht leicht die Tugend. Sodann soll er voll Eifer sein, die Wahrheit zu erforschen. Daraus ergibt sich jene dreifache Frucht des Geistes, die eine in der Erkenntnis der Dinge und der Erklärung der Natur, die zweite in der Sonderung des Wünschbaren und des zu Fliehenden und in den Prinzipien des Lebens, die dritte im Urteil, was aus jeder Sache folgt, was widerspricht, woraus die ganze Kunst des Disputierens und die Wahrheit im Urteilen folgt.

Welche Freude muß die Seele des Weisen erfüllen, wenn er mit solchen Gedanken seine Tage und Nächte verbringt! Wenn er die Bewegungen der ganzen Welt begriffen hat und ihre Umschwünge und sieht, wie die unzähligen am Himmel haftenden Sterne mit der Himmelsbewegung selbst übereinstimmen und an festen Sitzen ruhen, sieben andere wiederum ihren Lauf nehmen und an Höhe oder Tiefe außerordentlich voneinander verschieden sind und wie deren irrende Bewegungen doch durch feste und sichere Distanzen umgrenzt sind! Dieser Anblick war es, der die Alten anspornte und sie ermahnte, weiter zu forschen. Daher hat denn die Frage nach den Ursprüngen begonnen und gewissermaßen nach jenen Samen, aus denen alles entstanden, gezeugt und zusammengewachsen sei und was der Ursprung jeder unbelebten und belebten, jeder stummen oder sprachbegabten Gattung sei, welches ihr Leben und Untergang und der Wechsel und Übergang vom einen zum Anderen, und woher die Erde stamme und in welchen Gewichten schwebend, und auf welchen Höhlungen die Meere ruhten und auf Grund welcher Schwere Alles sich nach unten bewegt und stets nach dem Mittelpunkt der Erde strebt, der seinerseits der unterste Punkt im Kreise ist.

Wenn man dies im Geiste bedenkt und Tag und Nacht überlegt, dann entsteht jene vom delphischen Gotte befohlene Erkenntnis, daß der Geist sich selbst erkennt, sich mit dem göttlichen Geiste verbunden fühlt und dadurch von unerschöpflicher Freude erfüllt wird. Der Gedanke an die Kraft und Natur der Götter entflammt den Wunsch, ihre Ewigkeit nachzuahmen; der Mensch läßt sich nicht in die Kürze des Lebens einengen, wenn er die Ursachen der Dinge sieht, wie die eine an die andere angepaßt und mit Notwendigkeit verknüpft ist und die seit ewiger Zeit dahinfließen und noch für alle Ewigkeit von der Vernunft und dem Geist regiert werden.

Wenn man dies anschaut und betrachtet oder besser alle Teile und Gestade rundum überblickt, mit welcher Ruhe der Seele wiederum erwägt man dann das Menschliche und näher Liegende! Daraus entsteht denn die Erkenntnis der Tugend und es blühen die Arten und Teile der Tugenden auf. Man entdeckt, was die Natur als das Höchste der Güter im Auge hat und als das Äußerste der Übel, worauf sich unser Tun beziehen soll und was wir als Regel unserer Lebensführung wählen müssen. Wenn man alle diese Dinge erforscht hat, dann ergibt sich vor allem dies, was wir in dieser Untersuchung behandeln, daß nämlich die Tugend zum glückseligen Leben genügt.

Es folgt als drittes, was durch alle Teile der Weisheit hindurchgeht und sich ergießt, was die Gegenstände definiert, die Arten teilt, die Konsequenzen anfügt, die Schlüsse folgert, wahr und falsch unterscheidet: die Lehre und Wissenschaft vom Beweisen. Sie bringt nicht nur den größten Nutzen im Abwägen der Dinge, sondern vor allem auch ein edelstes Vergnügen und würdig der Weisheit. Aber sie ist Sache der Muße.

Dieser selbe Weise wird auch übergehen zur Verwaltung der öffentlichen Angelegenheiten. Was kann es da Vortrefflicheres geben, als wenn er sieht, wie der Nutzen der Bürger in der Klugheit eingeschlossen ist, die Gerechtigkeit nichts von dort in das eigene Haus ableitet und er alle die übrigen Tugenden betätigt? Nimm den Lohn der Freundschaften dazu, woraus für die Gebildeten guter Rat folgt, der mit dem ganzen Leben übereinstimmt und beinahe eines Atems mit ihm ist, und dann auch die größte Freude aus dem täglichen Umgang und dem gemeinsamen Leben. Was kann dieses Leben noch verlangen, was es glückseliger machte? Wenn es mit so vielen und großen Freuden angefüllt ist, muß ihm sogar das Schicksal weichen. Wenn also die Freude an solchen Gütern der Seele, nämlich den Tugenden, glückselig ist und alle Weisen diese Glückseligkeit genießen, so muß man auch zugestehen, daß sie alle glückselig sind.

A: Auch in Qualen und Folterungen?

B: Meinst Du, ich würde sagen: in Veilchen und Rosen? Soll es nur Epikur, der bloß die Rolle eines Philosophen spielt und seinen eigenen Namen darunter geschrieben hat, erlaubt sein, zu sagen (was er freilich unter meinem Beifall, so wie sich die Sache verhält, sagen darf), daß der Weise, auch wenn er gebrannt, gefoltert, geschnitten wird, doch immer die Zeit finde, auszurufen: „Wie gleichgültig ist mir dies!“, wo er doch alles Übel als Schmerz bestimmt, alles Gute als Lust? Und soll er unsere Tugend und Schande verlachen und erklären, wir klammerten uns an Worte und würden leere Töne von uns geben und es ginge uns nichts Anderes an, als was als glatt oder rauh vom Körper empfunden werde? Er also, der, wie ich sagte, nicht viel vom Niveau der Tiere verschieden ist, darf er sich selbst vergessen und dann das Schicksal verachten, wo doch sein ganzes Gut und Übel in der Gewalt des Schicksals ist? Und wird er sich dann glückselig nennen dürfen in den größten Qualen und Folterungen, wenn er doch erklärt hat, der Schmerz sei nicht nur das größte Übel, sondern auch das einzige?

Dabei hat er sich nicht etwa jene Heilmittel beschafft, um den Schmerz zu ertragen, die Festigkeit des Geistes, die Scheu vor Schande, die Übung und Gewohnheit im Ertragen, die männliche Härte, sondern sagt lediglich, er beruhige sich allein bei der Erinnerung an die vergangenen Freuden, so wie einer, wenn er schwitzt und die Kraft der Hitze kaum mehr erträgt, sich daran erinnern wollte, daß er einmal von den eiskalten

Bächen unseres Arpinum umspült wurde. Ich verstehe nämlich nicht, wie die vergangenen Freuden das gegenwärtige Leiden heilen könnten. Aber wenn jener sagt, der Weise sei immer glückselig, obschon er dies, wenn er konsequent wäre, gar nicht sagen dürfte, was soll man dann mit jenen anfangen, die nichts erstreben und für gut halten wollen, was nicht tugendhaft ist? Wenn es auf mich ankommt, sollen endlich einmal die Peripatetiker und alten Akademiker zu stammeln aufhören und offen und laut zu erklären wagen, daß das glückselige Leben auch in den Stier des Phalaris hineinzusteigen vermöge.

Mag es drei Arten von Gütern geben, um nun den Fallstrikken der Stoiker, die ich hier öfters angewandt habe, als es sonst meine Art ist, aus dem Wege zu gehen: mag es diese Arten geben, wenn nur die des Körpers und des Äußeren am Boden liegen bleiben und nur soweit Güter heißen, als sie annehmbar sind, die seelischen dagegen, jene göttlichen sich weit und breit ausdehnen und bis zum Himmel hinaufreichen! Wer diese erreicht hat, warum wollen wir ihn nur glückselig und nicht auch den glückseligsten nennen? Wird denn der Weise den Schmerz fürchten? Der Schmerz gefährdet ja diese Überzeugung am meisten. Denn gegen den Tod von uns selbst und der Unsrigen, gegen den Kummer und die anderen Leidenschaften haben wir uns wohl in den Gesprächen der letzten Tage hinreichend bewaffnet und vorbereitet.

Der Schmerz scheint der grimmigste Gegner der Tugend zu sein. Er streckt brennende Fackeln hin und droht, die Tapferkeit, Seelengröße und Geduld schwächen zu wollen. Soll aber ihm die Tugend unterliegen, soll ihm das glückselige Leben des weisen und beständigen Mannes weichen? Wie beschämend, ihr Götter! Die Knaben der Spartaner stöhnen nicht, wenn sie der Schmerz der Peitsche zerfetzt. Wir haben selbst in Sparta Scharen von Jünglingen gesehen, die mit unglaublicher Hartnäckigkeit mit Fäusten, Füßen, Nägeln und sogar Bissen aufeinander losgingen und sich lieber umbringen ließen als ihre Niederlage eingestanden. Welches Barbarenland ist größer und wilder als Indien? Und doch verbringen bei jenem Volke fürs erste jene, die als Weise gelten, ihr Leben unbekleidet und ertragen den

Schnee des Kaukasus und die Härte des Winters ohne Schmerz und wenn sie sich den Flammen nähern, so lassen sie sich ohne Seufzen brennen. Wenn sodann von den indischen Frauen eine ihren Mann verliert, so kommen sie zum Richter im Wettstreit, welche er am meisten geliebt habe (denn es sind immer mehrere Frauen mit einem einzigen Manne verheiratet). Jene, die siegt, läßt sich freudig unter dem Geleite der Ihrigen zu dem Manne auf den Scheiterhaufen legen, die andere dagegen geht traurig nach Hause zurück. Es ist nicht so, daß die Sitte die Natur besiegte; denn die Natur ist unbesieglich; sondern wir vergiften die Seele an schattigen Plätzen, in Genüssen, Muße, Trägheit und Faulheit und verweichlichen sie vollends durch unsere Meinungen und schlechte Sitten. Wer kennt nicht die Sitte der Ägypter? Ihr Geist ist von den absurdesten Irrtümern durchtränkt, und sie würden lieber jede Tortur über sich ergehen lassen als einen Ibis, einen Skorpion, eine Katze, einen Hund oder ein Krokodil zu verletzen; selbst wenn sie so etwas auch nur aus Versehen getan haben, so schrecken sie vor keiner Strafe zurück. Das sind Menschen; aber nun: halten die Tiere nicht die Kälte aus, den Hunger, langes Laufen und Wandern durch die Wälder und Berge? Kämpfen sie nicht für ihre Jungen derart, daß sie Wunden empfangen und vor keinem Angriff und keinem Schlage weichen? Ich übergehe, was die Ehrgeizigen um der Ämter willen aushalten, die Ruhmsüchtigen um des Ruhmes willen, die Verliebten um ihrer Begierde willen. Das Leben ist voll von Beispielen.

Aber halten wir unsere Rede im Zügel und lassen wir sie zurückkehren, von wo sie ausging. Ich sage also, daß sich das glückselige Leben den Foltern preisgeben wird, und nachdem es die Gerechtigkeit, die Mäßigkeit und vor allem die Tapferkeit, Großgesinntheit und Standhaftigkeit begleitet hat, wird es nicht, sowie es das Gesicht des Henkers gesehen hat, stehen bleiben, und, während alle Tugenden ohne irgendeinen Schrekken der Seele bis zur Tortur mitgegangen sind, nun außerhalb der Tür und vor der Schwelle des Kerkers, wie ich gesagt habe, halt machen. Denn was gäbe es scheußlicheres und unschöneres als wenn sie allein zurückbliebe und von ihrer herrlichen Begleitung getrennt würde? Das kann in keinem Falle geschehen. Denn weder können die Tugenden ohne das glückselige Leben zusammenbleiben, noch jenes ohne die Tugenden. Darum werden sie es auch nicht umkehren lassen, sondern mit sich reißen zu jedem beliebigen Schmerze und jeder Folterung, zu denen sie selbst geführt werden. Denn dies gehört zum Weisen, nichts zu tun, was ihn reuen könnte, nichts unwillig, sondern alles großartig, beständig, würdig und tugendhaft, und nichts so zu erwarten, als werde es sicher eintreffen, nichts anzustaunen, wenn es geschehen ist, als ob etwas Unvermeints und Neues sich ereignet hätte, alles auf sein eigenes Urteil zurückzubeziehen und auf seinem Urteil zu bestehen. Was glückseliger sei als dies, wüßte ich jedenfalls nicht auszudenken.

Die Folgerung der Stoiker ist einfach: da sie der Ansicht waren, daß das Ziel der Güter die Übereinstimmung mit der Natur sei und im Einklang mit ihr zu leben, und da dies nicht nur in der Pflicht, sondern auch in der Gewalt des Weisen stehe, so folgt notwendig daraus, daß der, in dessen Gewalt das oberste Gut ist, auch das glückselige Leben in seiner Gewalt habe. Also ist das Leben des Weisen immer glückselig.

Das ist, was ich für die eindrucksvollste Lehre vom glückseligen Leben halte und auch, so wie die Dinge liegen und, wenn Du nichts besseres anzuführen weißt, für die wahrste.

A: Ich weiß gewiß nichts besseres zu sagen, aber ich möchte Dich gerne bitten, wenn es Dich nicht belästigt, und da Du nicht durch die Fesseln eines bestimmten Systems gebunden bist, sondern aus allen schöpfen kannst, wo immer Dir am ehesten ein Anschein von Wahrheit begegnet —: Du schienest kurz zuvor die Peripatetiker und alten Akademiker zu ermahnen, sie möchten ohne Vorbehalte offen zu erklären wagen, daß der Weise immer der allerglückseligste sei; da möchte ich hören, wie Du glaubst, daß sie dies konsequenterweise sagen können. Denn Du hast Vieles gegen ihre Lehre gesagt und auf die Weise der Stoiker gefolgert.

B: Nun, so wollen wir jene Freiheit ausnützen, die wir allein unter den Philosophen uns nehmen dürfen, da wir selbst nichts dogmatisch festlegen, sondern nach allen Seiten hin offen bleiben, damit unsere Rede von den Andern aus sich selbst und ohne die Last irgendeiner Autorität beurteilt werden kann. Du scheinst mir nun zu wünschen, daß, wie verschieden immer die Meinungen der Philosophen über das Ziel des Lebens seien, doch in jedem Falle die Tugend sich selbst genug sei, um das glückselige Leben zu schützen, was ja, wie wir hören, Karneades gerne durchdiskutiert hat. Freilich wandte er sich gegen die Stoiker, die er stets auf das eifrigste widerlegte und gegen deren Lehre sich sein ganzer Geist empörte; wir dagegen werden dies friedlich abmachen.

Wenn nämlich die Stoiker das Ziel des Lebens richtig bestimmt haben, so ist die Sache in Ordnung; denn dann ist es notwendig, daß der Weise immer glückselig sei. Wir fragen aber jetzt nach der Meinung aller Anderen, damit, wenn möglich, diese großartige Entscheidung über das glückselige Leben aus allen Meinungen und Lehren gleichmäßig hervorgehe.

Wie ich meine, gibt es die folgenden Meinungen über das Lebensziel, die noch festgehalten und verteidigt werden: erstens die vier einfachen, daß es nichts Gutes gebe außer der Tugend, wie die Stoiker sagen, oder außer der Lust, wie Epikur, oder außer der Freiheit von Schmerz, wie Hieronymos, oder außer dem Genuß der elementaren Güter der Natur, sei es aller oder der größten, wie dies Karneades gegen die Stoiker vertrat. Dies also sind die einfachen Bestimmungen. Die folgenden sind die gemischten: es gibt drei Arten der Güter, die größten der Seele, die zweiten des Körpers, die dritten die äußeren, wie die Peripatetiker lehren und nicht viel anders die alten Akademiker. Die Lust haben mit der Tugend Deinomachos und Kalliphon verknüpft, die Schmerzlosigkeit mit der Tugend der Peripatetiker Diodoros. Das sind die Lehren, die einen gewissen Bestand erhalten haben. Denn die des Ariston, Pyrrhon, Erillos und einiger Anderer sind untergegangen.

Was diese nun erreichen können, wollen wir prüfen, die Stoiker aber weglassen, da ich deren Lehre sicherlich schon hinlänglich verteidigt habe.

Die Sache der Peripatetiker ist klar, abgesehen von Theophrast und wer noch ihm folgt und schwächliche Furcht und Angst vor dem Schmerz zeigt. Die andern dürfen tun, was sie so ziemlich tun, nämlich die Würde und den Glanz der Tugend in die Höhe heben. Wenn sie sie bis zum Himmel erhoben haben, was jene redegewandten Menschen reichlich zu tun pflegen, so ist es einfach, das Übrige durch den Vergleich damit zu erdrücken und zu verachten. Denn jene, die erklären, man müsse den Ruhm auch mit Schmerzen erstreben, können nicht gut leugnen, daß jene glückselig seien, die dies dann auch erreicht haben. Denn mögen sie sich auch in einigem Übel befinden, so überwiegt doch dieser Name der Glückseligkeit alles bei weitem.

Denn man spricht auch von einem einträglichen Geschäft und einem fruchtbaren Acker und meint damit nicht, daß das erste niemals einen Verlust und der zweite niemals ein Unwetter erleiden werde, sondern nur, daß in beiden Fällen der Ertrag weit überwiegt. Ebenso kann man mit Recht ein Leben nicht bloß dann glückselig nennen, wenn es auf allen Seiten von Gütern angefüllt ist, sondern auch, wenn das Gute in einem weit überschießenden Maße überwiegt. Nach einer solchen Ansicht wird also das glückselige Leben die Tugend sogar bis zum Henker begleiten und mit ihr bis in den Stier hinabsteigen unter der Autorität des Aristoteles, Xenokrates, Speusippos und Polemon und es wird sie nicht, durch Drohungen oder Schmeicheleien beeinflußt, im Stiche lassen. Dies wird auch die Meinung des Kalliphon und des Diodoros sein, von denen jeder die Tugend so versteht, daß alles, was ohne sie ist, weit zurückgesetzt werden muß. Die Übrigen scheinen in etwas größerer Bedrängnis zu sein, können sich aber doch retten, Epikur, Hieronymos und wer etwa die schon preisgegebene Lehre des Karneades zu verteidigen wünscht. Denn keiner unter ihnen wird nicht den Geist zum Richter über das Gute machen und ihn nicht instruieren, damit er zu verachten vermag, was bloß gut oder schlecht aussieht. Denn was für Epikur gilt, gilt auch für Hieronymos und Karneades und wahrhaftig auch für alle Andern. Denn wer ist allzu wenig gegen den Tod oder den Schmerz bewaffnet?

Wir wollen mit dem anfangen, wenn Du willst, den man weichlich und lustergeben nennt. Nun, scheint Dir dieser den Tod zu fürchten oder den Schmerz, der jenen Tag, an dem er stirbt, glückselig nennt und der, von den heftigsten Schmerzen gequält, gerade diese überwindet durch die Erinnerung und das Gedenken an seine Lehren und dabei keineswegs so handelt, als würde er improvisiert daherreden? Denn so denkt er über den Tod, daß er meint, nach der Auflösung des Lebewesens sei die Sinneswahrnehmung ausgelöscht; was aber ohne Sinnesempfindung sei, das ginge uns nichts an. Ebenso hat er auch hinsichtlich des Schmerzes eine sichere Lehre, der er folgt; die Stärke des Schmerzes dämpft er durch die Kürze, die Dauer durch die Schwäche.

Inwiefern also verhalten sich jene Großsprecher besser als Epikur den zwei Dingen gegenüber, die uns am meisten bedrängen? Oder scheinen dem übrigen gegenüber, was man für Übel hält, Epikur und die anderen Philosophen nicht hinlänglich gerüstet zu sein? Wer fürchtet etwa die Armut? Sicher keiner der Philosophen. Und Epikur selbst, mit wie wenigem ist er zufrieden; keiner hat mehr über die bescheidene Lebensform gesprochen. In der Tat, wenn eben solche Dinge zur Geldgier treiben, daß man nämlich der Liebe, dem Ehrgeiz, den täglichen Ausgaben Genüge tun kann, wie sollte einer, der allen diesen Dingen fernsteht, sehr nach Geld verlangen oder eher sich überhaupt darum kümmern? Konnte denn der Skythe Anacharsis das Geld für nichts achten, unsere Philosophen dagegen nicht? Von Anacharsis wird ein Brief folgenden Wortlauts überliefert: „Anarcharsis grüßt den Hannon. Meine Kleidung ist ein skythischer Überwurf, mein Schuh die Schwielen an den Fußsohlen, mein Bett die Erde, meine Delikatessen der Hunger. Ich lebe von Milch, Käse und Fleisch. Also wenn Du kommen willst, so kommst Du zu einem Bedürfnislosen. Jene Geschenke aber, an denen Du dich erfreut hast, gib sie entweder Deinen Mitbürgern oder den unsterblichen Göttern." Alle Philosophen aller Systeme konnten derselben Gesinnung sein, außer wo etwa einen eine fehlerhafte Natur von der rechten Einsicht wegführte.

Als in einem Festzug eine große Masse von Gold und Silber vorbeigetragen wurde, sagte Sokrates: „Wie vieles begehre ich nicht!" Als dem Xenokrates die Gesandten Alexanders fünfzig

Talente gebracht hatten, was zu jener Zeit und besonders in Athen eine riesige Summe war, da führte er die Gesandten zu einem Mahle in der Akademie. Er setzte ihnen vor, so viel als genügend war, ohne großen Aufwand. Als sie am folgenden Tage fragten, wem sie das Geld auszahlen sollten, sagte er: „Wie, habt ihr an dem gestrigen bescheidenen Mahle nicht begriffen, daß ich kein Geld brauche?“ Als er sie daraufhin niedergeschlagen sah, nahm er dreißig Minen an, damit es nicht aussähe, als verachte er die Großzügigkeit des Königs. Aber Diogenes war als Kyniker unbefangener und als ihn Alexander aufforderte, zu sagen, ob er etwas brauche, erwiderte er: „Nur, daß Du ein wenig aus der Sonne gehst.“ Offenbar stand jener ihm im Weg, als er sich wärmen wollte. Außerdem pflegte er darzulegen, wie sehr er den Perserkönig an Lebensart und Reichtum übertreffe: Ihm fehle nichts, jener dagegen habe niemals genug; er begehre dessen Lüste nicht, an denen jener sich niemals sättigen könne, und jener könne die seinigen überhaupt nicht erreichen.

Du weißt wohl, denke ich, wie Epikur die Arten der Begierden unterschieden hat, vielleicht nicht allzu subtil, aber nützlich: teils seien sie natürlich und notwendig, teils natürlich und nicht notwendig, teils keines von beiden. Die natürlichen Begierden könnten mit so gut wie nichts gesättigt werden; denn die Reichtümer der Natur stünden zur Verfügung. Die zweite Art der Begierden sei weder schwierig zu erlangen noch zu entbehren. Die dritte sei durchaus nichtig und habe weder mit der Notwendigkeit noch überhaupt mit der Natur etwas zu tun und diese wollte er vollständig abgetan sehen. An dieser Stelle werden die Epikureer sehr ausführlich und reduzieren im Einzelnen alle Arten der Lust so, daß sie sie zwar nicht verachten, aber doch die Bescheidenheit suchen. Denn die unpassenden Lustarten, über die sie viel reden, seien leicht erfüllbar, allgemein und zur Hand; und wenn die Natur nach ihnen verlange, so solle man nicht auf Herkunft, Rang und Stand schauen, sondern auf Gestalt, Alter und Aussehen. Und sich dessen zu enthalten, wenn es die Gesundheit, die Pflicht oder der gute Ruf fordere, sei durchaus nicht schwierig und überhaupt sei diese Art der Lüste zwar wünschbar, wenn sie nicht geradezu schade, nützlich freilich niemals.

Im Ganzen lehrt er hinsichtlich der Lust, daß sie an sich, weil sie eben Lust sei, immer zu wünschen und zu erstreben sei, und aus demselben Grunde sei der Schmerz, weil er Schmerz sei, an sich immer zu meiden. Aber der Weise wird sich an die Berechnung halten, daß er eine Lust flieht, wenn sie einen größeren Schmerz zum Ergebnis hat, und einen Schmerz annimmt, wenn er eine größere Lust im Gefolge hat. Alles Lustvolle, auch wenn es mit den körperlichen Sinnen beurteilt werde, bezöge sich auf die Seele. Darum freue sich der Körper, solange er die gegenwärtige Lust spüre, die Seele aber spüre die gegenwärtige Lust mit dem Körper zusammen, sehe aber auch die künftige kommen und ließe die vergangene nicht einfach verfließen. So seien stets im Weisen dauernde und unter einander verflochtene Lustempfindungen, wenn die Erwartung erhoffter Lust mit der Erinnerung an vergangene verknüpft werde.

Ähnliches wird auch auf die Lebensweise angewandt, und es wird die Üppigkeit und der Aufwand in Gastmählern gerügt, da ja die Natur mit Wenigem zufrieden sei. Denn wer sieht nicht, daß dies alles nur durch die Begierde gewürzt wird? Als Dareios auf der Flucht ein trübes und durch die Körper der Gefallenen verunreinigtes Wasser getrunken hatte, erklärte er, er habe niemals etwas Angenehmeres getrunken. Er hatte eben niemals mit Durst getrunken. Ebenso hatte Ptolemaios niemals mit Hunger gegessen. Als er einmal Ägypten durchreiste und sein Gefolge ihn nicht einholte, da wurde ihm in einer Hütte grobes Hausbrot angeboten, und es kam ihm vor, als hätte er niemals etwas Besseres als dieses Brot gegessen. Von Sokrates wird berichtet, als er bis zum Abend unentwegt herumging und man ihn fragte, weshalb er dies täte, da habe er geantwortet, er kaufe, um besser speisen zu können, durch das Gehen als Zukost noch den Hunger ein. Und sehen wir nicht, was für Gerichte die Spartaner bei den Philitia auftragen? Als dort einmal der Tyrann Dionysios speiste, erklärte er, er habe keinen Genuß an der schwarzen Brühe gehabt, die die Hauptnahrung bildete. Da sagte der, der sie gekocht hatte: „Das ist nicht erstaunlich. Denn es fehlte die Würze." — „Was für eine?" fragte jener. „Die Mühe der Jagd, der Schweiß, der Lauf zum Eurotas, Hunger und Durst. Denn mit solchen Dingen würzen die Spartaner ihre Mahlzeiten." Und dies läßt sich nicht bloß an den Gewohnheiten der Menschen erkennen, sondern an den Tieren, die mit dem zufrieden sind, was vor ihnen liegt, wenn es nur ihrer Natur nicht zuwider ist; mehr verlangen sie nicht.

Es gibt sogar ganze Staaten, die wohlerzogen sind und sich an der Sparsamkeit erfreuen, wie wir es soeben von den Spartanern erwähnt haben. Xenophon beschreibt das Leben der Perser und erklärt, sie nähmen zum Brote nichts anderes als Kresse.

Und auch wenn die Natur etwas Angenehmeres verlangt, wieviel wächst nicht auf der Erde und an den Bäumen in reicher Fülle und von angenehmem Geschmack! Bedenke dabei die Abhärtung, die sich aus solcher Zurückhaltung in der Lebensweise ergibt, und die tadellose Gesundheit! Vergleiche damit jene, die schwitzen, aufstoßen und von Speise gemästet sind wie Opferstiere! Dann wirst Du erkennen, daß die, die am meisten nach Genuß jagen, ihn am wenigsten erlangen und daß die Annehmlichkeit des Lebens sich im Verlangen äußert und nicht in der Sättigung.

Von dem berühmten Athener Timotheos, einem der Häupter seines Staates, wird erzählt, daß er einmal bei Platon speiste, an diesem Gastmahl die größte Freude hatte und dann Platon am nächsten Tag sah und bemerkte: „Eure Gastmähler sind nicht nur für den Augenblick angenehm, sondern auch noch am folgenden Tage." Was sagen wir ferner dazu, daß nicht einmal der Geist richtig arbeiten kann, wenn wir von Speise und Trank vollgestopft sind? Es gibt einen berühmten Brief Platons an die Freunde Dions, in dem ungefähr Folgendes steht: „Als ich dorthin gekommen war, da gefiel mir jenes sogenannte glückselige Leben, voll von italienischen und syrakusanischen Gerichten, durchaus nicht: zweimal am Tag sich vollstopfen, niemals die Nacht allein zubringen und was sonst mit diesem Leben zusammenhängt, da kann keiner jemals weise werden und mäßig noch viel weniger. Denn welche Natur könnte sich so unerhört beherrschen?" Wie kann es also ein angenehmes Leben geben, wo die Klugheit, wo die Mäßigkeit fehlt? Da erkennt man denn auch den Irrtum Sardanapals, des reichen Königs von Assyrien, der auf seinem Grabmal einmeißeln ließ: „Das besitze ich, was ich gegessen habe und was meine Begierde bis zur Sättigung ausgeschöpft hat. Aber das Andere, das viele Großartige, bleibt liegen." — Was hätte man anderes, bemerkt Aristoteles, auf den Grabstein nicht eines Königs, sondern eines Rindes schreiben können? Er erklärt, im Tode das zu besitzen, was er nicht einmal als Lebender länger besaß, als er es genoß.

Warum also soll man den Reichtum begehren und wo schließt die Armut die Glückseligkeit aus? Du freust dich an Statuen und Gemälden, denke ich. Wenn jemand an solchen Dingen Freude hat, werden auch da nicht die Bescheidenen einen größeren Genuß haben als jene, die dergleichen im Überfluß besitzen? In unserer Stadt gibt es ja auf öffentlichen Plätzen eine unendliche Menge solcher Gegenstände. Wer als Privatmann dergleichen hat, hat weniges und selten unter seinen Augen: nur dann, wenn er aufs Landgut kommt. Und sie ärgern sich erst noch darüber, wenn sie sich erinnern, woher sie das haben.

Der Tag würde zu Ende gehen, wenn ich die Sache der Armut bis zu Ende verteidigen wollte. Denn die Sache ist klar und die Natur selbst erinnert uns täglich daran, wie wenige, wie geringfügige Dinge sie braucht und wie billige.

Oder wird der Mangel an Ansehen oder die Demütigung oder gar das Mißfallen des Volkes den Weisen daran hindern, glückselig zu sein? Paß auf, ob nicht die Beliebtheit beim Volk und der vielerstrebte Ruhm mehr Schwierigkeiten mit sich bringen als Lust! Ein wenig leichtfertig sagte mein Freund Demosthenes, er freue sich, wenn von den wasserholenden Frauen (wie das in Griechenland Sitte ist) die eine der andern zuflüstere: „Das ist der berühmte Demosthenes." Gibt es leichtsinnigeres als das? Aber welch ein Redner war er! Doch offenbar hatte er gelernt, zu Anderen zu reden, aber kaum, mit sich selbst.

Es ist also klar, daß weder die Ehre beim Volke um ihrer selbst willen zu erstreben, noch die Unehre zu fürchten ist. Demokrit sagt: „Ich bin nach Athen gekommen und keiner hat mich dort gekannt." Wahrhaftig ein gefestigter und würdiger Mann, der sich rühmt, den Ruhm nicht gekannt zu haben. Werden die Flötenspieler und Lyraspieler ihre Lieder und Takte nicht nach dem Geschmack der Menge, sondern ihrem eigenen Urteil richten, der Weise dagegen, der eine viel größere Kunst ausübt, sollte nicht suchen, was das richtige ist, sondern was die Menge wünscht? Gibt es etwas einfältigeres als die Leute einzeln als Handwerker und Barbaren zu verachten, sie dagegen als Summe hochzuschätzen? Der Weise wird unsere Ambitionen und Leichtfertigkeiten verachten und die Ehren des Volkes, auch wenn sie ihm freiwillig dargebracht werden, zurückweisen. Wir freilich wissen sie nicht zu verachten, bevor es uns zu reuen beginnt.

Bei dem Naturphilosophen Heraklit steht eine Geschichte von ephesischen Staatsmanne Hermodoros. Er sagt, alle Ephesier müßten mit dem Tode bestraft werden, weil sie, als sie Hermodoros aus der Stadt vertrieben hatten, so gesprochen hätten: „Keiner von uns darf hervorragen: wenn es einen solchen geben sollte, so mag das an anderm Ort und bei Anderen sein." Geschieht das nicht bei jedem Volke? Hassen sie nicht Alles, wo die Tugend hervorragt? Ist denn nicht Aristeides (ich mag nämlich lieber griechische Beispiele als unsere eigenen erwähnen) aus eben dieser Ursache aus dem Vaterland vertrieben worden, weil er über das Maß hinaus gerecht war? Von wieviel Kummer sind nicht jene frei, die überhaupt nicht mit dem Volke in Beziehung treten! Was ist angenehmer als eine gebildete Muße im Umgang mit jenen Werken, durch die wir eine Unendlichkeit der Dinge und der Natur und in diesem unserm Kosmos den Himmel, die Erde und das Meer kennen lernen?

Wenn man nun die Ehre und auch das Geld verachtet, was bleibt dann noch, was man fürchten müßte? Ich denke, die Verbannung, die man zu den größten Unglücken rechnet. Wenn diese ein Übel ist, weil einem der Wille des Volkes feindlich und beleidigt ist, so ist schon soeben gesagt worden, wie sehr man das verachten muß. Wenn es aber unselig ist, fern vom Vaterland zu sein, so sind die Provinzen voll von Unseligen, da ja von dort nur wenige in ihr Vaterland zurückkehren. „Aber es werden die Verbannten ihres Vermögens beraubt." Und nun? Ist immer noch nicht genug über das Aushalten der Armut gesagt worden? Und die Verbannung selbst, wenn wir auf die Sache als solche und nicht die Schande des Namens achten, wie weit ist sie zu guter Letzt von einer dauernden Reise verschieden? In solchen Reisen haben die vornehmsten Philosophen ihr Leben zugebracht, Xenokrates, Krantor, Arkesilas, Lakydes, Aristoteles, Theophrast, Zenon, Kleanthes, Chrysippos, Antipater, Karneades, Kleitomachos, Philon, Antiochos, Panaitios, Poseidonios und unzählige andere, die, einmal ausgewandert, niemals mehr nach Hause zurückgekehrt sind. „Aber das war ohne Schande." Aber kann die Verbannung dem Weisen Schande bereiten? Denn vom Weisen ist hier die ganze Zeit die Rede, dem von Rechts wegen so etwas gar nicht geschehen kann. Wer dagegen mit Recht in der Verbannung ist, den soll man auch nicht trösten.

Schließlich ist allen Unglücksfällen gegenüber der einfachste Gedanke derjenige jener Philosophen, die alle Ereignisse des Lebens auf die Lust beziehen, so daß sie also glückselig leben können, wo immer die Lust ihnen zur Verfügung steht. Ganz allgemein läßt sich also der Ausspruch des Teukros anwenden: „Vaterland ist, wo es einem gut geht." Sokrates wiederum, als er gefragt wurde, wo er Bürger sei, sagte er: „im Kosmos", denn er meinte, er sei Einwohner und Bürger der ganzen Welt. Hat denn nicht T. Albucius mit gleichmütiger Gesinnung als Verbannter in Athen Philosophie getrieben? Freilich wäre ihm nicht einmal dies zugestoßen, wenn er still in seinem Staate den Vorschriften Epikurs gehorcht hätte. Inwiefern ist Epikur glückseliger, der in seiner Heimat lebte, als Metrodor, der in Athen lebte? Oder hat Platon den Xenokrates und Polemon den Arkesilas in der Glückseligkeit übertroffen? Und wie soll man einen solchen Staat einschätzen, der die Tüchtigen und Weisen vertreibt? Damaratos, der Vater unseres Königs Tarquinius, konnte die Tyrannis des Kypselos nicht ertragen und floh von Korinth nach Tarquinii, begründete dort seinen Reichtum und zeugte Kinder. War er etwa töricht, die Freiheit des Exils der Sklaverei zuhause vorzuziehen?

Auch die Erregungen der Seele, die Sorgen und Kummer werden durch das Vergessen gemildert, wenn die Seelen zur Lust hinübergelenkt werden. Nicht ohne Grund hat also Epikur gewagt zu sagen, der Weise sei stets in einer Überzahl von Gütern, da er immer in der Lust sei. Daraus glaubt er schließen zu können, was wir eben suchen, daß nämlich der Weise immer glückselig sei.

„Auch wenn er des Sehens entbehrte oder des Hörens?" Gewiß, denn er verachtet auch diese Sinne. Denn erstens, welcher Lustempfindungen ermangelt denn jene schreckliche Blindheit? Wo doch einige behaupten, daß die übrigen Lustempfindungen in den Sinnesorganen selbst sitzen, was aber angeblickt werde, das rufe bei den Augen selbst keinerlei Lust hervor, während das, was wir schmecken, riechen, berühren und hören, sich unmittelbar dort aufhält, wo wir es empfinden. Bei den Augen gibt es nichts dergleichen. Der Geist nimmt auf, was wir sehen. Im Geiste kann man aber auf viele verschiedene Weisen Genüsse empfinden, auch wenn man dazu nichts anschaut. Ich denke dabei an den gelehrten und gebildeten Mann, dem das Leben in Denken besteht. Das Nachdenken des Weisen bedarf zum Forschen keineswegs der Augen als Helfer. Wenn die Nacht nicht das glückselige Leben wegnimmt, warum sollte es ein Tag tun, der der Nacht ähnlich ist? Denn jener Ausspruch des Kyrenaikers Antipater ist zwar ein wenig unanständig, aber nicht dumm. Als irgendwelche Weiber seine Blindheit bejammerten, sagte er: „Wozu, kennt ihr denn in der Nacht keinerlei Lust?" Von jenem berühmten alten Appius, der viele Jahre hindurch blind war, wissen wir aus den Magistratslisten und den Historikern, daß er trotz seines Unglücks in keiner privaten oder öffentlichen Aufgabe versagt habe. Von C. Drusus hören wir, daß sein Haus immer von Ratsuchenden voll war; da diese in ihren eigenen Angelegenheiten nicht klar sahen, verwendeten sie einen Blinden als Führer. Als ich ein Knabe war, pflegte der ehem. Praetor Cn. Aufidius im Senat seine Meinung abzugeben, versagte sich auch nicht den Beratungen seiner Freunde, verfaßte ein Geschichtswerk in griechischer Sprache und war in der Literatur bewandert.

Der Stoiker Diodotos wiederum lebte viele Jahre hindurch blind in unserm Hause. Erst beschäftigte er sich, was kaum glaublich ist, mit der Philosophie noch viel intensiver als vorher, übte in der Art der Pythagoreer das Lyraspiel und ließ sich bei Tag und Nacht Bücher vorlesen, Studien, bei denen er die Augen nicht nötig hatte; dann gab er sogar Unterricht in der Geometrie, was ohne Augen kaum möglich zu sein scheint, und schrieb mit Worten den Schülern vor, von wo, wohin und was für Linien sie zu ziehen hätten. Von dem nicht unbedeutenden eretrischen Philosophen Asklepiades heißt es, als jemand ihn fragte, was für ihn die Blindheit bedeute, da habe er geantwortet: „daß seine Begleitung sich um einen Sklaven vermehrt habe.“ Wie nämlich selbst die äußerste Armut erträglich ist, wenn man tun kann, was gewisse Griechen täglich tun, so läßt sich auch die Blindheit leicht ertragen, vorausgesetzt, daß man bei seinem Gebrechen auf eine gewisse Hilfe zählen kann.

Demokrit vermochte, als er erblindete, weiß und schwarz nicht zu unterscheiden, wohl aber gutes und schlechtes, gerechtes und ungerechtes, edles und schändliches, nützliches und unnützes, großes und kleines und konnte ohne die Buntheit der Farben glückselig leben; ohne den Begriff der Dinge konnte er es aber nicht. Und dieser Mann meinte sogar, die Schärfe des Geistes würde durch das Schauen der Augen gehindert, und während andere oft nicht einmal sahen, was vor ihren Füßen lag, wanderte er mit seinem Geiste durch die ganze Unendlichkeit und hielt sich an keinen Grenzen auf.

Es wird auch überliefert, daß Homer blind gewesen sei. Aber wir sehen das Gemälde, das er geschaffen, nicht die Kunst, mit der er es geschaffen hat. Welche Gegend, welche Küste, welcher Ort in Griechenland, welche Art und Gestalt von Kämpfen, welche Schlachtreihe, welches Ruder, welche Bewegung von Menschen und Tieren ist bei ihm nicht so beschrieben, daß er uns sehen macht, was er selbst nicht sehen konnte? Und wollen wir meinen, daß die Freude des Geistes und der Genuß dem Homer oder irgendeinem andern Gebildeten jemals gefehlt habe? Wenn es sich nicht so verhielte, hätten dann Anaxagoras und der eben genannte Demokrit ihre Felder und ihr ererbtes Gut verlassen und sich dieser göttlichen Freude des Lernens und Forschens mit ganzer Seele hingegeben? So wird denn auch der Seher Teiresias, den die Dichter als einen Weisen schildern, niemals so gezeigt, als beklage er seine Blindheit. Den Polyphem dagegen, den Homer als ungeheuer und wild beschrieben hat, läßt er sogar mit dem Widder reden und dessen Schicksal loben, daß er gehen könne, wohin er wolle, und erreichen, was er wolle — sicher mit Recht. Denn jener Kyklops war um nichts klüger als der Widder.

Und was soll die Taubheit für ein Unglück sein? M. Crassus war schwerhörig, aber lästiger war es ihm, daß er Schlechtes über sich hörte, wenn auch, wie mir schien, zu Unrecht. Unsere Epikureer können kaum griechisch und die Griechen kaum lateinisch. Also sind die einen da, die andern dort taub und wir alle in jenen Sprachen, die wir nicht verstehen und deren es eine unendliche Menge gibt. „Aber man kann dann die Stimme des Kitharoden nicht hören." Aber ebenso wenig das Gekreisch der Säge, wenn sie geschliffen wird, und der Schweine, wenn sie erstochen werden und, wenn man ruhen will, das Getöse des rauschenden Meeres. Wen etwa der Gesang erfreut, der mag bedenken, erstens, daß viele Weise glückselig gelebt haben, bevor dies erfunden wurde, und dann, daß man im Lesen dieser Texte viel größere Lust erfahren kann als im Anhören. Und wie wir vorhin die Blinden auf den Genuß des Hörens hingewiesen haben, so jetzt die Tauben auf den des Sehens. Wer schließlich mit sich selber zu reden fähig ist, bedarf des Gesprächs mit andern nicht.

Doch nehmen wir nun an, daß alles auf einen einzigen aufgehäuft sei, so daß derselbe Mensch der Augen und Ohren beraubt sei und auch unter den härtesten körperlichen Schmerzen leide. Aber diese Dinge zusammen pflegen den Menschen meist zu töten. Wenn sie sich aber in die Länge ziehen und trotzdem heftiger quälen als daß es einen Sinn hätte, sie auszuhalten, warum, ihr Götter, plagen wir uns dann? Der Hafen liegt ja bereit, und wo der Tod ist, da ist auch der ewige Zufluchtsort der Unempfindlichkeit. Als Lysimachos dem Theodoros den Tod androhte, antwortete dieser: „Da richtest Du etwas großartiges aus, wenn Du dieselbe Kraft hast wie die Skorpione." Ebenso sagte Paulus dem Perseus, als dieser ihn darum bat, nicht im Triumphzug aufgeführt zu werden: „Das steht in

Deiner Macht“. Über den Tod haben wir vieles am ersten Tage, als wir über den Tod selbst sprachen, gesagt, manches auch am nachfolgenden, als wir vom Schmerz redeten; wer sich daran erinnert, für den ist keine Gefahr, daß er den Tod nicht als wünschenswert oder doch als nicht furchtbar ansähe. Ich jedenfalls finde, daß man im Leben jene Regel anwenden soll, die bei den Symposien der Griechen gilt: „Entweder trinken oder weggehen.“ Und mit Recht: denn entweder soll man gleich wie die Anderen sich am Genuß des Trinkens erfreuen oder vorher gehen, damit man nicht nüchtern in den Taumel der Trunkenen hineingerät. So soll man auch die Mißhandlungen des Schicksals, die man nicht tragen kann, durch Flucht hinter sich lassen. Eben dies, was Epikur sagt, sagt in ebensovielen Worten Hieronymos.

Wenn also jene Philosophen, deren Meinung ist, daß die Tugend aus sich allein nichts vermag, und die alles, was wir tugendhaft und lobenswert nennen, als eitel und als ein Spiel leerer Töne bezeichnen, — wenn also sogar sie meinen, daß der Weise immer glückselig sei, was sollen dann wohl jene Philosophen tun, die von Sokrates und Platon ausgehen? Die einen erklären, daß die Güter der Seele eine solche Vorzüglichkeit besitzen, daß von ihnen die des Körpers und des Äußeren zugeschüttet würden, die andern halten diese überhaupt nicht für Güter und verlegen alles in die Seele. Den Streit zwischen diesen pflegte Karneades wie ein ehrenhalber bezeichneter Schiedsrichter zu entscheiden. Denn da das, was die Peripatetiker Güter nennen, bei den Stoikern Vorzüge heißt und dennoch die Peripatetiker dem Reichtum, der Gesundheit und anderen derartigen Dingen keinen größeren Raum zubilligen als die Stoiker, da erklärte er, ein Grund des Konflikts sei gar nicht vorhanden, wenn man die Sachen und nicht die Worte abwäge. So sollen denn die Philosophen der andern Systeme selbst zusehen, wie sie mit dieser These zurechtkommen. Mir ist es immerhin willkommen, daß sie über die dauernde Möglichkeit der Weisen, gut zu leben, etwas sagen, was der Stimme der Philosophen würdig ist.

Da wir aber morgen früh verreisen müssen, so seien nun diese fünftägigen Unterhaltungen abgeschlossen und in der Erinnerung festgehalten. Ich werde sie wohl auch aufschreiben (denn wie könnte ich besser sonst diese Muße verwenden, mag sie sonst sein, was sie will?), und wir wollen unserm Brutus auch diese zweiten fünf Bücher senden. Denn er hat mich nicht nur zur philosophischen Schriftstellerei angefeuert, sondern sogar provoziert. Wie weit wir dabei Anderen nützlich sein werden, kann ich nicht leicht sagen. Doch für unsere eigenen bitteren Schmerzen und die verschiedenen und überallher zusammenströmenden Widerwärtigkeiten hat sich keine andere Linderung finden lassen.

NACHWORT

Von Cicero zu sprechen ist vor dem „Laien" wie vor dem „Fachmann" gleich beschwerlich. Dem Laien gilt Cicero zumeist als ein Klassiker in des Wortes übelster Bedeutung: als ein Schriftsteller, dessen Beruf es ist, mit feierlicher Miene Gemeinplätze zu verkünden, an die kein Mensch mehr glaubt. Der Fachmann betrachtet Cicero in der Regel als „Quelle" — als Quelle nämlich für die Lehren verschiedener griechischer Philosophen, von denen man annimmt, sie seien bedeutend origineller und wissenswerter als das, was Cicero gesagt hat. Der Fachmann erwartet also von demjenigen, der über ein Werk Ciceros zu reden wagt, zu allererst Auskunft darüber, ob er Antiochos, Poseidonios, Panaitios oder gar den vielberufenen „verlorenen Aristoteles" für die Quelle des Werkes halte und wie weit er dieselbe zu rekonstruieren vermöchte.

Nun, wir wollen nicht doktrinär sein, so wenig wie Cicero selbst es gewesen ist. Diese Beschwerlichkeiten haben ihre Gründe. Zum ersten hat Cicero einen wesentlichen Anteil an der Geschichte der abendländischen Bildung und so ist vieles, was er zuerst in bestimmter Weise formuliert hat, längst zum Gemeingut und zum Gemeinplatz geworden. Zum zweiten sind heute die Probleme, wenn nicht im Kern, so doch in der Darbietung nicht mehr dieselben wie in der Antike: die antiken Formulierungen kommen uns oft naiv und ahnungslos vor, und viele Fragen, die in der Antike zur Philosophie gehörten und von dieser mit der ihr eigenen Großzügigkeit behandelt wurden, sind heute der Wissenschaft zugeteilt und werden mit wissenschaftlicher Präzision und Behutsamkeit erforscht.

Außerdem ist Cicero ein Römer, und das bedeutet — was er

selbst genau weiß —, daß er seine ganze Kultur den Griechen verdankt. Ohne die griechische philosophische Literatur hätte er keine Zeile Philosophie schreiben können. Es ist darum durchaus legitim zu fragen, welches im weiteren und engeren Sinne seine Lehrer waren.

Aber ist das alles? Ich denke kaum. Es gibt Dinge bei Cicero, die durch solche Einwände überhaupt nicht berührt werden.

Um gleich mit dem letzten zu beginnen: man muß sich einmal vorstellen, wie sich Cicero als geschichtliche Gestalt neben seinen griechischen Lehrern, einem Antiochos, einem Poseidonios, einem Panaitios, ausnimmt. Da sind die Griechen: grundgelehrte Philosophieprofessoren, die still dahinleben, von der Richtigkeit ihrer Lehre im innersten überzeugt, unermüdlich in der Polemik, in der Vervollkommnung ihres Systems und im Schreiben zitatenreicher Bücher, erfreut und geschmeichelt, wenn römische Herren sich für sie interessieren und ihren Umgang schätzen. Ihnen steht Cicero gegenüber, ein Römer vom Lande, der in den schwierigsten und heikelsten politischen Verhältnissen sich in Rom erst eine Position schafft, dann zum Konsulat kommt, dann in rascher Folge Sturz, Demütigung und Rehabilitierung erfährt, Provinzstatthalter wird, den Bürgerkrieg zwischen Caesar und Pompeius aus nächster Nähe miterlebt und schließlich die Diktatur Caesars, die verhüllt und unverhüllt den römischen Staat in eine absolute Monarchie umwandelt. Gleichzeitig aber ist er seit seiner Jugend bemüht, seinen „Beruf", die Redekunst, nicht nur als Praktiker zu üben, sondern auch als Theoretiker zu durchdenken. Gleichzeitig beschäftigt er sich mit der Philosophie und ist Schüler der Griechen; aber drei Dinge geben ihm ein ganz eigenes Gepräge: als Römer vergißt er nie seine Aufgabe als civis Romanus, und es bleibt ihm zeitlebens ein Problem, wie er das philosophische otium mit den politischen negotia auszugleichen vermöchte; als Römer wie als Schüler seines Lehrers im unmittelbarsten Sinne, des Akademikers Philon von Larisa, ist ihm der subalterne Dogmatismus zuwider, in dem sich die meisten griechischen Philosophen seiner Zeit gefallen: er fordert Urbanität den fremden, Distanz den eigenen Ansichten gegenüber. Als Künstler endlich verlangt er auch vom

Philosophen Eleganz und Schönheit des geschriebenen Werks. Den Philosophen seiner Zeit stellt er als Muster Platon, Aristoteles und Theophrast gegenüber und nimmt sich diese principes der Philosophie selbst zum Vorbild.

Natürlich ist's immer bedauerlich, wenn Erzeugnisse des menschlichen Geistes verloren gehen. Aber welch ein Glück für die abendländische Geistesgeschichte, daß uns nicht die philosophischen Schriften Ciceros, sondern die Werke der gelehrten Hellenisten, die stofflich seine Quellen waren, verloren gegangen sind! Auch ein Poseidonios: mag seine Erneuerung des aristotelischen Philosophierens noch so großartig gewesen sein, wie dürftig professoral wirkt auch er neben dem reichen Leben Ciceros. Oder ist es ein Zufall, daß uns von den griechischen Philosophen zwischen Epikur und der Zeit Ciceros kaum einer als Persönlichkeit sichtbar wird? Dies ist zu erwägen, wenn wir Cicero gerecht werden wollen.

Gewiß ist sein Verhältnis zur Philosophie oft problematisch. Zuweilen scheint sie der Mittelpunkt seines Daseins zu sein und zuweilen nicht mehr als eine Freizeitbeschäftigung. Aber mußte es nicht so sein bei einem Manne, der nicht — um mit dem platonischen Gorgias zu reden — in einem stillen Winkel sich dem Grübeln überlassen konnte, sondern es wagte, an der Regierung des orbis Romanus teilzunehmen?

Gewiß fehlt es ihm nicht an Rhetorik und peinlichem Pathos. Aber dies wird doch wohl aufgewogen durch jene souveräne Zurückhaltung, die er selbst als die Quintessenz seines Philosophierens empfand. Man lese, was Cicero in den Tusculanen und anderswo — etwa in der Vorrede zum Lucullus — über die akademische Freiheit von dogmatischer Sklaverei sagt, und man wird empfinden, daß hier Dinge ausgesprochen werden, die heute noch nicht unaktuell geworden sind.

Und wer wird leugnen wollen, daß Cicero seine griechischen Quellen oft mißverstanden, oft ungeschickt überarbeitet und zusammengestellt hat. Dafür aber ist da ein Künstler am Werk, der Sinn für Proportion, Lebendigkeit und Schönheit der Darstellung hat. Diesen Sinn hat von seinen griechischen Zeitgenossen wahrscheinlich kein einziger gehabt.

Doch nun genug der Allgemeinheiten. Für den, der die Tusculanen lesen will als ein römisches Werk der antiken Philosophie, dessen Gegenstand die Auseinandersetzung des menschlichen Daseins mit Tod, Schmerz und Leidenschaft ist, bedarf es keiner weiteren Worte. Für den dagegen, der das Buch durcharbeiten will, sei zur Erleichterung eine Analyse des Inhalts skizziert. Von den äußeren Umständen, die die Entstehung der Tusculanen in den Monaten der Diktatur Caesars (Herbst 45 v. Chr.) begleiteten, von der Person des Brutus, der Ciceros philosophischer Freund und Adressat der Tusculanen war und wenige Monate später zum Mörder Caesars wurde, sei hier nicht weiter die Rede. Darüber gibt jedes Handbuch Bescheid. Aber den Gedankengang Ciceros zu verfolgen und in großen Zügen zu interpretieren, schien uns wichtig. Das sei im Nachstehenden versucht.

Erstes Buch

Der Gedanke, aus dem der sokratische Dialog seiner Form nach entspringt, ist der, daß die Philosophie eine Sache des Lebens selbst sei und als solche dargestellt werden müsse. Die wahren philosophischen Probleme werden nicht in dunkler Studierstube ausgebrütet und als gelehrte Traktate zu Papier gebracht, sondern sie erwachsen mitten im Alltag aus den beliebigsten Ereignissen. Dies zu zeigen, ist die Aufgabe des Dialogs. Darum ist für ihn die Fiktion, daß es sich um wirklich Geschehenes und Erlebtes handle, unentbehrlich. Der Leser soll den Eindruck erhalten, daß das philosophische Gespräch, von dem er liest, tatsächlich stattgefunden hat und ihm selbst in genau derselben Weise auch einmal begegnen könnte.

Die einen Sokratiker, wie Platon und Aischines, haben diese Fiktion in der Art des Dramas durchgeführt: man sieht Sokrates und seine Freunde unmittelbar agieren, ohne daß der Verfasser selbst überhaupt in Erscheinung träte. Andere Sokratiker, unter ihnen Xenophon, haben von vornherein sich selbst eingeschaltet und den Dialog ausdrücklich als eine Erinnerung an

Selbsterlebtes berichtet. Dies hat auch Aristoteles getan, hierin gewiß mit voller Absicht von Platon abweichend. Dem Aristoteles folgt Cicero. Beide führen die Dialoge in ihrem eigenen Namen ein und finden damit auch eine Gelegenheit, in einem Vorwort sich nicht bloß über den Anlaß des zu erzählenden Gesprächs zu äußern, sondern auch über ihre persönlichen Verhältnisse; vor allem darüber, wie sie die Philosophie und die philosophische Schriftstellerei für sich persönlich auffassen.

So hat Cicero jedes der fünf Bücher der Tusculanen mit einer solchen Einleitung ausgestattet. Szenisch gesehen wäre nur eine einzige Einleitung notwendig gewesen, da die Szenerie in allen fünf Büchern dieselbe bleibt. Anderseits ist schon seit Jahrhunderten das „Vorwort" ein fester Bestandteil des Prosabuchs überhaupt, und überdies glaubt man zu spüren, daß Cicero bei der Niederschrift der Tusculanen besonders viel daran liegt, sich grundsätzlich über den Sinn seines Philosophierens auszusprechen. Die zweite Hälfte des Jahres 45 n. Chr., in der er an den Tusculanen arbeitet, ist die Zeit der vollendeten, rücksichtslosesten Diktatur Caesars. Ciceros politische Laufbahn ist zu Ende, nicht auf dem Wege einer dramatischen Auseinandersetzung wie damals, als er verbannt wurde, sondern auf dem viel beleidigenderen und hoffnungsloseren, daß ihm der Diktator zu verstehen gibt, er werde nicht mehr benötigt. So hat er zwar Muße für die Philosophie, so viel er will, aber diese Muße ist nur die Kehrseite der ärgsten Demütigung.

In dieser Lage schreibt er die Einleitungen zu den Tusculanen. Er weiß, daß die Muße, die ihm das Philosophieren erlaubt, erzwungen ist. Er sagt es auch — freilich nur gelegentlich und zwischen den Zeilen. Sein Stolz verbietet ihm, zu offen von der Katastrophe zu reden und vor allem: es darf nicht so aussehen, als sei ihm die Philosophie nichts anderes als eine Zuflucht im Augenblick der Not, als eine Ablenkung und Zerstreuung. Darum liegt das ganze Gewicht der Einleitungen auf dem Nachweis, wie wichtig die Philosophie fürs Leben sei, welche Bedeutung sie für Rom habe, wie er seine gegenwärtige Aufgabe darin sehe, sie in Rom einzubürgern, und wie endlich dieses sein Verhältnis zur Philosophie kein für den Moment improvisiertes sei, sondern seit seiner frühesten Jugend sich organisch entwickelt habe.

Die Vorrede zum ersten Buch (1—8) enthält alle diese Momente. Sie beginnt mit der Erklärung, daß Ciceros Philosophieren eine Rückkehr zu Dingen sei, die er schon längst begonnen und immer im Auge behalten habe. Sie sind ein Stück seines von Anfang an festgelegten Lebensplanes. Eine zweite Erklärung folgt: sein Ziel ist heute, die Philosophie in die römische Literatur einzufügen.

Es ließe sich zu diesen beiden Erklärungen Vieles bemerken. Denn über das, was das Philosophieren für Cicero eigentlich bedeutet, sagen sie uns mehr als Dutzende von Seiten theoretischer Erörterungen. Die Philosophie ist für ihn kein Intermezzo und keine Freizeitbeschäftigung. Sie strebt danach, das ganze Leben zu umfassen und zu gestalten, so wie es Platon etwa im Gorgias fordert. Aber es gelingt nicht ganz. In den Jahren, in denen Cicero als Staatsmann tätig ist, muß die Philosophie zurücktreten. Und auch nachher, wie ihn der Staat entlassen hat, wird die Philosophie nicht zu einem Tun, das wesentlich um seiner selbst willen oder — wiederum platonisch gedacht — in der Bekümmerung um die eigene Seele geschieht. Dieses Moment fehlt zwar nicht vollständig. Aber voran steht doch das Programm, die griechische Philosophie in Rom anzusiedeln. Das ist unzweifelhaft kein philosophisches, sondern ein kulturpolitisches Programm; es erinnert sofort an die bekannten Äußerungen eines Horaz, Vergil oder Properz darüber, daß sie diese oder jene Form griechischer Dichtung als erste in Rom gepflegt hätten. Freilich hat man sofort beizufügen, daß es sich in keinem dieser Fälle um bloße Nachahmung griechischer Vorbilder handelt. Mögen die Elemente im Einzelnen noch so schwer zu sondern sein: so entschieden Vergils Bucolica auf die römische Gegenwart Bezug nehmen, so entschieden hat es Cicero getan.

Ciceros Stellung zur Philosophie ist nicht eindeutig und nicht widerspruchslos. Es gibt Texte, in denen sie ihn so persönlich zu ergreifen scheint wie den Sokrates des Phaidon; und es gibt Texte, in denen das Philosophieren aus nichts anderem zu entspringen scheint als aus Langeweile, Literatenehrgeiz und eben

Kulturpolitik. Doch gerade darum — das darf man nie vergessen — wirken Ciceros Worte immer so erstaunlich echt — weit echter als etwa — diese Behauptung sei gewagt — diejenigen eines Seneca, in dessen unablässigem heißen Ringen um die philosophische Vollkommenheit ein gutes Stück Schauspielerei steckt.

An seine programmatische Erklärung, die Philosophie in Rom einführen zu wollen, schließt Cicero einen umfangreichen kulturgeschichtlichen Überblick, einen Vergleich zwischen den griechischen und den römischen Leistungen (1b—5). Wir heben nur das zugrundeliegende Schema hervor. Es stehen einander gegenüber die Dinge, die Rom aus sich allein hervorgebracht, und diejenigen, die es von den Griechen übernommen hat. Die erste Kategorie ist wieder zweigeteilt in die Vorzüge der Natur (des ethischen Charakters) und in diejenigen der Erziehung (des Intellektes); diese betreffen teils die zivile Organisation (Privatleben und Staatsordnung) teils die militärische. Die zweite Hauptkategorie umfaßt die eigentlichen Bildungsgüter. Sie stammen alle von den Griechen und sind in drei Gruppen gegliedert: Dichtung, Redekunst und Philosophie. Die Dichtung ist spät und mit leidlichem Erfolg aufgenommen worden, die Redekunst hat sich schnell zu voller Ebenbürtigkeit mit den Griechen entwickelt, in der Philosophie dagegen ist bis jetzt noch gar nichts geschehen.

Das Schema folgt sicherlich griechischen kulturphilosophischen Kategorien (Dikaiarchos?), ist nicht ganz sauber durchgeführt und ist von Cicero im Abschnitt über die Dichter mit allerlei Notizen ausgestattet worden, die verschiedenster Herkunft sind. Mit Absicht stellt er am Ende die Redekunst, deren Aufstieg zur gegenwärtigen Höhe wesentlich das Werk seiner eigenen bisherigen Tätigkeit ist, der Philosophie gegenüber, die er in seiner künftigen Tätigkeit — das meint er ja — aus dem Nichts zu derselben Höhe emporführen will. Der Vergleich fällt eindeutig zugunsten Roms aus. Von einer Bewunderung der griechischen Vorbilder ist keine Rede. Auch wenn Rom, etwa in der Dichtkunst, nichts Besonderes geleistet hat, so ist das eher ein Ruhm als ein Tadel. Cicero will sich nicht zu scharf ausdrücken, meint aber, daß Rom nicht ohne Recht jene Künste vernachlässigt habe, die die Griechen allzu hoch schätzten.

Ciceros Schema hat indessen eine schwache Stelle. Es stimmt nicht, daß Rom in der Philosophie bisher nichts geleistet hat, wie er es darstellt, um sich selbst den Ruhm des Archegeten zuschreiben zu können. Es gibt schon Andere, die Epikureer. Auch in andern parallelen Proömien muß Cicero von ihnen Notiz nehmen. Er tut es immer in derselben Weise: das eine große epikureische Werk lateinischer Sprache, das er ohne jeden Zweifel gekannt hat, als er die Tusculanen schrieb, das Gedicht des Lukrez, ignoriert er einfach. Genannt oder, wie an unserer Stelle, angedeutet werden bloß einige Prosaschriften, die er bis zur Nullität bagatellisiert. Die Kritik richtet sich — da ja nur nach der Darbietung von Philosophie in lateinischer Sprache gefragt wird — nicht gegen den Gehalt, sondern nur gegen die Form. Dabei übernimmt Cicero eine, Polemik, die schon von Griechen gegen Epikur selbst geführt worden war: Epikur hatte im bewußten Gegensatz gegen den Kunststil der Akademiker und Peripatetiker nichts anderes erstrebt als Sachlichkeit und wissenschaftliche Präzision; Akademiker und Peripatetiker wiederum sahen in seinem Stile nur Unbeholfenheit, Nachlässigkeit und Unbildung. Dasselbe wirft Cicero den lateinischen Epikureern vor, um erklären zu können, daß sie eigentlich nicht zählen.

Er selbst wird um so Besseres bieten, als er ja seine Redekunst zur Verfügung hat. Der Schluß von 6 ergänzt sozusagen das in 1 Gesagte: die Philosophie hat ihn nicht nur in seiner Jugend gefesselt, sie ist sogar die Quelle seiner Redekunst und damit geradezu die Basis seiner politischen Karriere gewesen. In 1 schienen sich philosophische Studien und politische Tätigkeit auszuschließen: Cicero beginnt mit jenen, muß sie dann zurückstellen und kehrt erst spät wieder zu ihnen zurück. Hier geht er einen Schritt weiter und statuiert die wesentliche Zusammengehörigkeit zwar nicht von Philosophie und Staatskunst, aber immerhin von Philosophie und Rhetorik.

7 beruft sich dafür auf Aristoteles: wie dieser zur Philosophie mit der Zeit die Rhetorik dazu nahm, so nimmt Cicero umge-

kehrt nun zur Rhetorik die Philosophie hinzu. Die Formel, die er findet, soll das Zusammengehen beider Teile demonstrieren: eigentümlich sind der Philosophie die bedeutenden Gegenstände, die letzten Probleme. Aber wie gerade das Gegenbild der Epikureer zeigte, genügt diese Bestimmung nicht. Man muß auch angemessen davon reden können, und dazu verhilft nur die Rhetorik. Die Doppeldeutigkeit des ciceronischen Begriffs der Philosophie wird hier besonders kraß sichtbar. Die Philosophie genügt sich nicht selbst. Sie ist literarischen Kategorien unterworfen und verfolgt literarische Absichten. Historisch ist Cicero damit von Isokrates abhängig; aber diese Abhängigkeit ist kein partikularer Zufall. Sie ergibt sich aus der geistigen Situation Ciceros — und seiner Zeit — von selbst.

Reichlich hart ist der Übergang von der Selbstdarstellung Ciceros als Redner und Philosoph zu der szenischen Einleitung. Cicero veranstaltet Übungen in der rhetorisch geschulten Philosophie. Summarisch wird mitgeteilt, wann, wo und mit wem dies geschah und welche Methode dabei befolgt wurde. Die Stelle ist sonderbar, ja, wenn man die späteren Ausführungen bedenkt, geradezu verwirrend. Denn hier scheint er das ganze Gewicht auf die methodische exercitatio zu legen: der Schüler stellt irgendeine Frage, bzw. äußert eine These und der Lehrer, Cicero, widerlegt sie disputierend. Es scheint sich also um ein Stück schulmäßiger philosophischer Diskussionskunst zu handeln anhand von irgendwelchen Thesen; dies gilt als das Verfahren des — neuakademisch interpretierten — Sokrates, der damit am ehesten das dem Menschen allein zugängliche Pithanon, das Glaubwürdige, zu erreichen hoffte.

Später dagegen erhalten die Tusculanen einen ganz andern Sinn. An spätern Stellen erklärt Cicero ausdrücklich, seine Darlegungen verfolgten wie alle Philosophie das Ziel, die Seele zu trösten, von der Todesfurcht zu befreien, von den Leidenschaften zu lösen. Zwischen formalem Exercitium und sachlicher Protreptik scheinen die Tusculanen zu schwanken. Doch man täusche sich nicht. Die Frage, was am Philosophieren wichtiger sei, die Einübung in die Methode oder das erreichte Ergebnis und die Sache selbst, wird schon bei Platon zuweilen beunruhigend aktuell. Durch das Organon des Aristoteles und die Logik des Stoikers Chrysipp wird sie ausdrücklich gestellt, — und stellt sich heute im Zeitalter der analytischen Philosophie und der Wissenschaftstheorie dramatischer als je.

Die These, die zu widerlegen ist, wird aufgestellt und sofort expliziert (9). Zum ethischen objektiven malum (κακόν) tritt das sentimental subjektive miserum (ἄϑλιον). Und vor allem: der Tod ist ein Unglück für Alle, Lebende und Tote, und für immer, da wir nach dem Leben für immer Tote sind. Die Explikation vollzieht sich zunächst so radikal als möglich.

Erster Gang der Widerlegung ist die Frage nach der Realität der Unterwelt, belebt durch Dichterzitate (10); hübsch aktualisierend, aber doch aus alter (platonischer?) Tradition die Einzelheit, daß der Tote vor den Jenseitsrichtern allein ohne Beistand seine Sache führen muß.

Der Partner weist dies entrüstet ab, mit Spott über die Philosophen, die es für nötig halten, dergleichen Vorstellungen ausführlich zu widerlegen. Das zielt, wie die Parallelstelle 48f., auf Epikur, sachlich nicht ganz mit Recht, denn die epikureische Polemik gegen die Hadesvorstellungen trifft keineswegs ins Leere, sondern ist ohne Zweifel bedingt durch die pathetischen Unterweltsmythen des Platon und Aristoteles, von denen sich nicht sagen läßt, ob sie für ihre Verfasser wirklich nur unverbindliche Mythen waren.

In der Entrüstung des Partners ist impliziert, daß der Hades nicht existiert. Bewiesen wird dies weiter nicht. Es bleibt prinzipiell die entgegengesetzte Möglichkeit, daß die Toten nicht in der Unterwelt, sondern in der olympischen Oberwelt weiterleben. Davon ist überhaupt nicht die Rede. Der Grieche, dem Cicero hier folgt, konnte natürlich erklären, daß der Olymp genau so unwirklich sei wie der Hades. Cicero wird den Hinweis auf den Olymp absichtlich unterdrückt haben, weil der Hauptteil des Buchs von 18 an gerade dem Nachweis gewidmet ist, daß die Toten in einer himmlischen Oberwelt weiterleben.

An unserer Stelle wird nur summarisch angenommen, daß es keinen Jenseitsort gibt, an dem die Toten existieren könnten. Also existieren sie überhaupt nicht; vorausgesetzt ist, daß alles

Existierende einen Ort haben muß. Aber gerade darum sind sie unglücklich.

Damit biegt das Gespräch in ein sozusagen logisches Problem ein: der Lehrer sucht dem Schüler klar zu machen, daß eine Qualität (unglücklich sein) von einem Nichtexistierenden nicht ausgesagt werden könne. Die Qualität setzt die Existenz des Qualifizierten voraus.

Der Nachweis verläuft in drei Stufen. Der Partner erklärt (I), die Toten seien unglücklich, weil sie nicht existieren. Dies reduziert er dann auf die These (II), sie seien unglücklich, weil sie nicht mehr existierten. Dies wird widerlegt mit der Feststellung, daß es keinen Unterschied mache, ob etwas „nicht mehr" oder „noch nicht" oder schlechthin „nicht" existiere. Endlich wird (III) die Copula fallen gelassen. Dagegen wendet der Lehrer ausdrücklich die Logik ein, derzufolge jede Qualitätsaussage ein Urteil über wahr oder falsch „sein" enthält. Bei Nichtexistierendem hat ein solches Urteil keinen Sinn.

Damit ist bewiesen, daß von den Toten, die nicht existieren, auch nicht gesagt werden kann, sie seien unglücklich.

Trotz seiner Kürze gehört 11b—14 zu den bemerkenswertesten Dialogstücken Ciceros. Es erinnert stark an den Duktus frühplatonischer Dialoge, in denen ebenfalls auf die Reihenfolge logischer Kategorien ein großes Gewicht gelegt wird. Ob Cicero das Stück nicht aus einem griechischen Dialog übernommen hat, am ehesten wohl aus Dikaiarchos? Natürlich hat er erheblich verkürzt und römisch koloriert.

Es bleiben nun gemäß 9 die Lebenden. Daß auch sie nicht unglücklich sind, wird in 16 rasch abgemacht: wenn das Totsein, wie bewiesen, kein Unglück ist, dann ist es auch das Sterben nicht.

Gleichzeitig erklärt aber Cicero, den Gegenstand erweitern zu wollen. Auf die bloß negative Widerlegung soll der positive Beweis folgen. War bisher gezeigt, daß der Tod weder Glück noch Unglück sei, soll nun dargelegt werden, daß der Tod ein Glück ist. Daß die Untersuchung damit auf eine neue Ebene tritt, sehen wir auch daran, daß nun der Dialog zugunsten des Lehrvortrags ausdrücklich aufgegeben wird. Daß Cicero sich zugleich an neue Vorbilder anschließt, ist ziemlich sicher.

Wenn er nun aber mit dem Lehrvortrag beginnt, so soll damit nicht die sokratisch-akademische Aporetik aufgegeben werden. Vor allem die Übersicht über die philosophischen Doktrinen in 18—23a bleibt in diesem Rahmen. Die umschließenden Bemerkungen 17b und 23a erklären ganz in akademischem Sinne, daß die Wahrheit in diesen Dingen nur bei Gott sei, der Mensch sich auf das Wahrscheinliche (vgl. 8) beschränken müsse. 17b enthält eine deutliche Polemik gegen die Dogmatiker epikureischer und stoischer Observanz. Daß die Aporetik gerade mit der Doxographie verbunden wird, hat seinen guten Grund: in der unendlichen Vielheit der Doktrinen sah die Akademie des Arkesilaos (wie die Skepsis Timons) den klarsten Beweis, daß es überzeugend richtige Theorien nicht gebe.

Cicero beginnt mit einer Doxographie über den Tod und schließt eine solche über die Seele an. Das Ganze stammt letztlich aus einer griechischen Vorlage, die aber kein banales Handbuch gewesen sein dürfte.

18 enthält gleich eine Bemerkung, die an zahlreiche Sokratikerstellen erinnert: wir meinen genau zu wissen, was der Tod sei — und doch ist er ein denkbar schwieriges, ja unlösbares Problem. Die Antithese von ῥᾴδιον und χαλεπώτατον ist in Ciceros Wortlaut noch spürbar.

Dann haben wir nichts als ein Schema; die Philosophennamen sind alle weggelassen, gewiß, weil es weitgehend dieselben Namen sind, die nachher vorkommen. Wir setzen einige Namen vermutungsweise ein.

Die Seele geht entweder (A) mit dem Körper zugrunde oder (B) überlebt ihn. Der Fall A scheint wieder zweigeteilt zu sein: die Seele kann (1) ein bloßer Zustand des Körpers sein, der beim Untergang des Körpers aufhört (Aristoxenos), oder (2) ein selbständiges Wesen, das gleichzeitig mit dem Körper vernichtet wird (etwa Empedokles). Der Fall B ist dreigeteilt: die Seele zerstreut sich nach dem Tod des Körpers (Atomistik) oder sie bleibt noch eine Weile beisammen (Stoa) oder sie dauert ewig weiter (Akademie, Aristoteles).

Daß darnach auf die Seele selbst eingegangen wird, kann in Ciceros Vorbild sehr wohl motiviert worden sein. Denn offenkundig hängt die Frage nach dem Tode, der ein bestimmtes Verhalten der Seele ist, vollständig von der Frage nach dem Wesen der Seele überhaupt ab.

Diese Frage wird andeutend wieder dreigeteilt: (1) Wesen der Seele, (2) der (gegenwärtige) Ort der Seele, (3) die Herkunft, also der ursprüngliche Ort der Seele.

In 18b—22 wird wesentlich nur 1 behandelt, die Frage 2 nur an einzelnen Stellen mitberücksichtigt; für das Hauptproblem ist sie ja von sekundärem Interesse. 3 kommt überhaupt nicht zur Sprache; mit gutem Grunde, denn dies wird vor allem von 26 an das zentrale Problem werden.

Die Liste der Lehren selbst kann nur richtig beurteilt werden, wenn wir von vornherein die Stellen berücksichtigen, die auf sie Bezug nehmen, also besonders 23b—24 und 40—43.

Voran steht eine Gruppe von drei Doktrinen: (1) Herz, (2) Blut, (3) Gehirn. Sie erscheinen in 24 und 41 wieder zusammen. Aus ihnen folgt, daß die Seele gleichzeitig mit dem Körper untergeht.

Es folgt eine Einschaltung, die nicht nach dem Wesen, sondern nach dem Ort der Seele fragt.

Dann haben wir zwei Doktrinen: die Seele ist (4) ein Lufthauch oder (5) Feuer. Auch sie treten später wieder verbunden auf, freilich in widersprüchlicher Beurteilung. In 24 wird — immerhin mit „fortasse" — behauptet, auch nach diesen Lehren gehe die Seele nach dem Ende des Körpers zugrunde; in 40 hören wir vielmehr, daß sie als Luft oder Feuer ihren natürlichen Sitz in der Himmelsregion habe. Cicero hat hier zwei verschiedene Traditionen zu kombinieren versucht.

Nun werden die bisherigen Lehren außer 2 zusammengefaßt und als „volgo" den Sonderlehren Einzelner gegenübergestellt. Die Antithese stammt aus der peripatetischen Philosophiegeschichtsschreibung, die die ἴδια von den κοιναὶ δόξαι abhebt. Sie gehört also wahrscheinlich zur Vorlage, und man darf sich nicht dadurch irre machen lassen, daß Cicero, rein um der stilistischen Variation willen, zu zwei der Lehren, 2 und 5, einen partikularen Namen setzt.

Als Sonderlehren werden vier genannt: (6) Aristoxenos, (7),

Xenokrates, (8) Dikaiarchos und (9) Aristoteles. Die Stelle über Platon ist eine zweite Einschaltung aus dem Kapitel über den Ort der Seele; dies zeigt sich auch daran, daß sie in den Parallelstellen nicht mehr erscheint. Dagegen treten die vier andern Lehren auf und zwar so, daß 6 und 8 abgelehnt, 7 und 9 als solche angenommen werden, die auf eine Unsterblichkeit hoffen lassen.

Wie das Schema von 18a, so endet also auch dieses mit der Unsterblichkeit in einem akademisch-aristotelischen Sinne.

Nachtragsweise wird Demokrit genannt, genau so auch in 42, ohne daß die Gründe für diese Sonderstellung klar werden; es wird bloß angedeutet, daß er sich zu allen Andern im Gegensatz befände, weil er die Seelenelemente αὐτομάτως zusammentreten lasse.

23 enthält nicht nur zum Abschluß der Liste einen Hinweis auf die akademische ἐποχή der Entscheidung, sondern auch Prozedurfragen: sollen die Seelenlehren einzeln geprüft oder soll das Hauptthema, die Furcht vor dem Tode, aufgenommen werden? Das zweite ist dringlicher; also wird das erste vertagt, was um so leichter geschehen kann, als die Antwort auf die zweite Frage von der ersten nicht abhängt. Es wird vielmehr die Behauptung aufgestellt, daß nach jeder der genannten Seelenlehren der Tod entweder kein Übel oder gar ein Gut ist.

Ein Consensus wird also angestrebt, letzten Endes aufgebaut auf der berühmten Alternative, mit der der platonische Sokrates seine Verteidigungsrede schließt (Apol. 40 C ff.).

Ein rascher Überblick zeigt, daß die Lehren 1 bis 5, sowie 6 und 8 auf eine Vernichtung der Seele beim Tode führen, also auf ein indifferentes Nichtsein, die übrigen dagegen, also 7 und 9, die Unsterblichkeit begründen, den Tod also als ein Gut erweisen. Daß hier 4 und 5 anders eingeordnet werden als später, bemerkten wir schon.

Bei der Perspektive auf die Unsterblichkeit wird nun eingehakt. Platons Phaidon wird genannt, aber — sonderbar genug — als ungenügend bezeichnet. Ein Neuansatz wird notwendig.

26 nennt das Programm, dem der Rest des Buches gewidmet ist. Als erstes soll die höchste Möglichkeit die 16 und 24 angedeutet hatten, untersucht werden, die Unsterblichkeit der Seele,

die den Tod zu etwas Gutem macht; als zweites soll die nachgeordnete Möglichkeit figurieren, daß der Tod indifferent ist und zwar nicht so sehr für den Toten (was wohl durch 9—14 als bewiesen gilt), als für den Lebenden (schon 16 hatte ja der Schüler erklärt, der dort gegebene Beweis sei ihm zu knapp).

26—35 ist ein erster systematischer Zusammenhang, der zeigt, daß die Seele nach dem Tode weiterlebt. Der Beweis ist, aristotelisch gesprochen, durchaus exoterisch: die Autorität (1) der Vorzeit, (2) der Gesamtheit der Menschen und (3) der hervorragendsten Menschen wird angerufen. Aus der Vorzeit werden die Gebräuche des Totenkults genannt, als Anschauung aller Menschen gilt die Trauer um die Toten und die Fürsorge der Lebenden für das, was nach ihrem Tode geschehen wird, in der Voraussetzung, daß sie auch noch nach ihrem Tode von den irdischen Dingen Kenntnis erhalten, und die hervorragendsten Menschen endlich bemühen sich um den Nachruhm als um etwas, was sie auch nach dem Tode angeht.

Cicero hat den an sich klar disponierten Text ziemlich geändert. Wohl aus seinem Material seiner kurz zuvor verfaßten Consolatio und aus demjenigen für die Schrift De natura deorum hat er in 27b—29a eine Liste vergöttlichter Menschen eingefügt und in 30a vielleicht den Hinweis darauf, daß der consensus gentium ja auch die Existenz der Götter erweise. Außerdem hat er den Unterschied der Abschnitte 2 und 3 verwischt.

Dagegen ist wichtig und zur Vorlage gehörig die Bemerkung über die Mängel dieses auf Autorität gegründeten Unsterblichkeitsglaubens: er erwächst aus der Natur und nicht aus philosophischen Gründen (29b); dies wirkt sich darin aus (36), daß dieser Glaube zwar die Tatsache der Fortexistenz richtig erfaßte, aber in der Frage nach der Beschaffenheit der Seele und ihrem Orte in der Fortexistenz irre ging. Vor allem der zweite Irrtum ist verhängnisvoll, wie schon 29b andeutet und 36—37 ausführt. Er verschuldet die Annahme einer erschreckenden Unterwelt, eine Annahme, die 36 sehr gut aus der Psychologie der Primitiven abgeleitet wird. Mitbeteiligt ist der erste Irrtum, der sich darin zeigt, daß die Primitiven sich eine Seele ohne körperliche Attribute nicht vorstellen können.

Die Gesamtkonzeption wirkt unleugbar aristotelisch; was nicht ausschließt, daß Ciceros unmittelbares Vorbild Poseidonios, der Erneuerer des aristotelischen Denkens, gewesen sein könnte.

In 38—39 folgt auf das Zeugnis der elementaren Autoritäten dasjenige der Philosophen. Eigentümlicherweise haben wir auch da eine erste Stufe, die die Unsterblichkeit der Seele bloß behauptet, ohne Gründe zu nennen. Erst bei Platon finden sich die Gründe und damit die Korrektur der früheren Irrtümer.

Diese Gründe werden von 40 an aufgeführt: 40—49 zeigt, daß die Himmelsregion der eigentliche Sitz der Seele ist, und 50 bis 71 weist die Luft-Feuer-Natur der Seele nach. Der Sache nach müßte der zweite Punkt voranstehen, wie sich sofort ergibt. Was Cicero zu der etwas verwirrenden Umstellung veranlaßt hat, wissen wir nicht.

40 skizziert die Theorie der vier Elemente, ihrer natürlichen Bewegungen und ihrer natürlichen Orte. Der Grundgedanke ist aristotelisch, auch wenn am Schluß ausdrücklich die Wahl zwischen der aristotelischen und der mechanistischen Interpretation der Elementarbewegungen offen gelassen wird. Wichtig ist nur das Eine, der Obersatz des Syllogismus: Luft und Feuer streben nach oben und haben ihren Sitz in der Himmelsregion.

Der Untersatz muß lauten: die Seele kann nur aus Luft oder Feuer bestehen. Er wird an unserer Stelle einfach behauptet; von einem Beweis ist weder hier noch später die Rede. Bloße Behauptung ist auch die angehängte Auseinandersetzung mit den übrigen in 18b—22 angeführten Doktrinen, von denen nur diejenigen des Xenokrates und Aristoteles bestehen bleiben.

Der Schluß ist klar: wenn der Untersatz richtig ist, so strebt auch die Seele von Natur nach oben und hat ihren Sitz in der Himmelsregion. Nicht ganz klar wird, wie dieser Schluß auch gelten kann, wenn die Seele im Sinne des Xenokrates eine Zahl oder im Sinne des Aristoteles der fünfte (kreisbewegte) Körper ist. Flüchtig wird in 42 an die Liste der Theorien eine Notiz über Panaitios angefügt und dann ausführlich beschrieben, wie sich der Aufstieg der Seele vollzieht. Beachtenswert, daß noch einmal eine Alternative offen gelassen wird: nicht nur gibt es den Aufstieg, mag die Seele aus Luft oder Feuer sein, sondern auch, mag sie sich nach einer Weile zerstreuen oder dauerhaft beisammen bleiben.

Der Beweisgang ist ganz physikalisch orientiert. Die Seele folgt einfach dem Bewegungsgesetz der nach oben aufsteigenden Elemente; ihre Bewegung endet, wo ihr natürlicher Ort im Sinne der aristotelischen Physik ist. Und so fremdartig uns ein solcher Gedankenkomplex anmutet, ist es doch nicht zu verkennen, daß er grundsätzlich auf Aristoteles zurückgehen kann.

Stark verkürzt ist offenbar der Schluß von 43. Wir erfahren nicht, wie wir uns das Verhältnis der Seele zu den Gestirnen, das überraschend angedeutet wird, zu denken haben, und ebensowenig, welches die Dinge sind, von denen sich dann Seele und Gestirne ernähren. Theoreme des Herakleides vom Pontos wie des Heraklit scheinen da nahezustehen.

Abrupt folgt in 44—45 auf die physikalische Argumentation die ethische Protreptik. Auffallend pathetisch, fast preziös, wird der Zustand im Körper dem Zustand der vom Körper befreiten Seele gegenübergestellt; kraß ist der Übergang von einer als Feuer oder Luft gedeuteten zu einer als unkörperlich im strengen Sinne verstandenen Seele; seltsam auch, daß unter den Leidenschaften, die die Seele mit dem Körper zurückläßt, ausdrücklich die aemulatio, die Rivalität hervorgehoben wird. Erklärungen dafür lassen sich mehrere denken; keine ist ganz befriedigend.

Grundsätzlich aristotelisch ist es, die himmlische Jenseitsexistenz der Seele als ein Dasein reiner Erkenntnis zu verstehen. So ist denn auch das Substrat von 44—45 und 47 aristotelisch, wie sehr es im übrigen umgestaltet sein mag. Im Einzelnen wird vor allem der Zusammenhang mit der physikalisch-kosmologischen Beschreibung von 42b—43 betont. Nur erhalten alle Begriffe einen neuen ethischen Sinn: die schwere feuchte Wolkigkeit der Erdsphäre bewirkt, daß das geistige Erkennen selbst gehemmt und „umnebelt“ bleibt. Die obere reine Luft-Feuersphäre dagegen gestattet nicht nur ein klares Erkennen, sondern spielt zudem die Rolle eines Aussichtspunktes, von dem aus man die Totalität der Erde überschaut.

So wird denn die jenseitige vita contemplativa teils durch die ursprüngliche Natur des Menschen selbst, teils durch die Beschaffenheit des jenseitigen Ortes begründet.

Beachtung verdient das Theophrastzitat. Auch wenn es sich nur auf einen poetisierenden Ausdruck bezieht, so darf es doch daran erinnern — was zumeist übersehen wird —, daß Theophrast die vita contemplativa nicht minder energisch vertreten hat als sein Lehrer Aristoteles.

46 widerlegt einen Einwand, von dem wir nicht wissen, wie weit er ursprünglich in diesen Zusammenhang gehört — dies ist immerhin sehr wahrscheinlich —: wie kann im Jenseits von einem Erkennen und Betrachten die Rede sein, wo die körperlichen Sinnesorgane fehlen? Der Einwand ist zweifellos schon im aristotelischen Peripatos diskutiert worden. Widerlegt werden kann er nur so, daß den Sinnesorganen eine rein mechanische und im Prinzip entbehrliche Übermittlungsfunktion zugeschrieben wird. Nicht bloß das Denken, auch die Sinneswahrnehmungen vollzieht der Geist für sich allein.

48—49 ist ein ziemlich gewaltsam herbeigezogener polemischer Anhang. Epikur rühmt sich, durch den Nachweis der Sterblichkeit der Seele den Menschen von der Unterweltsangst befreit zu haben. Er ist damit doppelt lächerlich; denn erstens glaubt ohnehin kein Vernünftiger an die Unterwelt (vgl. 10) und zweitens ist es nichts Großartiges, die Sterblichkeit der Seele zu erweisen.

Einen Sinn hat dieser Anhang nur, wenn man ergänzend fortfährt: ruhmvoll ist es dagegen, die Unsterblichkeit und die Gewißheit eines seligen Jenseits zu beweisen.

Bezeichnenderweise steht nicht die Richtigkeit der epikureischen (bzw. antiepikureischen) Lehre zur Diskussion, sondern nur ihr Rang. Was Epikur leistet, ist ein Minimum, was die Andern wollen, ist ein Maximum (vgl. 16!).

Mit 50 beginnt die Untersuchung der Frage nach der Beschaffenheit der Seele, die bisher erst hypothetisch behandelt worden war.

Zunächst: wenn eingewandt ist, man könne sich die Seele ohne Körper nicht vorstellen (das liegt ja z. T. auch 46 zugrunde), so repliziert Cicero (a), man könne sich ebensowenig vorstellen, wie die Seele im Körper sei, ja sogar (b), man könne sich die Seele leichter außerhalb als im Körper vorstellen (50 bis 51a).

Ferner: mag auch die Beschaffenheit der Seele unbekannt bleiben, die Existenz der Seele wie der Gottheit ist doch gewiß, obschon beides unsichtbar ist (51b—52).

Ferner: gewiß ist auch, daß die Seele sich selbst ewig bewegt. Cicero zitiert hier Platon in einer Übersetzung, die er schon für sein Buch De republica, an das auch sonst manches in unserm Text erinnert, verfaßt hatte; 55 ist ein Ausfall gegen Epikur, der sicher öfters gerade gegen die angeführte Platonstelle polemisiert hatte (53—55).

56—71 ist der Hauptbeweis. Er steht wie das Vorangegangene unter der (mit der in 40—43 angenommenen Luft-Feuer-Natur der Seele kaum zu vereinigenden) Voraussetzung, daß die Seele als solche in der Tat unerkennbar bleibt. Ihre Qualität ist nicht eindeutig zu fassen. Aber sie hat sichtbare Leistungen aufzuweisen, die nicht auf körperliche Ursprünge zurückgeführt werden können, die Rezeptivität des Gedächtnisses und die Aktivität der Vernunft (daß in 56a eine leichte Störung des Gedankengangs, vielleicht sogar des Textes vorliegt, sei nur nebenbei angemerkt).

Vom Gedächtnis ist 57—60 die Rede. Das Entscheidende steht in 60: mag offen bleiben, was die Seele ist, fest steht, daß ihre Gedächtniskraft nicht auf Herz, Blut usw. (vgl. 18b—22) zurückgeführt werden kann, sondern auf etwas, was der höheren Welt angehört. Diesen in der Vorlage wohl sehr einfachen Gedankengang hat Cicero erweitert durch einen Hinweis auf die platonische Anamnesis, der nicht völlig paßt, und eine Liste von Menschen mit berühmt phänomenalem Gedächtnis.

Die geistige Aktivität wird 62—64 berührt, zuerst mit einem Abriß der Kulturentwicklung, dann einer Andeutung der drei vornehmsten Künste, wie sie schon im Autorenprooemium (3—5) vorkamen: Dichtung, Redekunst und Philosophie.

65—66 bringt die These zur Vollendung. Gedächtnis und

Vernunft sind göttlich, also partizipiert die Seele an der göttlichen Natur, ist also Luft oder Feuer, in jedem Fall eines der Elemente, die ihren natürlichen Ort in der Höhe haben. Denn darauf kommt es an; die Göttlichkeit ist nur ein Mittelbegriff im Beweise. Beigefügt wird, daß die Seele auch das fünfte Element des Aristoteles sein könnte, ohne daß der Beweis dadurch litte. Cicero hätte, entsprechend 24 und besonders 41, auch die Zahlentheorie des Xenokrates als Möglichkeit nennen müssen. Wenn er es nicht tut, so darum, weil er zum Stichwort Aristoteles ein Zitat aus seiner Consolatio beigeben will.

67—71a ist der Abschluß. Wenn wir auf die Fragestellung des Anfangs in 18b zurückblicken, so hat sich herausgestellt, daß wir Gewißheit darüber erhalten haben, daß die Seele unsterblich und darum in der höheren Welt zuhause ist, bzw. von ihr her kommt. Die Frage „unde“ ist also beantwortet. Die Frage nach ihrer Beschaffenheit („quid“ oder „quale“) hat sich nicht eindeutig beantworten lassen; wir wissen nur, daß sie eines der in der höheren Welt beheimateten Elemente sein muß; welches, können wir nicht sagen. Offen bleibt endlich auch die Frage, wo („ubi“) die Seele im Körper ihren Sitz hat.

Dies ist es, was die Rekapitulation in 67—71a festhält. Wir wissen nicht Alles, aber wir kennen doch die Manifestationen der Seele: Selbstbewegung (von der Schnelligkeit der Bewegung war 43 in anderm Sinne die Rede. Hat Cicero einen Beweis da unterdrückt?), Gedächtnis und Vernunft. Das genügt, so wie es bei der Gottheit genügt, wo wir auch nur die Werke sehen, Gott selbst aber nicht. Dies wird in einer pompösen, von Cicero eigens in 68—70a eingelegten Periode hervorgehoben. Teilweise als Fremdkörper oder mindestens als Fragment einer größeren Darlegung wirkt 71a, wo mit ausdrücklicher Berufung auf die Naturphilosophie von der Einfachheit und Ungemischtheit der Seele die Rede ist, ohne daß ein Zusammenhang mit dem Vorausgehenden ersichtlich wäre. Sollte das Stück mit 56a zusammengehören?

Im Ganzen gesehen sind 18—71 mehr oder minder eine Einheit. Der Fortschritt vom naiven Consensus der Menschen zu den philosophischen Beweisgründen, der Beweis, daß die Seele auf Grund ihrer Manifestationen zu den nach oben strebenden Elementen gehört, woraus sich die Tatsache eines seligen Jenseits in der Höhe ergibt, das Alles ist klar. Vielleicht schon von Anfang an, sicher aber von 65 an wird die Seele mit der Gottheit parallelisiert, der sie verwandt ist und die gleich ihr nur aus den Werken erkennbar ist. Wichtig und eindrucksvoll ist die behutsame ἐποχή des Urteils, die sich durch das Ganze hindurchzieht. Von den drei Fragen des Anfangs läßt sich nur eine entschieden beantworten, die beiden andern bleiben in der Schwebe und dürfen in der Schwebe bleiben. Vor allem zwischen den vier Möglichkeiten, daß die Seele Luft, Feuer, der fünfte Körper des Aristoteles oder die Zahl des Xenokrates sei, wird nirgends endgültig entschieden. Für den aufmerksamen Leser ist diese Zurückhaltung vielleicht das Eigentümlichste am ganzen Text.

Mit der Frage, woher Cicero den Text hat, haben wir uns hier nicht aufzuhalten. Im Ganzen ist das Substrat aristotelisch. Wer es bearbeitet und Cicero übermittelt hat, wissen wir nicht.

71b—81 bilden den Epilog zu 18—71a. Der Abschnitt zerfällt in einen protreptischen (71b—76) und einen polemischen Teil (77—81) und könnte kompositorisch wie inhaltlich mit 44—49 verglichen werden. Vor allem steht der protreptische Teil den Gedanken von 44—45 und 47 sehr nahe. Cicero beginnt mit dem Bild des sterbenden Sokrates, wie ihn Platons Phaidon schildert, nennt dann kurz, aber mit Nachdruck als römisches Gegenstück Cato, der nicht viel mehr als ein Jahr vor der Abfassung der Tusculanen im April 46 v. Chr. sich selbst den Tod gegeben hatte, um Caesars Diktatur zu entgehen. 75 ist pathetische Aufforderung, sich schon jetzt durch Rückzug aus dem körperlichen Leben auf den Tod vorzubereiten. Zweifellos verwendet hier Cicero reichlich Gedanken und Wendungen aus der Consolatio, die ja auch in 76 genannt wird.

76 Mitte liegt vermutlich eine Textlücke von mehreren Zeilen vor; auch 77 ist textlich gestört und noch nicht geheilt. Abgesehen davon hat Cicero die Polemik, zu der er nochmals übergeht, sehr flüchtig abgemacht. Drei Gegner der Unsterblichkeit werden genannt: Epikur, Dikaiarchos, die Stoa. Von den zwei ersten hören wir weder die Argumente noch eine Wider-

legung; die stoische These wird als methodisch widersinnig ganz kurz erledigt. Dagegen hängt Cicero einen sehr präzis in Gründe und Widerlegungen gegliederten Abschnitt über Panaitios an, wohl aus derselben Quelle wie die Notiz in 42.

Von 82 an soll erfüllt werden, was 16 versprochen worden war. Es soll nach der maximalen nun auch die minimale Möglichkeit erörtert werden, daß nämlich auch dann der Tod kein Unglück ist, wenn die Seele mit dem Körper stirbt. Wir finden hier in größtem Stile dieselbe ἐποχή wie vorhin. Selbst in der Hauptfrage nach Sterblichkeit oder Unsterblichkeit der Seele will sich Cicero nicht endgültig festlegen. Dogmatische Strenge ist diesem Buche völlig fern.

Summarisch war schon in 9—16 gezeigt worden, daß der Tod kein Unglück sein kann, wenn die Toten nicht existieren. Das wird nun näher ausgeführt.

82—83 enthält bereits die Hauptargumente: (1) Nach dem Tode werden weder Körper noch Seele irgendetwas empfinden; (2) der Tod selbst ist ein so kurzer Augenblick, daß er nicht ins Gewicht fällt; (3) die letzte Frage ist die nach dem Verlust der irdischen Güter. Sie verlangt eine ausführlichere Antwort. Denn hier ist von der Nichtigkeit alles Irdischen zu reden, einem Thema, das natürlich schon zu 44—45 und 47, sowie zu 71b—76 einen latenten Hintergrund bildete.

Es ist deutlich und längst bekannt, daß Cicero zu diesem Punkte keine brauchbare größere Vorlage besaß. Er hat also auf eigene Faust und ziemlich mühselig aus der reichen Trostliteratur, die er für seine eigene Consolatio durchgearbeitet hatte, die Stücke zusammengestellt, die ihm geeignet schienen. Eine klare Gesamtdisposition liegt nicht vor.

Wir heben das Wichtigste heraus. 85 ist die römisch adaptierte experimentierende Gegenüberstellung eines εὐδαιμονέστατος und eines ἀθλιώτατος. Dieser ist, wie schon bei Aristoteles in der Ethik, Priamos. Ganz vollständig ist der Gedanke nicht ausgeführt. Denn gemeint ist offenbar: der Unglückliche ist in jedem Falle froh, das Leben zu verlassen, Glückliche dagegen gibt es nur selten und auch bei ihnen ist man nie sicher, ob sie nicht noch unglücklich geworden wären, wenn sie länger gelebt hätten. 86 ist das Beispiel des Pompeius sehr bemerkenswert. Es erhält — wie das des Cato in 74 — sein Gewicht, wenn man bedenkt, daß Pompeius erst seit drei Jahren tot ist und sein siegreicher Gegner jetzt Rom beherrscht. Erst von da her wird man die Eindringlichkeit wie die Diskretion der Anspielung richtig einschätzen.

87—88 bringt ein Argument, das eigentlich zu Punkt 1 der Disposition von 82—83 gehört. Für den Toten sind die irdischen Güter nicht verloren, da er ja nicht existiert, also gar keinen Anspruch auf sie erheben kann. Nicht ohne gelehrtes Behagen breitet Cicero seine semasiologische Diskussion über den Begriff des „carere" aus. 89 biegt recht überraschend in eine Reihe von Beispielen der Todesverachtung ein, was man vielleicht am besten zu Punkt 2 von 82—83 zieht: Beweis dafür, daß das Sterben nicht weh tut (anders sind dieselben Beispiele, wenn auch ohne Namen, in 32b gemeint!). Dann kommen wir wieder zum „carere" und dann zu einer Explikation dessen, was „Nichtsein" bedeutet. Wer längst tot ist, ist ebenso nichtexistent wie der, der nie existierte, oder wie der, der noch nicht existiert (90—92, nicht ohne Beziehung zu 12—13). 91a sucht Cicero zu erklären, wie man für die Zukunft sorgt, auch wenn man weiß, daß man nicht mehr existieren wird (deutlich hat er dabei die umgekehrte Argumentation in 31—34 im Kopfe), 92b parallelisiert er Schlaf und Tod.

Noch unübersichtlicher wird die Abfolge der Gedanken von 93 an. 93—94 zeigt, daß man nie von unzeitigem Tode reden kann, da der Begriff der angemessenen Dauer des Lebens höchst relativ ist, sowohl für die Menschen unter sich, wie auch im Vergleiche zwischen Mensch und Tier. 95—102a ist eine Folge von Beispielen der Todesverachtung, wie sie schon 89 bot: an der Spitze stehen Sokrates und Theramenes. Das eigentliche Problem: wie man sich zum Tode verhält, wenn dieser einen Übergang ins Nichtsein bedeutet, ist beinahe vergessen. Ausdrücklich als Exkurs bezeichnet ist 102b—109a, eine fast ganz aus Beispielen zusammengesetzte Betrachtung darüber, daß auf den Leichnam nichts ankomme, da der Tote selbst doch nicht spüre, was mit seinen Überresten geschehe; man dürfe darum bei Totenbräuchen nur soweit gehen, als es die Sitte fordere (dasselbe Problem unter anderer Beleuchtung in 27 und 30!).

109b—111a scheint 93—94 fortzuführen. Die Dauer des Lebens ist bedeutungslos, wichtig ist allein, daß man es ehrenvoll zugebracht hat; denn dann kann man glücklich sterben. Die Beispiele in 110 ergänzen diejenigen in 89 und 95—102a. Cicero ist sich bewußt, weit ausführlicher zu sein als es das Problem eigentlich verlangt. Aber es liegt ihm an der protreptischen Wirkung, am „consolari".

So scheint das Buch als „exercitatio" (7) begonnen zu haben und als „consolatio" zu enden — immerhin nicht ganz. Cicero hat am Ende das Bedürfnis, den pathetischen Ernst etwas aufzulockern und so wirft er 112 die Frage auf, ob nun nicht noch nach Schulvorschrift ein Epilog beigegeben werden solle. In 112 wie in 119 wird in leiser Selbstironie absichtlich der pedantische griechische Schulterminus „epilogus" verwendet.

Dieser Epilog enthält in 113—116a Erzählungen, wie die Gottheit selbst den Tod als das größte Glück des Menschen bezeichnet habe, und in 116b Beispiele der Todesverachtung, wie sie uns nun schon öfters begegnet sind. 117—118 rekapituliert das ganze Buch mit der doppelten Alternative: der Tod ist also entweder indifferent oder ein Gut; er bedeutet entweder völlige Vernichtung oder Übergang in ein seliges Jenseits.

Unzweifelhaft schwingt besonders an dieser Stelle die berühmte, schon oben erwähnte, Alternative vom Schlusse der Platonischen Apologie mit, jener Text, den Cicero selbst in 97—99 paraphrasiert hat. Die ciceronische Alternative ist nicht mit ihr identisch und ist zunächst nicht aus ihr, sondern aus einer Gesamthaltung der ἐποχή zu interpretieren. Aber allerdings hat diese akademische ἐποχή ihre letzten Wurzeln unter anderem in Platons Apologie.

Die Schlußsätze brechen das Gespräch kurz ab und eröffnen den Ausblick auf die Diskussionsgegenstände der nächsten Tage, die Auseinandersetzung mit den drei Leidenschaften der Sorge, der Angst und der Begierde.

Zweites Buch

Die Einleitung (1—9) läßt sich ohne Schwierigkeit in drei Stücke gliedern. Ein erstes Stück (1—2) nimmt das Gesamtthema und die letzten Sätze des ersten Buches auf. Ziel der Philosophie ist die Befreiung von den Leidenschaften. Sie kann gefördert werden, auch wenn man sich nur bruchstückhaft mit der Philosophie beschäftigen kann, wie das gerade die erste Diskussion gezeigt hat. Ihr Inhalt wird in 2b kurz resümiert. Die Einzelheiten dieses Abschnitts, vor allem die so bezeichnend „oberflächliche" Begründung dafür, daß man sich eigentlich der Philosophie ganz widmen müsse, können hier nicht behandelt werden.

Das zweite Hauptstück (3—8) ergänzt die Einleitung zum ersten Buch. Einmal nach der persönlichen Seite: Cicero ist sich bewußt, bei seinem Tun viele Gegner zu haben. Schon seine Redekunst, die doch fürs Volk bestimmt war, hat Ablehnung gefunden; erst recht wird es der Philosophie geschehen, die sich um das Volk nicht kümmert; und noch mehr seiner persönlichen Richtung, der Akademie, die ja von den übrigen Philosophen so sehr bekämpft wird. Doch ärgert ihn dies nicht. Denn gerade die Akademie legt auf Diskussion der Meinungsverschiedenheiten den größten Wert.

Die Bemerkung, daß überdies gerade die Diskussionen die Philosophie in Griechenland zur Blüte gebracht hätten (4b), leitet über zu den kulturpolitischen Erwägungen. In I war gesagt worden, als letztes griechisches Kulturgut sei nun die Philosophie in Rom anzusiedeln. Hier geht Cicero etwas weiter. In Griechenland ist die Philosophie heute am Ende, so wie in Rom die ihr kulturgeschichtlich voraufgehende Redekunst schon fast am Ende ist. So soll nun die Philosophie in Rom aufblühen und das reiche Erbe Griechenlands übernehmen. Nicht ganz organisch eingelegt, aber schön formuliert ist in 5b Ciceros Bekenntnis zur akademischen ἐποχή, auf die schon 4b angespielt hatte und die uns bereits im ersten Buch eindrucksvoll entgegengetreten war. In 5b richtet sich die Spitze gewiß mehr noch gegen die Stoa als gegen Epikur. Ebenso nicht ohne Gewaltsamkeit findet 6b den Übergang zur Polemik gegen die römischen Epikureer, die uns ja in I,6 auch schon begegnete. Cicero bemüht sich auch hier nach Kräften, diese ihm höchst unbequemen „Vorläufer" wegzuschaffen.

Das dritte Stück spricht ähnlich wie I,7—8 von der akademischen Disputiermethode und führt auf diese Weise zur Dialogszenerie hinüber.

Diesmal wird in 10—13 mit einem Vorgespräch begonnen, das ähnlich wie 2 im Rückblick auf das erste Buch das Gesamtziel der Philosophie nennt und dann feststellt, daß dieses Ziel nur erreicht werden kann, wenn gute Anlage und richtige Belehrung zusammentreffen. Die gute Anlage ist freilich nicht jedermann gegeben, wie man an den vielen Philosophen sehen kann, die anders leben als sie lehren (11b—13a. Cicero erinnert sich vermutlich hier an den Hortensius, in welchem er dieses Problem bereits besprochen hatte). 13b ist eine der klassischen Stellen der antiken Literatur über den entwicklungsreichen Begriff der „cultura animi".

14 gibt das Thema des Buches, die Bedeutung des (körperlichen) Schmerzes. Im Ganzen gesehen hängt es mit I insofern zusammen, als Tod und Schmerz einander verwandt und die Hauptquelle menschlicher Angst, also der einen der drei schon mehrfach (I, 119; II,2 und 11) genannten Leidenschaften sind. Die Untersuchungsmethode im Einzelnen weicht freilich von I ziemlich stark ab. Daß Cicero hier eine andere Vorlage benutzt, wird allgemein angenommen; welcher griechische Philosoph es ist, läßt sich aber so wenig wie in I mit Sicherheit sagen.

In evidenter Parallele zu I,9—16 wird mit einem Dialog begonnen (14—15a); freilich ist er von rudimentärster Kürze. Die These, der Schmerz sei das größte Übel (Epikur), wird nach einem Hinweis auf die Schande als das größere Übel sofort fallen gelassen. Bestehen bleibt nur (gegen die Stoa), daß der Schmerz überhaupt ein Übel ist; mit dem Wunsch nach größerer Ausführlichkeit endet das Gespräch.

15b scheint ein Dispositionsschema zu enthalten. Die schwächlichen Ansichten der πολλοί einerseits, die Lehren der Philosophen andererseits sollen zur Sprache kommen. Doch wird von jenen gar nichts weiter gesagt, und diese erscheinen nur ganz summarisch aufgeteilt: die einen nennen den Schmerz das größte Übel (vor allem Epikur), die andern überhaupt kein Übel (vor allem die Stoa), die dritten ein mittleres Übel (sie werden nicht genannt; es handelt sich vor allem um den Peripatos).

16 wendet sich sofort pathetisch gegen die erste These. Da der Schmerz immer gegenwärtig ist oder erwartet werden muß, so ist der Mensch nach dieser These dauernd unglücklich. Das Zitat aus dem Epikurschüler Metrodoros 17a bestätigt diese Auffassung.

Dann aber wird Epikur zitiert, und zu unserer Überraschung wechselt die Perspektive vollständig. Denn es wird nun der vielgenannte und, wie so vieles bei Epikur, bewußt aufreizend formulierte Satz angeführt, auch im ehernen Stier des Phalaris werde der Weise Lust zu empfinden wissen. Diese Verachtung des Schmerzes geht, wie Cicero anmerkt, noch über die Stoa hinaus. Aber er verwirft beides. 18 enthält zum ersten Mal den Gedanken, der sich durch das ganze Buch hindurchzieht: der Schmerz muß zwar unbedingt bekämpft werden, aber daß er in irgendeinem Umfang ein Übel ist, läßt sich nicht leugnen. So unternimmt es Cicero in 19—26, gegen Epikur zu zeigen, daß man den Schmerz nicht derart bagatellisieren dürfe. In Dichterzitaten führt er die drei großen schmerzgeplagten Helden des Mythos vor: Philoktet, Herakles, Prometheus.

In 27 wechselt die Perspektive ein zweites Mal. Nach 19—20 waren die Dichterzitate dazu da, gegen Epikur die Realität des Schmerzes zu beweisen. In 27 soll aus ihnen vielmehr hervorgehen, wie verweichlichend und entnervend die Dichter wirken. Darnach werden, wie etwas Neues, die Philosophen genannt, an der Spitze die Lustlehre Epikurs. Fast könnte man meinen, mit 27 erst beginne der Text, auf den die Disposition in 15 zielt. Denn die Dichter sind sicherlich ein Teil der „imbecillitas multorum". Wie dem auch sei, gegen Epikur wird sofort heftig polemisiert, allerdings auch (wie in 18, doch mit „umgekehrter Front") festgehalten, es genüge zu wissen, daß der Schmerz nicht das größte Übel sei. 29—30a folgen die Stoiker. Ihnen wird vorgeworfen, daß sie spekulativ (verbis) den Schmerz wegdisputieren, faktisch aber nichts zu seiner Überwindung leisten. Dies soll im Folgenden, 30b—33, geschehen. So wird erstens gelehrt, daß der Schmerz neben der Schande faktisch nicht zählt — daß er theoretisch kein Übel sei, wird nicht behauptet —, und zweitens, daß die Gesamtheit der Tugenden (die vier Kardinaltugenden werden angeführt) nur bestehen kann, wenn man ihn rücksichtslos bekämpft.

Mit 34 scheint der Traktat gewissermaßen wieder von vorn zu beginnen. 34—41 zeigt an vielen Beispielen, wie der Mensch allein schon durch Gewöhnung dazu kommt, die schlimmsten Schmerzen zu ertragen (hübsch ist der Exkurs 35 über den Unterschied von „labor" und „dolor", den die griechische Sprache, die nur das eine Wort πόνος kennt, nicht machen kann).

42 geht zur philosophischen Diskussion über den Schmerz über, zunächst in einer Auseinandersetzung mit der Stoa, die (wie 29—30a) die Grundthese des Traktats klar erkennen läßt: es ist unzulässig, theoretisch zu behaupten, der Schmerz sei kein Übel; man muß aber Alles tun, um ihn praktisch zu bekämpfen.

43 hält den Consensus, der unter Philosophen und Nichtphilosophen besteht, fest: jeder anerkennt, daß es groß und männlich ist, den Schmerz mutig zu ertragen. Die Frage ist also nur noch, auf welchem Wege man dazu gelangen kann.

44—45a bietet sich Epikur an, den wir damit (nach 17—18 und nach 28) unter einem dritten Aspekt kennen lernen. Sehr genau wird der vierte Lehrsatz seines Katechismus diskutiert und widerlegt. Es folgen die Stoiker, die für die Praxis wohl zu gebrauchen sind, wenn sie den Menschen daran erinnern, wie viele schon den Schmerz besiegt haben (46 resümiert 34—41) und welchen Rang die Tugend hat.

47—58 ist so etwas wie der Mittelpunkt des ganzen Buches. Ausgehend vom Stichwort des „sibi imperare" wird eine Psychologie skizziert, deren Substrat man aristotelisch nennen kann. Es gibt den logischen und den alogischen Seelenteil, jenen als regierend, diesen als gehorchend, jenen als tapfer, diesen als weich. Um den alogischen Seelenteil zum Gehorsam zu zwingen und damit den Schmerz zu besiegen, gibt es ein hauptsächlichstes Mittel, die Anspannung der Seele (contentio, intentio, gr. τόνος). Dies wird von 51b an bis 58 der Hauptbegriff, der mit immer neuen Wendungen und Vergleichen erläutert wird. Er scheint spezifisch stoisch zu sein. Eingelegt von Cicero in diesen Zusammenhang sind die Dichterzitate 48b—50a und die Beispiele der Schmerzüberwindung 52—53a.

Als weiteres Mittel zu diesem Zwecke wird die natürliche Neigung des Menschen zu allem Edlen und Ruhmvollen genannt (58b—64), wiederum mit Beispielen, unter denen die Erzählung der Begegnung des Pompeius mit Poseidonios besonders bemerkenswert ist (61). Cicero gibt sie als mündlichen Bericht des Pompeius; in Wirklichkeit dürfte sie aus einem Dialog des Poseidonios, jedenfalls aus einem Buche stammen.

65 endlich wirkt als Anhang: Hinweis darauf, daß man dem Schmerz gegenüber gleichmäßig tapfer sein soll. Die „contentio" soll nicht bei einem Schmerz wirken, beim andern nachlassen.

66—67 kann man als Epilog bezeichnen. Die Grundposition wird noch einmal formuliert: es kommt nicht darauf an, zu wissen, ob der Schmerz ein Übel sei oder keines (vgl. 18, 28, 33, 42; an unserer Stelle wird besonders deutlich, daß damit eine Haltung der ἐποχή gemeint ist) — entscheidend ist, daß man um des καλόν willen den Schmerz verachtet. Vom szenischen Abschluß gilt, was wir schon an der entsprechenden Stelle des ersten Buches bemerkten, daß er gewiß mit Absicht aus dem protreptischen Pathos in das nüchtern pedantische Spiel der „exercitatio" zurückbiegt.

Drittes Buch

Die Einleitung zum dritten Buch (1—7a) ist enger als es sonst bei Cicero der Fall zu sein pflegt, mit dem Hauptteil des Buchs verbunden. Gegenstand des Buches ist das Wesen und die Bekämpfung der „aegritudo" (gr. λύπη), des (seelischen) Kummers, der schon in I,119 und II,2 unter den Hauptleidenschaften aufgezählt war. Die Leidenschaften sind Krankheiten der Seele und die Einleitung führt nun aus (1—6a), daß es eine Heilkunde für die Seele ebenso geben müsse, wie sie für den

Körper existiert. Denn die Hinweise, die uns die Natur gegeben hat, sind nicht entschieden genug, daß sie nicht durch den Einfluß der Menschen, der Kultur verwirrt würden; dieser Einfluß verführt uns zu eben jenen Begierden nach Ruhm (dazu wird in 3b—4a ein Exkurs eingelegt), Geld und Lust, die uns nicht weniger verderben als die Krankheiten des Körpers. Das ganze Stück ist wichtig, weil es in einer nahezu epikureisch wirkenden Art die Leidenschaften als das Werk anerzogen irrigen Meinens, der κενοδοξία interpretiert, ganz im Gegensatz etwa zu I, 44 wo die Leidenschaften an der Körperlichkeit haften. 6b—7a ist ein nur äußerst dürftig ausgeführter Übergang zum Gespräch.

Schon ein flüchtiger Blick auf die Eingangsthesen zeigt, daß die Bücher III und IV eng zusammenhängen. In beiden Fällen wird vom Weisen, dem „vollkommenen Menschen", wie ihn die hellenistische Philosophie beschrieben hat, ausgegangen. Das vierte Buch untersucht die allgemeine Frage, ob der Weise von Leidenschaft frei sein könne, das dritte die besondere Frage, ob er von der Leidenschaft der „aegritudo", des Kummers, frei sei. Die Vorwegnahme des Sonderproblems mag sich daher erklären, daß für die Stoa wenigstens diese Leidenschaft eine besondere Stellung einnahm (vgl. IV,14).

7b—11 ist eine Gruppe allgemeiner Bemerkungen, etwas unübersichtlich geraten dadurch, daß Theoreme und terminologische Notizen verknüpft sind. Von der „aegritudo" wird sofort auf alle Leidenschaften übergegriffen; für den griechischen Begriff des πάθος schlägt Cicero „perturbatio animi" vor (die Übersetzung mit „passio" hat sich erst später eingebürgert). Zugleich geht er vom Nebensinne des griechischen Wortes Pathos („Krankheit") aus, und begründet das stoische Paradoxon, daß jede Leidenschaft Wahnsinn sei, eine These, die er glaubt, schon im altrömischen Gebrauch des Wortes „insania" nachweisen zu können. Zu unterscheiden sei natürlich diese „höhere" Art des Wahnsinns vom ordinären, medizinisch erfaßbaren Irrsinn. Diese Distinktion, die sich über die Stoa hinaus auf die Sokratik zurückführen läßt, ist wiederum nach Cicero im Lateinischen besser durchführbar (insania — furor) als im Griechischen, wo er den Gegensatz von μανία und μελαγχολία mit Recht als unbefriedigend empfindet. Ob Cicero den gesamten Vergleich römischer und griechischer Terminologie schon bei einem ältern Autor gefunden hat, der vielleicht den Römer als „anima naturaliter philosophus" zu erweisen suchte (Varro?), bleibe dahingestellt.

12—13 stellt zwei Thesen einander gegenüber, die akademische, die ein natürliches Maß von Leidenschaft (μετριοπάθεια, ein zunächst peripatetisches Schlagwort, das aber teilweise auch für die Akademie gelten konnte), bestehen läßt, und die stoische, die die Leidenschaften vollständig ausrotten möchte. Cicero neigt der zweiten These zu und führt in 14—21 eine ganze Reihe von stoischen Beweisgängen vor, die die Unvereinbarkeit der Leidenschaft im allgemeinen, des Kummers im besonderen mit der Haltung des Weisen darlegen. Eingeschaltet sind in 16—18 wie in 20 wiederum Bemerkungen über lateinische und griechische philosophische Terminologie.

22 kündigt eine etwas gelöstere Darstellungsweise an, obwohl der Anschluß an die Stoa bestehen bleiben soll. Ähnlich wie in 12 wird mit der These der Metriopathie begonnen — dort war sie mit den Worten Krantors der Sache nach gemeint, hier wird sie als peripatetische Lehre ausdrücklich genannt und von ihr der Radikalismus der Stoa abgehoben. Dann wird betont, wie richtig das Latein die spezielle Leidenschaft des Kummers „aegritudo" nennt; denn nur sie hat die eigentümlichen Charaktere der Krankheit, die übrigen Leidenschaften, die hier zum ersten Mal in ihrer vollen Vierzahl genannt werden, nicht.

23b—25a ist ein erstes Stück systematischer Ausführung. Im Anschluß an ein sehr altes Stück medizinischer Methodik wird die Frage nach der Ursache des Kummers bzw. der Leidenschaft als die erste bezeichnet. Ursache ist das Meinen (δόξα). Dies wird schematisch an allen vier Leidenschaften festgestellt. Ein Beweis wird freilich nicht gegeben — der folgt erst viel später, — sondern sofort in wohlberechnetem Wechsel von Schematismus zu Pathetik ausgeführt, daß der Kummer die ärgste aller Leidenschaften sei. Dazu werden zwei mythologische und zwei historische Beispiele zitiert (25b—27a).

28—59a kommen wir zu einem sehr unerwarteten, aber ziemlich geschlossenen Lehrkomplex. Er betrifft weit weniger die ethische Stellungnahme zum Kummer, als vielmehr seine psychologische Interpretation. Epikur lehrt, daß Jeder Kummer leide, der sich von einem großen Unheil bedroht glaube. Die Kyrenaiker dagegen erklären, daß nur ein unvorhergesehenes Unheil den Kummer auslöse. Geschichtlich ist das Stück leicht einzuordnen. Die Kyrenaiker, also die von dem hochbedeutenden Sokratiker Aristippos ausgehende „Schule" nahmen nicht ohne Recht in Anspruch, die eigentlichen Schöpfer der epikureischen Anthropologie zu sein. Epikur stritt diese Beziehung grundsätzlich ab und bemühte sich im Einzelnen zu zeigen, wie sehr er von den Kyrenaikern abwiche. Aus dieser Diskussion stammt letzten Endes unser Text.

29—31 bietet eine bunte Reihe von Exempla, die gewissermaßen negativ die These der Kyrenaiker beweist: gezeigt wird, daß bei einem vorher bedachten und erwarteten Unheil der Kummer viel schwächer sei.

32 kehrt zu Epikur zurück und referiert zunächst (32—33) über dessen Lehre: nicht die Erwartung des Unheils mildert den Kummer, sondern allein das Ablenken der Gedanken dadurch, daß sie sich Lustempfindungen zuwenden. 34—46a sucht dies zu widerlegen. Erstens ist die Erwartung des Unheils nicht nur nicht verwerflich, sondern vielmehr wünschbar; denn sie verhindert, daß man vom Unheil überrascht wird. Zweitens ist das Ablenken der Gedanken gar nicht durchführbar und gegen die Natur. Drittens ist die Lust kein Gegenstand, auf den es einen Sinn hätte die Gedanken hinzuwenden. Die Tugend wäre ein solcher; die Lust dazu zu machen ist lächerlich: man braucht sich bloß vorzustellen, man wolle die großen verzweifelten Gestalten der Tragödie, Telamon, Andromache u. a. mit Hilfe der von den Epikureern angebotenen Vergnügungen trösten.

Freilich stellt die epikureische Lustlehre keine Einladung zu Ausschweifungen dar, doch ist sie mißverständlich und widerspruchsvoll. Das wird in einem besonderen Abschnitt über den Sinn des epikureischen Lustbegriffs festgestellt (46b—51;

hübsch ist das Beispiel von Widerspruch und Konsequenz aus der römischen Gracchengeschichte in 48).

Mit 52 gewinnen wir den Anschluß an 31. Nun wird die Lehre der Kyrenaiker diskutiert (52—59). Sie hat in bestimmten Grenzen ihre Berechtigung. Entscheidend ist der Zeitfaktor. Wo keine Zeit zu Überlegung und Meidung des Unheils frei bleibt, da trifft es schlimmer; umgekehrt bringt die Zeit als solche eine Milderung des Kummers über eingetroffenes Unheil. Freilich gilt auch dies nur in Grenzen. In 55 ist der Text gestört und von 56 an scheint eine allgemeine Therapie der Leidenschaften entwickelt zu werden. Einem Unglück gegenüber kann man entweder zeigen, daß die Sache selbst nicht so schlimm ist, wie sie scheint, oder daß Andere dasselbe ertragen haben oder endlich allgemein, daß dergleichen zu ertragen zur Situation des Menschen gehört. Unter den Beispielen, die angeführt werden, finden sich dieselben, die wir schon in 28—30 hatten. 58b—59a kehrt zur Diskussion über die Kyrenaiker zurück und schließt sie ab. Das Unerwartete verschlimmert den Kummer, ist aber nicht der alleinige Grund.

59b—60 ist wie ein Nachtrag zu 56—58a. Es wird die Frage diskutiert, wie weit der Hinweis auf fremdes Unglück oder auf die allgemeine Lage des Menschen den Kummer nicht vielmehr vergrößere als ihn mindere; dies sei die Meinung des Karneades gewesen, der damit sich ziemlich eng mit der epikureischen Lehre von 43 berührt.

Zitiert wird dazu Antiochos von Askalon. Es ist nahezu das einzige Antiochoszitat der Tusculanen, obwohl die Möglichkeit besteht, daß Cicero die Schriften dieses Mannes, den er als Student persönlich kennengelernt hatte, öfters benutzt als er ausdrücklich angibt.

Mit 61 finden wir wieder den Anschluß an 22b—27. Von dort her wird der Gedanke aufgenommen, daß der Kummer erstens das Meinen eines Unglücks sei und zweitens ein Meinen, das zudem für eine Pflicht gehalten wird. Eine Reihe von Beispielen für angeblich pflichtgemäßes Klagen wird genannt (61 bis 64a, deutlich mit I, 83—119 verwandt) und dann zum Nachweis übergegangen, daß es sich tatsächlich um ein falsches Meinen handelt, das durch die gesunde Natur, die Situation (sehr beachtenswert in 66 der Bericht über den Tod des Pompeius), und durch Abhärtung überwunden wird, sowie durch die Tatsache, daß man über das schlimmste Unglück, die Unwissenheit, keinen Kummer empfindet (dieses Stück, 68—70a wirkt als Einlage); endlich verbieten sich tapfere Männer das Klagen.

71b wendet dagegen ein, daß man nicht freiwillig zu trauern pflege; dies wird in 72—74a widerlegt; man trauert tatsächlich aus bestimmten aufhebbaren Gründen. Das wird besonders gegen Krantor gesagt (vgl. 12f. u. 22). Damit ist der Nachweis vollendet. Was 24—25a zuerst formuliert und dort einfach vorausgesetzt war, ist nun bewiesen. Beigefügt wird in 75, daß das Meinen des Unglücks frisch sein müsse, ein Gesichtspunkt, der hier ausdrücklich als zenonisch gilt, aber schon in 53—54 berücksichtigt wurde.

75b—79 spricht von der Therapie des Kummers, ähnlich wie schon 56—60, aber systematischer. Sechs Thesen werden genannt: die des Kleanthes, der Peripatetiker, Epikurs, der Kyrenaiker, des Chrysipp und die sechste, die alle fünf vorangehenden zusammennimmt. 76b redet noch einmal vom Zeitfaktor, 77a entwickelt eine Therapie in drei Punkten und 77b bis 79 nimmt die fünf genannten Einzelthesen durch, freilich so, daß für Epikur auf die frühere Behandlung in 32—51 verwiesen und die kyrenaische Doktrin überhaupt durch eine andere ersetzt wird.

Prinzipiell könnte man sich fragen, ob etwa in 22b—25a plus 61—75a einerseits (Wesen des Kummers) und in 75b—79 (Therapie des Kummers) so etwas wie der systematische Kern des Buches vorliegt, der dann durch zahlreiche Umstellungen, Einschübe und Verkürzungen die von Cicero gebotene Form gewonnen hat. Die Frage kann hier nur gestellt werden. Eine approximative Antwort kann nur eine Einzelanalyse des Textes, wie sie bis heute noch nicht vorliegt, zu geben versuchen.

80 geht zum Epilog über. Sehr richtig bemerkt Cicero, daß das Thema sich verschoben hat. Ausgangspunkt war die Frage gewesen, ob der Weise von Kummer befallen werden könne. Diese Frage erledigt sich mit der Tatsache, daß für den Weisen

nur die Schande ein Unglück und alles andere belanglos ist, von selbst. Die Ausführungen über Wesen und Therapie des Kummers setzen den Unweisen voraus, der sich durch alles mögliche äußere Mißgeschick behelligen läßt.

Der Epilog selbst, 81—84, präzisiert, daß nur vom Kummer im Ganzen bzw. dessen wichtigstem Teile die Rede gewesen sei, nicht aber von der Reihe der Unterabteilungen; dies täten die Griechen in ihren Büchern und Vorlesungen; für die Philosophie als Heilmittel sei dies nicht notwendig. Denn wer das Wesen des Kummers im Ganzen begriffen habe, könne auch die Therapie anwenden, mit der es gelinge, den Kummer so weit als möglich zu vernichten. Ganz wird es nicht gelingen; das wird hier wie schon in 83 angedeutet. Aber das Entscheidende wird die Philosophie schon leisten.

An die Liste der Unglücksmöglichkeiten (81) werden wir uns zu V, 89—118 wieder erinnern. Sie weist auch darauf hin, daß Cicero in der Tat nur den psychologischen Aspekt des Kummers genauer behandelt hat, nicht aber den gegenständlichen: welche objektiven Situationen nämlich mit Recht den Menschen in Kummer bringen. Dieser Aspekt wird auf das fünfte Buch aufgeschoben.

Die Liste der psychologischen Formen des Kummers (83b) wird in IV, 16b—18 wiederkehren. Das dritte Buch will ja nur das wichtigste Kapitel aus dem Traktat über die Leidenschaften vorwegnehmen. Das vierte Buch bringt den Rest und wiederholt darum manches.

So ist denn auch das dritte Buch ziemlich unübersichtlich. Zwar wird vielfach eine ganz präzise Doktrin sichtbar. Aber Cicero hat manches umgearbeitet, und die philosophische Haltung (die wir mit dem Stichwort ἐποχή bezeichneten) tritt uns nicht so klar entgegen wie in den zwei vorangehenden Büchern.

Viertes Buch

Die Einleitung (1—7) ist bis in Einzelheiten eine Variation derjenigen zum ersten Buche. Das Thema ist wiederum der Vergleich zwischen der griechischen und römischen Kulturentwicklung. Der eigenständigen politischen und militärischen Entwicklung Roms steht die Übernahme der Bildungsgüter: Dichtung, Redekunst und Philosophie gegenüber. Zum Stichwort Philosophie werden zwei größere Ergänzungen angebracht. Beide stehen merkwürdigerweise zum Gesamtplan in einem fühlbaren Widerspruch. Der Gesamtplan ist kein anderer als derjenige der Einleitung zu I: die Philosophie ist den Römern vor Cicero fremd geblieben und soll erst durch ihn eingebürgert werden. Hier aber wird zuerst in 2—4 ausführlich dargelegt, daß wahrscheinlich schon in ältester Zeit die pythagoreische Philosophie auf Rom eingewirkt habe, und dann in 5 erklärt, die athenische Philosophengesandtschaft des Jahres 155/4 v. Chr. setze voraus, daß schon damals einige römische Principes sich für die Philosophie interessiert hätten. Allerdings wird diese zweite Bemerkung damit abgeschwächt, daß die damaligen Principes die Philosophie im Leben und noch nicht in Schriften verwirklicht hätten. Dennoch erhalten wir den Eindruck, daß sich Cicero durch ein Buch habe anregen lassen, das die Einführung der Philosophie in Rom möglichst hoch hinaufrückte, und wir erinnern uns an die Stellen des dritten Buches, in denen Cicero anhand lexikalischer Fragen zeigte, wie früh die Römer philosophische Begriffe besser hätten ausdrücken können als die Griechen.

6 biegt in die bekannten Gedankengänge ein: geschrieben hat bisher niemand außer einigen Epikureern, die man beiseite lassen kann (vgl. I, 6 und II, 7—8). 7b läßt sehr geschickt das Bekenntnis zur akademischen ἐποχή folgen. Von dieser wird das nachfolgende Gespräch eben ein Beispiel sein.

Gegenstand des Gesprächs ist „die Leidenschaft“, also das irrationale Element der Seele, das in der Lyrik und im Drama der griechischen Klassik zuerst zur Sprache kommt und dann in der Philosophie sehr bald und immer doktrinärer zu einem Gegenpol der Vernunft stilisiert wird.

Den Einsatz zu finden ist für Cicero nicht leicht. Denn die schlimmste der Leidenschaften, den Kummer, hat er ja schon in III behandelt. Es müßte also nur sinngemäß auf die übrigen Leidenschaften übertragen werden, was dort gesagt war; aber das hätte wenig Interesse gehabt. So wird denn in 8 nur flüchtig an die Diskussion von III erinnert, das Schema der drei andern Kardinalleidenschaften skizziert und dann mit 9 ganz von vorn begonnen. Die methodische Vorbemerkung über die zwei entgegengesetzten Darstellungsweisen der Stoiker und der Peripatetiker (9) fand sich freilich in leichter Abwandlung auch schon in III (13b, 22a). Wie dort, soll auch hier zuerst in stoischer Weise argumentiert werden.

10—32 ist ein geschlossener Traktat περὶ παθῶν. Sein Substrat ist stoisch (er ist fast vollständig in Arnims Stoicorum Veterum Fragmenta aufgenommen worden); von wem aber Ciceros griechische Vorlage im besonderen stammt, läßt sich nicht sagen. Eine bewundernswerte Leistung ist es, wie Cicero sich gerade in diesem Stück bemüht hat, Dutzende von psychologischen Termini der griechischen Philosophie adaequat ins Lateinische zu übersetzen.

Wir überblicken den Traktat nur in Stichworten. 10 gibt die Grundlage. Es ist die auf Pythagoras und Platon zurückgeführte Zweiteilung der Seele in Logikon und Alogon. 11 ist die zenonische Definition des Pathos, dazu die Variante eines spätern Stoikers. Dann folgt die Vierteilung, die uns schon aus III, 24—25 bekannt ist.

12b—14a zeigt, wie in den vier Fällen (künftiges Gut — gegenwärtiges Gut — künftiges Übel — gegenwärtiges Übel) das logische und das alogische Verhalten einander gegenüberstehen. Dabei ergeben sich sieben verschiedene Verhaltensweisen — nicht etwa acht: ein logisches spezifisches Verhalten zum gegenwärtigen Übel gibt es nach dem Schema nicht.

14b—15 fügt als weiteres Element, das wir auch schon kennen, den Charakter der Leidenschaft als „Meinung" (δόξα) bei.

16—21 ist eine reiche Liste der Sonderformen jeder der vier Leidenschaften, und 22 reduziert sie insgesamt auf die „intemperantia" (ἀκρασία).

23—33 entwickelt einen neuen Gesichtspunkt, der für die Therapie der Leidenschaften von ausschlaggebender Bedeutung ist. Es ist der Vergleich der Leidenschaften mit den Krankheiten des Körpers. Der Vergleich als solcher ist sehr alt und ist im 5. Jhd. für die Entstehung der philosophischen Ethik geradezu konstitutiv geworden. Bei Platon und Aristoteles, die sich beide nicht primär für die Therapie der Leidenschaften interessieren, tritt er etwas zurück; dagegen ist die stoische Ethik zu einem guten Teil auf ihm aufgebaut und die epikureische Ethik ist in ihrer Gesamtheit nichts anderes als „Seelenmedizin".

Hier haben wir ein vollständiges Schema. Es gibt „kranke Neigungen" (νοσήματα) und demgegenüber kranke Widerstände, weiterhin „Schwächen" (ἀρρωστήματα) und auch dagegen Widerstände (23a). In 23b hat Cicero, wie er selbst sagt, den Text etwas verkürzt und überarbeitet; wie weit die Überarbeitung (aus anderer Vorlage?) geht, sehen wir nicht. 25 demonstriert das Gesagte an Beispielen, und 26—27a schematisiert die Schwächen und Widerstände weiter, 25b geht zum Begriff der „Anfälligkeit" über: der Mensch ist an sich gesund, hat aber eine Disposition zu dieser oder jener Leidenschaft.

28b—30a haben wir eine Erklärung des Begriffs des „organischen Defekts", dann 30b—31a eine durchgeführte Parallele der Vorzüge von Körper und Geist, die einander als Schönheit, Kraft etc. genau entsprechen. Differenzen gibt es freilich auch, und zwar im Verhältnis zur Krankheit und in der Krankheit (31b—32b). Damit ist der stoische Aufbau abgeschlossen. Welche Mühe es machte, den Schultraktat ins Lateinische zu übersetzen, sagt Cicero selbst.

Von 34 an will er zu etwas freierer Darlegung übergehen. Ein erster Abschnitt ist 34—38a. Tugend und Laster sind die Ausgangspunkte. Aus der Tugend entsteht die Haltung des Weisen, vor allem die ruhige Beständigkeit, aus dem Laster die Leidenschaften, die nicht nur Unruhe bringen, sondern auch Qual und Wahnsinn. Der Weise ist der vollkommene Mensch (zu 36 vgl. III, 16—18), der unerschütterliche, der über allem Menschlichen steht; 37b erhebt sich zu einem Pathos, das an das Somnium Scipionis erinnert.

Dies Bild des aller Leidenschaft entrückten Weisen bildet den Hintergrund zu einer ausführlichen Diskussion der peripatetischen Lehre vom Maßhalten in der Leidenschaft; berührt war dies schon in III, 12—3 und 22; hier haben wir nun den vollen Zusammenhang (38b—57).

Wer hier gegen den Peripatos polemisiert, und ob gegen einen bestimmten Text des Aristoteles oder Theophrast polemisiert wird, können wir nicht feststellen.

38b—42 wird nicht ohne Pathos erklärt, daß ein Maßhalten in der Leidenschaft unmöglich sei; denn das Fortschreiten von geringer zu größter Leidenschaft läßt sich nicht „in der Mitte" aufhalten und umgekehrt: wenn eine große Leidenschaft verwerflich ist, so ist es auch eine beginnende. Man darf sich also überhaupt nicht auf einen solchen Progreß einlassen.

43—46 referiert über den Sinn der peripatetischen Maßhaltung, aber nun nicht in der bisher gemeinten Richtung, daß man von der Natur nicht mehr verlangen dürfe als billig sei — darin wirkte die tiefe Abneigung des Aristoteles gegen alle Paradoxien nach — sondern vielmehr so, daß gezeigt wird, wie nützlich regulierend und anfeuernd die Leidenschaften sein können; also eine Apologie der Leidenschaft, die nur locker mit dem Problem der Metriopathie zusammenhängt. Der Reihe nach werden die vier Leidenschaften in diesem Sinne durchgenommen.

Den Übergang zur Widerlegung bildet ein Hinweis auf die akademische ἐποχή: den Gegner zu bekämpfen ist Sache der Stoiker; der Akademiker beschränkt sich darauf, die Meinungen abzuwägen (47). Unter dieser Voraussetzung, so meint es Cicero, wird nun nachgewiesen, daß man die Leidenschaften unmöglich als nützlich bezeichnen könne, weder der Zorn (48 bis 55), noch die Begierde oder den Kummer (55b—56). 57 resümiert, daß jede Maßhaltung den Menschen immerhin teilweise den Leidenschaften ausliefert, also des Weisen unwürdig ist. Die Leidenschaft muß vernichtet und nicht eingedämmt werden. Der gesamte Abschnitt 38b—57 ist ungewöhnlich interessant. In einer zuweilen klassischen Klarheit treten eine realistisch quantitierende und eine spekulativ qualitative Ethik einander gegenüber.

Mit 58 kehren wir zu 32 zurück. Der Vergleich mit der Medizin wird weitergeführt. Nachdem wir wissen, was die Leidenschaften als Krankheiten der Seele sind, müssen wir lernen, wie sie geheilt werden können. Davon war schon in III, 56—60 und 75b—79 die Rede gewesen.

Es gibt verschiedene Formen der Heilung. Nach 59 muß man unterscheiden, ob man die Leidenschaft im Ganzen oder eine ihrer Sonderformen (vgl. 16—21) besiegen will, nach 60—61, ob man das Objekt der Leidenschaft als nichtig erweisen oder die leidenschaftliche Erregung der Seele selbst unterdrücken will. Sehr bemerkenswert wird behauptet, daß die verschiedenen Philosophenschulen sich zwar in der Wertung der Objekte nicht einig seien, wohl aber im Kampf gegen die Leidenschaft als Zustand der Seele. Das ist ein Rückzug auf den „Consensus der Philosophen im Wesentlichen", der an Buch I und II erinnert.

Der Reihe nach werden nun unter den Gesichtspunkten der Therapie die Begierde (62—63a), der Kummer (63b), die Angst (64), dann nochmals die Begierde sowie die Lust (65—57) behandelt. Ein evidenter Exkurs, wohl aus einem Spezialtraktat und mit allerlei Zusätzen, ist der Abschnitt über die Liebesleidenschaft 68—76, der sich gelegentlich (74—75) sehr hübsch mit Ovids „Heilmitteln der Liebe" berührt.

Endlich kommen wir zum Zorne zurück, von dem schon in der Auseinandersetzung mit dem Peripatos (48—55) gehandelt worden war. Seine Abscheulichkeit wird noch einmal unterstrichen (77—78), noch einmal an die Verkehrtheit der peripatetischen Lehre erinnert: jede Leidenschaft ist schlecht und wer zu einer von ihnen geneigt ist, ist seelisch krank und bedarf der Heilung (79—81).

82—84 ist der Epilog, der sehr schön die Gegenstände der bisherigen vier Gespräche zur Einheit zusammenfaßt, begründet, weshalb der Kummer als die verheerendste Leidenschaft besonders behandelt wurde, und mit der Aufforderung schließt, sich der Philosophie zur Heilung der Seele zu überlassen: denn da alle Leidenschaft auf einem Meinen beruht, so wird sie nur durch die philosophische Vernunft überwältigt werden können.

Das vierte Buch wirkt zweifellos klarer und geschlossener als das dritte. Von zwei Hauptmotiven wird es beherrscht: der

Frage nach dem Wesen der Leidenschaft — sie ist ein Meinen, eine Krankheit der Seele und muß wie eine Krankheit methodisch geheilt werden — und der Auseinandersetzung zwischen der A-pathie der Stoiker und der Metrio-pathie der Peripatetiker. Über die problemgeschichtlichen Hintergründe beider Fragen wäre noch viel zu sagen, wozu hier nicht der Ort ist. Für die Geschichte der antiken Psychologie ist dieses Buch der Tusculanen, natürlich zusammen mit dem dritten, einer der allerwichtigsten Texte.

Fünftes Buch

Das letzte Buch soll die Krönung des ganzen Werkes darstellen. Gleich die ersten Sätze der Einleitung geben das Thema, die Diskussion des stoischen Paradoxon, daß die Tugend zur Glückseligkeit ausreiche, es also keiner anderen Güter bedarf. Dieses Thema ist nicht nur in sich bedeutend, sofern es in gewisser Weise bei allen vier vorausgegangenen Diskussionen im Hintergrund gestanden hatte — denn wenn es keinen Wert außer der Tugend gibt, so spielen Tod und Schmerz keine Rolle mehr und die Leidenschaften sind überwunden —, sondern es besitzt außerdem eine besondere Aktualität. Wie Cicero hervorhebt, ist es, gewiß nicht lange vorher, in einer ihm dedizierten Schrift seines Freundes Brutus behandelt worden; nun will er es auf seine Weise in einem Gegengeschenk an den Freund aufnehmen.

An der Frage der Autarkie der Tugend hängt alles; besteht sie zu Recht, dann hat die Philosophie ihren Sinn, wenn nicht, so bleibt nur noch das Glück, auf das wir hoffen können. Unsere persönliche Erfahrung spricht gegen die Autarkie, aber wir klagen zu leicht die Natur an statt unsere eigene Unzulänglichkeit (1—4).

Doch gerade die Philosophie heilt unsere Unzulänglichkeit, und hier steht das, was man als Ciceros Hymnus auf die Philosophie bezeichnet hat (5), etwas übertrieben vielleicht; aber richtig ist, daß Cicero mit Absicht dem Proömium zum Abschlußbuch der Tusculanen das entschiedendste Bekenntnis zur

Philosophie hat beigeben wollen. Sodann: daß die Philosophie so oft mißachtet wird, kommt daher, daß man sie für eine ganz späte Erfindung hält. Dies ist unrichtig, und Cicero gibt nun eine Urgeschichte der Philosophie, in der etwa auch ein Prometheus und Atlas als Astronomen erscheinen, Spekulationen, die sehr wohl noch bis ins 5. Jhd. v. Chr. zurückreichen können. Ausführlich wird sodann auf Pythagoras eingegangen (8—10a); die Vermutung liegt nahe, daß dieses Stück mit dem Pythagorasabschnitt IV, 2—4 in näherer Beziehung steht. Über Sokrates (hier in 10b die vielzitierte, jedenfalls auf die alte Sokratik zurückgehende Formel der philosophischen Leistung des Sokrates) kommen wir zur Akademie und ihrer Disputierkunst und damit zum Dialogbeginn.

Der Gegenstand des Dialoges ist uns schon bekannt: genügt die Tugend zur Glückseligkeit? Ein erster, vor allem durch den Hinblick auf die Schrift des Brutus sehr lebendig gestalteter Beweisgang umfaßt 12—18a. Im ersten Teil davon wird ein stoischer Kettenbeweis (recte-honeste-laudabiliter-bene-beate) angedeutet und abgelehnt, ebenso eine pompöse, als stoisch bezeichnete, aber in alter Tradition stehende Allegorie (12—14). Der zweite Teil baut dagegen ausdrücklich auf den vier vorausgehenden Büchern auf und kommt zum Ziel: bewiesen war, daß dem Weisen Tod, Schmerz und Leidenschaften nichts anhaben können. Diese Unverletzlichkeit macht seine Glückseligkeit aus und in eben dieser Unverletzlichkeit besteht auch die Tugend.

Den Übergang zu breiterer Diskussion schafft eine methodische Überlegung (18b—20). Geometrisches und ethisches Verfahren werden einander gegenübergestellt (so schon bei Aristoteles): ein geometrischer Beweis kann sich all das zunutze machen, was früher bewiesen war — beim ethischen Beweise dagegen empfiehlt sichs, jedesmal wieder von vorn anzufangen, bzw. jeden Beweisgang vollständig auszuführen.

Damit soll — streng genommen, nicht ganz konsequent — begründet werden, daß nach dem gegebenen Beweise nun auch abweichende Auffassungen eigens untersucht werden; vor allem diejenige des Brutus, von dem wir in 21 hören, daß er die Autarkie der Tugend nicht bloß gelten ließ, wenn die Tugend das einzige Gut ist, sondern auch, wenn es neben ihr andere Güter gibt. Das wird als Lehre des Antiochos und dessen Bruder Aristos bezeichnet, soll also als Kompromiß zwischen stoischem Radikalismus und akademisch-peripatetischer Hierarchie der Güter gelten.

22 erläutert dies näher. Eine Distinktion zwischen εὐδαίμων und εὐδαιμονέστατος wird eingeführt, außerdem der — aus der Naturphilosophie stammende — Begriff „des überwiegenden Zustandes", beides Dinge, denen Cicero (23) mangelnde innere Konsequenz vorwirft. Da ist Theophrast konsequenter, der die äußeren Güter ebenfalls als Werte ansieht, aber dann auch erklärt, daß ohne diese Güter keine Glückseligkeit möglich sei (24—25); und in jedem Falle ist diese Konsequenz lobenswerter als die totale Inkonsequenz, der sich die Epikureer schuldig machen (26—27).

Konsequent und achtenswert zugleich ist also allein die stoische These, die auch als diejenige des Pythagoras, Sokrates und Platon gilt, daß es nämlich kein Gut außer der Tugend gibt und daß darauf allein die Seligkeit gegründet ist. Jedes Abweichen von dieser Lehre, so wie es Brutus im Gefolge des Aristoteles und der akademischen Nachfolger Platons versucht, führt zu Widersprüchen im Stile Epikurs (28—31).

Aber nun wird Cicero selbst mangelnde Konsequenz vorgeworfen; hübsch und lebendig bemerkt der Partner, er habe im vierten Buch De finibus soeben gelesen, zwischen Stoa und Peripatos bestehe kein sachlicher, sondern nur ein terminologischer Unterschied; jetzt dagegen werde ein wesentlicher sachlicher Unterschied statuiert. Cicero rechtfertigt sich einmal mit der undogmatischen Läßlichkeit der akademischen Haltung, dann damit, daß es ihm jetzt nicht um die Richtigkeit der stoischen Lehre, sondern um die innere Konsequenz gehe, die dem Brutus fehle, endlich damit, daß mit der Stoa, wenn nicht der Peripatos, so doch sicher Platon übereinstimme, wie das mit Zitaten aus dem Gorgias und dem Menexenos zu belegen sei (32—36).

Es folgt (37—54a) der systematische Hauptteil des Buches. 37—39 ist ein erster Beweisgang, in welchem Stoiker und Peripatetiker miteinander übereinstimmen: jede Gattung der Lebewesen hat ihre spezifische Vollkommenheit, der Mensch hat den Geist, dessen Entfaltung identisch ist mit der Tugend. Die Vollkommenheit, also Seligkeit des Menschen besteht daher in nichts anderm als in der Tugend. Darnach muß aber gegen den Peripatos gezeigt werden, daß dieser Besitz der Tugend nicht bloß εὐδαίμων, sondern auch εὐδαιμονέστατος mache. Dies geschieht einmal mit dem Nachweis, daß nur der Besitz der Tugend, bes. der Tapferkeit und der Selbstzucht dem Weisen die Ruhe und Unverletzlichkeit verschaffen könne (40—43a), dann in einer Anzahl stoischer Kettenschlüsse (43b, 45b, 48b, 50, 53), die durch eingestreute, pathetisch stilisierte Reflexionen etwas aufgelockert werden. Bemerkenswert sind die Mitteilungen über Kritolaos und Xenokrates in 51: beide haben versucht, die Autarkie der Tugend mit der Hierarchie der Güter zu kombinieren, nach Ciceros Meinung ohne zu überzeugen.

Von der Spekulation erholt sich Cicero in 54—67 mit einer Reihe antithetisch angeordneter Bilder des Tugendhaften hier, der vielleicht äußerlich erfolglos oder gar verfolgt war, des Lasterhaften dort, der äußerlich im Glanze lebte und doch nicht glücklich genannt werden kann: Laelius und Cinna, Marius und Catulus, endlich Dionysios von Syrakus und Archimedes. Das letzte Paar ist besonders reich ausgemalt: 60—62 ist für alle Zeiten der locus classicus der Geschichte vom Damoklesschwert geblieben, 64—66 erzählt Cicero in charmantester Weise, wie er selbst in Syrakus das Grab des Archimedes wieder entdeckt hat.

68—72 rundet ab in einem sehr schön geschlossenen Bilde des Weisen, der sich in den drei Disziplinen der Philosophie betätigt. In jenem Ausblick auf den Kosmos, den ihm die Naturphilosophie verschafft, erkennt er sowohl den eigenen göttlichen Ursprung wie auch die Nichtigkeit der äußeren menschlichen Dinge. Ethik und Logik bestärken ihn in dieser Erkenntnis und führen ihn zu einer vollkommenen Seligkeit.

73 greift auf die Frage von 12—13 zurück: gilt dies alles auch in Folterungen und Qualen? Die Antwort ruft in einer überraschenden Wendung eben jene Philosophen zu Hilfe, deren

Inkonsequenz in 22—31 gerügt worden war: wenn Epikur die Frage bejaht, auch wenn sie der Lustlehre widerspricht, und wenn ebenso die peripatetische Güterlehre zustimmen kann, so werden wir erst recht uns nicht scheuen, die Seligkeit des Weisen auch in Folterungen sich behaupten zu lassen (73—76a). 76b—79 wirkt als Anhängsel, nachgetragenes Material aus dem Umkreis des zweiten Buches; die Frage nach der Tapferkeit in Foltern ist ja in der Tat der allgemeinen Frage nach dem Verhältnis des Weisen zum Schmerze unterzuordnen.

80—82 gibt sich als Epilog. Die Allegorie von 12—13 wird aufgenommen und vollendet, die stoische Doktrin steht klar und überzeugend vor Augen.

Aber der Partner ist noch nicht zufrieden. Er will, im Gedanken an 75—76, genauer erfahren, inwiefern die Peripatetiker in der Lage seien, der stoischen Lehre beizustimmen. Dies gibt Cicero den Anlaß, das ganze Problem von einem neuen Gesichtspunkt her wieder aufzurollen. Es soll gezeigt werden, daß alle Philosophenschulen die Autarkie der Tugend lehren, welches immer ihre Ansicht vom vollkommenen Leben sei (83). Damit haben wir ohne Frage jene Haltung wieder, die uns in den früheren Büchern, vor allem im ersten schon begegnete: es besteht ein Consensus der Philosophen in entscheidenden Fragen, mögen im Übrigen die Doktrinen so verschieden sein wie möglich. So sagte das erste Buch im Ganzen, daß der Tod kein Übel sei, mag man über die Fortexistenz der Seele denken, was man will; im besonderen zeigte es, daß die Seele der Himmelsregion angehört, mag man über ihre Beschaffenheit und ihren Sitz im Leibe noch so verschiedener Meinung sein. So auch hier: die Frage nach dem Telos bleibt offen — zur Autarkie der Tugend kommen wir in jedem Falle.

Dieses Vorgehen wird auf Karneades zurückgeführt (83); im einzelnen wird Cicero vielleicht auf Antiochos zurückgehen.

84—85 ist das Schema der ethischen Doktrinen, die zu berücksichtigen sind. Es ist dasselbe Schema, das Cicero an vielen Stellen angeführt hat und das zunächst von Antiochos stammt. Die Stoiker werden nicht mehr eigens besprochen. Die Peripatetiker werden in 85b—87a kurz abgemacht. Abgesehen wird nur von Theophrast, der schon in 24 zur Sprache gekommen war und der sich nicht in den Consensus einfügen läßt. 87b—88a werden in Stichworten weitere Philosophen überflogen. Derjenige, auf den es Cicero ankommt, ist Epikur, dessen Lehre nun im ganzen letzten Hauptteil des Buches durchdiskutiert wird (88b—118).

Cicero beginnt mit einigen Zitaten, die Epikurs Kampf gegen Tod, Schmerz und Armut illustrieren (88b—89); in 90—92 legt er vier Anekdoten ein von Philosophen, die gleich Epikur die Armut verachtet haben. 93 beginnt ein sehr sorgfältiges Referat über die Ethik Epikurs, belebt in 97—99a, sowie in 100—101 durch weitere Anekdoten, die Cicero wohl aus Anekdotensammlungen ausgehoben hat. 103—118 ist endlich eine geschlossene Abhandlung über die verschiedenen Möglichkeiten des Unglücks, wie sie schon in III, 81 kurz aufgezählt worden waren. Sie werden nun der Reihe nach, natürlich auch unter Beigabe reichlicher Exempla, als nichtig erwiesen: die Verachtung durch das Volk (103—105), die Verbannung (106—109), Sorge und Kummer (110, dazu III, 32—33), die Blindheit (111 bis 115), die Taubheit (116—117a), endlich die Häufung aller dieser Katastrophen, der man sich immer noch durch freiwilligen Tod entziehen kann, wenn es sein muß (117b—118). Daß die Grundlage dieser ganzen Darlegung epikureisch ist, wird am Schluß ausdrücklich gesagt — wobei man immer noch annehmen darf, daß auch Formulierungen des Hieronymos von Rhodos und des Karneades (vgl. 88a) hineinspielen.

Dies um so mehr, als Karneades in 119—120 noch einmal zu Worte kommt. Er schlichtet den in 83 berührten Streit der Stoiker und Peripatetiker auf die Weise, daß er eine Gleichung zwischen den „bona" der Peripatetiker und den „commoda" der Stoiker vollzieht. Auf diese Weise ergibt sich bei beiden die Autarkie der Tugend, und die Frage von 82 ist erledigt. Der Consensus ist so vollständig, als man sich nur wünschen kann.

121 ist der Epilog, der in knappsten Worten die Vieldeutigkeit des Otiums Ciceros, den Dank an Brutus und das Bekenntnis zur heilenden Kraft der Philosophie ausspricht. Gerade in seiner Kürze — das wird Cicero selbst gefühlt haben — ist der Epilog besonders eindrucksvoll.

Das fünfte Buch ist neben dem ersten das umfangreichste. Das ist wohl kein Zufall. Cicero hat die beiden umrahmenden Bücher am reichsten ausgestattet, ihr Gegenstand ist der pakkendste, spekulativ wie protreptisch der wichtigste, und die Szenerie ist am lebendigsten. Daß auch die philosophische Gesamthaltung in diesen beiden Büchern am eindeutigsten ist, bemerkten wir schon: es ist jenes Hinarbeiten auf den gesicherten Consensus in den Dingen, die das Leben entscheidend bestimmen, und gleichzeitig das großzügig läßliche Offenbleiben in allen andern Fragen. Diese Haltung einer wohldurchdachten ἐποχή ist es, die den modernen Leser an Ciceros Werk vielleicht am meisten fesseln wird. Daß außerdem eine ganze Reihe bedeutender Probleme der Psychologie und Ethik zur Sprache kommen, suchte unsere flüchtige Analyse wenigstens anzudeuten.

ANMERKUNGEN

ERSTES BUCH

§ 1 *soweit sie es für der Mühe wert hielten:* Das Zurückstehen der Römer wird schon hier und nachher bis § 5 nicht etwa mit mangelnder Leistungsfähigkeit, sondern mit mangelndem Interesse begründet. Der allgemeine Gedanke ist, daß man nur in jenen Dingen Großes leistet, die man schätzt und in denen man Ehre und Ruhm zu erlangen hofft. Möglicherweise nimmt Cicero hier etwas auf, was er in der (verlorenen) Schrift De gloria ausführlicher behandelt hat.

§ 3 *Während nämlich:* Skizziert wird der in beiden Richtungen bemerkenswerte Gegensatz zwischen den Griechen, für die die Dichtung die älteste Leistung ist, und den Römern, bei denen sie erst erstaunlich spät Eingang findet.

Die nachfolgenden chronologischen Angaben verwenden vor allem den Liber Annalis des Atticus, ein geschichtliches Handbuch, das freilich seinerseits nur eine Kompilation aus älteren Werken darstellt.

Man wird beachten, daß Cicero mit einem schon allgemein anerkannten Datum der Gründung Roms operiert; es ist mehr oder weniger das traditionell gebliebene Datum 753 v. Chr.

Homer, Hesiod und Archilochos sind anerkanntermaßen die ältesten griechischen Dichter, so sehr schon seit dem 5. Jhd. v. Chr. ihre chronologische Fixierung schwankt.

Die erste Dramenaufführung in Rom durch den romanisierten Griechen Livius ist auf das Jahr 240 v. Chr. genau datiert. Cicero wird dieses Datum wie dasjenige der Geburt des Ennius 239 v. Chr zunächst aus Varro De poetis übernommen haben. Varro wiederum fand das Geburtsdatum des Ennius bei diesem selbst (Gellius 17. 21, 43); das Datum der ersten Dramenaufführung mag auch bei einem der alten Dichter festgehalten worden sein.

Daß Livius älter war als Plautus und Naevius wird betont, weil es darüber eine Kontroverse gab, wie Cic. Brutus 72/73 lehrt. Catos Bemerkung in seinen Origines über die »altrömischen Tafellieder« ist berühmt und viel diskutiert (vgl. 4, 3; Brutus 75 und Varro b. Non. 77, 2 M.). Daß es sich dabei nicht um echte Überlieferung, sondern um spekulative Übertragung altgriechischer symposiastischer Sitte auf die römische Vorzeit handelt, hat H. Dahlmann, Abhd. d. geisteswiss. u. sozialwiss. Kl. Akad. Mainz 1950 Nr. 17 gezeigt.

Zitat aus einer um 178 v. Chr.(?) gehaltenen Rede Catos gegen M. Fulvius Nobilior, der als Konsul 189 v. Chr. Ambrakia in Aetolien erobert hatte. Dieser hatte Ennius mitgenommen, um von ihm seine Taten dichterisch verherrlichen zu lassen (was dann auch geschah). Unser Text lehrt, daß Cato auf Ennius nur angespielt und ihn nicht mit Namen genannt hat.

§ 4 Nach Plin. n. h. 35, 7 hatte der Patrizier C. Fabius einen im Jahre 302 v. Chr. geweihten Tempel der Salus mit Gemälden ausgestattet (vgl. Val. Max. 8, 14, 6), was ihm und seinen Nachkommen den Beinamen Pictor eintrug. Cicero scheint eine ausdrückliche Mißbilligung dieser Tätigkeit des Fabius zu kennen, vielleicht auch aus Cato.

Das musikalische Können des Epameinondas erwähnt Cornelius Nepos Praef. und Vita Epam. 1 als Beispiel, wie verschieden Griechen und Römer bestimmte Künste achten. Woher die Notiz letztlich stammt, ist noch ungeklärt. Wir wissen auch nicht, welcher griechische Historiker mit der hier und später spürbaren Idealisierung des Epameinondas begonnen hat. – Die Mitteilung über Themistokles geht auf den Zeitgenossen Ion v. Chios zurück (FGrHist 392 F 13).

§ 5 In der Beurteilung der Geometrie spiegelt sich kynische, letzten Endes gegen Platon gerichtete Polemik wider (vgl. Diog. Laert. 2, 32; 6, 104; Xen. Mem. 4, 7, 2/3).

Redekunst und Philosophie werden wie schon im Hortensius einander gegenübergestellt. In der Skizze der römischen Redekunst greift Cicero auf seinen Dialog Brutus. bsd. 52 ff. zurück. Cato (cos. 195) macht den Anfang, es folgt die Generation des Ser. Sulpicius Galba (cos. 144), P. Cornelius Scipio Africanus minor (cos. 147, 134) und C. Laelius (cos. 140), dann noch einmal später M. Aemilius Lepidus (cos. 137), C. Papirius Carbo (cos. 120) und Ti. und C. Sempronius Gracchus (tr. pl. 133 bzw. 123/122). Cicero interpretiert seine persönliche Lage unter der Diktatur Caesars auf das Ideal hin, daß sowohl die Zeit der negotia (ἀσχολία) wie auch diejenige des otium (σχολή) dem Nutzen des Staates gewidmet sein soll.

§ 6 Wie später nochmals in 2, 7/8 und 4, 6/7 fertigt hier Cicero die schon vorhandene epikureische Literatur in lateinischer Sprache ab unter Benutzung eines schon von den Griechen (vor allem wohl vom Peripatos) formulierten Urteils über die Unbildung und die stilistische und methodische Nachlässigkeit der Epikureer. Dies Urteil war freilich provoziert durch manche Äußerungen Epikurs selbst (Frg. 117, 163 Us. u. a.).

... *die Quellen der Philosophie zu erschließen* ... Daß Cicero von Jugend an eine philosophisch vertiefte Redekunst anstrebte, wird man ihm glauben müssen. Hauptdokument dieses Strebens ist der 55. v. Chr. geschriebene Dialog De oratore.

§ 7 Cicero versteht sich als Gegenbild zu Aristoteles: dieser hatte mit Philosophie begonnen und nahm dann die Redekunst dazu, er selbst macht es umgekehrt. Zur Äußerung des Aristoteles (ob aus dessen eigenem Dialog Gryllos?) vgl. De or. 3, 141, Quint. Inst. or. 3, 1, 14, Philodem Rhet. II p. 50 Sudh., Diog. Laert. 5, 3 u. a.

... *gedankenreich und schön* ... Die Konzession an die Form geht sehr weit; aber die antike Philosophie ist seit jeher zwischen der Rücksicht auf den Leser, den es zu gewinnen gilt, und der Konzentration auf die Sache hin und her gerissen gewesen.

§ 8 Die Methode des Vorgehens, die Cicero hier wählt, ist die des πρὸς θέσιν λέγειν, gewissermaßen die schulmäßige Verfestigung der sokratischen Elenxis; so kann er denn auch hier schon beiläufig auf seine akademische Überzeugung, daß der Mensch immer nur zu Wahrscheinlichkeiten gelangen könne, hinweisen.

... *sitzend oder auf und ab spazierend* ... Angespielt wird damit auf die zwei Verhaltensweisen des Lehrenden, die schon in der Zeit der Sophistik und Sokratik deutlich unterschieden werden: wer einen Lehrvortrag hält, wird sich setzen (καθίζειν), wer das Gespräch vorzieht, wird mit den Partnern auf und ab spazieren (περιπατεῖν); vgl. Diog. Laert. 2, 130; 4, 19; 5, 2/3; 7, 14, Dikaiarchos Frg. 29 W.

Aber damit unsere Diskussionen ... Vorbild ist Platon Theait. 143 BC.

§ 10 Man wird geneigt sein, diese ganze Schilderung der Unterwelt und des Totengerichtes einer einzigen Quelle, und dann wohl einer (bis jetzt noch nicht sicher identifizierten) Tragödie des Ennius zuzuschreiben. Sie ist bei Cicero, wie so oft, an die Stelle eines entsprechenden griechischen Textes getreten.

L. Licinius Crassus (cos. 95) und M. Antonius (cos. 99) die größten Redner der Cicero vorausgehenden Generation, Protagonisten in De oratore.

Weil ich eine prächtige Rede halten könnte. Diese Bemerkung wie die gleich nachfolgende *Aber gerade dagegen . . .:* zielt auf ausführliche Bestreitungen der Existenz einer Unterwelt, wie sie bei Homer und den Tragikern, aber auch in den Mythen Platons beschrieben wird. Nach § 48 sind vor allem epikureische Werke gemeint, doch mögen sich auch Vertreter anderer Schulen an dieser Bestreitung beteiligt haben. Sachlich ist es bezeichnend, daß die Möglichkeit eines Aufenthaltsorts der Toten unterhalb der Erdoberfläche strikte verneint wird, die Möglichkeit eines Aufenthalts in der Himmelshöhe dagegen bestehen bleibt.

§ 11 Daß die griechischen Maler von Polygnot an öfters die homerische Nekyia illustriert haben, ist bekannt.

§ 12 Beachtlich ist, daß gerade die zwei Kollegen Caesars im ersten Triumvirat, M. Licinius Crassus (gest. 53) und Cn. Pompeius Magnus (gest. 48) angeführt werden.

§ 13 Die Porta Capena war der Ausgangspunkt der Via Appia, zu deren beiden Seiten sich z. T. noch erhaltene Grabstätten republikanischer Gentes befanden. Grabmal und Grabinschrift des A. Atilius Calatinus (cos. 258, 254 dict. 249) erwähnt Cicero in De fin. 2, 116 und Cato 61. Die Gräber der Servilii hebt Cicero vielleicht darum hervor, weil die Mutter des Brutus eine Servilia war.

§ 14 Hier wird nun ausdrücklich die Dialektik stoischen Typs zu Hilfe genommen. Daß Cicero sie im Grunde nicht liebt und nicht ohne Bedenken verwendet, wird mit der Bemerkung (die später mehrfach wiederholt wird: § 15, 16, 25) angedeutet, der Partner fühle sich durch sie gezwungen; man kapituliert vor ihren Beweisen, ohne doch innerlich überzeugt zu werden.

Übersetzungsprobleme spielen auch nachher im Texte eine große Rolle. Hier fällt auf, daß pronuntiatum eher auf ἐπάγγελμα führt. Cicero hat sich wohl durch eine Definition des Begriffs ἀξίωμα beeinflussen lassen.

§ 15 Epicharmos Klassiker der sizilischen Komödie (erste Hälfte des 5. Jhd. v. Chr.); das Zitat: Vorsokratiker DK 23 B 11. Wie

Sextus Emp. Adv. gramm. 273 zeigt, dürfte es schon vor Cicero in der Polemik gegen Epikur eine Rolle gespielt haben.

§ 16 *Dies macht gar keine Schwierigkeiten mehr.* Cicero biegt hier die Diskussion einigermaßen gewaltsam ab und kommt auf den in Wahrheit ziemlich heiklen Punkt, ob denn das Sterben selbst nicht schrecklich sei, erst in § 82 und auch da nur flüchtig zurück.

Erkläre mir das bitte genauer . . . Auch die dialektische Beweisführung wird nun aufgegeben. Daß sie kompliziert, wörtl. »dornig« sei, wird von Cicero der Stoa mehrfach entgegengehalten: 4, 9; De fin. 3, 3; 4, 6; 4, 79.

§ 17 Die Orakel des delphischen Apollon sind das Paradeigma einer unbedingt wahren dogmatischen Aussage, wie sie dem Menschen nach akademischer Überzeugung nicht möglich ist. So wird denn auch den Dogmatikern vorgehalten, daß sie wie ein Orakel zu reden sich anmaßen: Epikur De fin. 2, 102, die Stoa De fin. 5, 79. Auch an unserer Stelle werden augenscheinlich beide Schulen anvisiert: der Anspruch, die Dinge zu begreifen (percipere καταλαμβάνειν) ist primär stoisch, sich selbst als weise (σοφός) zu bezeichnen hat dagegen (in Polemik gegen den platonischen Sokrates) nur Epikur gewagt: 5, 73: De fin. 2, 7; Cato 43; Plut. mor. 1100 A.

§ 18 Hier wie anderswo soll nachgewiesen werden, wie philosophische Thesen der Griechen im altrömischen Sprachgebrauch schon vorweggenommen sind; der Versuch, Ansätze zu eigenständigem philosophischem Denken schon vor der Zeit des griechischen Einflusses zu entdecken, mußte den Römern schon vor der Zeit Ciceros naheliegen.

P. Cornelius Scipio Nasica Corculum cos. 162 und 155; was den von Cicero mit prudens erläuterten Beinamen (der sich anscheinend nicht weiter vererbte) veranlaßt hat, wissen wir nicht.

Sex. Aelius Paetus Catus cos. 198, von Ennius Ann. V. 331 Vahlen erwähnt.

§ 19 Empedokles Vorsokratiker DK 31 B 105, eine der meistzitierten Lehren des Empedokles.

Zenon: SVF 1, 134.

Aristoxenos von Tarent Frg. 120 W.; genauer ist der auf einen verlorenen Text Ciceros oder Varros zurückgehende Bericht bei Lact. Div. inst. 7, 13, 9 und De opif. Dei 16.

§ 20 Die Abhängigkeit des Aristoxenos von Platons Phaidon 86 A ff. wird schon früh festgestellt worden sein.

Xenokrates Frg. 67 Heinze; daß er von »Pythagoras« abhängig

war, bzw. sich auf diesen berufen haben wird, zeigt auch Aet. IV, 2, 3/4. Platon: Rep. 438 D ff. und Tim. 69 E ff.

§ 21 Dikaiarchos Frg. 7 W. Der Eindruck besteht, daß Cicero die doxographische Angabe durch Notizen aus der eigenen Lektüre des Originalwerks ergänzt hat.

§ 22 Was hier über Aristoteles mitgeteilt wird, weicht von der im erhaltenen Corpus Aristotelicum vorgetragenen Psychologie erheblich ab. Da wir aber auch mit den verlorenen Dialogen (in diesem Falle vor allem »Über die Philosophie« und »Eudemos«) rechnen müssen, haben wir kein Recht, den vorliegenden Text als Umdeutung oder Mißverständnis Ciceros bzw. seiner Quelle aufzufassen. Der Beweisgang kehrt in § 56–66 wieder. Die Wendung vacans nomine übersetzt ἀκατονόμαστον, was Epikur für seine Zwecke übernimmt (Aet. IV, 3, 11), und auch ἐνδελέχεια darf schwerlich als eine zufällige Verschreibung für ἐντελέχεια abgetan werden; für eine Seele, deren Substanz dieselbe ist wie die des die supralunare Welt erfüllenden Kreiskörpers, bzw. fünften Elementes, ist dies eine sinnvolle Charakterisierung; daß sie nur durch das Versehen eines Doxographen zustande gekommen wäre, wird man ungern annehmen.

Noch ungeklärt ist die hier wie anderswo bei Cicero zu bemerkende Sonderstellung Demokrits; zur Sache s. Vorsokratiker DK 68 A 101 ff.

§ 23 Wie schon in § 8 und 17 bringt Cicero den notwendigen Vorbehalt des akademischen Aporetikers an. Auch die uns etwas befremdende Wendung in § 24: *»falls Dir das Freude macht«* dient demselben Zwecke. Cicero bietet nur mehr oder minder unverbindliche Möglichkeiten, keine Gewißheiten.

Etwas verklausuliert lenkt Cicero die Untersuchung so, daß die Lehren nicht im einzelnen erläutert und kritisiert, sondern global gewürdigt werden.

§ 24 *in den Himmel und damit gewissermaßen in ihre Heimat ...* Cicero nimmt überraschend das Ergebnis von § 40 ff. vorweg, nicht übermäßig geschickt, da hier die Thesen des Xenokrates und Aristoteles eindeutig als die privilegierten erscheinen, der Beweis in § 40 ff. aber gerade nicht für sie, sondern für die hier zurückgesetzte Annahme, die Seele sei Luft oder Feuer, geführt wird.

Aus welchen Gründen die Lektüre von Platons Phaidon den Gesprächspartner Ciceros unbefriedigt läßt, erfahren wir leider nicht. Soll man mit den Bemerkungen des Panaitios kombinieren, über die § 79 berichtet? Oder gar die sonderbaren und für uns höchst undurchsichtigen Notizen, nach denen Panaitios den Phaidon für unecht erklärt habe (Frg. 127–129 van Str.)?

§ 25 *So gestehe ich zu, daß sie glückselig sind.* Bezeichnenderweise wird das Nachleben der Seele hier ausschließlich als ein Aufstieg zur Glückseligkeit in der Himmelsregion verstanden; von einem Nachleben in Unseligkeit ist nicht die Rede, obschon wenig später (§ 27 Ende) auch diese Möglichkeit mindestens angedeutet ist.

§ 26 *Vor allem können wir das ganze Altertum anführen* ... Unter den Traditionsbeweisen, die in aristotelischer Art § 27–39 beigebracht werden, steht der Beweis aus dem Glauben der Urzeit, die als ein götternahes Goldenes Zeitalter gedacht ist, an der Spitze. Es wird ein Zufall sein, daß uns diese These, die Menschen der Goldenen Urzeit seien auch philosophisch einsichtiger und weiser gewesen, nur noch in gelegentlichen Andeutungen belegt ist: Platon Philebos 16 C, Dikaiarchos Frg. 49 W., Poseidonios bei Sextus adv. Phys. 2, 28 und Seneca Ep. 90, 5 ff.

§ 27 Griechische Belege sind durch römische (Ennius Ann. V. 24 Vah.) ersetzt. Die Argumentation, die von den anerkannten Kulttraditionen auf die Existenz der Götter und die Unsterblichkeit der Seele schließt, ist schon vorgebildet bei Aristoteles Eudemos Frg. 3 W.-R. und Chrysippos SVF 2, 1019. Vgl. auch De rep. 4, 8.

... *jene überaus weisen Männer* ... streng genommen nimmt Cicero hier schon das Argument von der Überzeugung der optimi vorweg, das erst in § 32 thematisch wird.

... *und Frauen* ... der ausdrückliche Hinweis auf die Frauen ist nicht selbstverständlich; er bereitet zunächst die Erwähnung von Matuta in § 28 vor, ist aber sodann mit ihr zusammen zweifellos eine Reminiszenz an die Consolatio, in der Cicero gerade die Heroisierung einer Frau, seiner eigenen Tochter Tullia, vorgenommen hat.

bei den anderen aber auf dem Erdboden ... Etwas unerwartet wird hier (z.T. wohl in Anlehnung an Platon Phaidon 81 B ff.) die Möglichkeit eines unseligen Nachlebens ins Auge gefaßt; dieses spielt sich immerhin nicht in einer Unterwelt ab, die nicht existiert, sondern auf der Erde selbst.

§ 28 Von der Vergöttlichung des Romulus scheint zuerst Ennius Ann. V. 115 Vah. gesprochen zu haben. Daß auch er schon den vergöttlichten Romulus mit Quirinus verglichen hat, wird mindestens nahegelegt dadurch, daß diese Gleichung bei Cicero De legg. 2, 19 offensichtlich als schon feststehend vorausgesetzt wird. Daß die Vergöttlichung indessen nicht in mythischem Sinne wörtlich aufgefaßt werden darf, betont Cicero hier (»der Überlieferung gemäß«) wie schon in De rep. 2, 17.

bis zum Okeanos: in Gades befand sich ein berühmter alter Heraklestempel.

... so gegenwärtiger Gott ...: damit ist wie etwa bei Horaz c. 3, 5, 2 die griechische Formel ϑεὸς ἐπιφανής wiedergegeben. Über die hier gemeinten Interventionen der Tyndariden-Dioskuren hat Cicero De nat. deor. 2, 6 ausführlicher berichtet.

Die klassische Stelle über Ino-Leukothea ist Homers Od. 5, 333–353. Die Wahrscheinlichkeit ist groß, daß die für uns schwer erklärbare Gleichung mit der altrömischen Mater Matuta (zu dieser Latte Röm. Religionsgeschichte 97), die an unserer Stelle als anerkannt vorausgesetzt ist, auf eine lateinische Bearbeitung der Szene der Odyssee zurückgeht; grundsätzlich könnte man schon an Livius Andronicus denken.

§ 29 Der Gedanke droht abzugleiten: die Vergöttlichung bedeutender Menschen stützt den Glauben an die Unsterblichkeit der Seele in ganz anderer Weise als die durch Euhemeros (FGrHist Nr. 63) berühmt gewordene These, auch die olympischen Götter seien ursprünglich nichts anderes als Menschen gewesen.

Die Anspielung auf die (eleusinischen) Mysterien verstehen wir nicht; hübsch ist, daß Ciceros Gesprächspartner durch den Hinweis auf seine Einweihung für einen Augenblick einen individuellen Zug erhält. Voreilig, aber begreiflich hat Lact. Div. inst. 1, 15, 26 daraus gefolgert, der Partner sei kein anderer als Atticus.

Da allerdings diese Menschen ... Klar wird der Gegensatz zwischen der natürlichen Einsicht, die bei den Grundtatsachen bleibt, und der wissenschaftlichen Frage, die nach den Gründen forscht, herausgearbeitet, letzten Endes aristotelisch.

Erscheinungen, vor allem solche bei Nacht ... Cicero hat gekürzt und die Einzelbeispiele seiner griechischen Vorlage weggelassen. Zur Sache vgl. Lucr. 1, 132–5.

§ 30 Wichtig ist nicht nur die Parallelisierung von Gottesglaube und Unsterblichkeitsglaube, sondern auch die Distinktion des universalen Censensus in den Grundtatsachen und des Dissensus in den besonderen Anschauungen über das Wie und Warum.

... dies nicht auf Grund irgendeiner Verabredung oder Abmachung zielt auf Hypothesen der alten Sophistik, wie sie etwa Sextus

Emp. Adv. Phys. 1, 14–18 berichtet.

... wer wird also den Tod ...: der Gedanke, daß alle Menschen an eine Art Unsterblichkeit glauben, ist übersprungen; Cicero geht sofort zum Beleg über.

§ 31 Caecilius Statius (gest. 168 v. Chr.) Synepheboi Frg. 210 Ribb. Im Ganzen droht der Gedanke hier wie im Nachfolgenden abzugleiten. Es scheint weniger von der Unsterblichkeit die Rede zu sein, die dem Fortlebenden gestattet, sich noch lange nach seinem Tode für sein Werk zu interessieren, als vielmehr vom Nachruhm, der auch ohne reale Unsterblichkeit besteht. Cicero hat etwas unbedacht Material aus De gloria eingearbeitet.

§ 32 Nächst der Vorzeit und dem Consensus der Völker ist auch die Überzeugung der optimi wesentlich. Verwandtes in De fin. 2, 45; 81; 4, 4; De off. 1, 99 und 154, letzten Endes wiederum aristotelisch. Herakles als Bewahrer des Menschengeschlechts entstammt allerdings stoischer Tradition; Aristoteles würde an dieser Stelle wohl eher die großen Gesetzgeber nennen.

alle jene großen Männer, die sich in unserem Staate ... Der Gekehrt in § 89 und 101 wieder, dort aber eindeutig unter dem Gesichtspunkt De gloria.

§ 33 Themistokles und Epameinondas wie in § 4 zusammengestellt. Zum Gesamtgedanken vgl. De rep. 1, 1 ff.

§ 34 Nachruhm wird erstrebt von den Dichtern (Ennius Frg. Var. 15 und 17 Vah.), bildenden Künstlern (zu Pheidias Plut. Per. 31) und Philosophen (wen Cicero meint, ist nicht zu erkennen). Vermutlich ist eine größere Beispielsammlung kurz zusammengefaßt. Den letzten Satz wiederholt Cicero fast wörtlich aus der 18 Jahre zuvor verfaßten Rede Pro Archia 26.

§ 35 *... was auch jene angehe ...* die äußerst behutsame Umschreibung des Kontaktes der Toten mit dem irdischen Geschehen erinnert unmittelbar an Aristoteles Nik. Ethik 1101 a 21–b 9. War dies heikle Problem schon im Dialog Eudemos auf ähnliche Weise behandelt?

§ 36 Die Antithetik von § 30 wird aufgenommen. Die Irrmeinungen werden einerseits auf naive Folgerungen aus dem Vorgang des Sterbens und Beerdigtwerdens, anderseits (im Sinne Platons) auf verantwortungslose Erfindungen der Dichter zurückgeführt.

§ 37 Die Tragödie, aus der Cicero zitiert und in der der Geist eines Toten aus der Unterwelt auf die Bühne tritt, ist nicht sicher zu identifizieren (Trag. inc. V. 73 und 76 Ribb.).

Daß ein römischer Patrizier wie Ap. Claudius Pulcher (cos. 54) sich mit Totenbeschwörungen befaßte, ist ebenso befremdlich wie für den Geist der Zeit charakteristisch.

Für Cicero kommt es, wie der Schluß von § 37 zeigt, darauf an, daß die Vorzeit wie die Dichter sich die Toten nur körperlich vorstellen konnten (in welcher Weise dann die Götter zu den Menschen sprechen, was sie doch zuweilen tun, darf man hier nicht fragen). Die Entwicklung geht also nicht nur von der Annahme der Grundtatsachen zur Erforschung des Wie und Warum und von der Gewohnheit zum selbständigen Fragen, sondern im besonderen auch vom Glauben an ein körperliches Weiterleben zur Einsicht in die unkörperliche Natur der Seele.

§ 38 Pherekydes von Syros (6. Jhd. v. Chr.? Vorsokratiker DK Nr. 7) spielt in der philosophiegeschichtlichen Konstruktion, die zwei Traditionsströme unterschied, die Rolle des Archegeten der italischen Reihe wie Thales die des Archegeten der ionischen Reihe. Der Vorbehalt, Pherekydes sei nicht der erste im wörtlichen Sinne, sondern nur der erste, von dem sich Kunde erhalten habe, steht genau parallel dem Vorbehalt, den bei Simpl. Phys. p. 23, 29–32 Diels Theophrast gegenüber Thales formuliert hat. Das beweist mindestens peripatetisches Substrat auch für unsere Stelle.

Die halb spielerische Koordinierung des Pherekydes mit dem König Servius Tullius, des Pythagoras mit Tarquinius Superbus stammt wie die Angaben in § 3 aus dem Liber annalis des Atticus.

In den Angaben über die pythagoreische Lehre hat Cicero wieder stark gekürzt. Die Pointe war, daß die Pythagoreer zwar zur Annahme einer körperlos unsterblichen Seele gelangt waren und die Seele als arithmetische und geometrische Größe beschrieben hatten, jedoch für diese ihre These keine zureichende Begründung zu liefern vermochten; vgl. etwa Aristoteles Metaph. 985 b 23–31.

§ 39 Die enge Bindung Platons an die Pythagoreer steht schon für die unmittelbaren Schüler Platons fest (Arist. Metaph. A 6 u. a.) und wird auch von Cicero aus biographisch-doxographischer Tradition mehrfach hervorgehoben: Rep. 1, 16, De fin. 5, 87.

Die Äußerung über Platon (wer die isti sind, wird nicht recht klar) wirkt wie eine Replik auf die bekannte Stelle des Aristoteles Nik. Ethik 1096 a 12–17.

§ 40 Dem Zusammenhange nach gilt der nachfolgende mathematisch-physikalische Beweis für Cicero als platonisch, obschon er uns eher als stoische Auswertung eines aristotelischen Theorems anmutet: aristotelisch ist, daß die Elemente Luft und Feuer von der Kosmosmitte aus zentrifugal nach oben streben, bis sie an ihrem naturgemäßen Orte (οἰκεῖος τόπος) ihre Ruhe finden; stoisch ist die Zuordnung der Seele zu Luft und Feuer, die als solche nicht weiter begründet wird. Seltsam ist endlich, daß der aristotelischen Erklärung der Aufwärtsbewegung eine zweite zur Seite gestellt wird, die atomistisch-epikureische.

§ 41 Überraschend werden die Lehren des Xenokrates und Aristoteles, die in § 24 als die einzigen galten, die die Unsterblichkeit der Seele verbürgen, mit deutlicher Kritik bedacht; anderseits vermissen wir eine Erklärung darüber, inwiefern auch in diesen beiden Fällen die zentrifugale Bewegung zum οἰκεῖος τόπος in der Himmelshöhe angenommen werden kann und muß. Cicero hat hier einen Text bearbeitet und gekürzt, der selbst schon nicht ohne Gewaltsamkeit die Luft-Feuer-These mit der xenokratischen und aristotelischen Seelenlehre zu harmonisieren suchte.

Die Kritik an Aristoxenos, in seiner Musikbegeisterung habe er alles in musikalischen Kategorien zu erklären versucht, erinnert an die Bemerkungen des Aristoteles über die Pythagoreer Metaph. 985 b 23–26.

Demokrit wird wie in § 22 ausgeklammert, obschon angedeutet wird, er könne für die Luft-Feuer-These in Anspruch genommen werden.

§ 42 Noch unbeantwortet ist die Frage, ob die Notiz über Panaitios, er habe die Seele als eine Verbindung aus Luft und Feuer bestimmt, zur Folgerung zwingt, der gesamte Text von § 40 an gehe auf ihn zurück.

Wenn sie sich also zerstreuen ... Sehr seltsam werden wie schon in § 40 zwei Hypothesen zur Wahl gestellt, von denen die eine den Gesamtsinn des Beweisganges geradezu aufhebt.

... *die dichte und massige Luft:* zugrundeliegt die einfache und altertümliche Anschauung, daß die Luft um so reiner, dünner und feiner wird, je höher und ferner von der Erdoberfläche sie sich befindet, vgl. De nat. deor. 2, 17 und 30/31.

§ 43 *es gibt keine Geschwindigkeit* ... Die Schnelligkeit des Gedankens, von der schon Homer Od. 7, 36 spricht, wird hier ins Physikalische transponiert; vgl. noch § 67 und 70.

Dort bedarf sie keines Dinges ... Eigentümlich genug wird der alte und vor allem auch aristotelische Gedanke der Unbedürftigkeit des Göttlichen (Eud. Ethik. 1249 b 16) kombiniert mit der (heraklitischen und) stoischen These, daß die Gestirne wie alle anderen Lebewesen einer, wenn auch besonders feinen, Nahrung bedürfen.

§ 44 Daß Cicero stark verkürzt und wohl auch umarbeitet, wird nicht nur daran sichtbar, daß das (alte) Bild von den Flammen der körperlichen Begierden empfindlich stört an einer Stelle, die gerade von der Luft-Feuer-Natur der Seele ausgeht, sondern auch daran, daß es unklar bleibt, warum unter den Leidenschaften nur eben die aemulatio genannt wird. Ob da Material aus De gloria wieder eingemengt ist? Dort wird ja das *Habenwollen, was der andere hat* als eine verkehrte Form des Ehrgeizes ausführlich zur Sprache gekommen sein.

denn es liegt von Natur in unserem Geiste: Cicero faßt hier wie anderswo die θεωρία in aristotelischer Weise als die höchste in der Natur des Menschen begründete Form der Tätigkeit. Da Aristoteles auch die Göttlichkeit und Ewigkeit des Kosmos lehrte, liegt es nahe zu vermuten, daß auch er schon, mindestens zuweilen, die θεωρία vorzugsweise als die Betrachtung der Vollkommenheit eben dieses Kosmos beschrieben hat.

§ 45 Das Zitat aus Theophrast besagt nicht mehr als daß das an der Vollkommenheit der Himmelserscheinungen sich entzündende Verlangen nach Erkenntnis schon uralt ist; wir stehen also in einem Lob des βίος θεωρητικός, das man am ehesten Theophrasts Schrift περὶ εὐδαιμονίας, die bekanntlich in De fin. 5 ausgiebig benutzt wird, zuteilen wird.

Am meisten aber ... Damit wird wie schon in § 27 angetönt, daß die jenseitige Seligkeit der Seele nicht von selbst zuteil wird, sondern durch entsprechendes Verhalten im Diesseits erworben werden muß.

Hübsch wird die Welterforschung präzisiert durch die Nennung zweier äußerster Punkte, die der Forschungsreisende besonders gerne aufsuchen wird: den Bosporus als Eingang zum Mittelmeere (Zitat aus der Medea des Ennius V. 250/251 Vah.) und die Meerenge von Gibraltar als Ausgang des Mittelmeeres zum Okeanos (Zitat aus den Annales des Ennius V. 302 Vah.).

Die Schau des Kosmos im Ganzen ist skizziert in Anlehnung an De rep. 6, 16 und 20–25 (Somnium Scipionis). Über die Vollkommenheit des Kosmos wird sich dann auch De nat. deor. 2, 98–115 verbreiten; so hat Cicero diesen Punkt hier in wenigen Zeilen abgemacht.

§ 46 Der Nachweis, daß die Erkenntnistätigkeit im weitesten Sinne nicht an den Besitz der körperlichen Sinnesorgane gebunden ist, ist entscheidend wichtig für die These, daß die den physischen Tod überdauernde Seele körperlos ist und im θεωρεῖν ihre Glückseligkeit findet, also vorzugsweise für Aristoteles und Theophrast. Cicero deutet in größter und nicht sehr geschickter Verkürzung drei Argumente an: 1. Die Anatomen haben nachgewiesen, daß die Sinnesorgane nicht autark funktionieren, sondern durch Poren an eine Zentrale gebunden sind (anatomische Beobachtungen spielen schon bei Aristoteles eine beträchtliche Rolle; bei Cicero vgl. noch Luc. 122). 2. Die Erfahrung zeigt, daß es beim Wahrnehmen nicht auf die Aktivität der Körperorgane, sondern nur auf die Aufmerksamkeit des Geistes ankommt. Dazu wird auf einen bekannten Vers Epicharms angespielt, Vorsokratiker DK 23 B 12. In ähnlichem Zusammenhang zitiert ihn Straton v. Lampsakos Frg. 112 W. Der Vergleich der Sinnesorgane mit Fenstern findet sich schon in einem Bericht über Heraklit Vorsokratiker DK 22 A 16, ohne daß sich ein Zusammenhang zwischen den beiden Stellen erkennen ließe. 3. Es bedarf einer Instanz, die die verschiedenen Sinnesorgane koordiniert, und dies kann nur der Geist sein. Daß das Problem sehr alt ist, lehrt der Bericht über Georgias bei Sextus Emp. Adv. log. 1, 83–86; dann Platon Theait. 185 B, 186 A, Aristot. De an. B 1, Aet. IV, 8, 6.

§ 47 Der Hinweis auf die Perfektion der Sinnesorgane (die Struktur des menschlichen Gesichtes ist ja seit Xenophon Mem. I, 4, 5/6 ein Paradestück aller teleologischen Beweisführung) kreuzt sich mit dem Gedanken, daß die Körperlichkeit das reine Erkennen behindere. Bezeichnend ist, wie dieses Hindern (ἐμποδίζειν) anschaulich materiell aufgefaßt wird.

Wie ausführlich könnten wir nun ... Hier will Cicero ausdrücklich anmerken, daß er stark gekürzt hat, wie oben in § 45 in Gedanken an das von ihm schon entworfene 2. Buch De nat. deor.

§ 48 Abrupt wird eine Polemik gegen die Epikureer eingelegt, die § 9–16 nahesteht. Daß Epikur die Naturphilosophie besonders hoch geschätzt und sich selbst ausdrücklich als σοφός bezeichnet hat, ist auch anderweitig bekannt; beides ist als Protest gegen die Sokratik zu verstehen; vgl. Anm. zu 3, 28. Desgleichen zeigt der Katechismus der Kyriai Doxai, daß Epikur in der Tat in der Überwindung der unbedachten Furcht (und der naturwidrigen

Begierde) die Hauptaufgabe seiner Lehre gesehen hat: etwa Nr. 10–13. Er hat dabei nicht nur die volkstümlichen, von den Dichtern (hier ein Zitat aus der Andromache des Ennius V. 107 Vah.) genährten Hadesängste im Auge, sondern auch die Jenseitsmythen Platons und seiner Schüler.

§ 49 *Außerdem meinen sie* ... Die Hypothese, daß die Seele zugleich mit dem Körper stirbt, wird in § 15 und § 82 ff. wesentlich anders bewertet; ähnlich dagegen 3, 51.

Selbst wenn Platon ... Die Huldigung entspricht § 39, der leise Vorbehalt § 24.

§ 50 Die Auseinandersetzung mit der Gesamtheit der Doktrinen, die die Seele zusammen mit dem Körper sterben lassen (vgl. § 24), beschränkt sich zunächst auf die wirkungsvolle Behauptung, es sei leichter einzusehen, wie die vom Körper getrennte Seele existiere, als zu begreifen, wie sich die körperlose Seele im Körper aufhalten könne.

§ 52 ... *mit der Seele selbst die Seele zu erkennen* ... Darin steckt eine Rückwendung des Denkens auf sich selbst, die im delphischen »Erkenne dich selbst« verankert wird und in der vollkommenen νόησις νοήσεως des aristotelischen Gottes (Metaph. Λ 7) ihre Krönung findet. Den delphischen Spruch zitiert auch 5, 70, dann De leg. 1, 58 und 61, endlich De fin. 5, 44, letztlich gewiß weniger von Ps.-Plat. Alkib. I 124 AB ff. als von Aristoteles abhängig, der in einem Dialoge das Philosophieren des Sokrates von eben diesem Spruche ausgehen ließ (De philosophia Frg. 1/2 W.-R.).

Daß das Selbst des Menschen seine Seele ist, hebt in ähnlichen Wendungen Cicero schon in De rep. 6, 26 hervor; vgl. dazu Aristoteles Nik. Ethik 1166 a 19–23, 1168 b 34–1169 a 3, 1177 b 31–1178 a 4.

... *eine Art von Gefäß und Behälter* ... Es wird Zufall sein, daß dieser an sich naheliegende Vergleich (Körper als Gefäß der Seele) nur sporadisch belegt ist, bes. bei Lucr. 3, 440, 555, 793, weiterhin SVF 2, 797.

§ 53 Der Gegensatz zwischen Qualität und Existenz einerseits, zwischen Existenz und Manifestationen der Existenz anderseits wird nicht klar festgehalten. Als eine erste Manifestation gilt die Erfahrung der Selbstbewegung der Seele, wozu die schon in De rep. 6, 27/28 (vgl. auch Cato 78) übersetzte Stelle aus Platons Phaidros 245 C–246 A herangezogen wird. Cicero hat diese Stelle, die berühmt war, sicherlich nicht selbst aus dem Dialog exzerpiert, sondern in einer Darstellung platonischer Lehre vorgefunden, zusammen mit Erläuterungen, die er für seine (nicht immer wörtliche) Übersetzung zu Hilfe genommen hat. – Auf die Hypothese der Selbstbewegung der Seele, die von Platon und Xenokrates vertreten und von Aristoteles bekämpft wird, ist hier nicht näher einzugehen; man könnte aber wohl behaupten, daß die Lehre des Aristoteles, der die Bewegung nicht in sich beruhen, sondern von einem unbewegt bewegenden ἀγαθόν ausgehen läßt, gewissermaßen die platonischere ist.

§ 55 Wie in § 29 auf die Götter so werden hier und schon im Hortensius Frg. 102 M. die Kategorien der Sozialstruktur Roms auf die Philosophen übertragen. Die *plebejischen Philosophen* sind die Epikureer, von deren Einfältigkeit ja schon mehrmals (§ 6, 48/9) die Rede war.

§ 56 *Die Seele dagegen, – wenn ...* Hier beginnt ein aristotelisierender Beweisgang, der ziemlich geschlossen (zuweilen verkürzt oder erweitert) bis § 66 weiterläuft: die Beschreibung der Leistungen der Seele, insofern sie sich von Pflanze und Tier grundsätzlich unterscheidet; sie bestehen vor allem darin, daß sie nicht nur in der Gegenwart lebt, sondern in der Erinnerung die Dimension der Vergangenheit, im Erfinden und Planen die Dimension der Zukunft mit umfaßt. Voraus gehen einige Zeilen, die in die Nähe von § 50/51 gehören: es wird (sehr verkürzt) festgestellt, daß im Unterschied zu allen körperlichen Organen bei der Seele ein Entstehen nicht beobachtet werden kann; dahinter steht der Gedanke, daß sie von außen in den Organismus eintritt und damit biologischem Entstehen und Vergehen entzogen ist (vgl. Aet. IV, 5, 11 und Aristot. Gen. anim. 736 b 27–29 u. a.).

§ 57/58 Zur Fähigkeit der Erinnerung wird auf Platon Menon 81 E–86 C und Phaidon 72 E–77 D verwiesen, freilich auch da durch Vermittlung einer modernisierenden Darstellung der platonischen Lehre. Denn wenn auch die Bindung der Erinnerung an die Ideenlehre platonisch ist (die Übersetzung von ἰδέα mit species kann Cicero dabei schon als bekannt voraussetzen; vgl. Acad. 1, 30), so wirkt doch die terminologische Verwendung von ἔννοια-notio hellenistisch, ebenso der starke Akzent, der auf die Quantität des Erinnerten gelegt wird.

§ 59 Simonides v. Keos (1. Hälfte des 5. Jhd.) nicht nur als Lyriker, sondern auch als σοφός berühmt, angeblich Erfinder einer Mnemotechnik (Marm. Par. FGrHist 239 A 54, Cicero De or.

2, 351–353 u. a.); Theodektes Freund des Aristoteles und Verfasser von Tragödien und einer Rhetorik: über sein Gedächtnis Quintil. XI, 2, 51; Kineas Berater des Königs Pyrrhos, dessen Auftreten vor dem römischen Senat 280 v. Chr. öfters (letztlich wohl nach Timaios) geschildert wird, etwa Plut. Pyrrh. 18–20; in diesem Zusammenhang wird auch sein phänomenales Gedächtnis erwähnt (Plin. n. h. 7, 88, Sen. pater Controv. I prooem.) Charmadas, Akademiker und Schüler des Karneades vgl. De or. 1, 45 und 2, 360. Metrodoros v. Skepsis, ebenfalls Akademiker und Schüler des Karneades, Redelehrer und Verfasser einer Mnemotechnik: Plin. n. h. 7, 89, Cicero De or. 1, 45; 2, 360, 365; 3, 75 ferner Jacoby zu FGrHist 184. Über das Gedächtnis des Q. Hortensius Hortalus (cos. 69), des Rivalen und Freundes Ciceros vgl. Brutus 301.

§ 60 Rückgriff teils auf die Doxographie § 18–22, teils auf § 42, dazu ein diskreter Hinweis auf die akademische Zurückhaltung des Urteils. Der Schluß insistiert noch einmal auf der Quantität der Dinge, die das Erinnerungsvermögen zu bewältigen vermag.

§ 61 Mit dem Hinweis auf die Quantität des Erinnerten werden zwei Thesen in Kürze abgelehnt: die Seele als Gefäß und die Seele als Wachstafel. Beide werden in Platons Theait. 191 C ff. und 197 D ff. berücksichtigt und treten auch in späterer Psychologie wieder auf.

§ 62–64 Die Übersicht über die Erfindungen des menschlichen Geistes zerfällt deutlich in drei Teile. Ein erster Teil nennt die Sprache, die menschliche Gemeinschaft, die Schrift und die Himmelskunde. Ein zweiter Teil folgt dem von Aristoteles Metaph. 981 b 13–25 skizzierten Schema: erst die lebensnotwendigen Dinge, dann die elegantiora und endlich die Astronomie als Ursprung aller Wissenschaft und Weisheit. Der dritte Teil befaßt sich mit den drei Disziplinen, die schon der Dialog Hortensius untersucht hatte: Dichtkunst, Redekunst, Philosophie; die Philosophie ihrerseits leistet vier Dinge: Frömmigkeit gegenüber den Göttern, Gerechtigkeit in der Gemeinschaft, seelische Tugend und Einsicht in das Wesen des Kosmos. In der Vorlage mögen die zwei ersten Dinge ein Paar gebildet haben (die zwei Formen der δικαιοσύνη) und die zwei spätern ebenso (als πρᾶξις und θεωρία.)

§ 62 Auf welche der vielen Pythagorastraditionen die Notiz über den Erfinder der Namen zurückgeht, ist nicht sicher zu sagen (Aristoteles?). Die Notiz selbst auch bei Ael. v. h. 4, 17; Jambl.

v. Pyth. 56 u. 82; Proklos in Crat. 5, 27 ff. P. und in Tim. I, 276, 16 ff. D.

§ 63 Zur Bemerkung über den Himmelsglobus des Archimedes vgl. De rep. 1, 22, De nat. deor. 2, 88 (auch 2, 19). Alle diese Stellen stammen aus Poseidonios, der nicht nur in einem Exkurs seines Geschichtswerkes von der Leistung und dem Tode des Archimedes gesprochen haben dürfte, sondern auch den Himmelsglobus selbst nachkonstruierte und eine Erläuterungsschrift dazu verfaßte, in der ebenfalls von Archimedes die Rede war. Die Stellen zeigen auch, daß diese Konstruktion darum für Poseidonios wichtig war, weil er an ihr seine These von der συμπάθεια τῶν ὅλων demonstrieren zu können glaubte.

Im platonischen Timaios ist vor allem 38 B–39 E gemeint.

§ 64 ... *ein Dichter wird nicht ohne einen himmlischen Anhauch* ... dazu De or. 2, 194 und De div. 1, 80 (Pro Archia 18), woraus sich ergibt, daß Cicero an eine Stelle Platons (wohl Phaidr. 245 A) und eine Demokrits (Vorsokratiker DK 68 B 18) denkt, die wohl schon früh kombiniert worden sind.

... *nach Platon ein Geschenk* ... Timaios 47 A, auch Acad. 1, 7 zitiert. Der Sinn der Korrektur Platons (nicht donum, sondern inventum der Götter), die trotz dem Wortlaut eher Ciceros Vorlage als ihm selbst gehören wird, ist nicht recht klar. Der Text ist stark gekürzt.

... *Größe des Geistes* ... Wenn sie hier neben die modestia (σωφροσύνη) tritt, so ist sie die Erbin der alten Tugend der ἀνδρεία, die für den fundamentalen Tugendkanon unbrauchbar geworden war, nachdem Aristoteles ihren Bereich rücksichtslos auf die Bewährung in der Schlacht reduziert hatte (Nik. Ethik III, 9–12). Daß die μεγαλοψυχία bereit war, als umfassende Tugend an ihre Stelle zu treten, ist auch schon an dem berühmten Kapitel IV, 7–9 der Nik. Ethik abzulesen.

§ 65 Erinnerung und Planung als die zwei Aspekte der Geistigkeit werden nun auch der Gottheit zugeschrieben, was zu einer scharfen Gegenüberstellung mythischer und philosophischer Gottesvorstellung Anlaß gibt.

... *Homer ... übertrug Menschliches auf die Götter* Man wird dazu an Xenophanes, Vorsokratiker DK 21 B 11, aber auch an Aristoteles Politik 1252 b 26/27 denken.

Wenn Erinnern und Planen der Gottheit zukommt, so kann umgekehrt geschlossen werden, daß auch der menschliche Geist göttlich ist, womit wir in die Nähe von § 22 gelangen.

Der hier gemeinte Euripidesvers (Frg. 1018 N.²) wird viel zitiert, schon von Aristoteles in einem seiner Dialoge (Jambl. Protr. p. 48, 16/17 Pist.) und von Menander Monost. 434, dann in späterer, vor allem philosophischer Literatur. Merkwürdigerweise wissen wir aber nicht, in welchem Stück Euripides diese einmalig kühne Formel (Troad. 885/6 kommt ihr immerhin nahe) geprägt hat.

Die hier und im anschließenden Selbstzitat aus der Consolatio, auf deren Benutzung in unserem Buch schon zu § 27 verwiesen wurde, vorgetragene Lehre ist diejenige, die die Doxographie § 22 als aristotelisch verzeichnete. Auf welchen Dialog sie zurückgeht, wissen wir nicht, schon weil wir kein wörtliches Zitat, sondern eine doxographische Zusammenfassung vor uns haben. Sachlich am nächsten steht der Eudemos.

... *eine fünfte Natur* ... Weder dieser Ausdruck noch seine Variante quinta essentia (Quintessenz) sind in dem uns erhaltenen Corpus Aristotelicum belegt; dieses spricht nur vom Ersten und Kreisbewegten Körper. Ausgeschlossen ist aber nicht, daß der Ausdruck in einem Dialog oder dann etwa bei Theophrast in dessen Darstellung der aristotelischen Lehre schon vorkam. Überall aber ist es für dieses Element, das zu den vier irdischen Elementen dazukommt, charakteristisch, daß es zwischen Körperlichkeit und Unkörperlichkeit sozusagen in der Mitte steht.

§ 67 Methodisch entscheidend ist die doppelte Feststellung: (a) wo es sich um die Erkenntnis Gottes und der Seele handelt, soll man nicht Alles fordern oder auf Alles verzichten, sondern diejenigen Fragen, die sich nicht beantworten lassen, ausklammern, auf den anderen dagegen unbeirrt beharren. (b) konkret gesprochen können wir das Wesen (Gottes und) der Seele nicht erfassen, da die Seele zur reinen Reflexion auf sich selbst nicht fähig ist (vgl. § 52); wohl aber sind ihre Leistungen zu erkennen, ebenso wie diejenigen der Gottheit, was nun in § 68/69 zu einer Beschreibung der Schönheit des Kosmos führt.

§ 68 Accius, Philocteta V. 566 Ribb.

ἀντίχθων zuerst von Aristoteles in Berichten über pythagoreische Kosmologie verwendet, hier etwas befremdlich als Bezeichnung der südlichen gemäßigten Zone.

§ 69 Ennius Eumenides V. 151 Vah.

§ 70 Der Gedanke, daß Gott und Seele nur ex operibus erkennbar seien, erhält hier seinen Höhepunkt und Abschluß; über die philosophische Bedeutung dieses Gedankens braucht und kann hier nicht weiter gesprochen werden. Hübsch ist, daß Cicero, immer mit Rücksicht auf seine akademische ἐποχή, die Entscheidung zwischen der Lehre des platonischen Timaios, wonach der sichtbare Kosmos durch den Demiurgen verfertigt ist, und der aristotelischen Lehre, wonach Gott nur der Lenker des an sich selbst ewigen und göttlichen Kosmos ist (aus dem Dialog περὶ φιλοσοφίας), offen läßt. Ebenso wird gleich nachher die Frage, wo im Körper die Seele lokalisiert sei und von welcher Beschaffenheit sie sei, mit betonter Läßlichkeit behandelt, auch wenn im ersten Falle die Lokalisierung im Kopfe (was mit der platonischen Lokalisierung der ratio übereinstimmt § 20) und im zweiten die Qualifizierung als Feuer oder Luft (vgl. § 40, 42, 65) sich durch besondere Probabilität auszeichnet.

§ 71 Das zu Beginn des Consolatio-Zitates § 66 angeführte Moment, daß die Seele schlechthin einfach sei, wird hier weiterentwickelt und als zusätzlicher Beweis für ihre Unvergänglichkeit benutzt; die Darlegungen darüber, was unter dieser Einfachheit zu verstehen sei und wie sie begründet werden könne, hat Cicero allerdings weggelassen.

Durch diese und ähnliche Gründe bewogen . . . Es folgt, vom argumentierenden zum erzählenden Stile übergehend, eine Zusammenfassung dessen, was Platon in Apologie und Phaidon über die Haltung und die Überzeugung des Sokrates im Angesicht des Todes berichtet hatte. Hervorgehoben wird namentlich, daß der Mensch zu wählen hat zwischen einem Verfallensein an die Leidenschaften, das von den Göttern wegführt, und einer imitatio vitae deorum. Da und dort greift Cicero auch auf Formulierungen, die er schon in De rep. (Somnium Scipionis), in der Schlußrede des Hortensius und in der Consolatio verwendet hatte; daß diese Texte nach Stimmung und Gehalt zusammengehören, würden wir besser erkennen, wenn wir den Hortensius und die Consolatio noch ganz besäßen.

§ 74 M. Porcius Cato, Onkel des Brutus, dem das Werk gewidmet ist, hat sich 46 v. Chr. in Utica selbst das Leben genommen, um nicht unter der Diktatur Caesars leben zu müssen. Vor dem Selbstmord las er den platonischen Phaidon (Plut. Cato minor 68–70), und die Nachwelt hat denn auch sogleich seinen Tod als ein römisches Gegenbild zum Tode des Sokrates verstanden, unter den ersten wohl Cicero selbst, der eine eigene Gedenkschrift »Cato« verfaßte; sie ist nur in wenigen Fragmenten faßbar, wird aber nach Stimmung und Gehalt unserem Texte und ebenfalls den in der vorigen Anm. genannten Werken nahegestanden haben.

In der Sache ergab sich eine Schwierigkeit, sofern der Sokrates des Phaidon 61 C–62 C den Selbstmord zu verbieten scheint, Cato aber einen solchen begangen hat; immerhin hat Platon so formuliert, daß für eine stoische Ausdeutung, wonach der Selbstmord als εὔλογος ἐξαγωγή in bestimmten Zwangslagen statthaft sei (vgl. SVF 3, 757–768), Raum blieb; und Cato hat als Stoiker den Phaidon in diesem Sinne gelesen. Eine gewisse Unklarheit darüber, was letztlich gemeint ist, bleibt freilich bestehen und ist auch in den Zeilen Ciceros spürbar.

die Ketten des Gefängnisses: Der bewußt vieldeutige platonische Begriff der φρουρά (Phaidon 62 B) wird auf die These festgelegt, daß der Körper das Gefängnis der Seele sei, vorbereitet schon seit § 51 durch die Begriffe der »Befreiung« und »Freiheit« der Seele; vgl. auch De rep. 6, 14/15; Cato 77, 81; Lael. 14; De div. 1, 110. Diese Leibfeindlichkeit geht unter »pythagoreischem« Einfluß weiter als es wohl Platon selbst gemeint hatte.

. . . sondern wie von der Behörde . . . Die römische Nuance, die Cicero hier hereinbringt, ist beachtenswert.

§ 75 Interpretation der berühmten Stelle des Phaidon 80 E/81 A, wonach die Aufgabe des Philosophen die μελέτη θανάτου sei; in den spätantiken Handbüchern gilt dies geradezu als eine der klassischen Definitionen der Philosophie schlechthin.

Dies wird jenem himmlischen Leben ähnlich sein . . . Daß das Leben dessen, der sich ganz dem Geiste zuwendet, zu einer Vorwegnahme der jenseitigen gottnahen Seligkeit wird, wurde schon in § 72 gesagt. Diese Zuwendung zum Geiste wird hier allerdings nur ethisch und negativ beschrieben; von der positiven Ergänzung durch die θεωρία war in § 44/45 die Rede.

Wer nämlich dauernd in den Fesseln des Körpers gelegen hat . . . Da kommt eine Anspielung auf Platons berühmtes Höhlengleichnis herein: Staat 514 A ff., bes. 515 C.

Wenn wir aber dorthin gekommen sind . . . Nochmals ein anderer Gedanke, augenscheinlich in der Consolatio breit ausgeführt, zunächst auf vielzitierte Verse des Euripides Frg. 638 N² (schon bei Platon Gorg. 492 E) zurückgehend; vgl. auch Cato 77.

§ 76 Abschluß des als pathetisches Schlußwort gestalteten Teiles § 71–75 und Übergang zu einer nochmaligen nüchternen Prüfung von Einwänden in Fortsetzung von § 46/7, 48/9 und 50/51. Der

Text hat Cicero Mühe gemacht und wirkt so ungeschickt formuliert, daß man ohne die Annahme einer Lücke nicht auskommt; die Frage ist nur, ob diese Annahme ausreicht. Man erwartet an dieser Stelle nicht gerade den banalen Gedanken, daß der Tod sich immer rasch einstellt, mag man ihn herbeisehnen oder hinauszögern wollen; befremdlich wirkt auch die knappe Behauptung, das irdische Leben sei das sicherste Übel und der Tod das verläßlichste Gut, überraschend schließlich die trotz § 27/28, 72, 75 kaum vorbereitete These, wir würden nach dem Tode entweder selbst Götter werden oder doch bei den Göttern weilen. Daß auf diese These der Partner unmöglich replizieren kann: *Was kommt darauf an?*, liegt auf der Hand. Doch der Verdacht ist nicht ganz abzuweisen, daß das ganze vorausgehende Stück (von lat. »veniet tempus ...« bis »... futuri sumus«) nachträglich unter Benutzung der Consolatio eingelegt worden ist um eine Textlücke auszufüllen, die aus irgendwelchen Gründen in Ciceros eigenem Text entstanden war.

Vor dem Satz: *Was kommt darauf an?* muß Cicero etwa bemerkt haben, es sei notwendig, die Unsterblichkeit der Seele mit möglichst vielen Beweisen zu sichern und sich diese Beweise immer vor Augen zu halten.

§ 77/78 In rascher Übersicht werden die Epikureer erledigt, dann Dikaiarchos angeführt (wie schon in § 21 offenbar aus persönlicher Kenntnis der Werke), dann die Stoiker genannt, und zwar die stoische Orthodoxie des Zenon und Chrysippos, die bisher (von flüchtigen Andeutungen § 19 und 42 abgesehen) noch gar nicht in Erscheinung getreten war; ihre These der zeitlich begrenzten Unsterblichkeit wird knapp und energisch abgelehnt.

§ 79 Von den orthodoxen Stoikern wird Panaitios abgehoben (Frg. 83 van Str.). In welcher Form er seine Kritik an Platons Phaidon vortrug, ob diese Kritik auch hinter § 24 unseres Textes steht und wie sie sich zu seiner in § 42 erwähnten These verhält, wissen wir nicht.

Bemerkenswert sind seine überschwänglichen Huldigungen vor Platon, die der orthodoxen, älteren Stoa völlig fremd sind und in gewisser Weise schon auf den Platonkult des kaiserzeitlichen Platonismus vorausweisen.

§ 80 Von wem die recht sorgfältige Widerlegung der zwei Argumente des Panaitios stammt, wissen wir nicht. Philosophisch wichtig ist sowohl die Beschränkung der Unsterblichkeit auf denjenigen Teil der Seele, den Cicero mens nennt (νοῦς? λογικόν?) wie auch die Feststellung, daß hereditäre Eigenschaften auf den Einfluß des Körpers auf den Geist zurückzuführen sind. Beide Gegenargumente haben erhebliche Folgen für den Gesamtbegriff der unsterblichen Seele; doch kann von diesen hier nicht die Rede sein.

Das Zitat aus Aristoteles muß mit der Abhandlung περὶ μελαγχολίας zusammenhängen, die auszugsweise in den Ps.-Aristot. Problemata 30, 1 erhalten ist; sie wird wohl mit der in Diog. Laert. 5, 44 aufgeführten Schrift Theophrasts gleichen Titels identisch sein, und daß einzelne Schriften Theophrasts unter den Namen seines Lehrers gerieten, ist nicht allzu verwunderlich. Immerhin muß die Möglichkeit offen bleiben, daß unsere Stelle tatsächlich auf einen verlorenen Text des Aristoteles selbst zurückgeht; vgl. noch 3, 11.

§ 81 Aktualisierend erwähnt Cicero zwei Fälle, in denen größte physische Ähnlichkeit mit völliger geistiger Unähnlichkeit zusammenfällt: 1. Der Sohn des Q. Fabius Maximus Allobrogicus (cos. 121), eines Neffen Scipios; vgl. Val. Mac. 4, 5, 2. 2. Der Enkel des P. Licinius Crassus Dives (cos. 97); über dessen Verschwendungssucht vgl. Val. Max. 6, 9, 12. Die Frage muß offen bleiben, ob die griechischen Beispiele, die Cicero ersetzt hat, etwa diejenigen waren, die von Aristoteles Rhet. 1390 b 27–31 kurz aufgezählt werden.

Aber was tun wir . . .? Im leichten Konversationston erinnert Cicero daran, daß es nun an der Zeit sei, zu der zweiten in § 26 angekündigten Möglichkeit überzugehen. Allgemein gesehen darf zu diesem Teile § 82–119 beachtet werden, daß Cicero es aus guten Gründen vermeidet, nun etwa positive Argumente für die Sterblichkeit der Seele zu entwickeln (so wie es etwa Lucr. Buch III tut); dies hätte angesichts der in § 40–71 gebotenen Argumente für die Unsterblichkeit zu einer unerträglichen Aporie geführt. So begnügt er sich damit, die Sterblichkeit der Seele einfach als eine hypothetische Möglichkeit vorauszusetzen und in lockerer Form zwei Gedanken darzulegen: (a) das irdische Leben ist so mühselig, daß es sich nicht lohnt, seinen Verlust zu beklagen; (b) der Tod als Übergang ins Nichtsein kann kein Übel sein. Beide Gedanken sind nicht neu: der erste war vor allem soeben in § 71–76 ins Gespräch gekommen, und den zweiten hatte schon § 9–16 vertreten.

§ 82 Worauf sich die umstrittene Demokritinterpretation Epikurs bezog, ist nicht ganz klar; mag sein, daß Demokrit aus dem Weiterwachsen von Nägeln und Haaren beim Toten folgerte, daß auch dem Leichnam noch eine gewisse Empfindungsfähigkeit erhalten bliebe, vgl. Vorsokratiker DK 68 A 117 und 160.

Nach dem Wortlaut muß es noch zu Ciceros Zeit neben den Epikureern auch Demokriteer gegeben haben, – oder doch wenigstens zur Zeit seiner unmittelbaren Vorlage; vgl. De or. 1, 42.

§ 83 Über die Caesur § 81 hinweg nimmt Cicero das Thema von § 75/76 mit dem Hinweis auf die Consolatio wieder auf.

Vom Kyrenaiker Hegesias ὁ πεισιθάνατος scheint nicht mehr als eben der an unserer Stelle nach Inhalt und Wirkung skizzierte Dialog bekannt geblieben zu sein. Was Diog. Laert. 2, 93–96 (vgl. 2, 86) über seine Lehren berichtet, kann restlos aus ihm abgeleitet sein. Über die Wirkung des Werkes vgl. noch Plut. mor. 497 D. Der erwähnte König dürfte Ptolemaios I. Soter (König von 304 bis 282) sein.

§ 84 Das mit weltmännischer Ironie die Weltflüchtigkeit des platonischen Phaidon glossierende Epigramm des Kallimachos (etwa 300–240 v. Chr.) ist erhalten (Nr. 23 Pf.) und war schon in der Antike berühmt.

... jener, der meint, zu leben sei überhaupt für niemanden ein Gewinn: Wohl Anspielung auf Theognis 425/427, auch von Aristoteles im Eudemos Frg. 6 W.-R. (s. unten zu § 114) und von Epikur Ep. Men. 126 u. a. zitiert.

Ciceros Hinweis auf sein eigenes Schicksal mengt wie dann die Beispiele des Priamos und Pompeius einen Gesichtspunkt ein, der streng genommen erst in § 93 thematisch wird: zu beklagen ist nicht das Leben schlechthin, sondern daß der Tod im falschen Augenblick, und zwar in diesen Fällen zu spät kommt.

§ 85 Die wirkungsvolle Gegenüberstellung eines εὐδαιμονέστατος und eines ἀθλιώτατος beruht auf alter Tradition und bildet den Hintergrund schon zu Platon Staat 360 E–361 D, dann zu den hellenistischen Diptychen des σοφός und des φαῦλος. Priamos ist bei Aristoteles Nik. Ethik 1100 a 8 und 1101 a 8 der Inbegriff eines Menschen, den am Ende des Lebens maßloses Unglück zugrundegerichtet hat. Ciceros griechische Vorlage wird auch einen εὐδαιμονέστατος genannt haben (vgl. Herodot 1, 30), an dessen Stelle er den Römer Q. Caecilius Metellus Macedonicus (cos. 143) anführt; von dessen einzigartigem Glück spricht auch De fin. 5, 82, dann Plinius n. h. 7, 139–146 und

Plut. mor. 318 BC, letzten Endes alles aus der auf ihn gehaltenen und publizierten Laudatio funebris.

Die Verse aus der Andromache des Ennius V. 94 ff. Vah.

§ 86 Vom Schicksal des Pompeius hatte schon § 12 geredet. Die hier erwähnte Erkrankung fällt ins Jahr 50, unmittelbar vor Ausbruch des Bürgerkrieges, der mit der Katastrophe des Pompeius endete; vgl. Plut. Pompeius 57.

§ 87/88 Mit den empfindsamen Betrachtungen über Glück und Unglück im Leben kontrastiert stark und absichtlich eine Diskussion des Begriffes »Entbehren«, in Stil und Absicht § 9–16 nahestehend. Die griechische Vorlage mag in entsprechender Weise die Bedeutung von στέρησις, das nur gilt, wo ein Anspruch besteht, der nicht erfüllt ist, herausgearbeitet haben; vgl. Aristot. Kat. 12 a 26–34, Plut. mor. 1068 C.

§ 89 Schroff wird nun wiederum von der abstrakten Begriffsanalyse zu Beispielen der Todesverachtung übergegangen; die Auswertung der Beispiele ist freilich unbefriedigend: denn nicht darum haben die Helden der Vorzeit dem Tode getrotzt, weil sie an keine Unsterblichkeit der Seele glaubten, sondern weil für sie die Verpflichtung dem Staate gegenüber (und dann auch der Nachruhm) wichtiger war als ihr eigenes physisches und psychisches Überleben. Mag sein, daß Cicero hier etwas unbedacht Material aus De gloria eingelegt hat.

Wie oft sind nicht nur unsere Heerführer . . . Aus § 101 geht hervor, daß Cicero eine Stelle aus Catos Origines zitiert (vgl. Cato 75); man verbindet sie meistens, aber wahrscheinlich zu Unrecht mit Catos Erzählung von der Heldentat des Q. Caedicius aus dem 1. Pun. Krieg, die Gellius 3, 7 erhalten hat.

Aus welchem Historiker Cicero die Geschichte vom Tode des L. Iunius Brutus, Gründers der Republik und Urahnen des Adressaten der Tusc. disp., entnommen hat, wissen wir nicht.

Eigentümlich ist die Geschichte der drei Decier, von denen der erste (cos. 340) im Kriege gegen die Latiner durch devotio den Tod fand, der zweite (cos. 295) ebenso bei Sentinum gegen Samniter, Gallier und Etrusker, der dritte (cos. 279) desgleichen bei Asculum gegen König Pyrrhos. Welche, bzw. wieviele dieser devotiones historisch sind und welche Rolle die Dichter (Ennius, Accius) bei der Ausgestaltung dieser Ereignisfolge spielten, ist noch nicht zuverlässig geklärt.

P. und Cn. Cornelius Scipio fielen 211 in Spanien, L. Aemilius Paulus und Cn. Servilius Geminus 216 bei Cannae; die letzten drei sind alle nicht in einer Schlacht gefallen, sondern aus dem Hinterhalt erschlagen worden: M. Claudius Marcellus 208, L. Postumius Albinus 216, Ti. Sempronius Gracchus 212.

§ 90 Wiederaufnahme von § 87/88, freilich mit drastischer Konklusion: das griechische Beispielpaar illustriert, daß zwischen einem *Überhaupt nicht existieren* und einem *Nicht mehr existieren* kein Unterschied besteht (der Kentaur ist traditionelles Beispiel eines reinen Phantasiegebildes von Xenophanes Vorsokratiker DK 22 B 1, 22 an; vgl. etwa Sextus PH 1, 162; adv. Phys. 1, 49, Cicero selbst noch De nat. deor. 1, 105; 2, 5; De div. 2, 49), das römische Beispielpaar, daß ebenso zwischen einem *Nicht mehr existieren* und einem *Noch nicht existieren* kein Unterschied ist. Freilich droht Cicero im Eifer der Veranschaulichung unfreiwillig zynisch zu werden. So rückt er mit *Offenbar nur, weil...* die Dinge zurecht: auch das kommende Schicksal Roms wird uns bewegen, nicht weil wir über unseren physischen Tod hinaus weiterlebend an ihm Anteil werden nehmen können, sondern weil uns, so lange wir leben, nicht gleichgültig sein kann, was nach unserm Tode mit unserem Vaterlande geschieht.

§ 91 Zur Fürsorge für eine Zukunft, an der der Einzelne in keiner Weise mehr teilzunehmen vermag, tritt nun der Gedanke an den Nachruhm, der zwar auch kein reales Weiterleben des Einzelnen bedeutet, aber doch seit jeher als eine Art von Ersatz für ein solches empfunden worden ist.

Darum darf man, selbst wenn man die Seele... Anders ist derselbe Gedanke gewandt bei Aristoteles Nik. Ethik 1177 b 31–34.

...nicht aus Begierde nach Ruhm... Die These, daß der Ruhm nicht der Zweck, wohl aber die Folge der Tugend sei, wird § 109 wiederholt und war sicherlich in De gloria näher erläutert.

...da der Tod weder die Lebenden etwas angeht noch die Toten. Dieselbe Formel bei Epikur Ep. Men. 125 und KD 2, aber auch im Ps.-Plat. Axiochos 369 B aus älterer Tradition.

§ 92 Auffallend ungeschickt führt Cicero hier den uralten Gedanken ein, der Tod sei dem Schlafe ähnlich. Der Sokrates der platon. Apologie 40 C–E erklärt, wenn der Tod den Untergang von Leib und Seele bedeute, so sei er nicht weniger erfreuend als ein tiefer traumloser Schlaf. Hier aber läuft es auf den im Zusammenhang verkehrten Gedanken hinaus, daß niemand sich ein Leben wünschen wird, das nur aus Schlaf besteht. Augenscheinlich ist Cicero ein aristotelischer Text in die Quere gekommen, den er in De fin. 5, 55 benutzt hatte: um zu beweisen, daß die Eudaimonie nur als Tätigkeit begriffen werden könne, hat Aristoteles (im Proteptikos?) ausgeführt, daß niemand sich ein Leben in stetem Schlafe oder gar den Schlaf des Endymion wünschen wird; vgl. Nik. Ethik. 1178 b 18–20, weiter 1095 b 32, 1099 a 1 und Eud. Ethik 1216 a 2–9.

§ 93 Nun wird die früher schon gestreifte Frage nach dem unzeitigen, also vor allem vorzeitigen Tode thematisch. Beachtlich ist die besonders starke Personalisierung der Natur, die dem Menschen das Leben nur geliehen hat, also jederzeit zurücknehmen kann; vgl. Ps.-Plut. Cons. Ap. 106 F, 116 A u. a.

Dieselben Leute meinen ... Ganz ähnlich Ps.-Plut. Cons. Ap. 113 D. Der griechische Wortlaut des Verses des Kallimachos (aus unbekanntem Zusammenhang) bei Ps.-Plut. Cons. Ap. 113 E: Frg. 491 Pf.

§ 94 Daß die menschliche Lebensdauer ein höchst relativer Begriff ist, gemessen einerseits am Leben von Eintagstieren, anderseits und vor allem an den kosmischen Dimensionen, hat für uns als erster Aristoteles festgestellt. Zu den Eintagstieren am Hypanis (Bug) wird er ausdrücklich zitiert, gewiß nicht aus Hist. anim. 552 b 17–23, sondern aus einem Dialoge (Eudemos?); der Vergleich der Lebensdauer und Dauer des Ruhmes mit den kosmischen Zeiträumen De rep. 6, 23/24, Tacitus, De or. 16 aus Ciceros Hortensius Frg. 35 M, Boethius Cons. phil. II pr. 7, Aristoteles bei Jambl. Protr. 47, 18–21 Pist.

Die Verse aus einer noch nicht identifizierten Komödie Frg. Com. Pall. inc. 43 Ribb.

§ 95 Beachtliches Zeugnis für den Einfluß der Astrologie, wie sie in der griechisch-römischen Welt seit der Alexanderzeit als chaldäisch bezeichnet und propagiert wurde; vgl. Diodor 2, 29–31 (wohl aus Poseidonios) und für Rom schon Cato, De agr. 5, 4.

§ 96–99 Die Parallele Theramenes–Sokrates hat Cicero vermutlich schon vorgefunden. Die Schilderung des Todes des Theramenes deckt sich weitgehend, aber nicht vollständig mit Xen. Hell. 2, 3, 56, so daß wohl eine Zwischenquelle anzunehmen ist. Für Sokrates übersetzt Cicero frei Plat. Apol. 40 C–42 A.

Auch wenn er erklärt ... Beachtenswert und sachlich richtig ist die Bemerkung über die bloß scheinbare Aporetik des Sokrates in seinen letzten Worten. Für den platonischen Sokrates wie für Cicero selbst hat die Aporetik ihre Grenzen, die feststehen, auch wenn sie nicht immer ausdrücklich als solche bezeichnet werden.

§ 100 ... *daß wir nichts für schlecht halten* ... Ein neues Argument fließt hier erstaunlich flüchtig ein: der Tod ist naturgemäß, und nichts, was naturgemäß ist, kann ein Übel sein (vgl. § 119). Das Spartaner-Apophthegma ist doppelt merkwürdig: (1) Cicero betont, daß man den Namen nicht kenne, während die Parallelversion bei Plut. mor. 221 F unter dem singulären Namen Θηκταμένης aufgeführt wird. (2) Daß der Sache nach die Todesverachtung des Verbrechers nur begrenzt beweiskräftig ist, hat Cicero, wie seine Schlußbemerkung zeigt, selbst empfunden; man möchte wissen, in welchem Zusammenhang das Apophthegma ursprünglich gestanden hat.

§ 101 Zu dem Cato-Zitat vgl. die Anm. zu § 89.

Das berühmte Grabepigramm für die bei den Thermopylen 480 v. Chr. gefallenen Spartaner ist in mehreren Varianten überliefert, zuerst und ohne Verfassername bei Her. 7, 228. Cicero nennt nicht nur Simonides (s. zu § 59) als Urheber, sondern folgt in seiner Übersetzung auch jener Fassung, die (nicht ohne Verschiebung des Sinnes) an die Stelle des Wortes ῥήμασι (»Befehl«) vielmehr νομίμοις (»Gesetz«) gesetzt hat, vgl. Simonides Frg. 92 Diehl. Es folgen drei Spartaner-Apophthegmata, die Cicero schon in einer griechischen Apophthegmata-Sammlung beisammen gefunden hat wie Suidas s. v. Leonidas zeigt. Beim ersten ist die Pointe verdorben dadurch, daß entweder Cicero selbst oder schon seine Vorlage statt ἀριστᾶτε (»frühstücket!«) vielmehr ἀριστεύετε (»seid tapfer!«) gelesen hat; das richtige bei Suidas s. v., variiert bei Plut. mor. 225 D, lateinisch bei Sen. ep. 82, 21. Zum zweiten vgl. schon Her. 7, 226, Plut. mor. 225 B.

§ 102 Zum dritten Apophthegma vgl. Plut. mor. 241 C.

Den Vertretern einer durch das Gesetz geforderten Tapferkeit und Todesverachtung (vgl. Aristoteles Nik. Ethik 1116 a 17–29) stellt Cicero als Gegensatz einen Vertreter der kyrenaischen Lehre gegenüber, die der Polis grundsätzlich gleichgültig gegenüberstand, vgl. Diog. Laert. 2, 97–103. Eine Variante des Apophthegmas bringt Cicero 5, 117; vgl. Plut. mor. 499 D, 606 B. Bei Stob. 7, 29 und Gn. Vat. Nr. 64 St. stehen statt Theodoros und König Lysimachos von Thrakien (regierte 306–281) Anaxarchos und Alexander d. Gr. Welche Fassung die ältere ist, ist nicht zu erkennen.

Die Diskussion περὶ ταφῆς und der Gedanke, es sei unsinnig Fürsorge an einen toten Körper zu verschwenden, ist sehr alt wie etwa Heraklit Vorsokratiker DK 22 B 96 zeigt.

§ 103 Freie Paraphrase von Plat. Phaidon 115 C–E.

§ 104 Nach Ael. v. h. 14, 33 und Gn. Vat. Nr. 442 St. soll schon Platon Diogenes dem Sokrates gegenübergestellt und ihn als einen »verrückt gewordenen Sokrates« bezeichnet haben. Zu unserm Apophthegma vgl. Epist. Diog. 25 und Diog. Laert. 6, 79.

Anaxagoras: Diog. Laert. 2, 11; Gn. Vat. Nr. 115 St.; der Ausspruch, der sehr alt sein kann, wird auch von Aristippos, Diogenes und Bias v. Priene erzählt.

§ 105 Wie schon in § 37 werden auch hier vor allem die Dichter für die Irrmeinungen verantwortlich gemacht, also letztlich in der Tradition von Platons Staat. Zitiert werden Ennius Andromache V. 100 ff. Vah. und Pacuvius Iliona V. 197 ff. Ribb., Ennius Thyestes V. 362 ff. Vah.

§ 108 Daß die verschiedenen Völker ganz verschiedene Bestattungsriten haben, ist schon Herodot aufgefallen und wird von der Sophistik und frühen Sokratik an zu einem Beweisstück dafür, daß alle Gesetze und Sitten relativ und gleichermaßen unverbindlich seien. Es hat dann Zusammenstellungen solcher Riten gegeben; es existierte eine solche vom Stoiker Chrysippos SVF 3, 322, die Cicero hier (indirekt) benutzt, und aus einer ähnlichen gibt Sextus PH 3, 226–228 einen Auszug.

Cicero greift nur je zwei Belege gegensätzlicher Absichten heraus: Ägypter und Perser wollen die toten Leiber solange als möglich aufbewahren, Magier und Hyrkaner haben nichts eiligeres zu tun als sie den Tieren zum Fraß vorzuwerfen.

Bemerkenswert ist das allgemeine Urteil über Chrysippos: Fülle des Tatsachenmaterials (sozusagen in aristotelischer Tradition) und eine Vorliebe für Paradoxes und Schockierendes (aus kynischer Tradition). Ein ähnliches Urteil über Poseidonios in De off. 1, 159.

§ 109 Rückkehr zu Gedanken aus dem Umkreis der Consolatio und von De gloria, damit auch in die Nähe von § 93–102.

Keiner hat zu kurz gelebt, der ... Zu dieser Gegenüberstellung der Qualität und der äußeren Dauer des Lebens vgl. das Apophthegma Platons im Gn. Vat. Nr. 448 St.

§ 110 Unter den Griechen begnügt sich Cicero mit zwei Gesetzgebern und zwei Kriegshelden (nach § 4 und 33 stehen hier zum dritten Male Themistokles und Epameinondas nebeneinander), bei den Römern bringt er eine Liste, die sich teilweise mit derjenigen in § 89 überschneidet; leider wissen wir viel zu wenig von den Historikern, aus denen er direkt oder indirekt schöpft: M. Curius Dentatus (cos. 290) und C. Fabricius Luscinus (cos. 282 und 278), die Helden des von Ennius im fünften Buch seiner Annales in homerischem Stile beschriebenen Pyrrhos-Krieges; zu A. Atilius Calatinus (cos. 258 und 254) vgl. § 13; die zwei Scipionen sind die schon in § 89 genannten; es folgen der ältere Scipio Africanus (cos. 205 und 194) und der jüngere (cos. 147 und 134), dann Q. Fabius Maximus Verrucosus Cunctator (cos. 233, 228, 215, 214, 209), M. Claudius Marcellus (cos. 222, 215, 214, 210, 208), L. Aemilius Paulus (cos. 182 und 168), M. Porcius Cato Censorius (cos. 195) und C. Laelius (cos. 140).

Der Gedanke, daß der Ruhm nur dann etwas taugt, wenn er von den boni ausgeht, ist schon bei Aristoteles Nik. Ethik. 1095 b 28/29 (vgl. 1124 a 6) ausgesprochen und war zweifellos in De gloria ausführlich entwickelt.

§ 111 Zur Ergänzung dient der Gedanke, daß auch der Tod in der höchsten Eudaimonie kein Übel ist. Diagoras von Rhodos war der berühmteste Olympiensieger der frühklassischen Zeit; ihm gilt Pindar Ol. 7 (464 v. Chr.). Die hier erzählte Geschichte auch bei Plut. Pelopidas 34, 6 u. a.

Die Schlußwendung nimmt eine vielfach verwendete Disposition auf: man empfindet Trauer entweder über sein eigenes Leiden oder dann über das vermutete Leiden der Toten (Ps.-Plut. Cons. Ap. cap. 25 (aus Krantor).

§ 112 An die Schlußfolgerung wird nun noch ein rhetorum epilogus angehängt. Was das hier bedeuten soll, ist nicht recht klar (denn Exempla-Material, das rhetorischen Zwecken dienen konnte, war schon zuvor reichlich verwendet) und wird auch durch die Parallele Ps.-Plat. Axiochos 370 DE nicht klarer.

§ 113/115 Angeführt werden vier berühmte Erzählungen, aus denen hervorgeht, daß die Gottheit selbst den Tod das beste für den Menschen genannt habe: 1. Kleobis und Biton, zuerst bei Herodot 1, 31. 2. Trophonios und Agamedes, zuerst bei Pindar in einer der verlorenen Isthmia Frg. 2/3 Bowra (vgl. Hom. Hy. Ap. 296). 3. Silenos und Midas, zuerst bei Aristoteles, Eudemos Frg. 6 W.-R. (vgl. Herodot 8, 138 einerseits, Theognis 425/27 anderseits). Dazu wird eingeschaltet Euripides Frg. 449 N.². 4. Orakelspruch an Elysios aus Terina (in Süditalien nördl. von Rhegion) über den Tod seines Sohnes Euthynous, aus Krantors περὶ πένθους, wie Cicero ausdrücklich vermerkt; etwas ausführlicher in der griechischen Fassung bei Ps.-Plut. Cons. Ap. 109 B–D.

§ 116 Alkidamas Redner und Sophist des frühen 4. Jhd., Schüler des Gorgias. Sein (von Cicero selbst noch gelesenes?) ἐγκώμιον θανάτου war so wenig wie der in § 83/84 erwähnte Dialog des Hegesias eine bloße Paradoxologie.

Dann wird nach § 32, 89 und 110 zum vierten Male eine Liste solcher skizziert, die als Helden dem Tode entgegengetreten sind. Hier überwiegen die Griechen: Erechtheus, Urkönig von Athen; Kodros, ebenfalls mythischer König von Athen, Menoikeus, Sohn König Kreons von Theben; Iphigeneia (mit Tragödienzitat); Harmodios und Aristogeiton, die durch ihren Einsatz 514 v. Chr. den Sturz der athenischen Tyrannis einleiteten, endlich Leonidas (vgl. § 101) und Epameinondas (vgl. § 110). Die vier ersten, mythischen Beispiele werden zunächst alle aus attischen Tragödien (vor allem des Euripides) entnommen sein.

§ 117 Der Ton erhöht sich zum pathetischen, predigtartigen Appell, ähnlich wie im Ps.-Plat. Kleitophon 407 A.

Ciceros allgemeiner Haltung entspricht es, daß schließlich Verse des Römers Ennius (auf die schon § 34 hinwies) gegen solche des Atheners Solon, eines der Sieben Weisen (Frg. 22 Diehl) ausgespielt werden.

§ 118 Alle bisherigen Erwägungen werden nun zusammengefaßt mit dem Akzent auf dem Gedanken, daß der Tod, mag er zu Freiheit und Unsterblichkeit überleiten oder mag er den Untergang des ganzen Menschen bedeuten, in jedem Falle von der Gottheit oder von der Natur gewollt ist, also nichts Schlimmes bedeuten kann. Charakteristisch ist sowohl die von Aristoteles an sich immer stärker herausbildende Alternative deus sive natura (vgl. Luc. 61, Cato 40, Paradoxa 14, De div. 2, 127 u. a.), wie auch die Konfrontation der höheren, planvoll für den Menschen sorgenden Macht mit dem bloßen Zufall, wie ihn die Atomisten lehren (vgl. dazu De nat. deor. 1, 2–4).

§ 119 Hier erscheint sehr angemessen derselbe Gedanke, der schon in § 76 vorkam und dort empfindlich störte.

Die Schlußwendung verbindet hübsch einen realistischen Hinweis auf die Szenerie (vor dem Abendessen wird man sich von der geistigen Anspannung etwas erholen) mit einer Ankündigung des Diskussionsgegenstandes der folgenden Tage.

ZWEITES BUCH

§ 1 Etwas künstlich polemisiert Cicero zuerst gegen einen Vers des Ennius, um ihm dann schließlich doch teilweise recht zu geben. Der Vers stammt aus einer Tragödie, in der der junge Neoptolemos mit dem alten Erzieher Nestor über Nutzen und Nachteil philosophischer Bildung diskutierte: Ennius scen. V. 376 Vah., auch in De or. 2, 156 und De rep. 1, 30 angeführt. Die Haltung des Neoptolemos entspricht im Ganzen derjenigen des Kallikles in Platons Gorgias 484 C (es sei ausreichend, wenn man in der Jugend μετρίως philosophiere). Cicero widerspricht aus methodischen (um Einiges zu begreifen muß man Alles kennen) und persönlichen Gründen (wer Einiges kennen lernt, wird Lust auf das Übrige haben), vgl. De fin. 1, 2/3, De nat. deor. 1, 9. Hinter dem ersten Grunde steht der Anspruch einer geschlossenen Systematik, wie er sich erst in der Stoa voll entwickelt hat, vgl. etwa De fin. 3, 74 und 4, 53.

Andererseits entspricht es der philosophischen Pädagogik, die wir schon bei Aristoteles und bes. Epikur verfolgen können, daß nicht bloß für den Fachphilosophen gesorgt werden muß, sondern auch für den Berufstätigen, der sich nur begrenzt für die Philosophie freimachen kann.

§ 2 Als Gewinn, den auch ein begrenztes Philosophieren verspricht, wird genau das angegeben, was in 1, 119 als Programm erschien, die Befreiung von Begierde, Kummer und Furcht, womit drei der vier klassischen Affekte, die in 4, 11 als stoisch aufgezählt werden (s. Anm. dazu), genannt sind; es fehlt die Lust. Die Leistung des 1. Buches wird als ein Stück Befreiung von der Furcht charakterisiert; dabei tritt der Gedanke von 1, 119 wieder auf: Was unvermeidbar (und damit naturgemäß) ist, kann kein Übel sein.

§ 3 War bisher der Einwand diskutiert, man solle nur mit Maß philosophieren, so folgt nun die Polemik gegen jene, die alles Philosophieren verwerfen und endlich in § 4 gegen diejenigen, die die besondere Observanz Ciceros tadeln. Das Ganze ist ein polemisch-apologetisches Schema, das Cicero in den Vorreden seiner Philosophica öfters verwendet; daß er es aus hellenistischen Einführungsschriften in die Philosophie übernimmt, möchte man vermuten.

Für die sachliche Widerlegung der Gegner aller Philosophie verweist er auf seinen Hortensius (§ 4) und beschränkt sich auf die advokatische Feststellung, die Gegner seiner Philosophie würden noch viel leichter allgemeinen Beifall finden als die Gegner seiner Redekunst. Es liegt ihm augenscheinlich daran, bestimmten Kritikern, die gegen ihn ein Ideal attischer Schlichtheit (Lysias) auszuspielen suchten, eins auszuwischen.

§ 4 Der Gegensatz, daß die Redekunst sich an die Masse des Volkes, die Philosophie nur an die Wenigen, die dazu qualifiziert sind, wendet, läßt sich schon aus Platons Gorgias herauslesen. Bei Cicero liegt allerdings auf dem Begriff der Wenigen noch ein besonderer Akzent, wie das Hortensius-Zitat bei Aug. Civ. Dei 22, 22 lehrt: die Götter haben die wahre Philosophie quibusdam paucis gegeben.

... die Philosophie ... meidet mit Absicht die Menge ... vgl. Plat. Gorg. 485 DE, Theait. 173 C ff.

Dennoch sind wir so weit davon entfernt, zu mißbilligen ... Eine geistvolle Begründung des dissensus philosophorum, letztlich von der guten Eris Hesiods, Erga 17 ff. ausgehend.

§ 5 Die Bemerkungen über die Einbürgerung der Redekunst und der Philosophie in Rom ergänzen das in 1, 5/6 Gesagte.

Denn dies ertragen mit unduldsamem Geiste nur jene, die ... Die eindrucksvolle Gegenüberstellung des starren, in seine eigenen Konsequenzen gefangenen Dogmatismus und der Aporetik, die beweglich bleibt, weil sie die Grenzen des Wißbaren kennt, hängt mit Luc. 7–9 zusammen. Die Verwendung von Begriffen der Rechtssprache (addicti) und Sakralsprache (consecrati) schafft ein römisches Kolorit, doch in der Sache wird diese Empfehlung der akademischen ἐποχή griechisch sein, auch wenn sie sich bei Platon noch nicht findet. Zur Mißbilligung des Zwangscharakters dogmatischer Systeme vgl. die Anm. zu 1, 14.

§ 6 Daß die griechischen Philosophen in ihren Büchern oft nur variieren, was schon ihre Vorgänger gelehrt haben, führt De fin. 1, 6 mit beachtenswerten Beispielen näher aus.

Doch aufmuntern möchten wir ... Hier beginnt eine Polemik gegen die römischen Epikureer, die 1, 6 ergänzt. Wiederum wird betont, daß ernsthaftes Philosophieren sowohl methodisch vorgehen wie auch auf gepflegte Darbietung achten müsse.

§ 7 *... da nämlich jene selbst ... erklären ...* Vom Standpunkt der Epikureer her besagt dies, daß sie (polemisch vor allem gegen Platon) sowohl die Apparatur der Definitionen (distincte) und Dihäresen (distribute) wie auch den dichterisch anspruchsvollen, also unwissenschaftlichen Stil ablehnen.

§ 8 Auch wenn Cicero etwas übertreibt, bleibt doch die Feststellung wichtig, daß die literarisch gepflegten Werke Platons, der andern Sokratiker (etwa Xenophons) und ihrer Nachfolger (gemeint sind die Peripatetiker, schwerlich die Stoiker) weit über den Kreis der Spezialisten hinaus gelesen werden, während für die Epikureer das Gegenteil gilt.

Metrodoros v. Lampsakos, früh verstorbener (277 v. Chr.) Lieblingsschüler Epikurs, dessen Lehre er in mehreren Schriften erläuterte und verteidigte.

§ 9 Eine Ergänzung zu 1,7. War dort von der Methode des πρὸς θέσιν λέγειν die Rede gewesen, so tritt hier ein anderes Verfahren, das in contrarias partes disserere (εἰς ἑκάτερον ἐπιχειρεῖν) in den Mittelpunkt. Es wird primär den Peripatetikern zugeschrieben (womit Cicero auf den gleich nachher genannten Aristoteles zielt), zusätzlich den Akademikern, womit zunächst Philon von Larisa als der Lehrer Ciceros gemeint ist. Die Begründung dieses Verfahrens nennt sowohl den philosophischen Nutzen (Finden des πιθανόν) wie auch den rhetorischen (Übung im Reden).

Daß Aristoteles mit diesem Verfahren begonnen habe, wird auch in De or. 3, 80 Orator 46, De fin. 5, 10 betont. Worauf sich diese Angabe stützt, ist unklar; aus der erhaltenen Topik kann man sie zur Not deduzieren, obschon sie sich nirgends programmatisch ausgesprochen findet. So möchte man eher annehmen, die Quelle sei die Vorrede des Aristoteles zu einem seiner Dialoge; vgl. aber auch Metaph. 995 b 2–4 und besonders Rhet. 1355 a 29–38. Anderswo wird das Verfahren dem Arkesilaos zugeschrieben (Diog. Laert. 4, 28 und Eus. P. E. 14, 8, 15; anders Cicero De nat. deor. 1, 11), auch Pyrrhon v. Elis (Diog. Laert. 9, 76) oder endlich Protagoras (Diog. Laert. 9, 51).

Das Zusammenwirken von Philosophie und Rhetorik, das schon 1, 7 hervorgehoben hatte, konkretisiert sich in der Tageseinteilung Philons, dann Ciceros selbst. Doch wird eine ähnliche Einteilung auch von Aristoteles selbst berichtet: Quint. III, 1, 14, Gellius 20, 5, 5 – ob auch auf eine Dialogvorrede zurückgehend?

Cicero hatte im Park seines Tusculanum zwei gedeckte Hallen errichten lassen, deren höher gelegene er Lyceum, die tiefer gelegene Academia nannte (vgl. De div. 1, 8).

§ 10 *Während wir auf und ab gingen* . . . Von der weiten Verbreitung des περιπατεῖν in der philosophischen Diskussion abgesehen darf erwähnt werden, daß nach einer alten Tradition der Name der Peripatetiker von eben dieser Sitte abgeleitet ist: Acad. 1, 17; Diog. Laert. 5, 2 u. ö.

§ 11 Schärfer als in § 2 wird betont, daß das Heilen der Seele von den als Krankheiten gedeuteten Leidenschaften eine Hauptaufgabe der Philosophie darstellt.

Hart ist der Übergang zum neuen Problem, wie philosophische Belehrung und Begabung zusammenwirken müssen. Da der Verfasser immer noch das erste Buch im Auge hat, also die Überwindung des Affekts der Furcht (vor dem Tode), so hebt er hervor, wie seiner Mahnung zur Tapferkeit eine naturgegebene Tapferkeit (bzw. μεγαλοψυχία, vgl. Anm. zu 1, 64) beim Hörer entgegengekommen ist. Daß gerade bei der Tugend der Tapferkeit der Einklang von Natur und ethischer Erziehung eine besondere Rolle spielt, ergibt sich schon aus Platon und Aristoteles.

Mit dem Hörer, der als philosophischer Laie gelten soll, kontrastiert Cicero scharf die Philosophen, die anders leben als sie lehren, also ihre eigenen Lehren für ihre Person mißachten. Der Vorwurf liegt nahe und dürfte bei den Griechen so alt sein wie die philosophische Ethik selbst. Cicero selbst hat ihn schon im Hortensius zur Sprache gebracht, wie Frg. 41 und 44 M. zeigen.

§ 12 ... *andere sind geldgierig* ... Eine klassische Reihe von Fehlern wird aufgeführt: φιλοπλουτία, φιλοτιμία, φιληδονία.

Der Vergleich des Grammatikers und Musikers mit dem Philosophen erinnert an Par. Stoic. 26 und den Ausspruch des Kynikers Diogenes bei Diog. Laert. 6, 27. Er ist nur ein Sonderaspekt des allgemeinen Vergleichs der Ethik mit den τέχναι, was zu der von Cicero hier und anderswo mehrfach verwendeten Bezeichnung der Philosophie als ars vitae, τέχνη περὶ τὸν βίον führt. Sie gilt vorzugsweise als stoisch, doch ist sie auch sonst weit verbreitet und geht aller Wahrscheinlichkeit nach auf die alte Sokratik zurück.

§ 13 Der Einwand des Partners wird widerlegt mit dem Vergleich der philosophischen Erziehung mit der Feldbestellung: weder trägt jeder Boden, der bearbeitet wird, noch trägt irgendein Boden, ohne bearbeitet zu werden, d. h. natürliche Güte des Bodens und tüchtige Bearbeitung müssen zusammenwirken. Der Vergleich als solcher ist ebenso alt wie derjenige mit der Tierzucht (beides altsokratisch oder schon sophistisch), doch ist es Cicero, der hier die eindrückliche Formel von der Philosophie als cultura animi geprägt hat, eine der Wurzeln unseres Begriffes der »Kultur«. Ähnlich ist der Vergleich verwendet im Hortensius Frg. 23 und 24 M.

Der Übergang zum Hauptgespräch ist insofern überraschend, als nun nicht etwa, wie § 9 anzukündigen schien, eine Diskussion in contrarias partes folgt, sondern wie im ersten Buch ein reines πρὸς θέσιν λέγειν Ciceros.

Das Verszitat aus dem Atreus des Accius V. 234 Ribb.

§ 14 Das Thema des zweiten Buches ist insofern mit dem des ersten verklammert, als damit die zwei Bedrohungen der Körperlichkeit zur Sprache kommen, wogegen 3/4 von den Krankheiten der Seele sprechen. Außerdem ist die These des Partners nur die negative Fassung des Satzes, daß die Lust das höchste Gut sei, also der Grundthese der epikureischen Ethik.

Sachlich besteht die Schwierigkeit, daß darüber, man habe den körperlichen Schmerz gelassen zu ertragen, ein weitgehender, auch Epikur umfassender Consensus besteht. So haben denn auch die in diesem Buch auftauchenden philosophischen Fragen (Inkonsequenz Epikurs, unbefriedigende Theorie der Stoa) bei weitem nicht das Gewicht wie die Fragen des ersten Buches.

Das erste Gespräch führt sofort zum Ziele. Der Partner gibt seine Ausgangsthese sofort preis und hält nur fest, daß der Schmerz immerhin ein Übel sei. Dennoch will Cicero weiter ausholen.

§ 15 Auf der Basis der divisio Carneadea (De fin. 5, 16–23) wird eine knappe Doxographie des Problems gegeben: 1. Der Schmerz ist das größte Übel (Aristippos und sein Erbe Epikur). 2. Die Schmerzlosigkeit ist das höchste Gut (der Peripatetiker Hieronymos vgl. Frg. 9 d W). 3. Der Schmerz ist indifferent (der Stoiker Zenon vgl. SVF 1, 185; sein abgefallener Schüler Ariston vgl. SVF 1, 362, 364; der Skeptiker Pyrrhon v. Elis). 4. Der Schmerz ist ein Übel: die ceteri, also die Akademiker und Peripatetiker vertreten diese Ansicht, die sich aus der Drei-Güter-Lehre (vgl. zu § 30) folgerichtig ergibt.

§ 16 Aufnahme der Antithese von § 11/12: Was eine gut begabte und gebildete Natur auch ohne Philosophie sofort annimmt, das wird von einer ganzen Reihe von Philosophen, bes. natürlich den Epikureern bestritten, nämlich die Nichtigkeit des Schmerzes.

§ 17 Das Zitat aus Metrodoros (vgl. zu § 8) belegt, daß bei den Epikureern in der Tat die Schmerzfreiheit für die Eudaimonie entscheidend ist: Frg. 5 K. (griech. Text bei Clem. Alex. Str. 2, 131, 1 und Plut. mor. 1089 D). Zu beachten ist die für Epikur und seine Schule wie z. T. für Aristoteles positive Bewertung der Zukunftserwartung. Während der Stoiker die Zukunft dem unberechenbaren Spiel des Zufalls überläßt, ist die zuversichtliche Hoffnung bei Epikur wie bei Aristoteles (Nik. Ethik 1166 a 24–26 u. a.) ein Wesenszug des Weisen. Zu Metrodoros vgl. noch 5, 27, De fin. 2, 92.

Das Zitat aus Epikur steht dem in paradoxem Widerspruch gegenüber. Es wird von Cicero mehrfach angeführt (5, 75 und 87, De fin. 2, 88 und 5, 80), griech. verkürzt bei Diog. Laert. 10, 118 (= Frg. 601 Us.), doch ist nirgends zu erkennen, in welchem Zusammenhang Epikur seine These, der Weise werde in jeder Situation mehr Lust als Schmerz empfinden (vgl. De fin. 1, 62/63 u. a.), derart kraß mit dem ehernen Stier, dem Folterinstrument des Tyrannen Phalaris von Agrigent (6. Jhd. v. Chr.) illustriert hat.

Cicero überbietet die Paradoxie, indem er auf der Linie der Peripatetiker die Realität des körperlichen Schmerzes gegen Epikur geltend macht.

§ 19 Ähnlich wie in 1, 37 und 105–107 werden die Dichter angeführt, die nichts Besseres zu tun wissen als hilflos leidende und jammernde Helden vorzuführen, also der Philosophie gerade entgegenzuwirken.

Ein erstes Beispiel ist Philoktetes mit Versen aus der gleichnamigen Tragödie des Accius (v. 553. 562 Ribb.), schon in De fin. 2, 94 gegen Epikur ins Feld geführt.

§ 20/22 Es folgt Herakles, wozu Cicero in eigener freier Übersetzung Sophokles Trach. 1046–1102 zitiert. Daß die Epikureer selbst dieses Drama für ihre Zwecke auswerteten, zeigt Diog. Laert. 10,137.

§ 23/25 Die dritte Gestalt ist Prometheus, dazu zunächst eine kurze Stelle aus dem oben zitierten Philocteta des Accius (V. 533 Ribb.), dann wiederum von Cicero selbst übersetzt eine Rede aus dem verlorenen Befreiten Prometheus des Aischylos (Frg. 193 N.^{2}).

Für uns singulär ist die Notiz, Aischylos sei Pythagoreer gewesen. War das etwa von Kommentatoren gerade aus Stellen des Προμηθεὺς λυόμενος gefolgert worden?

§ 26 Der philosophischen Ethik lag es seit jeher nahe, Dichterzitate als

Ausgangspunkte einer Diskussion, als Belege oder auch nur zum Schmuck beizubringen. Am ausschweifendsten scheint dies in der Stoa von Chrysippos an geschehen zu sein, vgl. Diog Laert. 7, 180/181 und allg. Quint. 5, 11, 39. Der hier genannte Stoiker Dionysios ist sonst unbekannt. Im Stilgegensatz zwischen dem Stoiker und Ciceros akademischem Lehrer Philon spiegelt sich der vielfach hervorgehobene allgemeine Gegensatz zwischen der spröden Pedanterie der Stoa und der geschmackvollen Urbanität von Akademie/Peripatos.

§ 27 ... *im Schatten* ... vgl. § 36; 5, 78. Griech. σκιατραφεισθαι.

... *alle Sehnen der Tugend* ... letztlich nach Plat. Staat 411 B, bei Cicero in der Polemik gegen Theophrast Acad. 1, 35 (vgl. noch § 47 und 4, 38).

Für die Warnung vor den Dichtern (vgl. zu § 19) wird hier ausdrücklich Platon, Staat 398 A als Autorität angerufen. Seltsam ist freilich, wie Cicero glaubt hervorheben zu müssen, daß es sich bei Platon um einen bloß theoretisch erdachten Idealstaat handelt. Da wirkt De rep. 2, 3 und 21 nach, wo Cicero seine Beschreibung des realen alten Rom der platonischen Fiktion gegenüberstellt.

§ 28 Die Antithese von § 11–13 und 15–18 zwischen dem gutgesinnten Laien und dem irrenden Philosophen wird wieder aufgenommen. Den Übergang zu einem nächsten Punkt schaffen die letzten Zeilen: Es ist wichtiger, sich praktisch gegen den Schmerz zu rüsten als theoretisch zu untersuchen, was der Schmerz sei, ein Übel oder nicht. Da wirkt aus der Ferne der aristotelische Gedanke ein, in der Ethik komme es weniger darauf an zu wissen, was die Tugend sei als darauf, selbst tugendhaft zu werden (etwa Nik. Ethik 1103 b 27–31).

§ 29 Die Polemik gegen die abstrakten, wirklichkeitsfremden Syllogismen der Stoa erscheint bei Cicero sehr häufig. Sie ergibt sich aus der Tatsache, daß es die Stoa (und nicht etwa Aristoteles) war, die schon von Zenon an konsequent die in der Sokratik, dann in Akademie und Peripatos entwickelten logischen Beweismethoden in die Ethik eingeführt hat.

Ein erster, nur eben angedeuteter Syllogismus konstatiert summarisch, daß der Schmerz kein Übel sei; ein zweiter präzisiert, der Schmerz berühre zwar nicht die Eudaimonie, sei aber immerhin naturwidrig (SVF 1, 185).

§ 30 Da hakt nun Cicero ein mit dem Hinweis, die anerkannte Naturwidrigkeit des Schmerzes impliziere die Aufgabe, den Weg zur praktischen Überwindung des Schmerzes zu zeigen. Das leisten eher andere Philosophen, jene, die drei Klassen von Gütern annehmen, aber gleichzeitig betonen, daß die zwei unteren Güterklassen neben dem Gute der Tugend überhaupt nicht ins Gewicht fallen. Gemeint sind »die Alten«, also die Platonschüler und bes. Aristoteles und seine Schule; die Drei-Güter-Lehre gilt, wie unser fünftes Buch noch ausführlich darlegen wird, als ein Kernstück ihrer Ethik, vor allem derjenigen des alten Peripatos. Bis heute unbeantwortet ist freilich die Frage, wie es kommt, daß Aristoteles selbst diese Lehre beiläufig als eine alte und allgemein anerkannte erwähnt (Nik. Ethik 1098 b 12–18), ohne sie weiter auszubauen, daß dagegen in der spätern Doxographie gerade sie in den Mittelpunkt tritt; hier muß ein uns noch unbekannter Faktor hineinspielen, eine programmatische Erklärung des Aristoteles selbst in einem verlorenen Dialoge oder eine solche Theophrasts in seiner Exegese der aristotelischen Ethik.

§ 31 *Willst Du, daß die Klugheit* . . . Die Reihe der vier Kardinaltugenden, wobei neben der Tapferkeit ihre wichtigsten Unterabteilungen mit der μεγαλοψυχία an der Spitze genannt werden; ähnlich Hortensius Frg. 64 M. Zum Bilde der Begleitung vgl. zu 5, 13/14.

§ 32 Der hübsche Vergleich mit dem kostbaren korinthischen Tafelgeschirr illustriert die z. T. schon aristotelische (Nik. Ethik 1144 b 32–1145 a 2 und 1146 a 7–9) und dann vor allem stoische These, daß alle Tugenden unlösbar unter einander zusammenhängen (SVF 3,295–300), vgl. unten 3, 17; dazu kommt, auch stoisch, daß die einmal erworbene Tugend unverlierbar ist (SVF 3, 237 ff.; behutsamer deutet Aristoteles an, sie sei δυσαφαίρετον (Nik. Ethik 1095 b 26).

§ 33 Accius Philocteta V. 550 Ribb. vgl. § 19.

... *mit den Waffen des Vulcanus*... doch wohl Dichterzitat – aus den Annales des Ennius?

§ 34 Daß die Gesetzgebung Lykurgs aus Kreta übernommen war, ist eine alte, etwa bei Arist. Pol. 1271 b 22 ff. dargelegte These. Schöpfer der kretischen Gesetze ist der Urkönig Minos oder nach frommer, an Od. 19, 179 sich orientierender Legende Zeus selbst, vgl. Platon, Nomoi 624 A ff.

. . . *daß viel Blut* Zitat aus unbekannter Tragödie Tr. inc. V. 209 Ribb.

Ciceros Besuch in Sparta ist nicht sicher datierbar; der Wortlaut spricht für einen nicht allzu weit zurückliegenden Zeitpunkt, also wohl 50 v. Chr. bei seiner Rückkehr aus Cilicien nach Rom.

Der Schluß erinnert an § 11–13, 15–18 und 28: Was die unphilosophische Tradition zustande bringt, sollte die philosophische Einsicht erst recht leisten können.

§ 35 Einlage über die Unterscheidung von labor und dolor, woran gezeigt werden kann, daß das Lateinische zuweilen reicher ist als das Griechische, das in diesem Falle nun einen einzigen Begriff πόνος besitzt; industriosus ist φιλόπονος. Auf das Beispiel des Marius kommt § 53 zurück.

§ 36 Von den in § 34 genannten spartanischen Knaben geht Cicero zu den Mädchen über.

Die Verse aus einer unbekannten Tragödie (Accius Meleager?) V. 205 ff. Ribb.

§ 37 Sinnvoll folgt auf Knaben und Mädchen das Heer der Männer. Wozu bei den Spartanern die Marschmusik erwähnt wird (vgl. Thuk. 5, 70, Plut. Lyk. 22 u. a.), ist nicht recht deutlich, vermutlich, weil sie als Ausdruck heiterer Kampfentschlossenheit gelten soll.

Die Schilderung der auf hartem Training beruhenden Ausdauer des römischen Soldaten muß ähnlich auch in De rep. Buch 4 vorgekommen sein, wie der frühbyzantinische Anonymus περὶ πολιτικῆς ἐπιστήμης 4, 5 p. 593 ed. Mai (Scr. vet. nova coll. II, 1827), der Cicero zitiert, lehrt.

§ 38 Wie in § 34 bezieht sich Cicero auf eigene Erfahrung, hier des Unterschieds zwischen den kampfgewohnten Veteranen Caesars und den jungen Soldaten des Pompeius in der Schlacht bei Pharsalus 48 v. Chr.

Die Verse aus Ennius, Hectoris Lytra V. 161 ff. Vah.: Der verwundete Eurypylos kommt in das Zelt des Achilleus und Patroklos und bittet um ärztliche Hilfe, ist aber standhaft genug, um sogleich über das Geschehen in der Schlacht berichten zu können.

§ 39–41 Abermals wird (vgl. zu § 34 Schluß) betont, was die unphilosophische Geübtheit und Ausdauer vermag, das sollte die philosophische Einsicht erst recht können. Paradoxe Beispiele solcher Ausdauer werden vorgeführt: alte Frauen im Gegensatz zum Berufsathleten, Jäger, die indischen Brahmanen (vgl. das Apophthegma Zenons SVF 1, 241; das Beispiel von Cicero hier eingeschaltet), die Faustkämpfer und als (wieder von Cicero selbst beigegebener) Höhepunkt die Gladiatoren. Dazu wird aus der Beschreibung eines Gladiatorenkampfes im 4. Buch der Saturae des Lucilius zitiert (v. 149–180 Marx, hier V. 150). Beachtenswert ist, daß wir an unserer Stelle zum ersten Male von ethischen Bedenken gegen diese brutale Sitte hören (dann etwa Seneca ep. 7, 3–5).

§ 42 Der Übergang zum zweiten Hauptteil wird durch eine Zwischenfrage markiert vgl. 1, 55. War bisher vor allem von der Überwindung des Schmerzes auf unphilosophischen Wegen die Rede gewesen, so soll nun der Weg der philosophischen Vernunft gezeigt werden. So wird denn auch sofort wie in § 29 die Stoa erwähnt, deren Vorgehen doppelt unbefriedigend ist: Methodisch bleibt sie bei dürren Syllogismen, die zwar zwingen, aber nicht überzeugen (vgl. zu 1, 14); sachlich fragt sie zuviel nach dem Wesen des Schmerzes und zu wenig nach den Möglichkeiten seiner Überwindung (vgl. zu § 28).

§ 43 Als Ausgangspunkt wird positiv festgehalten, daß die Überwindung des Schmerzes nach allgemeinem Consensus (vgl. 1, 23; 35 u. a.) schicklich und geboten ist. Als lateinische Bestätigung (vgl. dazu etwa 1, 18/19) wird die sachliche Zusammengehörigkeit von virtus und fortitudo (wobei diese sich vorzugsweise als Verachtung des Todes – erstes Buch – und des Schmerzes – zweites Buch – manifestiert) und die etymologische Zusammengehörigkeit von virtus und vir hervorgehoben.

Von der Philosophie als Medizin war schon in § 11 die Rede.

§ 44 An Epikur wird zuerst nach festem Schema zuerst die Naivetät (vgl. schon 1, 6), dann die Inkonsequenz gerügt (vgl. § 17), sodann Kyr. Doxai 4 diskutiert, ähnlich 5, 88 und bes. De fin. 2, 93–95, wo auch das Exemplum Philoktets erscheint (s. oben zu § 19). Weitere Äußerungen Epikurs spielen herein (vgl. Frg. 447, 448 Us.), vielleicht aus einem Kommentar zu den Kyr. Doxai, den Cicero zu De fin. 2 und hier benutzt haben mag.

§ 45 *er lacht uns aus* und *der Schlaue* (homo catus) sind belebende Nuancen, die von Ferne an den Stil platonischer Dialoge erinnern.

... obschon er sich selbst recht tapfer ... Anspielung auf den letzten Brief und den Tod Epikurs, worüber ausführlich De fin. 2, 96–98. Vgl. auch unten 5, 88.

Man muß also das Heilmittel ... Cicero zielt deutlich nicht etwa auf die Stoa, für die die Tugend das einzige Gut ist, sondern auf die Alte Akademie und den Peripatos, für die sie das höchste (unter vielen Gütern) ist. Am Ende von § 46 kommt er freilich der stoischen Formel so nahe als er nur kann.

§ 46 Die Prosopopoiie der Tugend ruft § 34–41 in Erinnerung.

Ich will nämlich sagen, es sei . . . Es werden Formeln aus dem Zusammenhang von De fin. 3–5 verwendet. Der Blick auf das Telos, das seinen Wert in sich selbst hat, ist zwar allen Schulen gemeinsam, doch die Bestimmung des Telos als das an sich selbst Lobenswerte ist wesentlich stoisch (De fin. 3, 27; vgl. aber schon Aristoteles Nik. Ethik 1, 12); weiterhin unterscheidet Cicero die These, daß das Telos von der Tugend ausgehe, von der andern, für die das Telos mit der Tugend identisch ist, doch hat er so stark gekürzt, daß man nicht sieht, worauf diese Distinktion hinauswill.

§ 47–51 Ein neuer wichtiger Abschnitt setzt mit der bezeichnenden Reflexivformel *Sei Herr über dich selbst* ein, womit das griech. ἑαυτοῦ κρατεῖν als Ausdeutung der Tugend der ἐγκράτεια zunächst gemeint ist. Daraus wiederum wird eine Psychologie entwickelt, die unverkennbar derjenigen der aristotelischen Ethik (bes. Nik. Ethik 1, 13) und Politik (1, 5) aufs nächste verwandt ist (zur seltsamen Ableitung von Pythagoras und Platon in 4, 10 s. Anm. z. St.). Die Seele wird aufgeteilt in einen vernunftbegabten und einen vernunftlosen Teil (λογικόν und ἄλογον). Jener soll über diesen herrschen, und zwar gibt es drei Herrschaftsformen: Herr–Diener, Feldherr–Soldat (bei Aristoteles: Regent–Bürger), Vater–Sohn. Dem ungehorsamen ἄλογον wird das λογικόν wie ein Herr gegenübertreten, dem halbwegs gehorsamen wie der Feldherr, dem vollkommen fügsamen wie ein Vater. Daß die Herrschaftsformen Etappen einer Entwicklung bezeichnen, ist in unserem Text des Aristoteles nicht belegt, doch ist gerade das Betonen der allmählichen Entwicklung zweifellos aristotelisch und peripatetisch (ein Vergleich zwischen De fin. 5 und De fin. 3 zeigt dies deutlich). Vgl. weiterhin De rep. 3, 36/37, De off. 1, 101/102.

§ 48/50 Zur Illustration, wie man sich zum Schmerze zu verhalten habe, wird der Tragiker Pacuvius zitiert in seiner Bearbeitung der Νίπτρα des Sophokles (darstellend die Heimkehr des Odysseus, das Erkennen beim Fußbad und seinen Tod durch eine Wunde, die ihm versehentlich sein eigener Sohn Telegonos beibringt): V. 256 ff. Ribb.

§ 51 . . . *so jemanden haben wir* . . . Anspielung auf die stoische These, daß es den Weisen bisher noch kaum je gegeben habe vgl. Luc. 145, SVF 3, 668.

. . . *Die Anspannung* . . . Damit wird von der Aufgabe der

Schmerzüberwindung zur Methode übergegangen. Der entscheidende Begriff ist die contentio, griech. τόνος, εὐτονία, der Sache nach ein medizinischer Begriff, dann vor allem von der Stoa vielseitig verwendet. Klar wird dies bei Cicero erst in § 54–58. In § 52–54 schieben sich andere Dinge vor.

§ 52 Ohne Bezugnahme auf den τόνος-Begriff folgen drei Beispiele vorbildlicher Schmerzüberwindung (zur hier angedeuteten Funktion des Vorbildes vgl. SVF 1, 319, 466, 612, Epikur Frg. 210, 211 Us.).

Die Folterung des Zenon von Elea, Schülers des Parmenides, wird vielfach berichtet, Vorsokratiker DK 29 A 5–9. Platon weiß nichts von ihr. Letzte Quelle muß ein Historiker wie Theopompos oder Timaios v. Tauromenion sein.

Berühmt war auch das Ende des Anaxarchos, der Alexander d. Gr. in Asien begleitete und nach dessen Tode von dem sonst kaum bekannten Nikokreon von Kypros (von Cicero hier anscheinend aus Versehen Timokreon genannt) hingerichtet wurde. Er und Zenon werden häufig zusammen genannt (Philodemos De morte p. 161 Kuiper, Philon, Quod omnis probus 106–109 u. a.) und sind auch von Cicero hier und in De nat. deor. 3, 82 zusammen aus einer Vorlage übernommen. Im übrigen vgl. zu Anaxarchos Vorsokratiker DK Nr. 72.

Den beiden Griechen tritt der Barbar Kalanos gegenüber, der sich in Indien an Alexander d. Gr. angeschlossen hat und sich vor Alexanders eigenen Augen, kurz vor dessen eigenem Tode (323 v. Chr.), lebendig verbrennen ließ. Die Geschichte findet sich bes. bei den Alexanderhistorikern; die Fassung, die Cicero De div. 1, 47 bietet, könnte auf den den Kynikern nahestehenden Onesikritos (FGrHist Nr. 134) zurückgehen.

... *Wir dagegen, wenn wir* ... Hier kommt wiederum ein neuer Begriff herein, die opinio, der griech. δόξα oder κενοδοξία entsprechend. Da wird der Schmerz auf bloße Einbildung zurückgeführt, was eine rein stoische These ist, wie Buch 3/4 zeigen werden.

§ 53 Zur Operation des Marius vgl. § 35.

Alles liegt also daran ... Zurückgreifen auf § 47–51.

§ 54 Eine Erfahrung, die mit § 37/38 parallel geht: Gerade wer der Gefahr und dem Schmerze trotzt, kommt leichter über ihn hinweg als der, der nachgibt.

Denn es gibt gewisse Ähnlichkeiten ... Nun wird auf den in § 51 nur kurz erwähnten Begriff der contentio näher eingegangen, wobei zunächst Körper und Seele verglichen werden. Betont wird sodann sehr realistisch der Unterschied zwischen dem Stöhnen des Leidenden und dem ganz anderen Stöhnen, das gerade ein Zeichen höchster contentio ist, beim Sportler wie beim Redner.

§ 57 M. Antonius (cos. 99) einer der größten Redner seiner Zeit, darum Gesprächspartner in De oratore. Die lex Varia vom Jahre 91 bedrohte diejenigen römischen Politiker, die der Sympathie mit den von Rom abgefallenen Italikern verdächtig waren. Von der Verteidigungsrede des Antonius ist sonst nichts bekannt; sie muß ins Jahr 90 fallen, als Cicero 16 Jahre alt war.

§ 58 *Um den Schmerz ruhig und gefaßt* ... Abermals ein neuer Gesichtspunkt, locker angeschlossen. Zur Schmerzüberwindung verhilft das der menschlichen Natur gemäße Streben nach der Tugend und (wie sich gleich zeigt) nach dem die Tugend begleitenden Ruhme. Mit § 58/59 und dann wieder mit § 62–64 gelangen wir also in die Nähe der Thematik von De gloria, die schon in Buch 1, 31–34, 89, 109–111 und 116 eine Rolle spielte.

§ 59 Zu den drei Decii vgl. 1, 89.

Zu Epameinondas vgl. 1, 110 und 116 und bes. De fin. 2, 97.

§ 60/61 Den römischen und dem griechischen Kriegshelden werden zwei Philosophen als je ein negatives und ein positives Gegenstück gegenübergestellt.

Der Abfall des Dionysios von Herakleia von seinem stoischen Lehrer Zenon zu den Kyrenaikern (so Diog. Laert. 7, 166) oder zu Epikur (so Athen. 281 d) war berühmt und hat ihm natürlich die Verachtung der Stoiker eingetragen. Was seine Lehre betrifft, so haben wir faktisch nur, was Cicero in unseren Tusc. disp. 3, 18–21 mitteilt, und das Schriftenverzeichnis bei Diog. Laert. 7, 166.

Von wem die hier zitierten Epigonoi, die den Zug der Söhne der Sieben gegen Theben darstellten, stammen (Aischylos? Sophokles?) wissen wir nicht (Trag. Graec. Frg. adesp. 3 N.^{2}).

Für die Stellung des Kleanthes als des getreuen Hüters der zenonischen Orthodoxie ist die Erzählung bezeichnend.

Der Bericht über Poseidonios, den Cicero als einen seiner philosophischen Lehrer betrachtete (De nat. deor. 1, 6) muß kombiniert werden mit Plin. n. h. 7, 112 und Plut. Pomp. 42 (auch Cic. Hortensius Frg. 44 M., wo allerdings der Gegner der Philosophie und des Poseidonios spricht). Der Besuch des Pompeius bei Poseidonios in Rhodos muß ins Jahr 62 fallen, als er nach dem endgültigen Siege über Mithridates nach Rom zurückkehrte. Man wird sich vermutlich durch die Wendung quod solebat narrare Pompeius nicht darüber täuschen lassen dürfen, daß Cicero in Wahrheit eine schriftliche, publizierte Beschreibung des Besuches vor sich hatte; es gehört zur Technik des Dialoges, schriftliche Berichte so weit als möglich als mündliche Überlieferungen erscheinen zu lassen. Daß Poseidonios hier die strenge stoische Orthodoxie vertritt (μόνον τὸ καλὸν ἀγαθόν vgl. Par. Stoic. § 6 ff.), ist zu beachten.

§ 62 Rückkehr zur Thematik De gloria von § 58. Dem Ehrgeiz der Sportler tritt derjenige der Politiker und Feldherren zur Seite.

... *sozusagen Punkt für Punkt* ... Gedacht ist an die Bewerbungen älterer Zeit, wo die Kandidaten jede Stimme einzeln zu gewinnen suchten, während in ciceronischer Zeit die Massenbeeinflussung durch Liberalität oder Einschüchterung überhand nahm.

Daß der jüngere Scipio Africanus Xenophons Kyrupädie (denn sie wird hier zitiert: 1, 6, 25) als ein Lehrbuch für den Staatsmann und Feldherrn hoch schätzte und immer wieder las, bezeugt Cicero ausdrücklich im Briefe Ad Quintum fr. 1, 1, 23 (etwa vom Ende des Jahres 60 v. Chr.). Offen bleibt, durch wen diese Nachricht vermittelt war (Panaitios? Lucilius? Polybios?).

§ 63 Ähnlich wie in 1, 91 und 109/110 hat Cicero das Bedürfnis, den Begriff des Ruhmes zurecht zu rücken. Es kann sich nicht um den fragwürdigen Beifall der Leute handeln, sondern nur um das eigene Bewußtsein, recht gehandelt zu haben.

§ 64 Die Tugend der μεγαλοψυχία wird hereingezogen und durch metaphorische Wendungen veranschaulicht (zu dem urspr. militärischen Begriff exaggeratio vgl. 5, 51 und 85; Par. Stoic. 41), die Bedeutung des Ruhmes noch einmal eingeschränkt (der Vergleich des Lebens mit Schauspiel, Theaterbühne und Zuschauern ist beliebt und weit verbreitet; vgl. etwa Epikur Frg. 208 Us., König Antigonos über Zenon bei Diog. Laert. 7, 4, Sueton, Aug. 99, 1).

§ 65 Die Empfehlung der contentio/intentio wird dahin präzisiert, sie habe sich gleichmäßig in allen Lebenslagen zu bewähren.

Hübsch ist der Gegensatz zwischen den Griechen, die im Kriege ängstlich, aber auf dem Krankenbett tapfer sind, und den Barbaren, bei denen es gerade umgekehrt ist; vgl. dazu Aristoteles Pol. 1327 b 20–38 (und Nik. Ethik 1115 b 26–29), doch wird die unmittelbare Quelle Ciceros an unserer Stelle am ehesten Poseidonios sein.

§ 66 Zum Abschluß wird nochmals an die beiden Qualifikationen des Schmerzes erinnert: er ist überhaupt kein Übel (Stoa) oder doch nur ein solches, daß er von der Tugend leicht überwältigt werden kann (Peripatos). Dies wiederum erleichtert einen Rückblick auf das erste Buch: Sollte nicht nur der Schmerz, sondern auch das Unglück im Äußeren zu groß werden, so bleibt immer der Selbstmord als εὔλογος ἐξαγωγή, der einigermaßen überraschend und kühn als Quintessenz der Diskussionen des ersten Buches präsentiert wird.

§ 67 Die Erzählung von der wunderbaren Rettung des Sängers Arion ist seit Her. 1, 23, 4 berühmt, diejenige von der Rettung des Pelops durch die Rosse seines Vaters Poseidon war von Sophokles und Euripides und dann nach Sophokles durch Accius in einer Tragödie Oinomaos dargestellt. Mag sein, daß Cicero Wendungen aus dem Drama des Accius unmittelbar übernimmt; doch bleibt der Eindruck, daß er beide Erzählungen als hochpoetische Gleichnisse für die εὔλογος ἐξαγωγή schon vorgefunden hat.

Das Gespräch bricht wie in 1, 119 rasch ab, mit einem Hinweis auf die vorausgesetzte Szenerie: der Vormittag ist rhetorischen Übungen vorbehalten (ad clepsydram: weil die Redezeit vor Gericht mit der Wasseruhr kontrolliert wurde), der Nachmittag der Philosophie, vgl. 2, 9.

Der Hinweis wirkt ernüchternd und soll wohl den Hörer darauf aufmerksam machen, daß (wie schon zuweilen bei Platon) nicht nur das Erhellen der philosophischen Frage als solcher, sondern auch die methodische Einübung im philosophischen Denken beabsichtigt ist.

DRITTES BUCH

§ 1 Kern der Vorrede ist ein breit ausgeführter (schon in 1, 11 angedeuteter) Vergleich körperlicher und seelischer Krankheit und Heilung unter dem Gesichtspunkt des sokratischen Paradoxon, daß auf die körperlichen Krankheiten seit jeher viel mehr Anstrengungen verwendet worden seien als auf die seelischen, obschon diese unzweifelhaft die viel gefährlicheren sind. Unter ihnen treten hervor die φιλοπλουτία (vgl. § 3/4), die φιληδονία und die φιλοτιμία (§ 4). Eingelegt hat Cicero indessen zwei Stücke: § 2/3 ist ein wichtiger Abschnitt über die Verderbnis der zum Guten begabten Natur durch den Einfluß der Umwelt; § 3/4 gibt das Stichwort φιλοτιμία Anlaß zu einer Darlegung über falschen und wahren Ruhm, in der der Begriff der Krankheit völlig zurücktritt zugunsten von Gesichtspunkten, die wir aus Buch 1/2 schon weitgehend kennen (vgl. Anm. zu 2, 58 und 62/63) und die hier ebenfalls aus dem Material zu De gloria stammen werden. Endlich variiert § 6/7 Dinge, die schon in 2, 4 und 9 vorgetragen waren.

... *durch die Erfindung der unsterblichen Götter* ... Gedacht ist an Apollon und Asklepios; daß sie als Erfinder (εὑρεταί) bezeichnet werden, paßt zu 1, 64.

Zur Paradoxie, daß die Medizin des Körpers entwickelter ist als die der Seele vgl. etwa Aristoteles bei Jambl. Protr. p. 38, 14–22 Pist. Allgemein vgl. auch Chrysippos SVF 3, 471.

Die zwei Erklärungen des Paradoxon waren wohl in Ciceros Vorlage ausführlicher dargelegt.

§ 2 In knappster Form wird die Aporie angedeutet, warum die Natur (die hier einmal mehr als eine überall das Beste bezweckende demiurgische Quasi-Persönlichkeit erscheint) den Menschen nicht von vornherein mit der ganzen seiner Natur gemäßen Vollkommenheit, sondern bloß mit Anlagen zur Vollkommenheit ausgestattet hat, die leicht zerstört werden können; daß sich in dieser Aporie letztlich die Frage nach dem Sinn des Bösen versteckt, ist nicht zu verkennen. Cicero gibt freilich keine Antwort, sondern begnügt sich damit, den Tatbestand zu umschreiben. Was die Natur geschenkt hat, sind nur parvi igniculi, die leicht erstickt, bzw. semina, die leicht abgetötet werden können. Beide sehr bezeichnende Metaphern finden sich auch sonst bei ihm, die erste in De leg. 1, 33 und De fin. 5, 18 (vgl. scintilla De fin. 5, 43), die zweite in De fin. 4, 17/18; 5, 18; 5, 43. Da in beiden die Polarität von Anlage und Entwicklung entscheidend ist, möchte man sie zunächst am ehesten dem Peripatos zuschreiben; daß sie dann von der Stoa übernommen wurden, wird man nicht leugnen. Das Problem bedarf der Neubehandlung.

Nicht gefragt wird, woher denn die Schlechtigkeit und das Verfallensein an die δόξα kommt, die den Menschen schon als Säugling beeinflussen. Allgemein ist natürlich der Gedanke, daß eine schlechte Umwelt den Menschen verdirbt, weit verbreitet, vgl. Theognis 35/6, später bes. Chrysippos SVF 3, 228, 229.

Cicero resümiert eine Entwicklungsfolge: Amme, Eltern, Elementarlehrer, Dichter, Volk. Vgl. De leg. 1, 47.

§ 3 Zum verhängnisvollen Einfluß der Dichter vgl. Anm. z. 2, 19. Daß der Beifall der Menge nur eine adumbratio (σκιαγραφία) des wahren Ruhmes ist, betont auch De fin. 5, 69.

§ 4 *. . . und deren Geist so verwirrt wird . . .* Hier kündigt sich schon die Gleichung des pathologischen Verfallenseins an die Affekte mit dem medizinischen Befund der μανία an, die dann in § 8 ff. näher ausgeführt wird.

Rein stoisch ist der Satz, daß alle Toren wahnsinnig seien vgl. SVF 3, 657–670.

In § 1 war das Paradoxon durch zwei Gründe erklärt, die auf die Erkennbarkeit seelischer Krankheit zielten; hier folgen zwei Gründe, die die Natur der Krankheit selbst betreffen: sie ist entweder belanglos oder umgekehrt unheilbar.

§ 5 Cicero widerlegt zuerst den einen, dann den zweiten eben genannten Grund.

Zitat aus unbekannter Tragödie des Ennius V. 360 f. Ribb.

§ 6 Geschickt schließt Cicero den Abschnitt mit der Pointe, daß bei Krankheiten der Seele jeder sein eigener Arzt zu sein hat.

§ 7 Die These des Partners, die zunächst nur die λύπη anvisiert, wird sofort auf die Gesamtheit der πάθη bezogen, von denen ohne systematischen Anspruch drei plus vier genannt werden. Ihr System wird erst in 4, 14–21 vorgeführt (eine unsystematische ältere Aufzählung bei Aristoteles Nik. Ethik 1105 b 21–23).

Gegeben wird eine Definition des πάθος überhaupt, die in dieser Form eher peripatetisch ist (vgl. 2, 47–51) als stoisch (vgl. SVF 3, 377–390). Dazu kommt das Problem der Übersetzung: morbus wird abgelehnt, passio kennt Cicero noch nicht (vgl. Augustin De civ. Dei 8, 17); die Übersetzung perturbatio animi (vgl. De fin. 3, 35) ist insofern auffallend, als sie genau genommen von ταραχή ausgeht, einem Begriff, der vor allem epikureisch ist. Sollte Cicero, ohne es zu sagen, einen älteren term. techn. einfach übernommen haben?

§ 8 Die Affekte werden schlechthin mit μανία gleichgesetzt. Cicero deutet an, daß die Gleichung von Sokrates, dem Begründer der philosophischen Ethik (vgl. zu 5, 10), stammt; daß sie tatsächlich in der alten Sokratik vorkam, lehrt Xenophon Mem. 1, 2, 50 und 3, 9, 6/7. Vgl. auch Luc. 136, Parad. Stoic. 27.

Mehr Gewicht wird darauf gelegt, daß in der lateinischen Sprache schon seit Urzeiten philosophische Erkenntnisse angelegt seien, was darauf hinausläuft, den Römer zu einer Art anima naturaliter philosophica zu stempeln vgl. schon 1, 18/19, dann 2, 35. So wird hier der Begriff insania geltend gemacht; denkbar ist, daß neben Cicero ein anderer (Varro) diese Ansätze systematisch ausgebaut hat und auf diese Weise als Vorbild von Tertullians De testimonio animae gelten darf, das ebenfalls vom Sprachgebrauch ausgeht.

§ 10 Zu insania treten amentia und dementia, auch als Begriffe, in denen die affektbedingte Unvernunft als μανία verstanden wird. Die Mitteilungen machen den Eindruck, daß Cicero zwar schwerlich selbst altlateinische Texte auf diese Begriffe hin eingesehen, wohl aber einen Grammatiker (Varro?) benutzt hat, der den altlateinischen Sprachgebrauch im Blick auf die Philosophie untersucht hatte. Bedenklich ist freilich, daß Cicero in seinem Eifer in § 8 behauptet, weit über die Zeit des Sokrates hinauf kommen zu können; hat er die angeblichen leges regiae, noch jenseits der lex XII tabularum im Auge?

... was Sokrates lehrte und die Stoiker ... Zweifellos hat die Stoa selbst darauf gepocht, sie habe mit der Gleichung πᾶς ἄφρων μαίνεται (SVF 3, 663–666) als einzige die altsokratische Orthodoxie bewahrt.

§ 11 Die Forderung, man müsse zuerst Wesen und Qualität der zu untersuchenden Sache bestimmen, wird vielfach erhoben, etwa De fin. 1, 29; 4, 23; vgl. De rep. 1, 38. Hier wird sie nur partiell erfüllt durch abermaligen Rückgriff auf den Sprachgebrauch.

Ausgegangen wird von dem anscheinend festen Begriff »exisse ex potestate« für den Zorn (vgl. 4, 77). Eine Schuldefinition des Zornes wird gegeben (wieder in § 19, dann in 4, 21) und beigefügt, der Zorn sei nur ein Teil der ἐπιθυμία, was gestattet, den Begriff auf den Affekt im ganzen zu beziehen. Ausgedeutet wird er nun aber nicht im Sinne medizinischer Terminologie, sondern gemäß der peripatetischen Psychologie, die § 7 erwähnt und 2,4 7–51 ausgeführt hatte.

Dann geht Cicero zu μανία über und konstatiert, (a) daß sie ungenauer als das Latein sowohl insania wie auch furor (den Irrsinn der Psychiatrie) meint, (b) daß furor griechisch allerdings auch μελαγχολία heißt, was wiederum zu eng ist; ein Zusammenhang mit 1, 80 ist anzunehmen, was bes. für die vier mythischen Beispiele gilt, alle aus gleichnamigen Tragödien: Athamas (Sophokles; Ennius, Accius), Alkmeon (Euripides; Ennius, Accius), Aias (Sophokles; Ennius), Orestes (Euripides;

Pacuvius?). (c) Das Recht der XII Tafeln unterscheidet zwischen dem insanus als Toren, der beschränkt handlungsfähig ist (daß Cicero hier stoische Formeln einmengt, ist deutlich; zu den media officia vgl. De off. 1, 8; 3, 14/15; Acad. 1, 37) und dem furiosus als dem Irrsinnigen, der nicht mehr handlungsfähig ist. (d) Von klinischem Irrsinn kann auch der Weise befallen werden. Dies war jedenfalls die Meinung Chrysipps (SVF 3, 237–239); doch hören wir, daß es Gegenmeinungen gab (SVF 3, 237 und Diog. Laert. 7, 118).

§ 12 Die Thesis von § 7 wird wiederholt und zunächst dargelegt, wie sie vertreten werden kann. Sie beweist φιλανθρωπία und Rücksicht auf die Schwachheit des Menschen (dazu Anspielung auf Homer Od. 19, 163). Als Autorität wird Krantor (etwa 340–270 v. Chr.) angerufen, dessen Consolatio (περὶ πένθους) Cicero schon 1, 115 zitiert hatte, das einzige Werk Krantors, das berühmt wurde, geschrieben unverkennbar in der Gefolgschaft des platonischen Phaidon und des Eudemos des Aristoteles. Cicero benutzt es auch hier, und zwar bemerkenswert ähnlich wie Ps.-Plut. Cons. Apoll. So findet sich der griech. Wortlaut unseres vorliegenden Zitats bei Ps.-Plut. 102 CD.

§ 13 Die zur Härte aufrufende Gegenbewegung läuft mehr oder weniger auf die stoische Haltung hinaus. Insofern verwirrt es den Leser etwas, daß in § 12 Krantor als Vertreter der nostra Academia vorgestellt wird, in § 13 aber Cicero mit nos autem eben gegen Krantor Stellung bezieht.

... *nicht nur die Zweige des Jammers* ... Das Bild war schon in 2, 13 angedeutet, wird aber hier dogmatisch ausgewertet; vgl. unten § 61, 83. Es sind die Veteres von der Art Krantors, die nur die Zweige der Affekte stutzen wollen, wogegen die Stoa sie mit den Wurzeln ausreißt; einen Vorbehalt gegen den stoischen Radikalismus meldet die Bemerkung an, es solle an Affekten nur bleiben, »was wirklich notwendig ist«. (Offen bleibe die Frage, ob Hieronymus Epist. 133, 1 sich auf unsere Stelle bezieht). Angekündigt werden zuerst stoische Syllogismen (§ 14–21); dann soll in anderem Stile fortgefahren werden. Bezeichnenderweise verzichtet Cicero hier, anders als in 2, 29 und 42, auf jede Polemik gegen die Stoa (vgl. Parad. Stoic. 2).

§ 14 Eine erste Reihe von Beweisgängen läuft bis § 18. Gezeigt wird, daß der Kummer mit den dem Weisen zukommenden Tugenden der Tapferkeit, Großgesinntheit, Klugheit und Selbstzucht unvereinbar ist. Die Unübersichtlichkeit der Beweise hängt damit zusammen, daß sie (mindestens teilweise) ursprünglich nicht der λύπη, sondern dem πάθος schlechthin gelten und erst sekundär (von Cicero selbst?) auf die λύπη eingeengt worden sind; dann auch damit, daß Cicero gerade hier, wo er der Stoa zustimmt, bemüht ist, die spröden stoischen Formeln nach Kräften aufzulockern, was unvermeidlich auf Kosten der Exaktheit geht.

1. Die Tapferkeit ist mit der Furcht unvereinbar; die Furcht ist aber nur die auf die Zukunft bezogene Form desselben Affekts, dessen auf die Gegenwart bezogene Form eben der Kummer ist. Also ist die Tapferkeit auch mit dem Kummer unvereinbar.

§ 15 2. Neben die Tapferkeit tritt die μεγαλοψυχία, also die Tugend, die von Aristoteles an die klassische Tapferkeit mehr und mehr verdrängt hat (vgl. Anm. zu 1, 64); sie wird auch an unserer Stelle von der Tapferkeit kaum unterschieden. Daß sie sich vor allem dadurch auszeichnet, daß sie verachtet, was die Menschen sonst für großartig ansehen, liegt schon in Aristoteles Nik. Ethik 1125 a 3 und 15. Ein solches Verachten des Gewöhnlichen ist mit dem Kummer unvereinbar.

3. Der Beweis für die Klugheit ist evident von Hause aus auf den Affekt schlechthin bezogen und operiert mit dem alten Vergleich, daß die Klugheit/Einsicht für die Seele das sei, was für den Körper das Sehen (vgl. Aristoteles Nik. Ethik 1096 b 29); ein getrübtes Auge kann seine Aufgabe (munus, ἔργον vgl. Arist. a. O. 1097 b 30–32) ebensowenig erfüllen wie ein durch Affekt verwirrter Geist.

§ 16 4. Den Beweis für die Selbstzucht hat Cicero dadurch ausgeweitet, daß er unter den Übersetzungsmöglichkeiten für σωφροσύνη die frugalitas nennt. Er ist (nach Varro?) geneigt, diesem charakteristisch römischen Begriff eine Bedeutung zu geben, die weit über das zunächst entsprechende χρήσιμον hinausgeht, und in ihr die Synthese dreier Kardinaltugenden zu sehen, doch so, daß sie zugleich auch die vierte, verbleibende Tugend im besondern repräsentieren kann. Unklar bleibt, ob nequitia (§ 18) als Gegenbegriff zur allgemeinen oder zur besondern frugalitas gelten soll. Der Beweis als solcher ist wie der dritte offensichtlich erst sekundär auf den Kummer im speziellen eingeschränkt. L. Calpurnius Piso Frugi (cos. 133), von Cicero auch in De fin. 2, 90 als besonders sittenstrenger Mann genannt, wichtig als Historiker der römischen Frühzeit (vgl. K. Latte, Kl. Schriften 1968 S. 837 ff.).

§ 17 Die Vermutung liegt nahe, daß Cicero einen gesonderten Beweis für die Gerechtigkeit gestrichen hat; er begnügt sich damit, sie als Teil der frugalitas zu erwähnen.

... *freilich ist dies den Tugenden* ... Anspielung auf die Lehre von der Zusammengehörigkeit, der Antakoluthie aller Tugenden vgl. Anm. zu 2, 32.

§ 18 Die Etymologien von frugalitas und nequitia gibt Cicero als eigene Hypothesen, was noch nicht zwingend besagt, daß sie es wirklich sind; zu nequitia vgl. Varro De ling. Lat. 10, 81.

Es folgt ein Anhang von Beweisgängen, in denen aus der Verwerflichkeit von Zorn, Mitleid und Neid auch die Verwerflichkeit des Kummers folgt.

1. Aus Homer Il. 9, 646–648 hat Dionysios v. Herakleia (vgl. Anm. zu 2, 60) den Vergleich des Zorns als krankhafter Schwellung der Seele mit Geschwulsten des Körpers entwickelt (ähnlich § 15 über die Klugheit). Die Definition des Zornes (schon in § 11) leitet zum Affekt des Begehrens, und dieser wiederum ist die auf die Zukunft bezogene Form desselben Affekts, der auf die Gegenwart bezogen Vergnügen heißt. Dabei versäumt Cicero hervorzuheben, in welcher Weise der Zorn mit dem Kummer zusammenhängt, so daß der Schluß des Beweisgangs in der Luft hängt. Es hätte gleich in Verbindung mit der Homerexegese gesagt werden müssen, daß der Zorn nicht bloß darin besteht, einem Anderen Schmerz zufügen zu wollen, sondern auch darin, selbst Kummer über die erlittene Kränkung zu empfinden. Dieses Moment ist bei Cicero ausgefallen.

§ 20 2. In einen Beweisgang zusammengenommen werden Mitleid (ἔλεος) und Neid (φθόνος), da sie als Komplementäraffekte gelten, Mitleid als Kummer über das Mißgeschick eines Anderen, Neid als Kummer über das Glück eines Anderen. Sie gelten auch darin als komplementär, daß sie immer gemeinsam auftreten, was, wie § 21 Ende zeigt, für den Beweis insofern wichtig ist, als der Neid ein anerkanntermaßen verwerflicher Affekt ist, den der Weise nie empfinden wird, während dies für das Mitleid durchaus nicht von vornherein feststeht; so muß also hier die Verwerfung des Neides die (der Stoa eigentümliche vgl. SVF 1, 213/214 und 3, 450–452 u. a.) Verwerfung des Mitleides mit sich ziehen.

Die Diskussion über die richtige Übersetzung von φθόνος gehört in die Nähe der Diskussion über πάθος (§ 7), μανία (11), σωφροσύνη (16/17). Accius V. 424 Ribb. aus der Tragödie Melanippus.

§ 21 Zitat aus Theophrasts verlorenem Werke Καλλισθένης ἢ περὶ πένθους, das auch in 5, 25 ausdrücklich genannt wird (Diog. Laert. 5, 44). Kallisthenes v. Olynth, Neffe des Aristoteles, Freund Theophrasts und Historiker im Gefolge Alexanders d. Gr., wurde 325 v. Chr. unter der Anklage, an einer Verschwörung gegen Alexander beteiligt zu sein, hingerichtet (s. FGrHist 124 T 1–21). Theophrast hat in seiner Schrift nicht bloß den Tod des Kallisthenes beklagt und an ihm gezeigt, wie der Mensch dem Zufall des Schicksals ausgeliefert sei, sondern auch die Unvernunft und Maßlosigkeit Alexanders scharf angegriffen. Für die Ausbildung des hellenistischen Tyche-Begriffs war sie wichtig, und für die ungünstige Beurteilung des Charakters Alexanders, wie sie dann bes. die Stoa übernommen hat, ist sie der Ausgangspunkt.

§ 22 Deutlich wird hier Ciceros Zwiespalt zwischen der Stoa, der er schulmäßig fernsteht und deren Stil er mißbilligt, zu deren These er sich aber in diesem Falle bekennt, und dem Peripatos, dem seine eigene Akademie historisch aufs engste verbunden ist und dessen Stil dem seinigen entspricht, dem er aber sachlich hier nicht zu folgen vermag. Die Stoa lehrt die Freiheit von jeder Leidenschaft, die ἀπάθεια, der Peripatos das Maßhalten, die μετριοπάθεια. Von ihr wird nachher noch öfters die Rede sein: § 74 und bes. 4, 38/9 und 43–46. Für die hellenistische Doxographie ist diese μετριοπάθεια, von Cicero mit mediocritas perturbationum übersetzt, ein festes Charakteristikum der peripatetischen Ethik. Das Corpus Aristotelicum kennt den Begriff nicht, doch ist es höchst unwahrscheinlich, daß ihn erst die Doxographie geprägt hätte, zumal da die Sache durchaus aristotelischer Lehre entspricht (vgl. etwa Nik. Ethik 1106 b 13–23 und 4, 11, das Kap. über den Zorn). Die Lage ist also ähnlich wie im Falle der Drei-Güter-Lehre (vgl. Anm. zu 2, 30). Man wird den Ursprung des Begriffs der Metriopathie in einem aristotelischen Dialoge oder in einer ethischen Schrift Theophrasts zu suchen haben.

Sein Bedenken gegen den Peripatos entwickelt Cicero am Vergleich des Affekts mit der Krankheit (den Aristoteles allerdings in dieser Form nicht hätte gelten lassen). Dieser wiederum führt abermals auf ein Übersetzungsproblem. Die Übersetzung von λύπη mit aegritudo, die in § 7 kommentarlos gegeben war (also, wie auch unsere Stelle andeutet, von Cicero nicht geschaffen, sondern schon vorgefunden wurde) wird nun gerühmt: unter den vier Affekten ist der Kummer der einzige, dessen Ähnlichkeit mit physischer Krankheit evident ist, was die Angemessenheit der Übersetzung mit aegritudo, der aegrotatio nahesteht, beweist. Beizufügen wäre, daß dolor unbrauchbar ist, schon weil es in Buch 2 als Übersetzung von ἄλγος (physischer Schmerz) diente.

§ 23 . . . *Wir müssen den Ursprung dieses Schmerzes* . . . Ein methodisch fundamentaler Gesichtspunkt: die Einsicht in die Ursache der Erscheinungen ist für die Medizin nicht bloß wie für die theoretischen Disziplinen das Ziel aller wissenschaftlichen Bemühung (vgl. etwa Aristoteles Physik 184 a 12–14, 194 b 17–23), sondern darüber hinaus die Voraussetzung aller Therapie; und wo der Affekt als Krankheit begriffen wird, gibt es also auch die Doppelfrage nach seiner Ursache und nach der entsprechenden Therapie.

§ 24 Allgemein gilt als Ursache aller Affekte die opinio (δόξα). Ähnliches war schon für den physischen Schmerz behauptet worden: 2, 52/53. Beides ist stoische Doktrin, die damit dem Affekt die Verankerung in der Natur des Menschen (an der der Peripatos festhält) bestreiten und ihn letztlich zu einer bloßen Einbildung umwerten will.

Systematisch werden sodann drei Definitionen des Affekts gegeben; die 1. nennt ihn einfach ἄλογον, die 2. und 3. legt den Akzent auf den Widerstand gegen das λογικόν. Die 3. war schon in § 7 zitiert; alle drei haben, wie schon dort angemerkt, kaum etwas spezifisch Stoisches und lassen sich ohne Mühe in die im Prinzip peripatetische Psychologie, die 2, 47–51 skizzierte, einordnen.

Ebenso systematisch wird die Reihe der vier Affekte entwikkelt. Sie ist als Reihe schon sehr alt, wie Gorgias Hel. 14 und Platon Laches 191 DE zeigen. Wie alt die Gruppierung in zweimal zwei Affekte (nach Gut–Übel und nach Gegenwart–Zukunft) ist, wissen wir nicht.

Mit der Übersetzung der ἡδονή in diesem System hat Cicero sichtbar Mühe gehabt: weder voluptas noch laetitia waren ohne Zusatz zu gebrauchen.

§ 25 Der Zusatz, der Kummer sei ein frisches Vermeinen gegenwärtigen Übels, stammt, wie § 75 erläutert, von Zenon selbst.

Die Bemerkung, man halte den Kummer für eine Pflicht, weist voraus auf § 61/63, 64, (68), 76, wo überall Chrysipp vorliegt.

Der kurze lehrhafte Teil von § 24 an wird abgeschlossen durch ein drastisches Bild aus stoischer Protreptik. Die Affekte sind wie Erinyen, die die als unheilvolle Macht beschriebene Amathia auf die Menschen losläßt.

Die Frage nach der Ursache der Affekte scheint damit schon beantwortet. Cicero geht nun unter Ausklammerung dreier Affekte (mit Rücksicht natürlich auf das vierte Buch) zur Frage nach der Überwindung des Kummers über.

§ 26 Die Verwerflichkeit des Kummers wird an zwei mythischen und zwei historischen Beispielen illustriert: 1. Thyestes aus der gleichnamigen Tragödie des Ennius (V. 357/8 und 349–351 Vah.). 2. Aietes (V. inc. inc. fab. 189–192 Ribb.), aus nicht identifizierbarer Tragödie (Pacuvius, Medus?). In beiden Fällen wird angedeutet, daß der Kummer auf bloßer Einbildung beruht habe: Im Falle des Thyestes, weil kein Anlaß bestand, daß der Sprecher über ein Verbrechen, das nicht das seinige, sondern dasjenige seines Bruders Atreus war, Kummer empfände; im Falle des Aietes, weil erstens die Ursache des Kummers schon alt war (Cicero berücksichtigt also die auf Zenon zurückgehende Ergänzung in § 25) und weil zweitens der Verlust einer Tyrannenherrschaft kein legitimer Grund zum Kummer sein kann.

§ 27 Das Beispiel des Aietes zieht zwei weitere Beispiele nach sich von Tyrannen, die törichterweise ihrer verlorenen Herrschaft nachgetrauert haben: 3. Dionysios II. von Syrakus, der nach seinem Sturz 344 v. Chr. als Privatmann in Korinth lebte; darüber, wie er sein Exil verbracht hat, muß es mehrere und verschieden nuancierte Berichte gegeben haben, vgl. Theopompos FGrHist 115 F 341, Timaios FGrHist 566 F 117, Aristoxenos Frg. 32 W. u. a. Cicero hat so stark gekürzt, daß man nicht sieht, inwiefern seine Tätigkeit als γραμματοδιδάσκαλος ein Ausdruck unangebrachter aegritudo war (vgl. Cic. Ep. Fam. 9, 18, 1; Val. Max. 6, 9, ext. 6). 4. Daß Tarquinius Superbus im Exil in Cumae-Kyme, und zwar als Gast des dortigen Tyrannen Aristodemos ὁ Μαλακός starb, berichten bes. Dion. Hal. 6, 21, 3 und Liv. 2, 21, 5. Die Notiz ist darum wichtig, weil sie letztlich ohne Zweifel auf einen westgriechischen Historiker, also Timaios, zurückgeht und damit mindestens ein halbes Jahrh. älter ist als der älteste römische Bericht des Fabius Pictor. – Es ist denkbar, daß Ciceros Quelle die beiden historischen Beispiele schon bei Timaios beisammen vorgefunden und übernommen hat.

Die erstaunlich knappe und einseitige Beispielreihe wird abgeschlossen durch die Feststellung, daß unter allen Affekten der Kummer der zerstörerischste ist. Er erhält damit eine besondere Position, deren stoischen Hintergrund allerdings erst 4, 12–14 liefert.

§ 28 Man würde vielleicht erwarten, daß an dieser Stelle näher auf die peripatetische Metriopathie und ihre Verkehrtheit eingetreten würde. Das geschieht aber erst in 4, 38 ff. Hier wird ein Sonderproblem eingelegt, das teilweise wenigstens aus den Materialien zu De fin. 1/2 stammt. Es handelt sich um eine Kontroverse zwischen Epikur und den Kyrenaikern: Für Epikur erzeugt jedes Vermeinen eines Unglücks Kummer, also nicht nur das gegenwärtige, sondern auch das Erwarten eines kommenden Unglücks und die Erinnerung an ein vergangenes; für die Kyrenaiker bewirkt nur ein unerwartetes Unglück Kummer, nicht aber eines, auf das man sich eingestellt hat und das man hat kommen sehen.

Diese Kontroverse ist aus doppeltem Grunde interessant. (a) Sie ist ein Teil einer viel umfassenderen Kontroverse, in der Epikur und die Kyrenaiker sich gegenseitig von einander abgrenzten, genauer wohl, in der Epikur seine Selbständigkeit gegenüber den Kyrenaikern betonte, als deren sklavischen Schüler ihn die Polemik vielfach darstellte. Andere Texte hierzu sind Diog. Laert. 2, 87 und 89; 10, 136/137, Clem. Alex. Strom. 2, 127, 2 und 130, 7–9, Cicero De fin. 1, 37–39; auch die Betonung der Naturphilosophie, die 1, 48 (s. Anm. z. St.) andeutete, kann im bes. als Widerspruch gegen den Sokratiker Aristippos, Begründer der kyrenaischen Tradition aufgefaßt werden; Diog. Laert. 2, 91 und 10, 119, wo das Verhältnis des Weisen zur λύπη behandelt wird, ist so knapp gefaßt, daß nur von der Gemeinsamkeit zwischen Epikur und Aristipp, nicht aber ihrer Lehrdifferenz in diesem Punkt die Rede ist. (b) Das Problem als solches gehört in das Gebiet der praktischen Therapie des Kummers. Man wird nicht übersehen, daß bald nach der ciceronischen Zeit eine entschiedene Verlagerung des Interesses von den Grundfragen der philosophischen Ethik zu den Fragen der praktischen Lebensbewältigung stattfindet, sichtbar vor allem bei Seneca und seinen philosophischen Lehrern und Zeitgenossen. Diese Entwicklung bereitet sich gerade in Ciceros Tusc. disp. vor.

Die kyrenaische These wird zunächst durch eine Reihe von Belegen gestützt: Ennius, Telamo V. 312 ff. Vah.

§ 29 Euripides aus nicht sicher identifizierter Tragödie Frg. 964 N.^{2}.

Auf griechisch erhalten bei Ps.-Plut. cons. Ap. 112 D; SVF 3, 482 scheint anzudeuten, daß auch Chrysipp die Versgruppe für seine Zwecke zitiert hat.

§ 30 Von Euripides geht es zu Anaxagoras, der nach verbreiteter Tradition sein »Lehrer« gewesen sein soll. In der genannten Stelle SVF 3, 482 geht das Anaxagoras-Apophthegma dem Euripideszitat unmittelbar voraus; auch sonst ist es viel zitiert vgl. Gnomol. Vatic. Nr. 117 Sternb. mit Parallelen.

Wenn weiterhin das nihil admirari als Ausdruck göttlicher Weisheit genannt wird, so muß dies zunächst mit der in Plut. mor. 44 B vorliegenden Tradition zusammengehen, wonach Pythagoras das μηδὲν θαυμάζειν als Leistung der Philosophie gerühmt haben soll. Von Cicero dürfte Horaz Ep. I, 6, 1/2 angeregt sein. Eine andere Frage ist, wie sich dies zu den bekannten Stellen Plat. Theait. 155 D und Aristoteles Metaph. 982 b 11 ff. verhält.

Der Beleg aus Terenz, Phormio 241–6 dient dazu, die in 2, 28, 34, 39, 53 vorgetragene Antithese zu wiederholen: Was ein gewöhnlicher Komödiendichter kann, das sollte der Philosoph um so eher leisten.

§ 31 Der Ausspruch der Xanthippe über Sokrates ist viel zitiert (Zusammenstellung bei Gnomol. Vatic. Nr. 573 Sternb.), sachlich beachtenswert, weil hier nicht das Porträt der bösartig schimpfenden Xanthippe weiterwirkt (Antisthenes, Xenophon), sondern ein dem entgegengesetztes der treuen Gattin, die vom philosophischen Geist des toten Gatten Zeugnis ablegt und so für ihr Teil dazu beiträgt, sein Erbe zu hüten (Aischines?).

M. Licinius Crassus, Praetor um 126 v. Chr., von dessen konstant mürrischer Art Lucilius ein abschreckend karikierendes Porträt gezeichnet haben muß; vgl. De fin. 5, 92, De or. 1, 166, Plinius n. h. 7, 79 (Lucilius V. 1299/1300 Marx).

§ 32 Gegenposition Epikurs: die Erinnerung löscht Kummer nicht aus und die Erwartung mindert ihn nicht, im Gegenteil. Systematisch gesehen hängt diese Position mit der Bedeutung zusammen, die Epikur grundsätzlich den Dimensionen der Vergangenheit und Zukunft zumißt vgl. De fin. 1, 41, 55, 57 und oben Anm. zu 2, 17.

§ 33 Die epikureische Therapie besteht also darin, in der Erinnerung sich auf die erfahrene Lust (deren Quantum immer größer ist als dasjenige des Schmerzes) und in der Erwartung sich auf die erhoffte Lust zu konzentrieren, unter der Voraussetzung, daß die Vernunft eben diese Konzentration auf das Eine und das Absehen vom Anderen zustandezubringen vermag.

§ 34 Die Kritik hebt zunächst den Wert des Vorbedenkens des möglichen Unglücks hervor, betont systematisch in drei Punkten: 1. Sich nicht überraschen lassen, 2. Die Schwäche des Menschen bedenken (die Formel humana humane kehrt bei Ps.-Plut. Cons. Ap. 118 C wieder: τὰ ἀνθρώπεια ἀνθρωπίνως und ist unzweifelhaft Zitat, vgl. Euripides Frg. 1075 N².,Menander bei Stob. IV, 56, 6 a, 6 b). 3. Das einzige Unglück ist die eigene Schuld. Das läuft auf das stoische Paradoxon hinaus, das 2, 29 kritisch zitiert hatte.

§ 35 Das Moment des Absehens vom Unglück wird doppelt angefochten: 1. Epikur gerät in das Paradoxon, daß er fordert, was die Natur nicht zustande bringt, und vernachlässigt, was sie leisten kann, nämlich das Auslöschen der Erinnerung von selbst im Laufe der Zeit. 2. Mit Hilfe der Frage, was Epikur als Glück und Unglück bezeichnet, zieht Cicero eine Polemik gegen die Grundlagen der epikureischen Ethik im ganzen herein. Der Appell an die Tugend in ihrer vierfachen Gestalt wird kontrastiert mit dem Lustprinzip.

§ 36 Bemerkenswert ist die Reihe Pythagoras–Sokrates–Platon. Ihr Hintergrund ist die in De rep. 1, 15/16 skizzierte Konfiguration, die ihrerseits mit der von Aristoteles Metaph. A 6 und zweifellos auch in einem Dialoge vorgetragenen Einordnung Platons zusammenhängt (vgl. etwa noch Plut. mor. 2 C, Dio Chrys. or. 37, 32 u. a.).

§ 37 Die Lehre der vierten Kardinaltugend ist nichts anderes als das stoische Paradoxon, das bes. in 5, 12 ff. diskutiert werden wird. Höchst bemerkenswert ist die für die virtus verwendete Formel: sie geht von sich aus, kehrt zu sich zurück und beruht in sich. Wir haben also eine charakteristische Präpositionentrias vor uns: ἐξ – εἰς – ἐν.

Zum epikureischen Begriff der ἡδονή vgl. De fin. 1, 55.

§ 38 Über seinen epikureischen Lehrer Zenon in der Zeit seines Studienaufenthalts in Athen 79/78 v. Chr. spricht Cicero öfters: Acad. 1, 46 De fin. 1, 16 De nat. deor. 1, 59 und 93. Zu den hier genannten Lehrsätzen: 1. Gegenwart und Zukunftserwartung vgl. 2, 17. 2. Überwiegen der Lust vgl. De fin. 1, 62. 3. Wirksamkeit des Schmerzes nach Kyr. Dox. 4 vgl. 2, 44/45. 4. Überwindung der Angst vor Tod und Götterzorn vgl. De fin. 1, 60, Epikur, Ep. Men. 133 u. a.

§ 39 Etwas überraschend wird hier der Kummer des Thyestes und Aietes, der in § 26 als nichtige Einbildung galt, als so schwer bezeichnet, daß ihm mit der epikureischen Lustlehre nicht beizukommen sei.

Zitat aus Ennius Telamo wie oben in § 28? Trag. inc. V. 93/4 Ribb.

§ 40 Die Schmerzlosigkeit als höchste Form der Lust vgl. De fin. 1, 37. Gegen die Gleichsetzung der beiden Begriffe hatte Cicero De fin. 2, 6 ff. ausgiebig polemisiert.

§ 41/42 Wie schon in De fin. 2, 7, 20, 29, 48 wendet Cicero (gewiß nicht als erster) einen bewußt provozierenden (letztlich gegen den platonischen Begriff des ἀγαθόν polemisierenden) Abschnitt aus Epikurs ethischem Hauptwerk περὶ τέλους gegen Epikur selbst. Die griechische Fassung z. T. bei Diog. Laert. 10, 6, Athen. 278 F, 280 A, 546 E (Frg. 67 und 69 Us.).

§ 43 Die ironische Schilderung hat die Atmosphäre eines luxuriösen späthellenistischen und bes. römischen Mahles vor Augen; dasselbe weitergesponnen in § 46.

§ 44 Als weitere Exempla tragischen Kummers folgen aus Ennius abermals Thyestes V. 354 Vah. und Andromache V. 85 ff. Vah. (vgl. 1, 48; 85; 105).

§ 45 Cicero ruft nicht bloß die kyrenaische These, daß unerwarteter Kummer der schlimmste sei, in Erinnerung, sondern benutzt auch die Gelegenheit, den für ihn klassischen Dichter Roms gegen die Angriffe der Modernen zu verteidigen.

Euphorion v. Chalkis (ca. 275–200 v. Chr.), Dichter zahlreicher Kurzepen über teilweise seltsam entlegene und ausgefallene Stoffe in preziösem glossenreichem Stile (vgl. De div. 2, 133). Er muß gerade in ciceronischer Zeit, also für die sog. römischen Neoteriker ein Modeautor gewesen sein. Nachher verblaßte sein Ruhm rasch; die Mehrzahl seiner Fragmente findet sich bei Grammatikern (Glossographen) und Antiquaren.

§ 46 Wie in De fin. 2 (bes. § 96 ff.) wird sodann zwischen der persönlichen Untadeligkeit Epikurs und seiner Doktrin, die sowohl ethisch bedenklich wie auch logisch anfechtbar ist, scharf unterschieden. Abermals wird περὶ τέλους zitiert (vgl. § 41), wozu Cicero versichert, ihm sei es als Akademiker nur um das Finden der Wahrheit zu tun.

§ 47 Diskussion von Kyr. Dox. 18. Die erste Kritik konfrontiert den Text mit dem Zitat aus περὶ τέλους, die zweite rekapituliert die Kritik, die in De fin. 2, 6 ff. ausgebreitet wird (Lust und

Schmerzlosigkeit sind zwei verschiedene, keinesfalls in Einem Telos zu vereinigende Dinge), die dritte endlich lehnt, ausgehend von der Divisio Carneadea (De fin. 5, 16 ff. u. a.) jede Bestimmung des Telos ab, an der die ἀρετή nicht beteiligt ist.

§ 48 Der Vorwurf, Epikur widerspreche sich selbst in der Bewertung der ἀρετή, wird illustriert durch die Parallele mit C. Sempronius Gracchus (tr. pl. 123. 122), der in seinen (berühmt gebliebenen) Reden als Verteidiger einer maßvollen Finanzpolitik wirkte und in seinen Taten den römischen Staat finanziell ruinierte (vgl. De off. 2, 72).

Zu L. Calpurnius Piso Frugi vgl. Anm. zu § 16. Leider wissen wir, wie so oft, nicht, woher Cicero die geistreiche Erzählung hat (mündliche Tradition? Historiker? Redner?).

§ 49 Einige Grundthesen Epikurs werden angeführt (Kyr. Dox. 5; 16; zum Lob bescheidener Nahrung vgl. Kyr. Dox. 15 und 29; zum Überwiegen der ἡδονή und damit der Eudaimonie beim Weisen vgl. De fin. 1, 62), die im Widerspruch zur Lustlehre stehen sollen.

§ 51 Cicero legt größten Wert darauf, daß eine philosophische Auseinandersetzung in urbanen Formen abgewickelt werde, und führt als Beispiel gegen die Epikureer die Diskussion zwischen M. Porcius Cato und L. Cornelius Lentulus Lupus (cos. 156) über die Opportunität der Kriegserklärung an Karthago an. Diese wird ins Jahr 150 fallen, als Cato in einer (fragmentarisch bezeugten) Rede De bello Karthaginiensi die Kriegserklärung empfahl. Als sein Gegner gilt in der Regel P. Cornelius Scipio Nasica (cos. 155), vgl. Livius Per. 49 u. a.; daß Lentulus sich ihm anschloß, liegt näher als die Annahme einer Verwechslung der beiden Cornelier durch Cicero.

... sie würden es weder im Senat ... Dieses Argument ad hominem verwendet Cicero nicht selten: De fin. 2, 74–77; 4, 21–23; 5, 89; Luc. 62/63; De nat. deor. 1, 61 u. a. Es ist im Kerne weniger primitiv als es aussieht; in der einen Richtung bringt es die Macht der Tradition und der communis opinio ins Spiel (wie sie etwa das Gespräch im platonischen Gorgias entscheidend beeinflußt: 461 B, 482 DE, 494 C–E, 508 BC), in der anderen Richtung weist es auf die Tatsache, daß nicht jedes Problem mit jedem beliebigen Partner und vor jedem beliebigem Zuhörer verhandelt werden kann.

Aber mit ihnen sei ... Rückverweis auf De fin. 1/2. Der Gedanke, daß die epikureische These, selbst wenn sie wahr sein sollte, jedenfalls nichts besonders Begeisterndes an sich habe, ist ähnlich schon in 1, 49 formuliert.

§ 52 Rückkehr zu § 31. Das Moment des Unerwarteten, das die Kyrenaiker als das entscheidende auffaßten, ist auch für Chrysipp eine Ursache des Kummers, freilich nur eine unter mehreren vgl. § 55, 59.

Geschickt werden sodann die beiden Aspekte des Unerwarteten formuliert: (a) der sozusagen theoretische: man hat nicht Zeit, den wahren Umfang des Ereignisses zu erkennen, (b) der sozusagen praktische: man ärgert sich über sich selbst, weil man meint, man hätte sich vorsehen können.

Teilweise mit diesen Aspekten hängen zusammen die zwei therapeutischen Regeln, die § 56 aufstellt. Dazwischen hat Cicero andere Dinge eingeschoben.

§ 53 Die heilende Wirkung der Zeitdauer, die schon § 35 gegen Epikur eingewandt worden war, wird an drei großen historischen Beispielen gezeigt. Die (für die Betroffenen) größten Katastrophen der neueren Geschichte waren der Untergang des makedonischen Reiches (167 v. Chr), dann die Zerstörung Korinths und Karthagos, also die beiden mit dem Untergang Troias vergleichbaren Ereignisse, mit denen Polybios sein Geschichtswerk abgeschlossen hatte (146 v. Chr.).

Einmal mehr wird die Andromache des Ennius zitiert (vgl. oben § 44/45), dann hervorgehoben, daß für die Überlebenden im Laufe der Jahrzehnte der Kummer völlig vernarbte.

Bei den Makedonen mag Cicero an bestimmte historische Fälle denken, auf die er nicht näher eingeht. Überlebende Korinther hat er noch selbst gesehen, wohl 79/78 v. Chr. (vgl. Anm. zu § 38).

§ 54 An der Trostschrift des Kleitomachos ist nicht nur bemerkenswert, daß der hellenisierte Karthager sich mit Trostgründen aus der griechischen philosophischen Tradition an seine in Rom gefangenen Landsleute wenden konnte, sondern auch, daß die Schrift, wie Cicero ausdrücklich betont, die Form hatte, die wir erwarten: Wie Sokrates hat Karneades nichts geschrieben, sondern das Aufzeichnen seiner Gespräche seinen Schülern überlassen; das Gespräch selbst begann wie unsere Tusc. disp. mit einer Thesis, die der Gesprächsführer zu widerlegen unternahm. In der Sache selbst hatte Karneades mancherlei Autoritäten zur Verfügung, von Aristippos, der die Freiheit außerhalb des Staatsverbandes sucht (Xen. Mem. II, 1, 8–18), bis zu Platons Theait.

173 C–E, wo sich der Philosoph nur dem Körper nach in der Polis aufhält. Jedenfalls hat es sich Karneades mit der Widerlegung der Thesis nicht leicht gemacht (tanta medicina).

Mit dem vorliegenden Problem hat freilich diese Trostschrift streng genommen nichts zu tun; denn es ist Cicero, der die Vermutung anschließt, wenn diese Schrift statt kurz nach 146 v. Chr. vielmehr erst mehrere Jahre später publiziert worden wäre, so wäre sie schon völlig überflüssig gewesen.

§ 55 Sinnvoll folgt aus dem Hinweis auf die heilende Wirkung der Zeit die Frage, wozu dem gegenüber die sonstigen Trostgründe taugen, also bes. der von § 28 an diskutierte Grund, man solle sich als Mensch auf alles gefaßt machen. Wie in § 52 wird betont, daß das Moment des Unerwarteten (und seine Überwindung) nur einen Teil des Problemes erfaßt. Die Sache selbst, das kummererzeugende Unglück, wird dadurch nicht berührt.

Der Text ist da gestört durch Gedankenlücken; vermutlich hat Cicero hier seinen Entwurf nicht mehr überarbeitet, sondern aus Versehen einfach stehen lassen.

§ 56 Schein und Wahrheit bei Gütern und Übeln zu unterscheiden gibt es zwei Wege. Der eine hat theoretisch-prinzipiellen Charakter: die Frage nach dem Wesen dessen, was wir für ein Unglück halten (das Beispiel der Armut führt in die Nähe von Epikurs Kyr. Dox. 15 vgl. § 49). Der andere ist praktisch und blickt auf die Vorbilder. Genannt wird neben Sokrates der Kyniker Diogenes (vgl. 1, 104) als Philosoph, der vorzugsweise durch sein Leben, nicht durch seine Lehre gewirkt hat. Ein kynisierender Satz liegt auch im Verse des Komödiendichters Statius Caecilius (vgl. 1, 31) vor. Den zwei griechischen Vorbildern tritt mit C. Fabricius Luscinus (cos. 282. 278) ein römisches zur Seite; über seine Armut etwa Val. Max. IV, 4, 3 und 10.

§ 57 Der Therapie durch die Vorbilder wird der verallgemeinernde Hinweis auf die Situation des Menschen schlechthin zugeordnet. Diese ergibt sich ja aus den Beispielen, die die Geschichte liefert.

... auch nicht den Anapäst jenes mächtigen Königs ... Anspielung auf Euripides Iph. Aul. 16–19 (zitiert auch bei Stob. IV, 16, 4 im Kapitel περὶ ἡσυχίας). Es spricht Agamemnon. Die Nähe zu De gloria ist deutlich.

§ 58 Erinnert wird an die schon in § 28–30 angeführten Beispiele des Telamon, Theseus und Anaxagoras. Die Folgerung ist, daß solcher Kummer, der nicht mit der Situation des Menschen rechnet, auf bloßer Einbildung beruht.

Mir jedenfalls scheint es . . . Nun werden die beiden Gesichtspunkte: Heilung durch die Zeit (§ 53–54) und Heilung durch Vorausbedenken, wie dies die Kyrenaiker lehren (§ 28 und 52), vereinigt. Die Wirkung ist dieselbe, nur daß dort die Natur, hier die Vernunft wirkt (vgl. § 55). Gegen die Kyrenaiker wird abschließend noch einmal eingewandt, daß das Vorausbedenken den Kummer bloß mildert, nicht völlig beseitigt (vgl. § 52 u. 55).

§ 59 Diese letzte Bemerkung leitet zu einem grundsätzlichen Einwand des Karneades gegen (die Kyrenaiker und gegen) Chrysipp: Das Vorausbedenken kann den Kummer geradezu vergrößern. Wichtig ist hier nicht nur, daß Chrysipp mit einem Tragödienzitat (Euripides Hypsipyle Frg. 757 N^2, zitiert auch bei Stob. IV, 44, 12, z. T. auf Papyrus erhalten s. Eur. Hyps. ed. G. W. Bond 1963 S. 43) aufgeführt wird (zur stoischen Sitte, reichlich Dichterstellen anzuführen vgl. 2, 26), sondern auch, daß die Kritik des Karneades durch eine Schrift des Antiochos von Askalon vermittelt ist. Es ist das einzige ausdrückliche Buchzitat aus Antiochos (Lehrer Ciceros nach De nat. deor. 1, 6) in Tusc. disp. (vgl. noch unten zu 5, 21/22). Der Text deutet an, daß Antiochos über ein Streitgespräch des Karneades berichtete und offenbar der Kritik an Chrysipp zustimmte. Doch erfahren wir nicht, in welchem weiterem Zusammenhang der Bericht stand; wir können darum auch nichts darüber aussagen, in welchem Umfange das Buch des Antiochos Quelle anderer Abschnitte unseres 3. Buches war: Hat sich Karneades ganz auf die Polemik gegen Chrysipp konzentriert oder zog er auch die Positionen der Kyrenaiker und Epikurs mit in Betracht?

§ 60 . . . *gewissermaßen mit der Gottheit zu kämpfen* . . . Darin steckt das griechische θεομαχεῖν, wofür der Mythos etwa im homerischen Diomedes (Il. 5, 330 ff. und 846 ff.) und in den himmelstürmenden Giganten Beispiele darbot. Das Gegenstück ist das τὰ ἀνθρώπινα ἀνθρωπίνως vgl. zu § 34.

§ 61 Der Sache nach an § 22–27 anzuschließen: ». . . wie ich am Anfang gesagt habe . . .« weist auf § 23 zurück.

Die Gefährlichkeit des Kummers hat Chrysipp durch die Etymologie λύπη von λύεσθαι belegt (schon bei Platon Krat. 419 C u. Kleanthes SVF 1, 575).

So wird man auch . . . In sonderbarer Verkürzung wird körperlicher Schmerz und seelischer Kummer, Trost durch Hoffnung auf die Zukunft und Trost durch Erinnerung an die Vergangenheit parallelisiert.

Wenn aber zu der Vorstellung ... Nun tritt der neue Gedanke, das Trauern sei Pflicht, hinzu. Die Nähe zu 1, 102–109 und wohl auch zu Ciceros eigener Consolatio ist deutlich.

§ 62 Agamemnon rauft sich die Haare bei Homer Il. 10, 15; in welchem Zusammenhang dasselbe bei Accius stand, wissen wir nicht: V. trag. inc. 674 Ribb. Das philosophische Werk des Bion v. Borysthenes (ca. 300–250 v. Chr.) scheint weitgehend in witzig-provozierenden Bon-mots bestanden zu haben (Diog. Laert. 4, 46–57). Vgl. auch Seneca, De tranqu. an. 8, 3.

§ 63 Aischines or. 3, 77 (auch bei Ps.-Plut. Cons. Ap. 119 BC zitiert). Die nachfolgenden vier mythischen Beispiele passen nicht, da sie nur von den Erscheinungsformen des Kummers, nicht aber davon, daß er pflichtgemäß sei, sprechen. Cicero wird sie etwas flüchtig aus der Consolatio übernommen haben; das bestätigt Hieronymus Ep. 60, der in großem Umfang aus der Consolatio schöpft und in § 14 das Beispiel der Niobe erwähnt, dasjenige der Hekabe andeutet.

Bellerophon: Ilias 6, 201/2. Niobe: klass. Darstellung in der gleichnamigen Tragödie des Aischylos, später Ovid Met. 6, 146–312. Hekabe: Euripides Hek. bes. 1265, später Ovid Met. 13, 423–575. Die Amme der Medea: Ennius, Medea V. 257/8 Vah. (nach Eur. Med. 56–58).

§ 65 Terenz, Heaut. Tim. 147/8 (in anderm Problemzusammenhang auch De fin. 5, 28 zitiert), dann 135.

Homer Il. 19, 226–229, wo freilich die Situation derjenigen bei Terenz gerade entgegengesetzt ist: Die durch die Not erzwungene Verkürzung der Trauerzeit beweist für die Willentlichkeit des Kummers nichts.

§ 66 Wieder anders ist die eindrucksvoll geschilderte Situation der Gefährten des Pompeius (von der Katastrophe des Pompeius, die ja erst 3 Jahre zurücklag, sprach schon 1, 12; 86); daß sie nach seiner Ermordung 48 v. Chr. an der Küste Ägyptens zuerst nach Tyros flohen, bestätigt Dio Cass. 42, 49, 2.

Die Angst hat also ... Die Gegenüberstellung von Angst und Einsicht erinnert an 2, 28; 34; 39; 41.

§ 67 Ein weiteres Moment, das den Kummer lindert, ist die Erfahrung im Unglück, dazu als Beleg ein Stück aus dem Phrixos des Euripides Frg. 821 N[2], auch von Chrysipp schon zitiert SVF 3, 482. Es sprach Athamas, der Vater des vom Opfertod bedrohten Phrixos (so Schadewaldt, Hellas u. Hesp. 1960 S. 315).

§ 68 Ein weiteres, eminent im Sinne der Stoa wirkendes Argument gegen die Naturgemäßheit des Kummers ist, daß man gerade über das nach der These der Stoa und bes. des Sokrates (Diog. Laert. 2, 31) schlimmste Unglück, die ἀμαθία (oder ἀφροσύνη), keinen Kummer zu empfinden pflegt, weil man dies in diesem Falle für keine Pflicht hält.

§ 69 Seltsamerweise paßt keiner der beiden hier gebotenen Belege in den Zusammenhang. Aristoteles spricht die Zuversicht aus, die Philosophie werde (natürlich dank seiner Bemühungen) bald zur Vollendung gelangen; dieses Selbstbewußtsein entspricht völlig der Art, wie im Corpus Aristotelicum die älteren Philosophen ausgewertet und beurteilt werden: als Vorstufen zur eigenen, endgültigen Philosophie; aristotelisch wird man allerdings auch und vor allem den Vorbehalt nennen, daß die Vollendung noch nicht erreicht ist, aber immerhin erhofft werden darf. Wo Aristoteles dies sagte, wissen wir nicht. Der Dialog περὶ φιλοσοφίας liegt am nächsten. – Theophrast wiederum klagt tatsächlich über die Kürze des Lebens (mit Anspielung auf Hesiod Frg. 171 Rz.). Zusammen mit Diog. Laert. 5, 41 zeigt die Stelle, daß es einen Bericht über die letzten Worte und den Tod Theophrasts gegeben hat (über Aristoteles Ähnliches in freilich völlig zerrütteter Fassung im sogen. Liber de Pomo hsg. von M. Plezia 1956).

Cicero hat beide Texte hier flüchtig eingelegt. Fanden sie sich zunächst im Hortensius, wohin sie zweifellos am ehesten passen?

Und wird nicht auch von den übrigen Philosophen ... Cicero zielt auf eine Liste von Philosophen, die allesamt ihr Nichtwissen frei und unbekümmert bekannt haben, vgl. Luc. 72–76.

§ 70 In den Beispielen tapfer ertragener Verluste eigener Kinder folgt Cicero ausdrücklich seiner Consolatio. Daß dort die Liste sehr viel umfangreicher war, zeigt Hieronymus Ep. 60, 5, wo 14 Namen erscheinen. Q. Fabius Maximus Verrucosus Cunctator vgl. zu 1, 110. Zum Tod seines Sohnes und der laudatio funebris, die der Vater dabei hielt, vgl. Cato 12 (Plut. Fab. 24). L. Aemilius Paulus vgl. zu 1, 110. Über den Tod seines Sohnes vgl. Val. Max. 5, 10, 2 (wohl aus Ciceros Consolatio). M. Porcius Cato und sein Sohn vgl. Cato 84, Lael. 9.

§ 71 Der Einwand greift auf § 12 zurück und zitiert aus einer nicht sicher identifizierbaren Tragödie des Sophokles Frg. 666 N[2]. Die Stelle ist griech. erhalten bei Stob. IV, 39, 7, übrigens ein Beispiel, wie frei zuweilen Cicero übersetzt.

§ 72 Drei Ursachen des Kummers werden aufgezählt: (1) das Vermeinen eines Unglücks überhaupt, und der Glaube, man täte durch den Kummer (2) den Toten und (3) den Göttern einen Gefallen. Wie auch die anschließende Kritik zeigt, hat Cicero den Kummer bei Todesfall im Auge, lehnt sich also wohl auch hier an seine Consolatio an.

... wie wenn es möglich wäre ... Etwas unerwartet biegt Cicero auf ein Problem ein, das dem Komplex περὶ φιλίας angehört: Kann und soll man den Anderen mehr lieben als sich selbst? Dazu, letztlich Cicero entsprechend, Aristoteles Nik. Ethik 9, 8.

§ 73 *Aber darüber an anderer Stelle ...* Cicero bricht rasch ab mit einem Hinweis auf den Laelius, in dessen Umkreis das Problem eigentlich gehört. Man mag Lael. 56–59 heranziehen, ferner De fin. 1, 67/68 und 3, 70.

Wenn aber gesagt wird ... Rückkehr zum Thema der Consolatio. Zum Gedanken, daß man andere leichter tröstet und belehrt als sich selbst, vgl. 2, 11/12, dann auch die hübschen Apophthegmata Gnomol. Vat. Nr. 157 und 356 Sternb.

§ 74 Korrektur von § 35 und 53/54: Wenn die Zeit heilt, so ist es streng genommen nicht der irrationale Faktor der Zeit als solcher, sondern das dauernde und sich eingewöhnende Bedenken der Sache. Der sehr flüchtige Hinweis auf die Metriopathie greift zurück auf § 22 und soll wohl die Brücke zu der ausführlichen Diskussion in 4, 38 ff. schlagen.

§ 75 Ebenso in der Art eines Nachtrages wird nun die Bemerkung von § 25 erklärt. Zenon betonte, das Vermeinen gegenwärtigen Unglücks müsse frisch sein. Bezeichnenderweise hat Zenon gar nicht erläutert, wie er dieses »frisch« verstanden wissen wollte. Die Exegese hält fest, daß gerade nicht nur der knappe Zeitabstand gemeint sei, sondern die dauernde Gegenwärtigkeit des Unglücks in der Vorstellung. Daß die Fürstin Artemisia ihrem Gatten Maussolos (regierte 377–353 v. Chr.) nicht nur ein großartiges Grabmal errichtete, sondern auch bis zu ihrem Tode über ihn trauerte, berichtet auch Strabon 14, 2, 16/17.

§ 75/6 *Das sind also die Aufgaben der Tröster ...* Skizziert wird eine Doxographie der Ziele und Methoden des Tröstens, freilich sehr knapp, weil Cicero, wie er selbst sagt, dies in der Consolatio einläßlich dargelegt hatte. Zunächst werden, wie es scheint, fünf Ziele genannt, die der Doktrin der Stoiker, der Peripatetiker und der Epikureer entsprechen. Dann folgt Einzelnes: Die stoische Orthodoxie vertritt Kleanthes, ohne daß man erkennt, warum gerade er erwähnt ist (SVF 1, 576); die peripatetische These ist die Konsequenz der Metriopathie; es folgen im Sinne von § 28 ff. Epikur und die Kyrenaiker. Als Anhang wirkt die Notiz über Chrysipp, aus der hervorgeht, daß die Ausführungen über den Kummer als scheinbare Pflicht (§ 25, 61–64 und z. T. 71. 72) letztlich ihm gehören.

Als unerwartet neues Moment erscheint nun, daß die Tröstung im rechten Augenblick erfolgen müsse; dazu in wiederum freier, aber gewandter Übertragung Ciceros Aisch. Prom. 377–380 (verstümmelt zitiert auch bei Ps.-Plut. Cons. Ap. 102 B).

§ 77 In einem neuen Schema, das mit dem Vorausgehenden nur locker zusammenhängt, werden die drei richtigen Wege der Therapie aufgeführt. Der erste Weg ist so formuliert, daß er Stoa und Peripatos befriedigen kann, der zweite greift auf § 57/58, der dritte ist neu und nimmt den an sich traditionellen Gedanken auf, daß Klage (gedacht ist immer an einen Todesfall) nichts nützt.

Dann wird auf die Doxographie von § 76 zurückgegriffen. An der These des Kleanthes werden zwei Dinge kritisiert: 1. Die Belehrung über das allgemeine, nur dem Weisen wahrhaft einsehbare Paradoxon μόνον τὸ αἰσχρὸν κακόν (vgl. 2, 29) hilft in der besondern Situation des Kummers nicht, weder der Sache noch dem Zeitpunkt nach. 2. Selbst wenn man sie gelten läßt, kann sie unter Umständen gerade das Gegenteil ihrer Absicht bewirken; denn wenn in § 68–70 gesagt war, der Philosoph pflege über seine ἀμαθία keinen Kummer zu empfinden, so wird hier ein umgekehrter Fall angenommen. Es ist die Verzweiflung des Alkibiades, wie ihn Sokrates zur Einsicht bringt, er sei in seiner Unwissenheit nicht besser, als ein beliebiger Lastträger (gr. φορμοφόρος). Die Szene geht auf den Alkibiades-Dialog des Aischines zurück (Frg. 6 und 10 Dittmar) und hat vermutlich sowohl auf Platons Symp. bes. 215 E–216 C wie auch auf Xenophon Mem. IV, 2, 23 und 39/40 eingewirkt.

§ 78 Überraschend wird das Alkibiades-Beispiel nicht bloß gegen den Stoiker Kleanthes, sondern auch gegen den Peripatetiker Lykon eingewandt; dieser war der Stoa mit der These entgegengekommen, der Kummer werde nur durch die ohnehin geringfügigen leiblichen und äußeren Güter (zur gemeinperipatetischen Drei-Güter-Lehre vgl. Anm. zu 2, 30) veranlaßt. Lykon war ca. 270–226 v. Chr. Schulhaupt des Peripatos und war nach dem in De fin. 5, 13 reproduzierten Urteil des Antiochos (und schon des Karneades?) zwar ein gewandter Schriftsteller, aber philosophisch unbedeutend. Ob dies Urteil objektiv zutrifft, können wir nicht mehr kontrollieren; es dürfte weitgehend dafür verantwortlich sein, daß wir von seinen Werken und Lehren nur sehr wenig wissen. Unsere Stelle ist das einzige bei Cicero erhaltene Frg. (Frg. 19 W.).

§ 79 Die Kritik an Epikur war § 34–51 vorgetragen. Daß der Trost aus der Erwägung des allgemeinen Menschenschicksals nicht immer verfängt, hatte Karneades § 59/60 geltend gemacht; vermutlich bezieht sich der Rückweis darauf. Dazu paßt, daß sofort eine weitere Kritik an Chrysipp folgt: Chrysipps § 76 erwähnte These ist prinzipiell richtig, rechnet aber zu wenig mit der realen Situation. Wenn es Karneades war, der gerade auch hier auf die Bedeutung des καιρός (vgl. § 76 Ende) und auf die Verschiedenheit der individuellen Situationen aufmerksam machte, so stand er in der peripatetischen, der ethischen Kasuistik zugeneigten Tradition. Allerdings ist es Cicero, der die ihm vertraute Terminologie der hellenistischen advokatischen Kasuistik hereinzieht. Die hier gemeinte στάσις-Lehre berücksichtigt drei Momente: den καιρός der umstrittenen Tat, die Natur der Tat selbst und die Natur des Täters.

§ 80 In scheinbar starker Zäsur greift Cicero auf die Ausgangsthese § 7 und 12 zurück. Man kann in der Tat behaupten, daß nur § 14–21 den Weisen ausdrücklich im Auge hatten, während von § 22 an vorwiegend der Kummer des Durchschnittsmenschen untersucht wird (vgl. § 68–70, wo Philosophen genannt werden, die eben noch nicht weise waren; § 77, wo Kleanthes vorgeworfen wird, er berücksichtige nur den Weisen). Der Weise ist durch zwei Momente charakterisiert: die richtige Einordnung des äußeren Unglücks (die Formel läßt sowohl die stoische wie auch die peripatetische Variante gelten) und die Freiheit vom bloßen Meinen.

Cicero erklärt, auch wenn diese zwei Momente vorhin zu wenig gewürdigt worden seien, so sei doch auch so klar geworden, daß der Kummer (aristotelisch gesprochen), nicht φύσει, sondern προαιρέσει entstehe, und zwar auf Grund einer verfehlten προαίρεσις.

§ 81 Einsatz des Epiloges. Zunächst wird ausdrücklich festgestellt, es sei bisher vom schlimmsten aller Kummer die Rede gewesen, sc. vom Kummer angesichts des Todes; dies überrascht etwas, insofern als diese Ursache des Kummers zwar häufig berücksichtigt, aber keineswegs ausschließlich behandelt worden war. Zu erklären ist dies wohl damit, daß Ciceros Hauptquelle in der Tat primär diesen Bereich des Kummers behandelt hatte; methodisch war dieses Vorgehen, wie Cicero selbst sagt, wohlbegründet: wenn einmal die schlimmste Form des Affektes überwunden ist, so erledigen sich die weniger schlimmen Formen sehr leicht. Andererseits war bei dieser Themastellung die Gefahr von Überschneidungen mit dem Gegenstand des ersten Buches groß. Cicero hat da zweifellos Einiges umdisponiert und andersartiges Material hereingenommen, um Überschneidungen zu vermeiden. Beziehungen zum ersten Buch und wohl noch mehr zu seiner Consolatio bestehen in jedem Falle, doch so, daß jedenfalls zum ersten Buch keine Dubletten zu erkennen sind.

An geringeren Ursachen des Kummers werden genannt zunächst Armut und ἀδοξία (mit der Übersetzung dieses Begriffs hat Cicero etwas Mühe gehabt), berührt schon in § 57; dann fünf weitere Kalamitäten: Verbannung (Schriften περὶ φυγῆς waren sehr zahlreich, ganz erhalten von Plutarch, z. T. von Musonios und Favorinus u. a.), Untergang des Vaterlandes (vgl. § 53/54), Sklaverei; daneben endlich Krankheit im allgemeinen und Blindheit im besonderen. Auf alle diese Dinge wird 5, 89–118 näher eingehen. Hier beschränkt sich Cicero auf eine Aufzählung und eine ironische Bemerkung über die Weitschweifigkeit der einschlägigen griechischen Literatur.

§ 82 Nun wird anders gefolgert: nicht vom schwierigsten Fall auf die weniger schwierigen Fälle, sondern vom Ganzen auf den Teil. Das ermöglicht Cicero, noch einmal einige allgemeine Gesichtspunkte zu erwähnen. Es heben sich heraus der Gedanke, Kummer sei zwecklos (vgl. § 77), und die These Chrysipps, Kummer sei eine bloß eingebildete Pflicht (vgl. § 79).

§ 83 Es ist dann eminent ciceronisch, sich auch da noch sozusagen den Rückzug auf die peripatetische Position offen zu halten. Daß »ein Zucken der Seele« der menschlichen Natur entspricht, ist nicht zu bestreiten.

Aber was für Wurzeln . . . Das schon in § 13, 61 verwendete Bild wird hier ausgebaut: der Kummer hat viele Wurzeln, also viele Einzelaspekte. Es folgt eine Liste von 14 Begriffen; sie tritt in 4, 16 als Liste und 4, 16/18 mit den einzelnen Definitionen noch einmal auf; die Reihenfolge ist dieselbe, nur daß in unserer Stelle dolere an einem anderen Platze steht. Bezeugt sind daneben andere Listen: SVF 3, 412 hat 9 Begriffe; 3, 413 hat 10; 3, 414 hat 24; 3, 416 hat 4. In diesen Listen trifft sich (grob gesagt) ein schon in der Sophistik beginnendes lexikalisches Bemühen um genaue Distinktion bedeutungsverwandter Begriffe mit einer kasuistischen Beschreibung der verschiedenen affektiven Einstellungen, die man als solche eher auf den Einfluß des Peripatos zurückführen als genuin stoisch nennen möchte (daneben wird allerdings auch das Modell der Medizin, die die verschiedenen Krankheitsbilder immer sorgfältiger zu differenzieren suchte, eine Rolle gespielt haben).

§ 84 . . . *was wir vielleicht an anderer Stelle* . . . Hinweis auf das nachfolgende Buch.

Passend wird zum Abschluß Schwierigkeit und Rang der Leistung der Philosophie als Heilung der Seele hervorgehoben, mit Anspielung auf die bekannte griechische Gnome χαλεπὰ τὰ καλά (vgl. Platon Staat 435 C, 497 D u. a.).

VIERTES BUCH

§ 1 Die Vorrede ist zur Hauptsache Variation und Ergänzung zu derjenigen des ersten Buches. Grundgedanke ist, daß Rom die Kulturgüter, die es erst spät übernommen hat, erstaunlich rasch entwickelt hat. Das wird im ersten Satz allgemein konstatiert, in § 5/6 für Dichtung, Redekunst, Philosophie ausgeführt. Allerdings hat er in § 2–4 einen Komplex eingelegt, der in genau umgekehrter Richtung verläuft und gerade das hohe Alter philosophischen Bemühens bei den Römern zu beweisen sucht. Beide Gesichtspunkte stehen schon bei den Griechen neben einander: späte Entstehung und rasche Entwicklung der Philosophie oder aber Rückdatierung des Ursprungs der Philosophie in die älteste Urzeit.

Die Entfaltung des eigentümlich Römischen wird wie in I, 2 rasch überblickt; dabei werden nicht nur die Leistungen der Königszeit präzisiert, sondern es wird auch (nach griechischem Vorbild) angedeutet, daß die Befreiung von der Tyrannis den kulturellen Aufschwung entscheidend gefördert hat. Dazu der Hinweis bes. auf De rep. Buch 2 und 4.

§ 2 Etwas mühsam schafft sich Cicero den Übergang zur Feststellung, daß Rom schon sehr früh den Kontakt zum Pythagoreertum aufgenommen und jahrhundertelang gepflegt hat. Das Interesse an Pythagoras und seiner Schule ist überhaupt für Tusc. disp. charakteristisch (vgl. 1, 20; 38/39; 49; 62; 3, 35; dann unser Abschnitt, weiter 4, 10; 5, 8–10; 30; für sich stehen 4, 44; 55; 5, 66). Daß es auf eine bestimmte, nicht sicher identifizierbare Anregung zurückgeht, ist zu vermuten.

Zur Datierung des Pythagoras vgl. 1, 38.

Beachtenswert ist das Kompliment an Brutus. Seit wann die Rückführung der gens der Iunii Bruti auf den angeblichen cos. 509 (dessen Verhalten dann auch den Beinamen Brutus erklären sollte) behauptet wurde, wissen wir nicht. Wir entnehmen aus Poseidonios FGrHist 87 F 40, daß sie bestritten wurde und durch Poseidonios ausdrücklich verteidigt werden mußte. Daß Brutus bei der Planung des Mordes am Tyrannen Caesar sich durch das Vorbild seines Ahnherrn leiten ließ, ist unzweifelhaft.

Bei der Frage nach dem Einfluß des Pythagoras auf Rom unterscheidet Cicero methodisch korrekt allgemeine Hypothesen und konkrete Spuren.

Der Begriff der Magna Graecia ist schon in 1, 38, dann anderswo so oft mit enkomiastischen Schilderungen des Pythagoreertums verbunden, daß ein urspr. Zusammenhang bestehen wird (Timaios von Tauromenion?).

§ 3 Bei Historikern des 2. Jhd. v. Chr. scheint die Meinung verbreitet gewesen zu sein, König Numa sei persönlicher Schüler des Pythagoras gewesen, eine Meinung, die angesichts der Stilisierung beider Gestalten zu gottesfürchtigen Gesetzgebern und Erziehern des Volkes nahe lag; bezeugt ist diese Meinung allerdings erst aus dem Werke des Calpurnius Piso Frugi (vgl. Anm. zu 3, 16). Im 1. Jhd. v. Chr. hat sich eine bestimmte Chronologie der römischen Könige allgemein und endgültig durchgesetzt (Varro?). Sie datierte Numa auf 715–672 v. Chr., also nahezu 200 Jahre vor Pythagoras, was also persönliche Schülerschaft völlig ausschloß. Das Problem wurde vielfach diskutiert: bei Cicero noch De or. 2, 154; De rep. 2, 28/29, dann Dion. Hal. Ant. Rom. 2, 59, Livius 2, 18, 2–3, Plin. n. h. 13, 87, Plut. Numa 1 und 8 (vgl. 11, 14, 22), Dio Chr. or. 49, 6.

An konkreten Spuren pythagoreischen Einflusses erklärt Cicero viele zu kennen, aber mit Rücksicht auf die nationale Empfindlichkeit seiner Leser nur wenige erwähnen zu wollen. Offenbar gab es umfangreiche Sammlungen solcher Spuren, benutzt auch von Plutarch. Drei Belege für die Bedeutung der Musik im alten Rom werden gegeben: 1. Die Notiz aus Catos Origines, die schon in 1, 3 angeführt war. 2. Ein Gesetz der XII Tafeln, schon in De rep. 4, 12 ausführlicher erwähnt; auffallenderweise weiß oder beachtet Cicero nicht, daß das Gesetz nicht ehrenrührige Schmähgedichte, sondern Zaubersprüche im Auge hat. 3. Die Musik bei bestimmten kultischen und profanen Festlichkeiten. Der griechische Bericht in De rep. 4, 14 zeigt, daß De rep. 4 auch auf diese Sitte eingegangen war.

§ 4 Für sich steht das Carmen des Ap. Claudius Caecus (cos. 307. 296). Zitiert werden von ihm auch sonst carmina bzw. sententiae, also γνῶμαι ethischen Inhalts in Versform; was hier im bes. gemeint ist, wissen wir nicht, nur kam es da auf den Inhalt, nicht wie in den vorangehenden Belegen auf die Form an. Wenn Panaitios in einem Sendschreiben an Scipios Neffen Q. Aelius Tubero, der als kompromißloser Stoiker bekannt war (vgl. Val. Max. 7, 5, 1), ein solches Carmen gelobt hat, so gewiß darum, weil er in ihm schon Ansätze philosophischer Weisheit zu erkennen glaubte. Daß diese Weisheit pythagoreisch war, scheint nach dem Wortlaut nicht eine Behauptung des Panaitios, sondern Ciceros eigene Folgerung zu sein. Eine andere Frage ist, ob dieses Sendschreiben etwa identisch war mit der ebenfalls an Tubero gerichteten, aus Anlaß des Todes des Scipio 129 v. Chr. verfaßten Schrift De dolore patiendo, die Cicero De fin. 4, 23 erwähnt.

§ 5 Als Ausgangspunkt philosophischer Interessen (nicht schon philosophischer Schriftstellerei) wird die berühmte Philosophengesandtschaft von 155 v. Chr. genannt. Cicero berichtet von ihr noch De or. 2, 155–161, Luc. 137, Ep. Att. 12, 23, 2; De rep. 3, 8–41 geht von ihr aus. Zweifellos hat es über sie mehrere alte Berichte gegeben: Cicero selbst zitiert Luc. 137 Kleitomachos (vgl. Anm. zu 3, 54), dann gab es Polybios, aus dessen 33. Buch Gell. 6, 14, 8–10 zitiert (vgl. Plut. Cato mai. 22/23, Ael. v. h. 3, 17, Paus. 7, 11, 4), und daß auch Poseidonios irgendwo darauf zu sprechen kam, möchte man erwarten; wie weit römische Historiker des 2. Jhd. auf das Ereignis eingingen, wissen wir nicht (vgl. noch Plin. n. h. 7, 112, Lact. DJ 5, 14, 3, Macr. Sat. 1, 5, 14–16).

Die Argumentation Ciceros ist gewandt: Gerade daß die von Athen abgeordneten Gesandten reine Theoretiker waren und nicht (wie zu erwarten) politische Praktiker, zeigt, daß in Rom das Vorhandensein eines Interesses an philosophischer Theoria vorausgesetzt werden konnte. Merkwürdigerweise ist von dem dritten der Gesandten, dem Peripatetiker Kritolaos überhaupt nicht die Rede: Zufall oder irgendeine nicht mehr faßbare Absicht?

Von der Dichtung abgesehen sind die ältesten publizierten Werke in lateinischer Sprache Reden, Geschichtswerke und solche über das ius civile, zweifellos Alles durch griechische Vorbilder angeregt, auch die Bücher über das ius civile, obschon wir da noch keine genauere Vorstellung von den möglichen Vorbildern haben.

§ 6 Der Hinblick auf die epikureischen Werke (vgl. 1, 6; 2, 7/8) wird hier damit eingeleitet, daß die drei vornehmen, von Sokrates ausgehenden Schulen bisher aus guten Gründen, die gerade für den Rang ihrer Leistungen sprechen, in der römischen Literatur bisher noch nicht vertreten sind.

... diese Dinge könnten den Ungebildeten ... Darin liegt der früher schon mehrfach und nachher gleich wieder ausgesprochene Vorwurf gegen Epikurs Lehre, sie sei so primitiv, daß sie auch der Ungebildetste verstehen könne. Der Vorwurf als solcher ist insofern befremdlich, als manche Originaltexte Epikurs, bes. die Reste von περὶ φύσεως gerade durch die Kompliziertheit ihrer Redeweise auffallen. Man muß vielleicht annehmen, daß (grob gesagt) die ethischen Werke Epikurs wie das von Cicero in 3, 41/42 u. a. zitierte Werk περὶ τέλους in einem ganz anderen Stile gehalten waren als die mit höchstem wissenschaftlichem Anspruch auftretenden 37 Bücher περὶ φύσεως.

Über den römischen Epikureer C. Amafinius wissen wir nur, was Cicero uns hier und Acad. 1, 5/6, sowie ein Korrespondent Ciceros in Ep. Fam. 15, 19 mitteilen. Man wird in ihm einen älteren Zeitgenossen sehen; er hat mehrere Bücher verfaßt, vor allem, wie es scheint, über Naturphilosophie. Ob er (trotz der Polemik) Ciceros Darstellung der epikureischen Lehre beeinflußt hat, und vollends, wie sein Verhältnis zu Lukrez war (den Cicero nicht kennt oder bewußt ignoriert), wissen wir nicht.

§ 7 Wir wissen auch nicht, wer die vielen sind, die nach Amafinius epikureische Bücher geschrieben haben; immerhin müssen zu ihnen der in Acad. 1, 5 genannte Rabirius und der in Ep. Fam. 15, 19 genannte Catius gehören. Daß diese ganze Literatur nach dem Erscheinen der Werke des Lukrez und Ciceros spurlos untergegangen ist, ist begreiflich.

Und was der größte Beweis ... Die Bemerkung ist in ihren Implikationen wichtiger als sie scheint: Sie weist auf eine Antinomie, die die griechische Philosophie von Anfang an durchzieht. Wenn die Philosophie den Anspruch erhebt, alle Menschen anzugehen und alle zu erfassen, so muß sie auch so auftreten, daß sie für alle erfaßbar und verständlich ist; dann aber wird sie zwangsläufig mit ihrem anderen Ziel, die Wahrheit so sorgfältig und allseitig als möglich zu erforschen, in Schwierigkeiten geraten. Die beiden Endpunkte sind eine nur den wenigsten zugängliche Esoterik und eine Popularphilosophie, die sich gerade durch ihre allgemeinverständliche Simplizität empfiehlt.

Aber jeder mag verteidigen . . . Zusammenfassung des in Luc. 7–9 ausführlich und in Tusc. disp. 2, 5 knapper dargelegten akademischen Bekenntnisses.

. . . *die untere Wandelhalle*, also der Peripatos, der in 2, 9 Academia hieß.

§ 8 Man sieht, daß sich Cicero durch seine Vorwegnahme des einen Affekts der aegritudo im 3. Buch in Schwierigkeiten begeben hat; denn mag auch der Kummer eine Sonderstellung haben, so sind doch auch wieder im Prinzip alle vier Affekte mit einander verbunden, und mit dem einen Affekt sind mehr oder weniger auch alle anderen überwunden. Der Wortlaut macht es auch nicht ganz klar, ob nach der Meinung des Partners zwar Kummer und Furcht, nicht aber die zwei anderen Affekte als erledigt gelten sollen.

§ 9 Methodisch geht also Cicero vor wie in 3, 13: Erst das Vorgehen der Stoiker, für die die theoretische διαίρεσις (partiendis) und der ὁρισμός (definiendis) der Affekte viel wichtiger ist als die praktische Heilung der Seele; dann der Weg der Peripatetiker, die genau umgekehrt handeln, also der praktischen Wirkung vor der Analyse more logico den Vorzug geben (vgl. schon Aristoteles Nik. Ethik 1103 b 26–31 u. verwandte Stellen).

Terminologisch beachtlich ist, daß die Stoiker hier ohne weiteres als dialectici bezeichnet werden; anderswo heißt dialectica eine Beweismethode, ohne daß gleich an eine bestimmte Schule gedacht würde. Der Begriff müßte einmal für den ganzen Hellenismus untersucht werden.

§ 10 . . . *damit nicht Alles auseinanderbricht* . . . Da deutet sich das charakteristisch stoische Systembewußtsein an, das wir sonst in De fin. 3, 74; 4, 53 ausgedrückt finden.

Zur Übersetzung von πάθος vgl. 3, 7; 22/23.

Die Zweiteilung der Seele in ein λογικόν und ein ἄλογον war schon in 2, 47–51 entwickelt und erwies sich dort als von Aristoteles deriviert. Hier wird sie auf Pythagoras und Platon zurückgeführt. Der Ausgleich zur klassischen Lehre Platons von den drei Seelenteilen (1, 20) wird dadurch hergestellt, daß das ἄλογον sowohl Zorn wie auch Begierde umfaßt, was freilich mit der Seelen- und Staatslehre des platonischen Staates unvereinbar ist. Unsere Stelle beruht auf Bestrebungen, einerseits Platon und Aristoteles zu harmonisieren (so auch Ps.-Arist. Magn. Mor. 1182 a 23, Aet. 4, 4, 1, Plut. mor. 442 A–C, Tertullian De an. 14, 2 und 16, 1), andererseits diese Zweiteilung genauso auf Pythagoras zurückzuführen wie nach 1, 20 Xenokrates für seine Seelendefinition Pythagoras in Anspruch genommen hat (vgl. wiederum Aet. 4, 4, 1 mit 4, 5, 10).

§ 11 Begonnen wird mit zwei Definitionen des Affekts, von denen die erste ausdrücklich Zenon selbst gegeben wird, die andere ungenannten quidam. Beide Definitionen erscheinen zusammen wieder in 4, 47 und dem Wortlaut nach beide als zenonisch; dies entspricht genau der griech. Definition in Diog. Laert. 7, 110 (SVF 1, 205). Die erste Definition allein fand sich schon in 3, 7; 24 und kehrt in 4, 61 wieder. – Die Würdigung beider Definitionen ist dadurch erschwert, daß der Gegensatz zur peripatetischen These in ihnen kaum sichtbar wird. Er besteht schematisch gesagt darin, daß für den Peripatos (wie angeblich für Platon und Pythagoras § 10) sowohl das λογικόν wie auch das ἄλογον naturgegebene Teile der Seele sind; das ἄλογον kann sich unter Leitung des λογικόν richtig, d. h. maßvoll verhalten, was zu dem naturgemäßen πάθος führt, wie es sein soll; das ἄλογον kann aber auch dem λογικόν nicht gehorchen und das Maß überschreiten, woraus sich dann das πάθος ergibt, wie es nicht sein darf. Für die Stoa gibt es nur die Alternative zwischen Logos-gemäßem und Logos-widrigem Verhalten der Seele im Ganzen. Es gibt kein eigenständiges ἄλογον, das unter der Leitung des λογικόν einen eigenen Spielraum beanspruchen dürfte, sondern nur den Logos und die Gefahr, daß er in naturwidriger Weise beeinträchtigt werden könnte. Im Peripatos bleibt das Leitbild des Staates, in dem Regierende und Regierte zusammenwirken sollen, maßgebend. Die Stoa zieht, wie schon unser 3. Buch zeigte, das Leitbild der physischen Gesundheit vor; es gibt nur die Wahl zwischen Gesundheit und Krankheit, zwischen Logos und Zerstörung des Logos (Abzusehen ist hier von dem Problem, mit dem weder Peripatetiker noch Stoiker fertig geworden sind, wie nämlich – peripatetisch – die Rebellion des ἄλογον bzw. wie – stoisch – die Zerstörung des Logos durch Erkrankung der Seele überhaupt möglich ist).

Es folgt schulmäßig eine Abhandlung über die πάθη, zunächst allgemein in vier Kapiteln. Das erste ist das System der vier Affekte, das schon in 3, 24/25 skizziert war.

§ 12 Das zweite Kapitel bringt eine eigentümliche Lehre, mit der sich die Stoa (wohl erst Chrysipp) der peripatetischen Metriopathie nähert: Wenn alle vier Affekte alogische und damit von vorn herein naturwidrige Regungen der Seele sind, so gibt es doch zu dreien von ihnen Gegenstücke, Regungen der Seele, die dem Logos gemäß sind. – Ausgangspunkt der These ist eben jene evidente Tatsache, mit der Aristoteles die Nik. Ethik 1094 a 1–3 beginnen läßt: Alles erstrebt von Natur das Gute und meidet das Übel; also ergibt es (1) ein Logos-gemäßes Streben, das als βούλησις (vgl. z. T. Aristoteles Nik. Ethik 3, 6/7) der ἐπιθυμία gegenübersteht.

§ 13 Ebenso ergibt sich (2) ein Logos-gemäßes Besitzen des Guten, das als χαρά (vgl. SVF 3, 431/432) der ἡδονή gegenübersteht; endlich (3) ein Logos-gemäßes Meiden des Üblen, das als εὐλάβεια (vgl. SVF a. a. O.) dem φόβος gegenübersteht.

§ 14 Konsequent ist es, daß es zum Kummer kein Gegenstück gibt; denn der Weise, der hier vorausgesetzt ist, wird das ἀγαθόν erstreben und besitzen und das κακόν meiden; würde er aber das κακόν besitzen, hörte er auf, ein Weiser zu sein.

Bezeichnend an der Lehre ist einmal, daß es unklar bleibt, was unter ἀγαθόν/κακόν zu verstehen ist (Seelisches, Körperliches, Äußeres?), sodann daß Zustände eingeführt werden, die den naturgemäßen πάθη des Peripatos entsprechen; sie heißen denn auch in ihrer Gesamtheit in stoischem (von Cicero nicht berücksichtigtem) Terminus εὐπαθεῖαι (SVF a. a. O.). Man darf vermuten, daß diese Lehre erst sekundär, in Auseinandersetzung mit dem Peripatos und als Konzession an ihn entwickelt worden ist. Das Bedürfnis, sich von der radikalen ἀπάθεια eines Pyrrhon zu distanzieren, mag dabei eine Rolle gespielt haben.

Das dritte Kapitel reduziert alle Affekte auf das Vermeinen, woraus folgt, daß sie alle in unserer Gewalt sind (ἐφ' ἡμῖν). Dies setzte schon das dritte Buch voraus, und zwar nicht nur als Lehre der Stoa (3, 24/25 u. sp.), sondern auch bei Epikur und wohl auch bei den Kyrenaikern (3, 28). Damit wird die alte Vorstellung bekämpft, der Mensch sei starken Affekten gegenüber machtlos.

§ 15 Das vierte Kapitel ergänzt dazu (zweifellos der ursprünglichen einfachen Doktrin gegenüber wiederum sekundär), daß die Affekte nicht schlechthin mit dem Vermeinen identisch sind, sondern auch spezifische Wirkungen des Vermeinens mit umfassen, eben jene, die die Tradition als affektive Zustände kennt.

Anhangsweise wird schließlich der Begriff des Vermeinens (δόξα) definiert als schwache Zustimmung (die griech. Formel: SVF 1, 67): Dabei ist die Zustimmung überhaupt die Reaktion des Geistes auf die von außen kommenden Eindrücke; die schwache Zustimmung ist die voreilige und damit unsichere, die andere, die sich der Identität und Unverwechselbarkeit des Eindrucks versichert hat, ist diejenige, die zum sichern Ergreifen (κατάληψις) des Eindrucks und damit zur Einsicht führt.

§ 16–21 Es folgt als neuer Abschnitt die Aufgliederung der vier Affekte. Die 14 Teile des Kummers waren schon in 3, 83 aufgezählt (vgl. Anm. z. St.). Dazu kommen hier die Furcht mit 8 Teilen, die Lust mit 3 Teilen, das Begehren mit 7 Teilen. Die griechischen, z. T. umfangreicheren Listen in SVF 3, 394–7, 400–402, 407–409, 412–414, 416. Es sind hier nicht die Probleme zu erörtern, die die Herkunft und Zuordnung der Teilaffekte stellen; vermutlich würde sich zeigen, daß nicht selten bestimmte Modellfälle aus Dichtung und Geschichte wesentlich eingewirkt haben, – abgesehen von der schon zu 3, 83 erwähnten Tradition lexikalischer Begriffsdistinktionen und von den Tendenzen zu wirklichkeitsnaher Kasuistik. Hier sei nur darauf aufmerksam gemacht, wie schwierig es für Cicero gewesen sein muß, lateinische Äquivalente aufzutreiben; er erwartet auch vom Leser, daß er an der an sich dürren und reizlosen Liste eben diese Übersetzerleistung bewundere. Nur gelegentlich lockert er auf: etwa in § 17 durch den Hinweis auf Agamemnon und Hektor (aus der Tragödie Epinausimache des Accius?), in § 19 durch das Zitat aus Ennius, Alcumeo V. 23 Vah., in § 21 durch eine übersubtile Distinktion zweier Begriffe, die freilich nicht recht klar wird; indigentia übersetzt σπάνις, ob aber libido hier den Oberbegriff ἐπιθυμία meint oder einen andern Begriff, ist nicht zu erkennen.

§ 22 Ein unerwartetes Stück, dessen Verständnis dadurch erschwert wird, daß wir nicht sicher sind, welche griechischen Begriffe mit intemperantia – temperantia übersetzt werden (ἀκρασία – ἐγκράτεια? ἀκολασία – σωφροσύνη?). In jedem Falle wird hier die Rebellion des Strebens (ὁρμή) gegen den Logos auf eine Weise beschrieben, die man wohl kynisch nennen muß (vgl. aber auch Aristoteles Nik. Ethik 7, 4/5), die aber mit unserm § 14/15 (oben als drittes Kapitel bezeichnet) kaum zu vereinigen ist. Denn entweder ist der Affekt als bloße δόξα im Bereich des Erkennens zuhause (und dies ist sicherlich die altstoische These), oder aber er wurzelt in einem Übergriff des Strebens, das sich der Lenkung durch den Logos zu entziehen sucht; wie beides zugleich soll gelten können, ist nicht leicht zu sehen.

§ 23 Hier beginnt ein neuer Hauptabschnitt, der nun eine Klassifizierung der Affekte am Leitbild der Medizin, das schon von der Vorrede zum dritten Buche an immer wieder auftrat, unternimmt. Grundsätzlich ist hier nur anzumerken, daß auf der einen Seite der Vergleich seelischer mit körperlichen Leiden schon sehr alt ist, auf der andern Seite Aristoteles die Medizin vielfach als Modell für die Ethik beansprucht (etwa Nik. Ethik 1097 a 11–13, 1104 a 11–27, 1105 b 12–18 u. a.), doch nirgends mit jener durchlaufenden Parallelisierung der Phänomene und der Therapie, wie sie uns hier begegnet, und zwar, wie ausdrücklich vermerkt wird, aus Chrysipp, also nicht aus der ältesten Stoa. Das Grundschema ruft § 14/15 in Erinnerung (der Affekt auf Vermeinen beruhend) und unterscheidet zuerst Krankheit und krankhafte Schwäche; jeder der beiden Fälle ist sodann wiederum zweigeteilt, je nachdem es sich um affektive Neigungen oder affektive Abneigungen handelt; offensio übersetzt προσκοπή, das in SVF 3, 421 belegt ist.

An diesem Punkt . . . Es ist nicht ganz sicher, ob Cicero selbst einen ihm vorliegenden Text Chrysipps kürzt, oder ob er diese Kürzung, die zugleich eine Kritik an Chrysipp enthält, schon vorgefunden hat (vgl. § 27).

§ 24/25 Daß Cicero mehrfach selbst, und zwar allzu sehr gekürzt hat, zeigt dieser Abschnitt. Man erfährt nicht, worin sich νόσημα und ἀρρώστημα von einander unterscheiden (dies klärt erst § 28) und sieht darum auch nicht, was es besagt, daß diese beiden Zustände und die ihnen entgegenstehenden προσκοπαί nur begrifflich, nicht aber in der Realität (aristotelisierende Wendung vgl. Nik. Ethik 1102 a 30 u. a., unten wieder § 29) unterschieden werden können. Unklar ist endlich auch, ob νοσήματα und ἀρρωστήματα nur aus den beiden »positiven« Affekten Begehren und Lust entstehen und die προσκοπαί aus dem »negativen« Affekt der Furcht, oder ob alle drei Affekte zu νοσήματα und ἀρρωστήματα führen und die προσκοπαί etwas anderes sind.

Die Beispiele gehen von der bekannten Dreiheit von φιλοπλουτία, φιλοτιμία und φιληδονία aus. Der dritte Fall wird konkretisiert zur φιλογυνία, wozu das Gegenteil in der μισογυνία bereitsteht, die wiederum zur μισανθρωπία und zur Ungastlichkeit (μισοξενία?) weiterleitet. Bezeichnenderweise liefert dazu die Komödie zwei Beispiele im Μισόγυνος des Atilius (2. Jhd. v. Chr.), was ein nach Menanders Μισογύνης gearbeitetes Stück war, und in der Figur des Misanthropen Timon, den eine nach dem Protagonisten benannte Komödie des Antiphanes (4. Jhd. v. Chr.) berühmt gemacht hat.

Im Lateinischen hatte Cicero nur für die Ungastlichkeit einen Begriff zur Verfügung, während er sich für die Misogynie und Misanthropie mit Umschreibungen behelfen mußte.

Von krankhaften Gegensätzen zu Geldgier und Ruhmsucht ist nicht weiter die Rede.

§ 26 Es folgt eine Definition des ἀρρώστημα (nicht aber des νόσημα), dann eine der προσκοπή, beide auf dem Begriff der δόξα aufgebaut und einmündend in die klassische sokratische Definition der Torheit (vgl. Plat. Apol. 21 D).

Die anschließende Liste von ἀρρωστήματα umfaßt zunächst die drei schon in § 24/25 genannten Fälle, dazu vier andere; eine entsprechende griechische Liste fehlt uns, so daß wir nicht wissen, welche griechischen term. techn. Cicero im einzelnen übersetzt; – dies um so weniger, als er sämtliche Definitionen außer der ersten unübersetzt gelassen hat, um den Leser nicht zu sehr zu ermüden.

§ 27 Die Liste der προσκοπαί enthält nur die drei schon erwähnten Fälle. Bei der Misogynie tritt an die Stelle des Komödienbeispiels eines aus der Tragödie, der euripideische Hippolytos.

Das Modell der Medizin leitet sodann zu dem Phänomen der Anfälligkeit für Krankheiten und Affekte: proclivitas übersetzt geschickt den term. techn. εὐεμπτωσία (SVF 3, 421). Illustriert wird dies mit zwei Beispielen aus der Medizin (die Begriffe gravidinosus und torminosus, die schon in älterer Fachliteratur vorgekommen sein mögen, hat Nonius eigens aus Cicero notiert) und zweimal zwei Beispielen aus der Ethik.

§ 28 Das Vorkommen der εὐεμπτωσία bei allen vier Affekten wird ebenfalls mit Beispielen belegt, von denen zwei den Kummer vertreten (invidus, misericors), je eines die Lust (malivolus), die Begierde (libidinosus), die Furcht (timidus) vgl. § 16.

... hat aber keine Namen. Daß weitverzweigte Begriffssysteme

oft Phänomene einbeziehen, für die keine Namen zur Verfügung stehen, so daß nur die Wahl bleibt, entweder neue Bezeichnungen künstlich herzustellen oder die Dinge unbenannt zu lassen, finden wir schon bei Aristoteles vielfach; vgl. u.a. Nik. Ethik 2, 7 (1107 b 1/2, 7, 30, 1108 a 5, 16–19).

Welchen griechischen term. techn. facilitas übersetzt, wissen wir nicht.

Wie nun im Körper ... Hier beginnt eine neue und wichtige Parallelisierung körperlicher und seelischer Defekte und (§ 30) Vorzüge. Das Schema lautet zunächst: νόσος – ἀσθένεια – αἶσχος gegenüber ὑγίεια bzw. εὐεξία – ἰσχύς – κάλλος. Es ist in zahlreichen, vor allem peripatetischen Texten belegt: Aristoteles Eudemos Frg. 7 W.-R., Topik 116 b 17–22, Stob. Ekl. 2, 122, 11–125, 13 Wachsm. u.a. Planmäßig ist es noch nie untersucht worden, so daß es hier auch offen bleiben muß, wann es von der Stoa rezipiert wurde; manches spricht dafür, daß es (trotz Stob. Ekl. 2, 62, 20–63, 5 Wachsm.) erst nach Chrysipp geschah.

Die zwei ersten körperlichen Defekte sind akute Krankheit und schleichende Kränklichkeit; der dritte steht beiden als Mißbildung und Disproportioniertheit des Körper gegenüber.

§ 29 Ohne nähere Erklärung wird behauptet, daß sich νόσος und ἀσθένεια nur am Körper real unterscheiden ließen, die Parallelzustände der Seele νόσημα und ἀρρώστημα dagegen bloß theoretisch (vgl. schon § 24), was besagen muß, daß ethisch Krankheit nicht ohne Kränklichkeit vorkommt und umgekehrt. Um so schärfer hebt sich das Gegenstück zu αἶσχος ab, die κακία, die die innere Unstimmigkeit der Seele ist; damit rückt die stoische Fundamentaldefinition des Telos, das ὁμολογουμένως ζῆν (SVF 1, 179) in die Nähe.

Zwei Anmerkungen werden in flüchtiger Formulierung angeschlossen. Die erste: Der innere Widerspruch, der die κακία ausmacht, ist verschieden stark, je nachdem der Mensch von der Weisheit näher oder weiter entfernt ist (ein zweifellos erst nach Chrysipp eingeführter Gesichtspunkt). Die zweite: Wie ist die Beziehung zwischen νόσημα / ἀρρώστημα und κακία? Verwirrend operiert hier der Text mit zwei Bedeutungen von κακία, einer weiteren (vitiositas) und einer engeren (vitium). In der weiteren Bedeutung ist κακία der Oberbegriff, in der engeren Bedeutung ist sie als διάθεσις μένουσα(?) von den beiden διαθέσεις κινοῦσαι(?) verschieden.

§ 30/31 Unübersichtlich ist auch die Liste der Vorzüge; der schon genannte Paralleltext Stob. Ekl. 2, 62, 20–63, 5 Wachsm. hilft nur z. T. Merkwürdigerweise wird die naheliegende Gleichung der physischen Vorzüge mit den Kardinaltugenden durchaus gemieden.

Aufgezählt werden zunächst fünf Vorzüge, neben den entscheidenden κάλλος – ἰσχύς – ὑγίεια noch firmitas (εὐεξία?) und velocitas (ὠκυπόδεια). Die Ausführung begnügt sich mit vier, wobei die zwei ersten ὑγίεια und κάλλος näher zusammentreten, da sie beide auf die innere Übereinstimmung und Gleichmäßigkeit des Urteilens zielen; ebenso gehören ἰσχύς und ὠκυπόδεια zusammen, die im Bereich der Seele beide auf die praktische Leistungsfähigkeit der Seele bezogen werden können. Angemerkt wird zur ὑγίεια der Seele, daß sie in dem hier gemeinten Sinne (den Hintergrund der zwei zur Wahl gestellten Definitionen übersehen wir nicht; im ersten Falle ist eine Wesenheit, im zweiten eine bloße Qualifikation der Seele gemeint) nur dem Weisen zukommt, dann aber auch unterschieden werden muß von jener seelischen Gesundheit, die einfach das Gegenteil des klinischen Irrsinns ist und die natürlich auch der Tor besitzen kann (vgl. dazu 3, 11).

Darin liegt wiederum . . . Ein Stück Nachtrag, das man geneigt sein könnte, in die Nähe von 3, 1 und 3, 5/6 zu stellen, sofern auch hier Medizin des Leibes und Medizin der Seele in bestimmten Punkten einander gegenübergestellt werden. Zwei Punkte werden genannt: 1. Die gesunde Seele kann durch Krankheit nicht bedroht werden, wohl aber der gesunde Körper; dies hängt weniger mit dem stoischen Satz zusammen, daß die einmal erworbene Tugend unverlierbar sei (vgl. Anm. zu 2, 32), als mit der Bemerkung in 3, 5, daß nicht jeder gesund wird, der seinen Körper dem Arzt anvertraut, wohl aber jeder, der seine Seele durch die Philosophie heilen zu lassen bereit ist; denn diese Heilung steht in der Macht jedes Einzelnen. 2. Die Erkrankungen des Körpers entstehen ohne eigene Schuld, diejenigen der Seele dagegen aus Rebellion gegen den Logos. Die Folgerung, daß von solchen Erkrankungen, also von πάθη nur der Mensch, nicht auch das Tier befallen werden kann, drängt sich auf (vgl. Aristoteles Nik. Ethik 1145 a 25–27).

§ 32 Ein weiterer Nachtrag, der mit seiner Umgebung nur locker zusammenhängt, unterscheidet acuti (ὀξεῖς?) bzw. ingeniosi (εὐφυεῖς?) und hebetes (βραδεῖς?), also Naturanlagen, die die Anfälligkeit für seelische Krankheiten beeinflussen. Die Begabten zeichnen sich dadurch aus, daß sie 1. später erkranken und früher genesen, 2. nicht an jeglichem Affekt erkranken, nämlich nicht an den tierischen (θηριώδεις vgl. Aristoteles Nik. Ethik 1145 a 30–33 u. a.), sondern an jenen, die vorzugsweise menschlich wirken (ἀνθρώπινα). Da wird also die weit über die Stoa hinaus verhandelte heikle Frage berührt, in welchem Umfange das tugendgemäße Verhalten durch die Naturanlage (also was Aristoteles zuweilen die φυσικαὶ ἀρεταί nennt, Nik. Ethik 1144 b 1 ff., 36, 1151 a 18 u. a.) bestimmt wird und damit nicht in unserer Macht (ἐφ' ἡμῖν) ist.

Ein letzter Nachtrag erwähnt, ohne es näher zu begründen, das Paradoxon, daß die νοσήματα und ἀρρωστήματα schwieriger und langsamer zu beseitigen sind als die den ἀρεταί entgegengesetzten κακίαι im strengen Sinne, obschon diese κακίαι ethisch gesehen viel verwerflicher sind. Ist es so zu verstehen, daß die κακίαι dem Logos leichter zugänglich sind als die Affekte?

§ 33 Damit ist der Bericht über die stoische Lehre abgeschlossen. Der Eindruck besteht, daß nicht nur Cicero ihn bes. von § 22 an immer stärker gekürzt hat, sondern daß er auch schon in der griechischen Fassung keineswegs einheitlich war; ältere und spätere Elemente sind kombiniert, so daß man annehmen möchte, es liege ein Text Chrysipps in späthellenistischer Überarbeitung (durch Poseidonios?) vor. Doch kann erst eine neue Untersuchung der gesamten stoischen Affektenlehre, für die Cicero ein Hauptzeuge ist, Klarheit schaffen.

Seltsam ist, daß diese Affektenlehre hier ausdrücklich λογικά genannt wird; der Titel, der soweit ich sehe, sonst in SVF nirgends bezeugt ist, wird sich wohl bes. auf die Definitionen und Dihäresen von § 11–21 beziehen, in denen in der Tat die Affekte λογικῶς behandelt werden.

Daß nun vom stoischen zum peripatetischen Stile des Philosophierens übergegangen werden soll, ergab sich schon aus § 9.

§ 34 Die Definition der Tugend, mit der eingesetzt wird, hat Cicero, wie er anzudeuten scheint, schon anderswo verwendet. Es mag darauf hingewiesen werden, daß nach dünner, aber unbestreitbarer Tradition Cicero auch ein eigenes Buch De virtutibus verfaßt hat (Hieron. in Zach 1, 2 und Charisius s. v. neutiquam), von dem sich Auszüge (auf bisher noch ungeklärtem Wege) sogar noch bis ins 15. Jhd. erhalten haben. Mag das Buch vor oder nach den Tusc. disp. publiziert worden sein, – daß es im

Zusammenhang mit De fin. und Tusc. disp. entstand, ist anzunehmen und ebenso, daß es mit einer Definition der Tugend begann.

Die Definition selbst besteht aus mehreren Elementen. Die Tugend ist eine Verfassung (διάθεσις) der Seele, die beständig ist (βέβαιος vgl. Aristoteles Nik. Ethik 1105 a 33) und mit sich übereinstimmend (zunächst wird man sicher an das stoische ὁμολογουμένως SVF 3, 197 denken; doch sei Aristoteles Nik. Ethik 1166 a 13, 1169 a 15, 1102 b 28 nicht übersehen); sie ist lobenswert (ἐπαινετός vgl. Aristoteles Nik. Ethik 1, 12), und zwar an sich selbst, also als reiner Zweck, ohne selbst nützliches Mittel für Anderes zu sein (Aristoteles Nik. Ethik 1, 1; SVF 3, 2 u. a.). Sie macht auch den lobenswert, der sie besitzt. Sie erzeugt richtiges Wollen (βούλησις), Entscheiden (προαίρεσις) und Handeln (πρᾶξις). Sie ist identisch mit der rechten Einsicht; dies übersetzt den wichtigen, aber immer noch nicht hinreichend geklärten Begriff des ὀρθὸς λόγος, der bei Aristoteles in der Nik. Ethik von 1103 b 31–34 an mehrfach, zwar knapp, aber an entscheidenden Stellen auftritt (dazu noch Eud. Ethik 1222 b 7–9 und 1249 a 21–b 23) und der dann von der Stoa übernommen und ausgebaut wurde (vgl. SVF 4, Index verb. s. v.).

Die Gesamtdefinition ist also primär peripatetisch, bestenfalls stoisch leicht überarbeitet.

Der Tugend steht die Schlechtigkeit gegenüber; hier erst begründet Cicero seine Übersetzung mit vitiositas, das er schon in § 29 verwendet hatte. Aus ihr entstehen die πάθη, die nun bezeichnenderweise nicht nach dem Leitbild der Krankheit, sondern nach demjenigen des stürmischen Meeres beschrieben werden.

Es folgt eine erste Liste der vier Affekte.

§ 35 Die Nennung der πάθη wird belebt durch ein Komödienzitat, das auch in De fin. 2, 13/14 verwendet ist und aus dem sonst fast unbekannten Q. Trabea (frühes 2. Jhd. v. Chr.) stammt.

Eine zweite Liste skizziert die verheerenden Folgen der Affekte, dazu ein Zitat über die Unterweltsstrafe des Tantalus. Sie wird hier wie in De fin. 1, 60 in der Version gegeben, die zuerst bei Archilochos Frg. 55 D. belegt ist; in Tusc. disp. 1, 10 war der von Cicero angezogene Dichter Homer Od. 11, 582 gefolgt. In beiden Fällen haben wir es mit Unterweltsschilderungen zu tun, in 1, 10 wohl mit einer des Ennius, hier mit einer nicht identifizierbaren. De fin. 1, 60 zeigt übrigens hübsch, wie die Epikureer unsere Version für ihre Zwecke benutzt haben.

§ 36 Nach der Liste der Affekte wird nochmals zum Bild der Tugend und des Weisen zurückgegangen. Zum Begriff der frugalitas vgl. 3, 16–18.

... hätte man nicht so häufig gesagt ... Dem Wortlaut nach handelt es sich um ein zum Sprichwort gewordenes Dichterzitat.

Wenn die Stoiker ... Es wird nicht klar, ob Cicero die Stoiker gegen den von Peripatetikern und Epikureern erhobenen Vorwurf, ihr Begriff des Weisen sei unrealistisch und zu anspruchsvoll, in Schutz nimmt oder ob er ihn sich zu eigen macht.

§ 37 *Wer nun immer ...* Mit quisquis est scheint Cicero anzudeuten, daß der Weise in jedem Falle frei von Affekten sei, mag man ihn in der strengen Art der Stoa beschreiben oder in der nachsichtigeren Weise des Peripatos.

Denn was kann dem ... Mit Absicht erhöht Cicero den Ton, um den Kontrast zur Kleinmütigkeit der peripatetischen Metriopathie, die nun diskutiert werden soll, hervortreten zu lassen. Ausgegangen wird von jener Entwertung des irdischen Daseins, die (letztlich wohl aus Aristoteles) schon in De rep. 1, 26; 6, 16 und 20–25, dann im Hortensius (Frg. 35 und 87 M) vorgetragen war und die auch oben 1, 94 gestreift wurde. Die Gelassenheit, die aus der Einsicht in die Nichtigkeit des Irdischen und aus dem Ausblick ins Jenseitig-Göttliche entsteht, wird zusammengeordnet mit jener Ruhe, die im Sinne von 3, 28–31 und 52–60 auf jedes Schicksal gefaßt ist.

§ 38 Der Freiheit von allen Affekten steht die Verwirrung durch die Affekte gegenüber, die hier wieder bewußt als Krankheit, also als Wahnsinn im Sinne von 3, 8–11 bezeichnet wird. Denn darauf wird der Gegensatz zur peripatetischen Metriopathie, die nun geprüft wird, hinauslaufen, daß für Aristoteles und den Peripatos die Affekte eine naturgegebene Eigenschaft des Menschen darstellen, die als solche ambivalent ist, d. h. sowohl richtig im Sinne des μέσον wie auch verkehrt in der Richtung auf ὑπερβολή und ἔλλειψις eingesetzt werden kann. Nach stoischer Voraussetzung dagegen (von der Cicero hier wieder ausgeht) ist der Affekt von vorne herein ein krankhafter und naturwidriger Zustand; daß nach dieser Voraussetzung die Empfehlung des Maßes absurd ist, liegt auf der Hand.

§ 39 Durch alle vier Affekte hindurch wird betont, daß sie allesamt ein Fehler (κακία) und ein Irrtum (πλάνη) seien, von dem der Weise grundsätzlich frei zu sein hat.

§ 40 Bewiesen wird dies zunächst damit, daß ein Zustand, der zum Übermaß gesteigert verwerflich ist, auch schon im bescheidenen Maße verworfen werden muß. Die Relation von μέσος zu ὑπερβολή, die sich bei Aristoteles als richtiges und verkehrtes Verhalten unterscheiden, wird hier verstanden als Relation eines Weniger und Mehr innerhalb eines und desselben von Anfang an verkehrten Verhaltens. Nicht völlig glatt eingepaßt ist das Beispiel des P. Rupilius Lupus (cos. 132), der aus Enttäuschung über den Mißerfolg seines Bruders an einer an sich leichten Krankheit starb (vgl. Plin. n. h. 7, 36). Der uns kaum bekannte Historiker C. Fannius war Hörer des Panaitios (Cic. Brut. 99–101), und Zeitgenosse des Rupilius wie des Scipio Aemilianus (vgl. Cic. Luc. 15).

§ 41 Der griechischen Vorlage entnommen ist der illustrierende Vergleich mit dem Sturz vom Vorgebirge Leukatas auf Leukas; denkbar ist, daß die Vorlage ausdrücklich vom Todessprung der Dichterin Sappho aus unseliger Leidenschaft zum schönen Phaon (vgl. etwa Strabon 10, 2, 9) gesprochen hat.

Der Fortgang ist eindeutig: Der Affekt ist von vornherein genau so verwerflich wie etwa die Ungerechtigkeit, wo ebenfalls eine Distinktion von Maß und Übermaß sinnlos wäre. Interessant ist in diesem Zusammenhang Aristoteles Nik. Ethik 1107 a 8–17. Hier wird festgestellt, daß es in der Tat Affekte und Handlungen gibt, die von vorn herein schlecht sind, so daß bei ihnen nicht eine richtige μεσότης von verkehrter ὑπερβολή oder ἔλλειψις unterschieden werden kann. Als Beispiele solcher Affekte nennt er Schadenfreude, Schamlosigkeit, Neid, als Beispiele solcher Handlungen Ehebruch, Diebstahl, Mord. Es ist evident, daß die Stellung, die Aristoteles bestimmten Affekten und Handlungen zuweist, sofern sie von vorn herein verwerflich sind, vom Stoiker bei Cicero auf die Gesamtheit aller Affekte ohne Unterschied übertragen ist.

§ 43 Der nun folgende Bericht über die peripatetische Lehre (auf die schon 3, 22 und 74 hingewiesen hatte) beginnt mit dem Rückverweis auf das 3, 13 und 83 verwendete Bild vom Unkraut, das mit den Wurzeln ausgerissen werden muß, und stellt dem die peripatetische These gegenüber, die Affekte seien nicht bloß φυσικά, sondern auch ὠφέλιμα. Der Bericht selbst hat doxographischen Charakter, d. h. er faßt eine Doktrin zusammen, die vermutlich mehreren Texten entnommen und nur in den entscheidenden Stichworten wörtlich wiedergegeben ist; Aristoteles und Theophrast dürften im Vordergrund stehen.

Ein erster Abschnitt gilt der Verteidigung des Zornes, aus guten Gründen, da der gerechte Zorn im Bereich des Einzelnen wie auf der Ebene des Staates (politisch und militärisch) eminent sinnvoll zu sein scheint. Man wird Aristoteles Nik. Ethik 4, 11 vergleichen (aus späterer Zeit Lact. De ira Dei).

§ 44 Nach einer Definition des Zornes (vgl. 3, 11 und 21), die zum Oberbegriff des Begehrens führt, folgt die Verteidigung des Begehrens. Zur militärischen und politischen Leistung, die ohne Leidenschaft nicht zustande kommt, tritt die philosophische.

Themistokles: vgl. Plut. Them, 3, 4; mor. 184 F/185 A, Val. Max. 8, 14 ext. 1. u.a. Demosthenes: vgl. Ael. var. hist. 7, 7; Stob. 3, 29, 90; Gnomol. Vat. Nr. 204 Sternb.

Die Forschungsreisenden Pythagoras, Demokrit, Platon werden außer in § 55 noch in De fin. 5, 50 (vgl. 5, 87) genannt; in Tusc. disp. 5, 66 tritt an Platons Stelle Anaxagoras (vgl. 5, 115). Sie gehören in eine Begründung des βίος θεωρητικός, die diesen bes. als Erforschung des Kosmos versteht (vgl. z. T. schon 1, 45) und die nach Ael. var. hist. 4, 20 zunächst auf Theophrast (wohl in περὶ εὐδαιμονίας) zurückgeht. Bei Diog. Laert. freilich gelten die Reisen des Pythagoras (8, 2/3), Demokrit (9, 35) und Platon (3, 6/7) nicht dem Kennenlernen aller Teile der Oikumene, sondern der Information über die Weisheit des Osten, also der Ägypter, Magier, Gymnosophisten; so auch bei Plin. n. h. 30, 2.

§ 45 Ein dritter Abschnitt verteidigt den Kummer. Da man über gerechten Tadel Kummer empfinden soll, so erweist er sich wie der Zorn als ein Affekt, der auf ethische Situationen bezogen sinnvoll ist. Dazu ein Beleg aus einer unbekannten Komödie des L. Afranius (Frg. 409 Ribb.) aus der 2. Hälfte des 2. Jhd. v. Chr.

§ 46 Ethische Qualitäten hat auch das Mitleid, das die Hilfsbereitschaft erhöht; daß in die Rechtfertigungen des Mitleids bei den christlichen Autoren der Spätantike peripatetische Argumente eingegangen sind, wird man vermuten.

Die Verteidigung des Wetteifers hat Cicero (etwa mit Rücksicht auf De gloria? vgl. Anm. zu 1, 44) allzu kurz abgemacht. Man vermißt den Hinweis, daß der Wettstreit zu immer besseren Leistungen anspornt. Knapp ist auch die Verteidigung der

Furcht, in der stichwortartig ethische und außerethische Momente aufgezählt werden. Der Sicherung ethischen Verhaltens dient die Furcht vor Gesetz und Behörde wie auch vor der Schande (schon im Falle des Kummers erwähnt; vgl. außerdem Aristoteles Nik. Ethik 1115 a 12–14); die Furcht vor der Armut spornt zu Arbeitsamkeit an, und die Furcht vor Tod und Schmerz war wohl geltend gemacht als Quelle zahlreicher τέχναι, die (angefangen mit der Medizin) der Lebensbewahrung dienen; man begreift, daß dieser Aspekt in Buch 1/2 ausgeklammert war.

§ 47 Vor dem Übergang zur Widerlegung ruft Cicero seine akademische Position der ἐποχή und der Beschränkung auf das πιθανόν in Erinnerung vgl. 4, 7. Sie gestattet ihm, der Auseinandersetzung zwischen Peripatos und Stoa ähnlich wie im 5. Buch De fin. als sozusagen neutraler Beobachter gegenüberzutreten.

Immerhin bleibt dies ein Generalvorbehalt, der sich auf die nachfolgenden Erörterungen kaum auswirkt.

Voransteht die schon in § 11 vorgetragene doppelte Definition des Affekts; das gegen den Peripatos Entscheidende, daß der Affekt von vornherein naturwidrig sei, wird nicht hinreichend deutlich gemacht.

§ 48 Anders als er es sonst zu tun pflegt, spielt er hier die Schärfe des stoischen Argumentierens gegen die Rhetorik des Peripatos aus. Er selbst freilich argumentiert in § 48–57 durchaus nicht in stoischem, sondern wie in § 33 angekündigt in peripatetischem Stile. Die breiteste Widerlegung gilt dem Abschnitt über den Zorn § 48–55.

Zunächst wird betont, daß nicht einmal die Gladiatoren im Zorne kämpfen; immerhin gibt es Gegenbeispiele, wozu die berühmte groteske Kampfschilderung aus der 4. Satura des Lucilius zitiert wird (die bekanntlich auf Horaz Serm. 1, 5, 51–69 und 1, 7 eingewirkt hat).

§ 49 Als Gegenstücke folgen nun Exempla: 1. Aias aus Homer Il. 7, 211–218. 2. T. Manlius Torquatus (cos. 347, 344, 340, dict. 353, 349, 320); über dessen Zweikampf mit dem Gallier auch De fin. 1, 23; 35, De off. 3, 112 aus unbekannter Quelle. 3. M. Claudius Marcellus (cos. 222, 215, 214, 210, 208), der bei Clastidium persönlich als Konsul 222 den Anführer der Gallier tötete und so die spolia opima gewann vgl. Liv. per. 20, Plut. Marc. 7–8 und Romulus 16, 7–8 u. a.

§ 50 4. Die Tat des P. Cornelius Scipio Africanus Aemilianus (cos. 147,

134) wird nur hier berichtet, so daß über ihre historische Einordnung nur Vermutungen möglich sind. Am nächsten mag liegen, sie in die Zeit der Kämpfe um Numantia 134 zu verlegen, über die als Augenzeuge P. Rutilius Rufus berichtet hat (vgl. De rep. 1, 17 und Appian Iber. 88).

5. L. Iunius Brutus (cos. 509) und sein für beide Teile tödlicher Zweikampf mit Arruns, Sohn des L. Tarquinius Superbus, war schon 1, 89 erwähnt, breit erzählt nach älterer römischer Quelle von Dion. Hal. Ant. Rom. 5, 15–18, knapp Liv. 2, 6, 7–9. Nicht ausgeschlossen ist die Möglichkeit, daß Cicero einen poetischen, homerisierenden Bericht bei Ennius benutzt hat.

Hat die Tapferkeit . . .? Die Argumentation beginnt sich hier der aristotelischen in Nik. Ethik 1117a 5–9 zu nähern: Der Zorn als solcher kann niemals die Tapferkeit konstituieren. Dazu noch zwei klassische griechische Beispiele, deren Pointe darin besteht, daß der Held, hier Herakles (vgl. 1, 32), dort Theseus (sein Kampf mit dem Stier von Marathon bes. in der Hekale des Kallimachos dargestellt; vgl. Plut. Thes. 14) mit einem wilden Tiere kämpft, dessen Kampfeswut gerade nicht echte Tapferkeit ist (vgl. Aristoteles a. O. 1116b 23–1117a 1).

§ 51 Nach einer grundsätzlichen Bemerkung, daß Tapferkeit auf vernünftiger Überlegung beruhe und die Energie ihres Handelns nicht mit dem Zorn gleichgesetzt werden dürfe, folgen weitere Beispiele: P. Cornelius Scipio Nasica Serapio (cos. 138) hat 133 in einem berühmten Appell an die Bürger zur gewaltsamen Beseitigung des Ti. Sempronius Gracchus aufgerufen und ihn dann selbst erschlagen (Cat. 1, 3; Brutus 107, 212; Plut. Ti. Gracch. 19, 3–10 u. a.); Cicero u. a. heben das an sich Bedenkliche hervor, daß Scipio als privatus gehandelt habe. Zur Begründung zieht er den stoischen Satz heran, der Weise sei niemals ein ἰδιώτης (eine genau entsprechende griechische Formel ist, soweit ich sehe nicht belegt; nahe kommt SVF 3, 615). Man kann fragen, ob es Cicero selbst war, der diese Tat (die in De rep. 6, 8 als Tyrannenmord gepriesen wird) stoisch rechtfertigte; die Möglichkeit, daß er die Darstellung des Poseidonios benutzte, ist nicht auszuschließen (vgl. FGrHist 87 F 112).

§ 52 Als letztes Beispiel der Reihe nennt sich Cicero selbst; zur Nuancierung vgl. 1, 33 und 84.

Wiederum wird grundsätzlich mit einem nicht lokalisierbaren Zitat aus Ennius (als frühen Beleg für insania wird man es in die Nähe von 3, 8–11 rücken) festgehalten, daß der Zorn Wahnsinn sei, wie dies schon das Aussehen des Zornigen zeige (das Problem der physischen Symptome psychischer Erregungen ist schon für Aristoteles wichtig, vgl. De an. 403 a 16–b 18 u. a.). Flüchtig werden als negative Beispiele der Streit des Achilleus und Agamemnon in Homers I. 1, 101 ff. und die Raserei des Aias in der Tragödie des Sophokles berührt. – Daß Betrunkene tapfer zu sein scheinen, bemerkt Aristoteles Nik. Ethik 1117 a 14. Schief ist das Zitat aus einer römischen Aias-Tragödie, da sie ja den rasenden Aias gerade eine echte Tat der Tapferkeit vollbringen läßt. So muß denn Cicero selbst vor falschen Folgerungen aus dem Beispiel warnen.

§ 53 Die folgende Reihe von drei Definitionen des Sphairos, Schülers des Zenon und Kleanthes (Mitte 3. Jhd. v. Chr.) stammt vielleicht aus seinem Werke περὶ ὅρων (Diog. Laert. 7, 177), da sie gerade als Beispiele geglückter Definitionen angeführt werden. Die erste ist durch die Berufung auf das oberste Gesetz (νόμος κράτιστος?) charakterisiert, wohl nach Heraklit Vorsokratiker DK 22 B 114 (über den Sphairos ein umfangreiches Werk geschrieben hat); die zweite legt den Akzent auf die Bewahrung eines sichern Urteils (τήρησις κρίσεως βεβαίου?), also auf die der Stoa wesentliche innere Konsequenz; die dritte erweitert um den Begriff der ἐπιστήμη und um das Schema: das φοβερόν, das Gegenteil und das zwischen ihnen liegende ἀδιάφορον. Es folgen zwei Definitionen Chrysipps, von denen die erste der dritten und die zweite der ersten Definition des Sphairos nahesteht (SVF 1, 628 und 3, 285).
Daß Karneades diese Definitionen angegriffen habe, sagt der Text nicht; der Name fällt wohl nur, um wenigstens in dieser Form Ciceros akademischen Vorbehalt anzubringen.
Im übrigen wird für diese Definitionen eben dies beansprucht, was Aristoteles in Eud. Ethik 1216 b 28–35 als Ziel der philosophischen Ethik bezeichnet: den das Richtige meinenden, aber ungeklärten Consensus der Menschen zur Klarheit zu bringen. Die Aufzählung des Kriegers, Feldherrn, Redners weist auf § 43 zurück.

§ 54 Der übermäßig verkürzte Anfang will betonen, daß die Phänomene des Affekts und bes. des Zornes dem Stoiker den Hauptbeweis liefern dafür, daß jeder Tor wahnsinnig sei (vgl. 3, 8–11; dazu SVF 3, 658). Der Einwand, daß dieser Wahnsinn und Zorn nicht immer sichtbar seien, wird mit einem kynisierenden (vgl. Diog. Laert. 6, 32) drastischen Vergleich abgewiesen.

Mit Recht haben also ... Abermals ein Beleg für die in der Sprache sich dokumentierende richtige Auffassung der alten Römer. Die sehr anfechtbare Ableitung von morosus von mos wird Cicero bei einem Grammatiker vorgefunden haben; dieser wird auch Textbelege beigegeben haben, die Cicero wegläßt.

§ 55 Im Falle des Redners und Schauspielers ist bezeichnend, daß eine Konzession gemacht wird dahin, daß immerhin der Anschein des Zornes erweckt werden darf und soll, was den Widerspruch zu § 43 stark reduziert.

Wenn wir Reden ... Ein hübscher Beleg für die nach dem Vorbild der attischen Redner schon von Cato Censorius geübte Sitte, die Reden nachträglich zur Publikation zurechtzumachen.

Zitiert wird sodann der Atreus des Accius (V. 233 Ribb.), genannt der Schauspieler Aesopus, den Cicero bewunderte und dessen Leidenschaftlichkeit, mit der er seine Rollen spielte, er mehrfach erwähnt: De div. 1, 80, Pro Sestio 120, u. a.

Der Punkt der ἐπιθυμία (§ 44) wird flüchtig erledigt, für den Kummer wird das Zitat aus Afranius aus § 45 aufgenommen und nun etwas überraschend betont, daß hier nach dem σοφός und nicht dem durchschnittlichen φαῦλος gefragt werde, womit sich das ganze Problem verschiebt; denn es macht einen Unterschied, ob das schlechthin richtige und für jedermann verbindliche Verhalten zur Diskussion steht, oder ein Verhalten, das man vom σοφός allein fordert, während man dem φαῦλος andere Maßstäbe zubilligt.

§ 56 Der Einwand gegen das Mitleid benutzt, ohne es anzumerken, ein Apophthegma des Aristippos (Ael. var. hist. 7, 3), derjenige gegen den Wetteifer beschränkt sich zur Hauptsache darauf, die Definitionen von § 17/18 in Erinnerung zu rufen. Doch der letzte Satz wirkt auch als anonymes Zitat eines Apophthegma: Wer etwas erreichen will, soll handeln und nicht Kummer darüber empfinden, daß er es nicht hat.

§ 57 Rekapitulation: Wer überhaupt und auch nur mit Maß den Affekten nachgibt, hat die Anlage zu diesen Affekten, was mit dem Wesen des σοφός (auf den eben schon § 55 hinwies) unvereinbar ist. Es folgt eine Definition der σοφία, die mehrere Elemente vereinigt: Das Wissen von den göttlichen und menschlichen Dingen, was als die gemeinstoische Definition gilt (SVF 2, 35/36), obschon sie älter sein könnte, da sie wohl mit der zu 3, 35 hervorgehobenen Konfiguration Pythagoras–Sokrates–Platon zusammengeht. Dazu kommt das Wissen von den Ursachen, ein aristotelisierender Gesichtspunkt, der vermutlich durch Poseidonios in die Stoa eingeführt wurde, endlich das Nachahmen des Göttlichen, Verachten des Menschlichen, was man als Berücksichtigung von Platons Theait. 176 AB verstehen kann.

In Stichworten wird das Behandelte zusammengefaßt: Der Affekt wird verglichen mit einem stürmischen Meere (vgl. 4, 10 u. a.); an die Diskussion über die Bedeutung des unvorhergesehenen Unglücks wird erinnert (vgl. 3, 28–60), sodann das Bild von den Wurzeln der Affekte, die ausgerissen werden müssen, noch einmal angetönt (vgl. 3, 13; 61; 83; 4, 43; 46.).

§ 58 Beim Neuansatz wird deutlich, warum in § 55 und 57 plötzlich der Weise ins Blickfeld trat. Nun soll die Therapie für den φαῦλος angegeben werden; der Weise bedarf ihrer nicht. In gewisser Weise ist damit der Anschluß an § 32 hergestellt; vgl. auch 3, 75–79.

Der allgemeine Gedanke, daß es eine Heilung der Seele überhaupt gibt, ist mit 3, 1 und 4–6 und mit 4, 31–32 zu verbinden.

§ 59 Sinnvoll nimmt der Vortrag eine direkte Wendung auf den Hörer, der genau so wenig wie der Redner beansprucht ein Weiser zu sein.

Die Grundthese, daß verschiedene Therapien möglich sind, entspricht der wissenschaftlichen Methode der Medizin, aber auch der biologischen Untersuchungen des Peripatos.

Eine erste Differenz ist: Man kann den Affekt im Ganzen oder in seiner jeweiligen partikularen Erscheinungsform behandeln; vgl. dazu 3, 81/82.

§ 60 Eine zweite Differenz ist: Die Therapie kann vom Objekt ausgehen und zeigen, daß die vermeinte Ursache des Affekts kein Gut bzw. kein Übel sei; oder sie kann vom Subjekt ausgehen und zeigen, daß der Affekt selbst naturwidrig sei. Sofort wird beigefügt, daß auch der Peripatos in der Praxis den zweiten Weg geht.

Das führt zu grundsätzlichen Erwägungen: 1. Der erste Weg ist zunächst der leichtere, der zweite der schwierigere.

§ 61 2. Der erste Weg ist aber dort nicht gangbar, wo die Ursache der Trauer ein unbestreitbares Übel ist (vgl. dazu 3, 77/78). 3. Man wird also doch den zweiten Weg vorziehen, da er die zwischen Stoa und Peripatos bestehende Meinungsverschiedenheit (ein Gut allein oder drei Klassen von Gütern) auszuklammern vermag. Über den zweiten Weg können sich also Stoiker und Peripatetiker (diese sind zunächst mit »allen Philosophen« gemeint) einigen, kann also jener Consensus der Philosophen erzielt werden, der auf anderm Felde schon in 1, 23/24 herausgestellt wurde und der in 5, 83 nochmals gesucht werden wird.

§ 62 Wie dieser Consensus aussieht, wird exemplifiziert am Affekt der Begierde, der als solcher überwunden werden soll, wie immer man im übrigen das Lebensziel auffaßt. Angespielt wird dabei auf die divisio Carneadea (vgl. De fin. 5, 16 ff.). Daß gerade auch Epikur sich um die Eindämmung der ἐπιθυμία bemüht, zeigt etwa De fin. 1, 43–45.

Dann werden die Affekte der Reihe nach durchgenommen.

§ 63 Zum Falle des Kummers werden die Eingangsverse des Euripideischen Orestes (aufgeführt 408 v. Chr.) zitiert (auch bei Stob. 4, 34, 48); daß Sokrates sie beifällig wiederholt hat, ist, soweit ich sehe, sonst nicht überliefert, paßt aber zu Erzählungen wie Diog. Laert. 2, 25 und 33.

Dazu wird auf das 3. Buch und auf die Consolatio verwiesen mit einer Anspielung auf Chrysipp, die 3, 76 ergänzt.

§ 64 Dem Kummer ist die Furcht benachbart als ihr Vorläufer; wer sie deshalb προλύπη praemolestia (von Cicero selbst geprägt?) nannte, wissen wir nicht.

Aber obschon derart ... Cicero bringt sich mit seinem in § 62 ausgesprochenen Vorsatz, nur vom Affekt selbst und nicht von seinen Gründen reden zu wollen, in Widerspruch, weil er einen Rückverweis auf die zwei ersten Bücher anbringen will.

§ 65 Zu den Gegenaffekten Lust und Begehren wird betont, sie seien ἐφ' ἡμῖν (vgl. 4, 15 und allg. 3, 61–71); nochmals werden die Gründe der Affekte in die Diskussion gebracht und im Sinne von § 59 die Unterschiede der Fälle und der Therapien genannt.

§ 66 Dann ruft sich Cicero zu § 62 zurück: Der Affekt als solcher soll eingedämmt werden, welches immer seine Gründe sind.

§ 67 Die mit einander konfrontierten Zitate aus Naevius (vgl. 1, 3), Hector proficiscens V. 15 Ribb. und Trabea (vgl. 4, 35) über wahre und verwerfliche ἡδονή schaffen den Übergang zu einer Einlage κατὰ ἔρωτος § 68–76. Der Eros ist durch die Tragödie und besonders durch die Sokratik Platons zum philosophischen Problem geworden; zu den Standardfragen hellenistischer Doxographie gehört es, ob der Weise dem Eros nachgeben werde (vgl. Diog. Laert. 2, 91; 5, 31; 6, 11; (6, 105); 7, 21; 129; 10, 118 u. a.).

§ 68/69 Die Verwerflichkeit des Eros wird zuerst an zwei Dichterbelegen, einem aus der Komödie (Statius Caecilius – schon 1, 31 zitiert – Frg. 259 Ribb.) und einem aus der Tragödie, der Medea des Ennius V. 278 Vah. gezeigt. Zur Polemik gegen die Dichter im allg. vgl. 1, 37; 105–107; 2, 19–27.

§ 70 Wie in 2, 27/28 werden den Dichtern die Philosophen gegenübergestellt, die um nichts besser sind als jene. Während paradoxerweise gerade Epikur vor dem Eros warnt (gedacht ist vor allem an den wohl aus Demokrit übernommenen Satz Frg. 62 Us.), gibt es andere Philosophen, die gegen ihn den Eros, und zwar wie die Fortsetzung zeigt, den sokratischen παιδικὸς ἔρως verteidigen; man möchte an Platoniker denken, doch werden zunächst wohl Stoiker gemeint sein. Der Römer ist hier noch strenger als der Epikureer, und hat in diesem Punkt (der mit dem in Rom niemals heimisch gewordenen Betrieb der attischen Gymnasia zusammenhängt) seinen Unterschied zu den Griechen stets besonders stark empfunden.

Ennius aus unbestimmter Tragödie V. 395 Vah.

§ 71 Aus gelehrter griechischer Zusammenstellung folgt ein Hinweis auf den Chrysippos des Euripides, in dem die Liebe des Laios zum jungen Ganymedes dargestellt war (Frg. 839–844 N².), dann eine Liste der Lyriker: Alkaios von Lesbos (7. Jhd. v. Chr.), Anakreon von Teos (6. Jhd.) und Ibykos von Rhegion (6. Jhd.). Die griechische Vorlage bot zweifellos Belege, die Cicero aus begreiflichen Gründen weggelassen hat.

Es folgt Platon, der wohl absichtlich nur knapp erwähnt wird, damit der Leser den Kontrast mit Stellen wie 1, 39; 49 nicht zu stark empfinde. Ebenso kurz wird die Kritik Dikaiarchs abgemacht (Frg. 43 W.), obschon sie vermutlich ausführlich war und, wenn man Frg. 42 W. mit ihr kombinieren darf, sich vorzugsweise gegen den platonischen Phaidros richtete; Cicero wird sie auch im Wortlaut gekannt haben, vermied es aber, näher auf sie einzugehen.

§ 72/73 Zitiert wird eine stoische Definition des Eros, deren griechischer Wortlaut in SVF 3, 650 erhalten ist. Cicero macht ihr den Vorwurf, daß sie nicht mit den Realitäten der Leidenschaft rechne, und zitiert als abschreckendes Beispiel vom Komödiendichter Turpilius (2. Jhd. v. Chr.) die Leucadia V. 115 ff. Ribb. (Sapphos Sturz vom leukadischen Felsen muß da eine Rolle gespielt haben; vgl. Anm. zu 4, 41).

§ 74 Auf diesem Hintergrund geht Cicero zur Therapie der Liebesleidenschaft über. Daß er gerade hier auch traditionelles Material verwendet, zeigen die teilweisen Übereinstimmungen mit Ovids

Remedia amoris. Die Rezepte sind: 1. Das Liebesverlangen ist nichtig oder könnte auf viel einfachere Weise befriedigt werden (vgl. Ov. rem. 89 ff.). 2. Man soll auf andere Interessen ablenken (vgl. 135, 144). 3. Man soll den Wohnsitz wechseln (vgl. 214). 4. Man soll die alte Leidenschaft durch eine neue austreiben (vgl. 452). Zum Sprichwort vgl. Aristoteles Pol. 1314 a 5.

§ 75 5. Das nächste Rezept führt zum Hauptthema zurück: Man soll den ganzen Wahnsinn einer solchen Leidenschaft vorführen; wie in § 63 wird betont, daß es weniger darum gehe, die einzelnen Fälle zu diskutieren, als den Affekt im ganzen zu bekämpfen.

§ 76 Nach einem Beleg aus Terenz Eun. 59–63 folgt 6. daß die Liebesleidenschaft auf dem bloßen Vermeinen beruhe, also ἐφ' ἡμῖν sei.

§ 77 Dann wird noch einmal zum Zorne zurückgegangen. Die Beispiele aus Ennius Iphigeneia V. 222 Vah. und aus Accius Atreus V. 200, 229 Ribb. ergänzen die Beispiele in § 52. Daß der Zustand des Zornes terminologisch exisse ex potestate heißt, war schon in 3, 11 vermerkt.

§ 78 Die Erzählung von Archytas von Tarent (Zeitgenosse Platons) bringt auch De rep. 1, 59. Diog. Laert. 3, 26 nennt statt Archytas Platon; vgl. Plut. mor. 1108 A.

§ 79 ergänzt § 48–55. Summarisch wird erklärt, der Zorn könne darum nicht κατὰ φύσιν sein, weil sonst 1. Kein Mensch stärker zum Zorne geneigt sei als der andere. 2. Der Affekt des Zornes nicht oft rascher vergehe als der Anlaß dazu (zur Definition des Zornes vgl. 3, 11; 4, 21; 44). 3. Man die Taten des Zornes nicht oftmals bereue, wozu die bekannte Geschichte von Alexander und Kleitos angedeutet wird, die möglicherweise auch im Kallisthenes Theophrasts (vgl. 3, 21) zur Sprache kam (vgl. Plut. Alex. 50/51.). – Also ist der Zorn wie die anderen Affekte, lediglich eine Sache des Vermeinens.

§ 80 In einer höchst eigentümlichen Einlage wird Vertrauen-Mißtrauen, Hoffnung-Furcht überblickt, um nochmals die Furcht zusammen mit den anderen Affekten als πάθος und πλάνη zu erweisen. Cicero hat hier einen Abschnitt aus andersartigem Zusammenhang und übermäßig gekürzt eingeschaltet.

Unerwartet werden dann auch dem auf bloßem Vermeinen beruhenden Zorne die Naturveranlagungen zu Zorn, Mitleid u. a. gegenübergestellt; solche Naturanlage gilt als heilbare Krankheit; dazu die Erzählung vom Physiognomen Zopyros und Sokrates, die letztlich aus dem Dialog Zopyros des Phaidon von

Elis (Diog. Laert. 2, 105) stammen wird (vgl. noch De fato 10, Alex. Aphr. De fato p. 171, 11–16 Bruns).

§ 82/83 Im Sinne von 3, 23 gilt nun die Ursache der Affekte als erkannt. Sie beruhen auf dem Vermeinen und sind darum in unserer Macht.

Der Epilog faßt die vier Bücher zusammen, begründet noch eigens, daß der Kummer als eigentliche Quelle allen Unheils eine besondere Behandlung verdient habe, betont ein weiteres Mal, daß die Affekte auf dem Vermeinen beruhen und verweist auf die Philosophie, die die Seele heilen kann, dadurch daß sie die Affekte mit der Wurzel ausreißt (vgl. § 57).

§ 84 Der Schluß soll von weitem auf das nächste Buch vorbereiten: die Philosophie besteht aus Vernunftgründen (rationum conlatio übersetzt συλλογισμός), und sie kann denn auch allein die Eudaimonia verschaffen. Der Begriff der vita beata, von dem in Buch 3/4 bisher nicht die Rede gewesen war, taucht hier auf. Er wird im letzten Buche der Tusc. disp. im Mittelpunkt stehen.

FÜNFTES BUCH

§ 1 Mit Absicht beginnt Cicero dieses Buch, das als Höhepunkt und Finale des Ganzen wirken soll, mit einer These, die in sich selbst eine Fundamentalentscheidung der Ethik repräsentiert und gleichzeitig dem Adressaten besonders nahesteht.

Der Satz: ἡ ἀρετὴ αὐτάρκης πρὸς εὐδαιμονίαν gehört zu den wichtigsten Sätzen der stoischen Ethik (Diog. Laert. 7, 127) und ist nach dem Schema der hellenistischen Doxographie derjenige, an dem sich am schärfsten die stoische, kynische (Diog. Laert. 6, 11) und platonische (a. O. 3, 78) Ethik von der aristotelischen (a. O. 5, 30) unterscheiden. Daß Ciceros Freund Brutus sich in einem Buche zu diesem Satze bekannt hat (wenn auch, wie sich zeigen wird, nicht ohne Vorbehalt), ist sehr wohl denkbar. Bezeugt ist in der Tat, daß er ein Buch De virtute verfaßt hat vgl. De fin. 1, 8; Sen. Cons. Helv. 9, 4; Quint. 10, 1, 123; Hieron. Adv. Ruf. 3, 39; daß es Cicero dediziert war, zeigt unsere Stelle.

Es entspricht weiterhin dem Prooemienstil, daß nun auch die Schwierigkeit, diese These zu beweisen, betont wird. Denn die Autarkie der Tugend und damit dessen, was die Seele zu leisten vermag, wird bedroht durch die äußeren Umstände, für die hier die fortuna-τύχη eintritt.

§ 2 Auffallend und in einem latenten Widerspruch zu 1,45 wird behauptet, der Ursprung der Philosophie sei die Frage nach dem βίος ἄριστος gewesen und sie wiederum sei dem Streben nach Eudaimonia entsprungen. Der Primat, den damit die philosophische Ethik auch historisch vor der Naturphilosophie erhält, ist letztlich wohl nur aus der Perspektive Dikaiarchs zu erklären, für den alle Weisheit mit den als Gesetzgeber tätigen Sieben Weisen begann (Frg. 30/31 W.).

Entschieden wird die aus dem Gegensatz von ἀρετή und τύχη sich ergebende Alternative herausgearbeitet: Entweder vermag die ἀρετή die Eudaimonie zu schaffen, womit der Wert der Philosophie bewiesen ist; oder sie vermag es nicht, dann kann uns nur noch die Gottheit gegen die Übermacht der τύχη helfen.

§ 3 Zur Art, wie Cicero sich selbst in die Diskussion bringt, vgl. 4, 52 mit Anm.

Es könnte nämlich wohl so sein, daß . . . Da wird die im vierten Buch häufige Parallelisierung der Gesundheit der Seele und derjenigen des Körpers (4,31–32; 58; schon 3,1 und 4–6) umgedreht: Es könnte sein, daß die Seele genauso sehr unheilbaren Krankheiten ausgeliefert ist wie der Körper.

§ 4 Entscheidend ist die Tatsache, daß es neben dem φαῦλος, der sich der Furcht und dem Kummer überläßt, eben doch den Weisen gibt, bei dem es über die Autarkie der Tugend (die vorzugsweise als μεγαλοψυχία, die »von oben hinabblickt« verstanden wird; vgl. Anm. zu 1,64) keinen Zweifel gibt. Situationsgerecht nennt Cicero als φαῦλος sich selbst, als Weisen den Onkel des Adressaten, Cato (vgl. Anm. zu 1,74).

§ 5 Die Alternative von § 2 wird also damit entschieden, daß die Philosophie helfen kann. Das führt zu dem berühmten Bekenntnis zur Philosophie, das man immer wieder einen »Hymnus auf die Philosophie« genannt hat. In der Tat hat Cicero den Stil kultisch-dichterischer Aretalogien nachgebildet, formal in der litaneiartigen Wiederholung des »Du«, sachlich in der Zweiteilung in (a) Aufzählung ihrer Machterweise und (b) auf diese Machterweise sich stützende Bitte um Beistand und Gewißheit des Beistandes. Zu (a) ist wichtig, daß die Leistung der Philosophie weit über die Heilung der Seele hinaus als die Begründung aller menschlichen Kultur gefaßt wird; vgl. dazu 1,62–64. Zu (b) wird man das Gleichnis von Sturm und schützendem Hafen beachten, ein Gleichnis, das als solches weit verbreitet ist (man mag an Plat. Staat 496 D mit Gnomol. Vat. Nr. 430 Sternb. und Lucr. 2, 1 ff. denken) und das einmal in seiner Gesamtgeschichte zu verfolgen wäre. Eindrucksvoll ist sodann der Schluß: Ein Tag im philosophischen εὖ ζῆν ist besser als eine Ewigkeit des κακῶς ζῆν. Zu diesem Paradoxon (vgl. 5, 55) ist längst gestellt worden der Satz des Poseidonios bei Sen. ep. 78, 28: Ein Tag des πεπαιδευμένος ist mehr wert als ein ganzes Leben des ἀπαίδευτος. In der Tat spricht denn auch vieles dafür, daß der ganze Abschnitt von Poseidonios angeregt ist (auch die Philosophie als Kulturschafferin paßt zu ihm, vgl. Sen. ep. 90, 5 ff.). Doch wird der Gegensatz zwischen Vollkommenheit und Dauer des Lebens auch sonst hervorgehoben: Platon im Gnomol. Vat. Nr. 448 Sternb. (vgl. Ps.-Plut. Cons. Ap. 111 A). Aristoteles, Nik. Ethik 1169 a 21–24, Chrysipp bei Themist. or. 8 p. 101 d (= SVF, 3, 54), Philon, De praemiis 112; Quis rer. div. heres 290 u. a.

Pikant ist, daß Cornelius Nepos in einem Brief an Cicero ausdrücklich gegen die an unserer Stelle vorgetragene Überschätzung der Philosophie protestiert hat (bei Lact. Div. inst. 3, 15, 10).

§ 6 Von Mißachtung der Philosophie sprach schon 2, 4; hier wird sie auf dem Hintergrund von § 5 zum parricidium gesteigert. Den Grund der Mißachtung sieht er darin, daß die Meisten nicht wissen, wieviel sie schon seit Urzeiten geleistet hat. Dies greift zurück auf die These, alle Kultur sei von der Philosophie geschaffen, und bahnt zugleich den Weg zu dem (etwas anders akzentuierten) Gedanken, daß gerade auch die Naturphilosophie älter sei als man meine.

§ 7 Im Nachfolgenden sind zwei Momente mit einander kombiniert. Das erste ist die Aufgliederung der Vorzeit in die zwei Epochen der σοφοί und in die von Pythagoras inaugurierte der φιλόσοφοι. Das zweite ist der Nachweis der uralten Anfänge der Naturphilosophie mit dem Ausblick auf ihre Ablösung durch die Ethik des Sokrates.

Vorangestellt wird jene, zunächst wohl poseidonische Definition der Philosophie bzw. σοφία, die schon in 4, 57 aufgeführt war. Es folgt ein Hinweis auf die uns seit Platon faßbare, aber wohl schon erheblich ältere Liste der Sieben Weisen, dann über diese hinaus auf den Gesetzgeber Lykurg, dessen Synchronismus mit Homer über eine Mittelquelle auf Apollodor v. Athen zurückgeht (vgl. FGrHist 244 F 63 mit Komm. v. Jacoby), und noch weiter zurück auf Odysseus und Nestor als älteste Vertreter einer ethisch-politisch orientierten σοφία.

§ 8 Ganz anderer Art ist die nächste, noch ältere Gruppe, die als Archegeten der Naturphilosophie, bes. der Meteorologie und Astronomie vorgestellt werden. Diese in ferne Vorzeit zurückzudatieren bestand ein evidentes Bedürfnis angesichts des im Hortensius Frg. 32 M. aus griechischen Polemiken gegen die Philosophie übernommenen Vorwurfes, wenn die Philosophie erst mit Thales begonnen habe, so sei sie eine ganz junge Sache. Schon Theophrast suchte sich gegen ihn abzusichern mit der zu 1, 38 genannten Bemerkung, es habe sicherlich schon vor Thales Naturphilosophen gegeben, nur wisse man nichts mehr von ihnen. An unserer Stelle liefert die rationalistische Mythendeutung sogar Namen. Dabei ist seltsam, daß die Beanspruchung des Prometheus für die Philosophie auch schon für Theophrast bezeugt ist (Schol. Ap. Rhod. 2, 1248). Atlas als Astronom findet sich zuerst, noch früher, bei Herodor v. Herakleia (um 400 v. Chr.), vgl. FGrHist 31 F 13 mit Komm. v. Jacoby. Seit wann die Verstirnung des Kepheus so gedeutet wurde, daß dieser ein Sternbetrachter war, wissen wir nicht, doch allzu spät wird man auch dies nicht ansetzen.

Es folgt die Pythagoraserzählung aus dem gestaltenreichen Dialog des Herakleides Pontikos, dessen zentrale Handlung die Erweckung eines scheintoten Mädchens durch Empedokles war (περὶ τῆς ἄπνου Frg. 88 W.). Daß die Erzählung berühmt war, geht aus zahlreichen Anspielungen hervor; Ciceros Exzerpt ist das ausführlichste, das wir haben. Herakleides hat, wie später etwa Cicero selbst in De rep., historische Tatsachen und freie Erfindung geschickt kombiniert. Historisch ist, daß es in Phleius schon früh eine Gemeinde der Pythagoreer gegeben hat; auch die Rahmensituation des platonischen Phaidon beruht auf dieser Tatsache. Daß diese Gemeinde behauptete, von Pythagoras selbst anläßlich eines Aufenthalts in Phleius gestiftet worden zu sein, werden wir gerne vermuten. Auch die Gestalt des Fürsten Leon muß historisch sein; woher die Variante bei Diog. Laert. 1, 12 stammt, er sei vielmehr Tyrannos von Sikyon gewesen, wissen wir nicht.

Historisch in anderm Sinne ist auch die Anspielung auf die pythagoreische Seelenwanderungslehre in § 9 ». . . in dieses Leben aus einem anderen Leben . . .«.

Erfindung ist das übrige in dem Sinne, daß Herakleides Dinge aus anderweitigen Traditionen auf Pythagoras übertragen hat. Dies gilt erstens von der Antwort auf die Frage des Fürsten, welches seine τέχνη sei (vgl. etwa Plat. Gorg. 447 C ff.), er sei kein σοφός, sondern ein φιλόσοφος; denn (so ergänzt Diog. Laert. 1, 12) σοφός sei Gott allein. Da ist also die Äußerung des platonischen Sokrates im Phaidr. 278 D dem Pythagoras gegeben; ob hinter Platon noch Älteres steht, haben wir hier nicht zu verfolgen. Dasselbe gilt zweitens vom Gleichnis von den olympischen Spielen, die von Wettkämpfern, Händlern und Zuschauern besucht werden, was auf die drei Lebensformen hinweist: βίος πολιτικός, χρηματιστής, θεωρητικός (vgl. Aristoteles Nik. Ethik 1095 b 17–1096 a 7, wo allerdings der χρηματιστής ausdrücklich durch den ἀπολαυστικός ersetzt wird). Pythagoras gilt also hier als Archeget der als Betrachtung und Erforschung des Kosmos verstandenen θεωρία. Wir gehen auf die Hintergründe und Konsequenzen dieses Pythagorasbildes nicht weiter ein, sondern begnügen uns mit dem Hinweis, daß anscheinend schon ein Dialog des Aristoteles von der Erzählung des Herakleides beeinflußt war: Jambl. Protr. p. 51, 7–15 und p. 4, 11 Pist.

§ 10 Die abschließenden Bemerkungen über Pythagoras gehören in die Nähe von 1, 38 und 4, 2–4.

In einen anderen Zusammenhang führt die philosophiegeschichtliche These, daß mit Sokrates die Epoche der Naturphilosophie endete und diejenige der Ethik begann.

Diese These steht schon für Aristoteles fest, vgl. Metaph. 987 b 1–6 und Part. anim. 642 a 24–31. Daß sie in ihrer Tendenz gerade nicht der platonischen Sokratik entspricht, sondern derjenigen eines Antisthenes und Aristippos, die wie dann Xenophon Mem. I, 1, 11–16 die Naturphilosophie völlig verwarfen, sei nur angedeutet.

Noch weitgehend ungeklärt ist, wie es zur Einordnung des Archelaos als Mittelglied zwischen dem letzten Naturphilosophen Anaxagoras und dem ersten Ethiker Sokrates kam. Wir fassen nur einzelne Etappen. Der Zeitgenosse Ion von Chios (2. Hälfte des 5. Jhd.) hat berichtet, Sokrates und Archelaos hätten zusammen den Feldzug gegen Samos 441/0 mitgemacht, einander also wohl bei dieser Gelegenheit kennen gelernt (Diog. Laert. 2, 23). Hundert Jahre später hat Aristoxenos daraus gemacht, Sokrates sei nicht bloß Schüler, sondern auch παιδικά des Archelaos gewesen (Frg. 52 W.). Die Doxographie hat daraus das eine festgehalten, daß Sokrates Schüler des Archelaos gewesen sei (vgl. etwa Simpl. Phys. p. 27, 23/4 Diels), ohne zu präzisieren, ob etwa Archelaos schon Ethik gelehrt habe (vgl. immerhin Diog. Laert. 2, 16; Sextus Emp. Adv. log. 1, 14) oder ob Sokrates in seiner Jugend Naturphilosoph gewesen sei.

Interessant ist die Charakterisierung der Naturphilosophie: ». . . woher alles käme und wohin es unterginge . . .« nennt die ἀρχή-Formel, die bei Aristoteles Metaph. 983 b 8/9 und dann immer wieder (vgl. etwa Lucr. 1, 56/57) als Fundament der gesamten alten Naturphilosophie gilt. Daß dann Astronomie und Meteorologie im Mittelpunkt stehen, entspricht der Doxographie schon für die frühen Milesier Anaximander und Anaximenes.

Die Formel für die Leistung des Sokrates ist berühmt geblieben. Sie ist z. T. angeregt durch die griechische Wendung, Sokrates habe nur erforschen wollen: ὅττι τοι ἐν μεγάροισι κακόν τ' ἀγαθόν τε τέτυκται (Homer Od. 4, 392); so bei Diog. Laert. 2, 21, vgl. noch 6, 103 (Diogenes), Euseb. Praep. Ev. I, 8, 9 (Aristippos), id. XV, 62, 11 (Ariston v. Chios).

§ 11 Hübsch ist die These, die methodische und sachliche Vielseitigkeit des platonischen Sokrates habe dazu geführt, daß nach Platon mehrere Schulen entstanden, sc. die Akademie, der Peripatos und die Stoa, die ja aus der Sicht des Hellenismus als die drei sokratischen Schulen der einen nichtsokratischen Schule Epikurs gegenüberstehen.

Damit gewinnt Cicero den Zugang zu der Bemerkung über seine eigene Methode, die wie in 1, 8 als die des πρὸς θέσιν λέγειν charakterisiert wird. Ziel ist die Belehrung des Partners und das Erreichen eines πιθανόν. Dazu kommt als besondere Nuance, daß die eigene Überzeugung nicht ins Spiel zu kommen braucht; hat Cicero da an eine Art von Esoterik, wie er sie in Luc. 60 zu meinen scheint, gedacht? In 1, 8 galt die Methode als sokratisch schlechthin, hier wird Karneades als ihr glänzendster Vertreter genannt, nicht zufällig, wie § 83 ff. zeigen wird.

§ 12 Der Methode gemäß ist die θέσις des Partners die Negation dessen, was in § 1 als Beweisziel des ganzen Buches angekündigt war.

Ebenfalls im Sinne von § 1 wird an Brutus appelliert, was aber der Partner schroff abweist. Anders als in 1, 39 und 49 soll hier keine Autorität gelten, sondern nur der Beweis.

So wird zuerst ein stoischer Kettenbeweis aus vier Gliedern

herangezogen (vgl. De fin. 3, 27). Das Ergebnis ist, daß die Tugend allein zwar ein εὖ ζῆν, das wiederum in vier Begriffen expliziert wird, konstituiert, aber nicht mehr.

§ 13 Gleich der erste Satz treibt das Problem auf die Spitze. Eculeus (eig. »Pferdchen« ist ein euphemistisch benanntes Folterinstrument, dessen Konstruktion wir nicht kennen. Es repräsentiert hier den Zustand der ärgsten Qual, wie bei Aristoteles das Folterrad (τροχός Nik. Ethik 1153 b 19) oder das Leiden des mythischen Priamos (id. 1100 a 8, 1101 a 8). Die These des Partners ist denn auch prinzipiell die aristotelische: Der tugendhafte Mensch wird zwar auch die ärgste Qual edel und überlegen (γεννάδας καὶ μεγαλόψυχος id. 1100 b 32) tragen, aber glückselig (μακάριος 1101 a 7) wird man ihn nicht nennen können (vgl. auch die scharf polemische Formel id. 1153 b 17–21).

Cicero repliziert zunächst mit einem anschaulich empfindsamen Bilde: Die vier soeben schon genannten Tugenden begleiten den Weisen auf die Folter, die Eudaimonie nicht. Der Partner weist auch dies schroff zurück. Wichtig ist, daß dergleichen Bilder als charakteristisch stoisch bezeichnet werden. In der Tat gehört zur Eigenart der alten Stoa neben der von Cicero so wenig geschätzten starren Syllogistik auch eine reichliche Verwendung von Bildern und Gleichnissen; daß es von Ariston v. Chios eine ganze Sammlung von ὁμοιώματα gab (SVF 1, 383 ff.), ist nicht nur für ihn bezeichnend. – Ein dem vorliegenden Bilde ähnliches muß im Hortensius vorgekommen sein (Frg. 64 M.). Vgl. etwa auch das Bild von der ἡδονή als Königin und den ἀρεταί als Dienerinnen, das De fin. 2, 69 aus Kleanthes ausführt (dieser seinerseits wird von Xen. Mem. 2, 1, 21–33 beeinflußt sein).

§ 14 Geschickt wendet nun der Partner das Bild gegen die Stoa: Gerade die Klugheit, die den Weisen nicht verläßt, weiß auch, daß man ἀγαθός sein kann ohne εὐδαίμων zu sein. Dazu werden drei römische Beispiele qualvoller Todesarten zitiert: M. Atilius Regulus (cos. 267. 256), dessen Tod in karthagischer Gefangenschaft von den Historikern der späten Republik in den grellsten Farben ausgemalt wurde (vgl. De off. 3, 101 u. a.). Q. Servilius Caepio (cos. 106), dessen jammervolles Ende Val. Max. 6, 9, 13 erzählt. M'. Aquilius (cos. 101), der in Pergamon von Mithridates zu Tode gefoltert wurde (App. Mithr. 21 u. a.).

§ 15 Der Rückgriff auf die vorangegangenen Bücher, vor dem der Partner sofort kapituliert, soll einerseits die schroffen Ablehnungen der ersten Vorstöße des Redners in § 12/13 aufwiegen und andererseits kompositorisch die Einheit des Werkes erkennen lassen.

In einer nahezu schulmäßigen Weise wird festgestellt: 1. Wer dem Affekt unterliegt, kann nicht glückselig sein; dies wird für alle vier Affekte gezeigt, vor allem für Furcht und Kummer im Blick auf die Reihe der Schicksalsschläge, durch die sie hervorgerufen werden, dann auch für Begehren und Lust. 2. Wer also dem Affekt nicht unterliegt, ist glückselig; dazu der Vergleich mit dem ruhigen Meere, das dem stürmischen Meere der Affekte entgegengesetzt ist vgl. 4, 10; 57; etwas anders 5, 5. 3. Die Befreiung von den Affekten wird geglichen mit der Überwindung der τύχη, und beides als Leistung der Tugend bezeichnet.

Die Folgerung ist klar, auch wenn sie von Cicero etwas verwischt dargestellt wird: (a) die Freiheit von den Affekten ist Glückseligkeit, (b) die Tugend bewirkt die Freiheit von den Affekten, (c) der Weise ist frei von den Affekten, (d) also reicht die Tugend des Weisen aus zur Glückseligkeit.

So ist denn die ϑέσις fast ebenso rasch widerlegt wie in 2, 14/15.

§ 18 Etwas mühselig ist der Übergang zu erneuter Diskussion.

Zunächst wird die Methode der Philosophie grundsätzlich von derjenigen der Mathematik abgehoben: diese schreitet gradlinig vom jeweils schon Bewiesenen zum noch zu Beweisenden weiter, während die Philosophie jeden einzelnen Satz von Grund auf mit allen verfügbaren Mitteln beweist, ohne sich auf schon Bewiesenes zu verlassen.

Die Distinktion ist sinnvoll, nur vermißt man ihre Begründung. Soll man sie in der Richtung suchen, daß die Philosophie nicht bloß durch Beweise zwingen, sondern auch innerlich überzeugen soll (vgl. Anm. zu 1, 14)? Die Aneignung eines philosophischen Gedankens ist etwas anderes als die Einsicht in die Stringenz eines mathematischen Beweises (anders, nämlich von der Materie her, sieht den Unterschied Aristoteles Nik. Ethik 1094 b 25–27).

Nach mathematischer Methode, wird weiter gesagt, hätte der Stoiker lediglich die Stringenz und Interdependenz der zwei Sätze: 1. Nur das Edle ist gut. 2. Die Tugend reicht aus zur Eudaimonie, zu beweisen.

§ 19 Zwei neue Momente kommen dazu. Das erste: Jedes Problem fordert die ihm angemessenen Explikationen, was auf die aristotelische Forderung hinausläuft, jedes Problem müsse οἰκείοις λόγοις behandelt werden. Das zweite setzt mit »Glaube ja nicht ...« ein. Der Anspruch der Philosophie ist so groß, daß man nicht genug Argumente dafür sammeln kann, daß er auch erfüllbar sei.

§ 20 Die Anekdote von Xerxes wird von Theophrast in πρὸς Κάσσανδρον περὶ βασιλείας von den Perserkönigen überhaupt erzählt (Athen. 144 E, vermutlich massiv gekürzt), von Plut. mor. 622 A vom König der Assyrer; Val. Max. 9, 1 ext. 3 wird aus unserer Cicerostelle stammen.

§ 21 Die Diskussion kommt nun erst in Gang mit der Bemerkung des Partners, Brutus anerkenne die Stringenz der beiden stoischen Sätze von § 18 nicht: Die Eudaimonie sei zu erreichen, auch wenn es außer dem Edlen noch andere Güter gebe. Damit kommt also die peripatetische Drei-Güter-Lehre ins Spiel, die schon von 2, 30 an mehrfach berührt war, und die, wie hier sofort angedeutet wird, von Antiochos v. Askalon (vgl. 3, 59) und nach dessen Tod (etwa 66 v. Chr.) von dessen Bruder Aristos vertreten wurde.

§ 22 Cicero macht wieder wie in § 12 das Gewicht der Autorität seines Freundes geltend und läßt sich wie dort halbwegs abfertigen; daß ihm diese Bemerkungen des Partners eine Rückendeckung verschaffen sollen, wenn er nachher tatsächlich die Position des Brutus angreift, ist wahrscheinlich. Ähnlich läßt er sich auch im Luc. 63 ausdrücklich durch Catulus zur Kritik an Lucullus ermächtigen. Es gehört zum Dialogstil, daß die nun entwickelte Lehrdifferenz zunächst als Gegenstand mündlicher Diskussion zwischen Cicero und Antiochos und Aristos vorgestellt wird; gewiß ist es nicht ausgeschlossen, daß er im Jahre 78 mit Antiochos und im Jahre 50, als er als Imperator (vgl. Ep. Att. 5, 20, 3) auf der Heimkehr von Kilikien kurze Zeit in Athen verbrachte, mit Aristos Gespräche dieser Art führte; was bedenklich macht, ist weniger das allgemeine Gesetz des Dialogs von Platon an, daß schriftliche Traditionen so weit als möglich in mündliche umzusetzen seien, als vielmehr die hier nach wenigen Zeilen folgende Berufung auf Bücher des Antiochos. Welches diese Bücher waren, läßt sich freilich bei der Dürftigkeit der gesamten Überlieferung über Antiochos nicht ausmachen.

Cicero vertritt die in § 18 implizierte strenge stoische Doktrin: Im Bereich der äußeren Güter kann es kein wahrhaft Gutes oder Übles geben, da sonst die Glückseligkeit des Weisen ständig gefährdet sei.

Dem gegenüber vertritt Antiochos zwei Thesen: (1) die Tugend allein bewirke zwar die vita beata, nicht aber die vita beatissima. Eine Begründung dieser Distinktion, die nachher noch öfters erscheint (§ 34, 47, 51, 82; vgl. De fin. 5, 71; 81; 84), fehlt. Sie müßte lauten, daß die vita beatissima nur durch das Zusammenwirken aller drei Güterklassen zustande kommt. Was Cicero ebenfalls weggelassen hat, ist der naheliegende Einwand gegen diese Bestimmung der vita beatissima: Eine vollkommene Erfüllung kommt im Bereich der körperlichen und äußeren Güter faktisch überhaupt nie vor. Gegen diesen Einwand richtet sich die zweite These: (2) Vom Besitz der körperlichen und äußeren Güter sprechen wir, wenn sie überwiegend vorhanden sind. Diese These ist bemerkenswert, weil sie den Verzicht auf das Ganze und die Beschränkung auf das Mehr oder Weniger anzeigt, die allein der geschichtlichen Realität gerecht wird, und die letzten Endes ja schon das Denken des Aristoteles selbst charakterisiert. Sie ist auch insofern eigentümlich, als sie ein Prinzip auf die ethische Qualifikation zu übertragen scheint, das im Felde der physischen Qualifikation bei Anaxagoras eine wichtige Rolle spielt; bei ihm sind Partikeln von Allem in Allem, aber jedes Ding wird nach dem benannt, von dem am meisten in ihm drinsteckt (Vorsokratiker DK 59 A 41). Konsequenzen aus dieser Parallele sind hier nicht zu ziehen; daß es eine Parallele ist, scheint mir deutlich (vgl. § 86).

Erwähnt sei, daß von anderen Gesichtspunkten her auch die Kyrenaiker (Diog. Laert. 2, 91) und Epikur (De fin. 2, 62) mit einer bloß approximativen Eudaimonie rechnen.

Im Ganzen läuft die Lehrdifferenz zwischen Stoa und Peripatos/Antiochos auf eine fundamentale Antinomie hinaus: Entweder wird die Vollkommenheit im Rückzug auf die Innerlichkeit des Einzelnen gesucht, damit eine Unabhängigkeit von allen äußeren Umständen, über die der Mensch nicht verfügen kann, entstehe; oder man berücksichtigt, daß die Körperlichkeit, die der Mensch hat, und die gesellschaftliche Umwelt, in der er sich vorfindet, nicht einfach ausgeklammert werden können, auch wenn dann die Vollkommenheit teilweise unverfügbar wird.

§ 23 Die Kritik wirft den Thesen des Antiochos ein innere Inkonsequenz vor. 1. Die Eudaimonie ist eine Qualität, die nicht steigerungsfähig ist. 2. Die Orientierung am Überwiegenden ist wertlos, wo der Fall eintreten kann, daß der Mensch in 2 von den 3 Güterklassen von allem Unglück heimgesucht wird.

§ 24 Kontrastiert mit Antiochos wird Theophrast, dessen These zwar schwächlich, aber konsequent ist: Er gibt zu, daß Unglück in den zwei untern Güterklassen (die in 2 Mal drei Begriffen vertreten sind) die Eudaimonie schlechthin zerstört, d.h. er nimmt die Distinktion von beatum und beatissimum nicht an. Die problemgeschichtliche Überlegung muß doch wohl zur Annahme führen, daß die von Theophrast aufgegebene Position im Prinzip die des Aristoteles selbst ist; Theophrast hat ja seine Aufgabe weithin darin gesehen, Unausgeglichenheiten in den Thesen des Aristoteles zu beseitigen und die Dinge zu Ende zu denken. In dem uns erhaltenen Corpus Aristotelicum ist eine ausdrückliche Distinktion zwischen beatum und beatissimum nicht zu finden; doch nicht zu bestreiten ist, daß sie in der Linie von Nik. Ethik 1, 10/11 liegt, wo, wenn auch diffus (hätten wir Dialogtexte des Aristoteles, so sähen wir klarer), für den von äußerem Unglück heimgesuchten σπουδαῖος ein Ort zwischen ἀθλιότης und vollkommener μακαριότης angestrebt wird. Insofern läßt sich dann auch annehmen, daß Antiochos in diesem Punkt von der eindeutigen und eindeutig der Stoa entgegengesetzten Position Theophrasts zu derjenigen des Aristoteles zurückgekehrt ist und diese ausinterpretiert hat, da sie immerhin der stoischen These näher kommt; anders gesagt: da sie der stoischen Polemik weniger ausgesetzt ist als diejenige Theophrasts.

Zur Position Theophrasts werden zwei Belege gegeben. Der erste stammt aus περὶ εὐδαιμονίας, das in De fin. 5 weitgehend zugrundeliegt; vgl. 5, 12; 77; 85; 86. Daß Cicero dieses Buch selbst zur Verfügung gehabt hat, ist wahrscheinlich. Damit erklärt sich am leichtesten die merkwürdige Anmerkung: »Es heißt sogar, er sage ...« Cicero kennt einen Bericht über die Lehre und das Buch Theophrasts, worin ihm der Satz zugeschrieben wird, die Eudaimonie werde nicht aufs Folterrad (τροχός) steigen (zum Bild vgl. § 13); er konstatiert, daß diese Wendung in dem Buch nicht zu finden sei, wohl aber der Tendenz des Buches entspreche. Kompliziert wird der Tatbestand dadurch, daß Aristoteles Nik. Ethik 1153 b 19–21 in einer scharfen Polemik gegen nicht identifizierbare Vorläufer des stoischen Radikalismus ausdrücklich vom Rädern (τροχίζεσθαι) des σπουδαῖος spricht. Das steht der Theophrast zugeschriebenen Wendung so nahe, daß man annehmen möchte, jene Wendung selbst habe in Wirklichkeit in einem Dialoge des Aristoteles gestanden, sei daraus zitiert, aber dann (durch einen Mißgriff der Vorlage Ciceros oder gar Ciceros selbst) dem theophrastischen περὶ εὐδαιμονίας zugeschoben worden.

§ 25 Der zweite Beleg stammt aus dem in 3, 21 schon angeführten Kallisthenes, wo Theophrast zweifellos aus Anlaß der Katastrophe des Kallisthenes einen Vers aus dem Satyrspiel(?) Achilleus Thersitoktonos des Tragikers Chairemon (um 400 v. Chr.) zitierte; er erscheint griechisch bei Stob. 1, 6, 7, ferner wohl nicht ohne Zusammenhang mit Theophrast bei Plut. mor. 97 C und Libanios or. 25, 11; ob Plat. Legg. 709 B und Demosthenes or. 2, 22 auf den Vers anspielen, ist ungewiß.

Derselbe Theophrast wird in Büchern ... Es gab also nicht nur Polemiken der Stoa, sondern auch der Akademie und Epikurs (dessen aus Demokrit übernommene Kyr. Dox. 16 in der Tat der Position des Aristoteles-Antiochos näher steht als derjenigen Theophrasts).

§ 26/7 Als Modellfall der Inkonsequenz erscheint Epikur in vier präzisen Einzelheiten, sicher (verkürzt) einer griechischen Vorlage entnommen, wie die singuläre Nennung des Antisthenes und die auch auffallende Nennung des Ariston v. Chios zeigt, der in der Regel bei Cicero nur im Schema der divisio Carneadea auftaucht (vgl. 2, 15; 5, 85). Die Punkte sind 1. beziehbar auf Kyr. Dox. 15 (vgl. Frg. 467 Us. u. a.); 2. Kyr. Dox. 5; 3. Kyr. Dox. 16; 4. Metrodoros Frg. 49 K., griechisch Gnomol. Vat. Epicur. Nr. 47 und Plut. mor. 476 C; ausgespielt wird dagegen derselbe Satz Metrodors, der schon in 2, 17 angeführt war.

§ 28/9 Vom erstaunlichen Erfolg der Epikureer sprach schon 4, 6; vgl. die seltsam verschrobene Stelle De fin. 1, 25.

Es folgt die Demonstration der Konsequenz. Am Satze, jeder ἀγαθός ist εὐδαίμων, wird zuerst der Begriff ἀγαθός, dann der Begriff εὐδαίμων definiert. Wenn Eudaimonie der Vollbesitz alles Guten ist, so ist sie nur erreichbar, wenn die Tugend das einzige Gut ist. Alle andern möglichen Güter unterliegen der τύχη, d. h. sie sind dem Menschen nicht verfügbar (was freilich Cicero hervorzuheben versäumt). – Die Liste der die Eudaimonie zerstörenden Übel ist dreigeteilt: fünf Dinge, die den Einzelnen im äußeren Bereich treffen, vier, die den Körper gefährden, drei, die vorzugsweise den politischen Bereich angehen.

§ 30/1 Nun ist der in § 22 angekündigte Gegensatz zu Brutus, Antiochos und Aristos klar geworden. Mit der Drei-Güter-Lehre ist die These, der Weise sei stets glücklich, unvereinbar.

Sehr wichtig ist, daß die Drei-Güter-Lehre nicht bloß von Aristoteles, sondern auch von den Akademikern Speusippos (Frg. 58 a L.), Xenokrates (Frg. 87 H.) und Polemon vertreten wurde, eine Tatsache, die in der philosophiegeschichtlichen Forschung meist übersehen worden ist; wir haben keinen Anlaß, dieser Information, die § 39, 75, 87 wiederholt wird, zu mißtrauen.

Auf die Gegenseite gestellt werden Pythagoras, Sokrates, Platon (vgl. 3, 35), d. h. diese drei Autoritäten sind (wir wissen nicht, durch wen zuerst) für den stoischen Satz, die Tugend sei das einzige Gut, in Anspruch genommen worden.

... jene Dinge, durch deren Glanz ... Seltsam genug wird der Vorwurf, man lasse sich blenden, hier gegen die Verfechter der zwei unteren Güterklassen erhoben, während er in De fin. 1, 42; 61; 4, 37; 68; 5, 72 ungleich sinnvoller gegen die stoische Verherrlichung der Tugend allein gerichtet ist. – Es folgen die drei klassischen Güter des Körpers (vgl. 4, 28–30) und drei äußere Güter.

Dann erst werden sie ... Cicero macht es nicht klar, ob er dieses Lob des souveränen Weisen dem Aristoteles und seinen Gesinnungsgenossen bloß unterstellt oder als ihre Auffassung zitiert; im zweiten Falle wäre der Widerspruch zur Drei-Güter-Lehre in der Tat ziemlich kraß.

Noch einmal wird wie in § 26/7 Epikur als Modell unannehmbaren Widerspruchs zitiert, und zwar mit dem schon in 2, 17/8 angeführten Satz über den Weisen im Stier des Phalaris (später nochmals in § 73, 75, 87. Frg. 601 Us.).

Möglich ist, daß Ciceros Vorlage grundsätzlich nicht nur die Absicht hatte, Aristoteles der gleichen Inkonsequenz zu bezichtigen wie Epikur, sondern auch sachlich die Drei-Güter-Lehre in die Nähe der epikureischen Lustlehre rücken wollte.

§ 32/2 Die Diskussion setzt neu ein mit dem Hinweis des Partners auf De fin. 4, 56/58, wo Cicero feststellt, Stoa und Peripatos meinten dasselbe, formulierten bloß verschieden (vgl. auch De fin. 3, 5; 10; 41); der Widerspruch sei also nur scheinbar. Cicero protestiert und findet damit eine Gelegenheit, die Freiheit seiner akademischen ἐποχή in Erinnerung zu rufen, vgl. 2, 5; 4, 7.

Im übrigen hält er daran fest, daß die Stoa im Sinne von § 28/9 konsequent ist, Brutus und seine Gruppe dagegen nicht: auf den beatus, der dies anerkanntermaßen kraft seiner Tugend allein ist, noch einen beatissimus aufzustocken ist widersinnig.

§ 34–36 Nun soll die Nennung Platons (und des Sokrates) in § 30 begründet werden. Nach einem überraschend groben Ausfall gegen den ordinären Ausländer Zenon (daß er Phönikier war, setzen auch die meist polemischen Notizen Diog. Laert. 7, 1; 3; 30 voraus) wird zuerst in nur wenig vereinfachender Übersetzung Platon Gorg. 470 D–471 A (die Berühmtheit der Stelle zeigen Plut. mor. 190 F, 213 C, Gnomol. Vat. Nr. 496 Sternb.), dann ebenso Menex. 247 E–248 A zitiert. Beide Stellen sind auch bei Stob. 4, 40, 25 bzw. 4, 39, 24 exzerpiert; es müßte einmal verfolgt werden, seit wann gerade diese Texte als loci classici platonischer Ethik gelten.

Die abschließende Huldigung an Platon soll als Kontrast zu den Bemerkungen über Zenon wirken. Außerdem scheint sie zu implizieren, daß der folgende Abschnitt § 37–39 auf platonischer Grundlage ruht.

§ 37–39 Der Grundgedanke ist äußerst einfach. Es gibt eine Stufenfolge von Lebewesen: Pflanze–Tier–Mensch. Auf jeder dieser Stufen sind die Lebewesen bestrebt, die ihrer jeweiligen besonderen Art gemäße Vollkommenheit zu erreichen, was ihnen auch gelingt, falls nicht Äußeres störend eingreift. Nur angedeutet wird, daß die Vollkommenheit der Pflanzen im Vegetativen verharrt und in der jeweiligen Frucht besteht; bei den Tieren kommen Wahrnehmung und Bewegung dazu, und beim Menschen haben wir die Vernunft.

Bemerkenswert ist, wie stark die διαφοραί unter Pflanzen und Tieren betont werden; auch Übergänge von einer Art zur andern sind nicht möglich. Da wird man sich die zoologische und botanische Forschung des alten Peripatos als Hintergrund zu denken haben. Peripatetisch ist letztlich nicht nur die Stufenfolge im Ganzen (Varianten haben wir in De fin. 4, 37–39; 5, 25–26 und 38–40; De nat. deor. 2, 33–36), sondern im besondern das Herausarbeiten des ἴδιον des Menschen in der Abgrenzung von Pflanze und Tier; vgl. dazu Aristoteles Nik. Ethik 1097 b 33–1098 a 4.

Entscheidend ist die Frage, worin das ἴδιον des Menschen gesehen wird. Bei Cicero sind drei Momente verflochten, die nicht notwendig zusammengehören. Das erste ist die Ableitung des menschlichen animus von der mens divina. Sie gilt in De nat. deor. 1, 27 und im Cato 78 als Lehre des Pythagoras und wird weiterhin erwähnt in De div. 1, 110 und 2, 26. Anders als in Tusc. disp. 1, 65 wird an diesen Stellen weniger an eine strukturelle Ähnlichkeit der menschlichen Seele mit der Gottheit gedacht als an eine genetische Abkunft von ihr. Doch ist dieser überaus verwickelte Problemkomplex hier nicht zu erörtern. – Das zweite Moment ist die Leistung der menschlichen Seele. Die Ausdrucksweise in § 39 läßt kaum einen Zweifel darüber, daß zunächst an die θεωρία gedacht ist: Der Geist muß »geschärft« und darf nicht »durch Irrtümer geblendet werden«. Dies entspricht, was hier nicht nachzuweisen ist, der Grundkonzeption der Nik. Ethik: Die eigentümlichste Vollkommenheit und damit auch die Eudaimonie des Menschen besteht in der Betätigung jenes Teiles des λογικόν, der der Erkenntnis der Wahrheit zugewandt ist. – Das dritte Moment endlich ist die Einführung des Begriffs der virtus-ἀρετή. Ciceros Gedankengang beruht auf derselben Doppeldeutigkeit dieses Begriffes, die auch bei Aristoteles die Grundlegung der Ethik belastet: ἀρετή kann einmal jede zur Vollkommenheit gelangte Leistungsfähigkeit bezeichnen (so kann von der ἀρετή eines Instruments oder eines Tieres gesprochen werden); sie bezeichnet aber auch die Bereitschaft zu einem ethisch geforderten Verhalten, eben die Tugend. An unserer Stelle ist zuerst die erste Bedeutung anvisiert. Virtus ist da die vollkommene, durch nichts beeinträchtigte Betätigung des eigentümlichsten Teils der Seele, – und dies kann natürlich Eudaimonie heißen. Dann aber wird sie zur Tugend im ethischen Sinne, und nur so läuft das Ganze auf die Bestätigung des stoischen Satzes hinaus, daß der Besitz der Tugend die Eudaimonie schafft. Aristoteles würde vielleicht soweit mitgehen, aber dann darauf beharren, zu untersuchen, was die Wendung »durch nichts beeinträchtigt« (§ 37: nulla vi impediente, § 39: cui nihil deest) eigentlich bedeutet. Da ist nämlich der Ort, wo für ihn die zwei unteren Güterklassen relevant werden, sofern von ihnen solche Beeinträchtigungen ausgehen können, für die θεωρία zuerst, aber auch für die ethische Tugend.

Nach Abschluß dieses Abschnitts kehrt der Gedanke zu § 34 zurück: Die Distinktion von beatus und beatissimus ist widersinnig.

§ 40–54 Diesen Abschnitt hat Cicero wohl ganz selbständig gestaltet, teils mit Verwendung stoischer Syllogismen, die 3, 14–21 und besonders De fin. 3, 27–29 nahestehen und immer wieder nachweisen, daß nur die Tugend ein Gut sei; teils mit Rückgriffen auf Buch 3/4 mit dem Ziel zu zeigen, daß eine Überwindung der vier Affekte bei der Annahme der Drei-Güter-Lehre unmöglich sei. Der systematische Aufbau und Fortschritt der Gedanken ist zugunsten der eindringlich protreptischen Wirkung fast völlig vernachlässigt. So begnügen sich die Anm. hier damit, Einzelheiten zu klären.

§ 40 *So scheint mir denn auf sie* ... Der griechische Wortlaut des Apophthegma bei Plut. mor. 234 EF.

§ 41 ... *nicht um nur wenig Angst zu haben* ... Dazu die Diskussion über die peripatetische Metriopathie, bes. 4, 38–42.
Zur Definition der Tapferkeit vgl. 4, 53.

§ 42 *Als Philipp den Spartanern drohte* ... Die zahlreichen griechischen Varianten dieses Apophthegma (Plut. mor. 219 E, 235 AB, Stob. 3, 7, 60 u. a.) sind durchwegs schlechter als die von Cicero übersetzte Fassung.

§ 45 *So wie ein Kornhaufe* ... Sachlich interessant ist die stoische These, daß die Eudaimonie aus unter einander gleichartigen Teilen bestehen muß (knapp angedeutet auch in De off. 3, 119). Der Vergleich mit dem Kornhaufen dürfte älter und ursprünglich zur Erläuterung des naturphilosophischen Begriffs der ὁμοιομερῆ geschaffen sein.

§ 46 Das Tragödienzitat aus den Niptra des Pacuvius V. 247 Ribb. Daß die wackere Schaffnerin hier Antikleia, nicht wie bei Homer Eurykleia heißt, zeigt, daß zwischen Pacuvius und Homer eine griechische Variante der Erzählung steht.
Wenn das Güter sind, inwiefern dann ... Der naheliegende Vorwurf, die Drei-Güter-Lehre spiegle nur die Meinung des πλῆθος und der φαῦλοι, fand sich schon in § 31.

§ 47 Die Übersetzung des stoischen Term. techn. προηγμένος, der, wie De fin. 3, 52 zeigt, metaphorisch aus der Amtssprache hellenistischer Fürstenhöfe übertragen ist, hat Cicero immer Schwierigkeiten bereitet, vgl. De fin. 3, 15; 4, 72/3; 5, 90; Acad. 1, 37.
... *das glückselige Leben vollende* ... Der Begriff compleri übersetzt den griechischen Term. techn. συμπληροῦσθαι, der im Peripatos (zunächst durch Kritolaos Frg. 19/20 W.) für die Vereinigung aller drei Güterklassen in der Eudaimonie verwendet wurde vgl. schon § 40, dann De fin. 3, 41; 43; 4, 15; 5, 71.
Das Raisonnement des Sokrates ist in dieser Form sonst nirgends überliefert; vergleichbar Plat. Rep. 400 D, Clem. Alex. Protr. 123, 1. Der an sich nicht übermäßig originelle Gedanke (vgl. Diog. Laert. 1, 58) ist zu einem Beweisstück für die Stoa zurechtgebogen.

§ 49 Cicero übersetzt, ohne dies ausdrücklich zu sagen, den ersten Vers des Epigramms, das nach Paus. 9, 15, 4 auf dem Standbild des Epameinondas in Theben zu lesen war (vgl. Plut. mor. 1098 A). Es folgen zwei Verse aus einem entsprechenden Epigramm des Ennius auf den älteren Scipio Africanus (aus demselben Epigramm werden die von Seneca ep. 108, 34 aus De rep. zitierten Verse sein). Hat Cicero die beiden Epigramme schon beisammen vorgefunden?

§ 50 *Wenn sie zugeben, daß* ... Anspielung auf die bei Diog. Laert. 5, 30 vorliegende doxographische Formel: τὴν ἀρετὴν μὴ εἶναι αὐτάρκη πρὸς εὐδαιμονίαν – – – τὴν μέντοι κακίαν αὐτάρκη πρὸς κακοδαιμονίαν.

§ 51 Das von Kritolaos (Schulhaupt des Peripatos in der Mitte des 2. Jhd. v. Chr., Mitglied der in 4, 5 erwähnten Philosophengesandtschaft) verwendete Bild ist angeregt durch Homer Il. 8, 69–74; 22, 209–213 (vgl. Plut. mor. 17 A, wo auch auf die Tragödie Psychostasia des Aischylos hingewiesen ist) und bezweckt, den faktischen Anteil der körperlichen und äußeren Güter an der Eudaimonie zu minimisieren (Frg. 21 W.); angelegt ist dies schon in der seltsamen Art, mit der Aristoteles Nik. Ethik 1098 b 12–18 die Drei-Güter-Lehre einführt und auswertet. – Vgl. noch De fin. 5, 91.

Warum neben Kritolaos ausdrücklich Xenokrates erwähnt wird, ist nicht ganz klar; vermutlich ist gemeint, daß er in der § 30 und 39 genannten Gruppe am meisten durch Sittenstrenge hervortrat (vgl. Diog. Laert. 4, 6–11), so daß ihm am ehesten der völlige Verzicht auf die Drei-Güter-Lehre zugemutet werden dürfte.

§ 52 Wir wissen nicht, ob der Vers der berühmten Tragödie Atreus des Accius (vgl. etwa 4, 77) oder dem kaum weniger berühmten Thyestes des Ennius (vgl. 3, 26) angehört, Trag. Frg. inc. 112 Ribb.

§ 54 *Siehst du eine Ähnlichkeit* ... Hier verläßt Cicero die theoretischen Betrachtungen und wendet sich einer Reihe geschichtlicher Beispiele zu (bis § 66). Den Kern bilden die zwei antithetischen Porträts der beiden Bürger von Syrakus, des Tyrannen Dionysios I. und des Mathematikers Archimedes. Cicero hat diese Zusammenstellung wohl schon vorgefunden (bei Poseidonios?), hat dann allerdings das Porträt des Archimedes völlig umgeformt und in § 54–56 römische Beispiele beigegeben. Es ist sein Gedanke gewesen, Laelius und Cinna, Catulus und Marius einander so gegenüberzustellen wie Archimedes und Dionysios I.

C. Laelius, Freund des jüngern Scipio und darum Protagonist in De amicitia, war 140 v. Chr. cos., nachdem er im voraufgehenden Jahre mit seiner Kandidatur durchgefallen war. L. Cornelius Cinna war viermal nacheinander cos. 87–84 v. Chr.

§ 55 . . . *sondern auch einen einzigen Tag Cinnas* . . . vgl. 5, 5 und besonders Solon Frg. 23, 5–7 Diehl.

Aufgezählt werden fünf Römer, die Cinna als Parteigänger Sullas hinrichten ließ. Voransteht der skandalöseste Fall des Kollegen Cinnas im Konsulat 87 v. Chr. Es folgen zwei durch Nobilität ausgezeichnete Männer: P. Licinius Crassus Dives cos. 97 (zu seinem Tode vgl. Liv. Per. 80, Appian b. civ. 1, 72), L. Iulius Caesar Strabo cos. 90 (zu seinem Tode vgl. Liv. a. O., Appian a. O.), endlich zwei Männer, die Cicero persönlich gekannt und geschätzt hat: M. Antonius cos. 99, Gesprächspartner in De or. (über seinen Tod De or. 3, 10, Val. Max. 8, 9, 2, Plut. Mar. 44, 1–7), C. Iulius Caesar Strabo (über seine Persönlichkeit vgl. De or. 2, 98, Brutus 177, De off. 1, 133; über seinen Tod vgl. Liv. a. O., Appian a. O.).

Allerdings niemandem erlaubt . . . Cicero hält sich an eine griechische Begriffsdistinktion, die mit Plat. Gorg. 466 B–468 E in einem Zusammenhang stehen muß.

§ 56 Das Beispiel des C. Marius (cos. 107, 104, 103, 102, 101, 100, 86) steht Cicero besonders nahe, weil er selbst über diesen seinen Landsmann aus Arpinum ein episches Gedicht verfaßt hat, das den Aufstieg des Marius aus bescheidensten Anfängen bis zum Siege über Kimbern und Teutonen verherrlicht haben muß. Im Bürgerkrieg zwischen Marius und Sulla, der 87 v. Chr. ausbrach und von beiden Seiten mit äußerster Grausamkeit geführt wurde, waren Ciceros Sympathien überwiegend, wenn auch keineswegs vorbehaltslos, auf der Seite Sullas.

Q. Lutatius Catulus cos. 102, Vater des gleichnamigen cos. 78, der in Ciceros Dialogen Hortensius, Catulus, Lucullus Gesprächspartner war. Wem die Ehre des Sieges über die Kimbern bei Vercellae 101 v. Chr. zukam, darüber gab es gleich danach einen Streit; Marius beanspruchte die ganze Ehre für sich, wogegen sich Catulus in einer eigenen Schrift De consulatu et de rebus gestis suis gewandt hat, vgl. Brutus 132/3 und Plut. Marius 25–27. Über den Tod des Catulus vgl. De or. 3, 9; De nat. deor. 3, 80, Plut. Marius 44, 8 u. a.

Denn wie es besser ist . . . vgl. Plat. Gorg. 469 C, 473 A. Demokrit(?) Vorsokratiker DK 68 B 45.

§ 57–63 Das Porträt des Dionysios I. von Syrakus (lebte 430–367 v. Chr., Herrscher von Syrakus seit 405) gehört in seiner Anschaulichkeit zu den berühmtesten Texten in Ciceros Philosophica, vor allem natürlich die Erzählung vom Damoklesschwert § 61/62. Allerdings hat Cicero so akzentuiert, daß die Funktion des Porträts im Gesamtzusammenhang nicht völlig durchsichtig wird.

Der Ausgangspunkt ist, daß Dionysios zwar durch Bescheidenheit im Privatleben und Energie in der Politik ausgezeichnet ist, aber ungerecht (streng genommen also ein Beispiel gegen die Antakoluthie der Tugenden vgl. 2, 32; 3, 17). Worin diese Ungerechtigkeit bestand, hören wir nicht. Es wird nur flüchtig angedeutet (§ 58, 62), daß er sich schon in seiner Jugend aus Machtgier in Fehler verstrickt habe. Entscheidend am Porträt ist, daß die Macht umschlägt in dauernde Furcht und grenzenloses Mißtrauen. Dies soll offenbar beweisen, daß der Besitz eines äußeren Gutes, der Macht, keine Glückseligkeit schafft, vor allem dann nicht, wenn er den Besitzer den quälendsten Affekten preisgibt.

Die dauernde Furcht wird an mehreren Einzelheiten illustriert, wobei der Schluß zum Anfang zurückkehrt. In § 58 Anf. und in § 63 streift die Stilisierung das Tragische. Gerade der Mann, der aus bester Familie stammt, viele Bekannte hatte und Freundschaft suchte, dazu hochgebildet war, sah sich gezwungen, sich ausschließlich mit Sklaven, Verbrechern und Barbaren zu umgeben. Zum Beleg dient die berühmte Erzählung von den Pythagoreern Damon und Phintias, die in mehreren Varianten erhalten ist (am ausführlichsten, von Dionysios I. auf dessen Sohn Dionysios II. übertragen bei Aristoxenos Frg. 31 W.); hervorgehoben wird außerdem, daß Dionysios I. dem παιδικὸς ἔρως zugetan war (was ihn hier als Mitglied der feinen Gesellschaft charakterisieren soll) und in § 63, daß er auch Tragödien dichtete (die erhaltenen Frgg. bei Nauck TGF² p. 793–796).

Im übrigen haben wir fünf Einzelzüge. 1. Er ließ sich Haupthaar und Bart durch seine Töchter scheren bzw. absengen. Dasselbe De off. 2, 25, eine Variante bei Diodor 20, 63, 3 und Plut. Dion 9, 3. – 2. Seine beiden Gattinnen besuchte er nur unter den größten Vorsichtsmaßnahmen. Eine Variante bietet Philon Alex. bei Eus. Praep. Ev. 8, 14, 26/27; anderswo hören wir nur, daß er die zwei Gattinnen gleichzeitig heiratete: Plut. Dion 3, 2; Ael. var. hist. 13, 10. – 3. Er hielt seine Reden von einem hohen

Turm herunter (nur hier belegt). – 4. Hinrichtung zweier Freunde wegen einer unbedachten Äußerung; vielleicht gehört dazu Ael. var. hist. 13, 34. Eine vergleichbare Geschichte bei Plut. Dion 9, 5.–5. Die Erzählung vom Damoklesschwert ist darum so eindrücklich, weil sie die Einsicht des Tyrannen in seine ausweglose Lage offenbart. Über Damokles als Höfling des Dionysios berichtet Timaios FGrHist 566 F 32 einiges; daß er auch unsere Erzählung gebracht hat, ist wahrscheinlich, aber nicht beweisbar. Eine Variante ohne den Namen des Damokles bietet Philon Alex. bei Eus. Praep. Ev. 8, 14, 29/30.

Der abschließende Gedanke, daß der Tyrann es nicht einmal wagen kann zurückzutreten (vgl. Philon a. O. 8, 14, 28), ist schon alt und wird bei Diog. Laert. 1, 97 (Stob. 4, 1, 79) dem Periander von Korinth, in Xenophons Hieron 7, 11–13 dem Hieron von Syrakus in den Mund gelegt.

Timaios mag wohl die Quelle all dieser Einzelheiten sein, aber unzweifelhaft in dem Sinne, daß ein Autor zwischen ihm und Cicero die Dinge aus verschiedenen Stellen seines Werks zusammensuchte und unter eine einheitliche Tendenz stellte. Denn diese Tendenz (die grundsätzlich Xenophons Hieron bemerkenswert nahe steht), den Tyrannen keineswegs als einen verworfenen und machttrunkenen Wüterich zu schildern, sondern als einen Unglücklichen, der sich bewußt ist, durch eigene Schuld in eine unwürdige und verzweifelte Situation geraten zu sein, ist nicht diejenige des Timaios. Es kommt dazu, daß die Bemerkung § 58, es gebe verschiedene Berichte über die Herkunft des Dionysios, nicht von Timaios stammen kann. Man wird eine Zwischenquelle annehmen, als die sich, wie schon erwähnt, am ehesten Poseidonios darbietet.

§ 63 . . . *ich habe bis jetzt noch keinen Dichter kennen gelernt* . . . Hinter der auflockernden Bemerkung steht eine Gnome, auf die Cicero auch in Ep. Att. 14, 20, 3 anspielt; vgl. Gnomol. Vat. Nr. 454 Sternb. Der Dichter Aquinius ist uns unbekannt; der Witz besteht ja auch darin, daß es sich um einen miserablen Dichter handelt.

§ 64–66 Cicero zielt nun nicht nur auf den Gegensatz zwischen Tyrann und Philosoph, sondern noch schärfer und gewissermaßen sokratisch auf denjenigen zwischen dem glanzvollen Herrscher und dem unansehnlichen Kleinbürger. So wählt er den weltfremden Gelehrten Archimedes und nicht Platon oder Archytas, obschon diese beiden als Zeitgenossen und zeitweilige Gäste von Dionysios I. sich beinahe aufgedrängt hätten (vgl. bes. das in mehreren Brechungen faßbare Streitgespräch zwischen Platon und Dionysios I.: Diog. Laert. 3, 18; Plut. Dion 5, 1–4; Olympiodoros vita Plat. p. 193, 5–26 Herm. und In Gorg. p. 195, 9–23 Norv.).

Die Nennung des Archimedes gibt sofort (die Vorlage enthielt sicher eine nähere Charakterisierung der mathematischen Arbeit des Mannes, die Cicero gestrichen hat) das Stichwort zu dem reizvollsten Stück Lebenserinnerung, das wir von Cicero besitzen. Der Erklärung bedarf es kaum. Ciceros Quaestur und Besuch in Syrakus fällt ins Jahr 75 v. Chr., also dreißig Jahre bevor er diesen Text niederschrieb. Plut. Marc. 17, 12 berichtet, Archimedes habe sich testamentarisch eben diese Form des Grabmals gewünscht, wie sie dann Cicero im Gestrüpp entdeckt hat. Ein ärgerlicher Zufall ist es, daß uns der Text des Grabepigramms, von dem Cicero sich leiten ließ, nicht erhalten ist.

Daß auf dem Grabe gerade Kugel und Zylinder dargestellt waren, hängt mit der (noch erhaltenen) Abhandlung περὶ σφαίρας καὶ κυλίνδρου zusammen, auf die Archimedes augenscheinlich besonders stolz war.

§ 66 *Aber kehren wir* ... Die Ausdeutung des in § 64 angetönten Gegensatzes läßt sehr rasch die Person des Archimedes völlig verschwinden. Hinter dem Mathematiker taucht der θεωρητικός überhaupt auf, für den als Vertreter Pythagoras, Demokrit, Anaxagoras genannt werden; gegenüber 4, 44 und 55 ist an die Stelle Platons, den Cicero nach § 64 nicht gleich wieder anführen wollte, Anaxagoras gerückt (zu ihm vgl. die Apophthegmata bei Aristoteles Eud. Ethik 1216 a 11–16, Nik. Ethik 1179 a 13–16).

Zur Wissenschaft als Seelenspeise vgl. Xenokrates Frg. 66 H.

Neu und beachtlich ist, welches Gewicht hier und in § 67 darauf gelegt wird, daß der θεωρητικός an seiner Forschung Freude empfindet (oblectatio, delectatio, gaudium). Das ist grundsätzlich aristotelisch, vgl. Nik. Ethik 1177 a 22–27.

§ 67 ... *das Beste, was du suchst* ... Dies variiert im wesentlichen, was schon § 38/39 gesagt war; auch hier wird so formuliert, daß der Blick auf die θεωρία unversehens überdeckt zu sein scheint durch den Rückgriff auf den stoischen Satz, die Tugend sei für die Eudaimonie ausreichend.

... *aus dauernder und voller Freude* ... Das Moment der Dauerhaftigkeit der Freude an der Philosophie (vgl. das συνεχές bei Aristoteles Nik. Ethik 1177 a 21/22) weist voraus auf § 69, 70, endlich 72.

§ 68–72 Ein geschlossenes Bild des Philosophen, gegliedert nach den drei für die hellenistischen Schulen feststehenden Teilen der Philosophie (z. T. ähnlich De leg. 1, 58–62). Sie werden in § 68 kurz aufgezählt: Physik, Ethik, Logik, und dann in derselben Reihenfolge charakterisiert: 69/70 Physik, 71 Ethik, 72 Logik, worauf noch einmal zur Ethik zurückgegangen wird.

§ 68 *Er muß zuerst . . .* Als ob es sich darum handle, eine Entwicklung zum Philosophen zu verfolgen, werden zunächst die elementaren Voraussetzungen genannt: Begabung und Eifer.

jene dreifache Frucht des Geistes Da wirkt noch von weitem das aus Platon bekannte Bild von der Erkenntnis als dem Kinde des Geistes (bei dessen Geburt Sokrates Hebammendienst leistet) nach.

§ 69 Die Gestirnwelt, ihre Weite und Ordnung nennt Cicero nicht nur darum zuerst, weil die Philosophie mit der Himmelserforschung begonnen hat (vgl. 1, 44/45 und 5, 7/8), sondern auch, weil ihn dieser Teil der Physik schon seit seiner Jugend interessierte, wie seine (von Poseidonios angeregte?) Übersetzung des Sterngedichts des Aratos beweist. Es folgt die eigentliche Naturphilosophie, die Frage nach den ἀρχαί, die er hier mit σπέρματα verdeutlicht (elementa nur in Acad. 1, 26; das bei Lucr. beliebte primordia nur in der Aratübersetzung De leg. 2, 7). Im Stichwort wird für die Welt der Biologie die Dihärese ἄψυχα – ἔμψυχα, ἄφωνα – φωνήεντα und die Dreiheit γένεσις – βίος – φθορά angeführt. Der Hinweis auf die μεταβολή führt zur Elementenlehre zurück. Zu Erde und Meer werden zwei Hauptprobleme genannt, bei jener die Gleichgewichtslage, bei diesem, wie es scheint, das Problem, wie durch Quellen in Höhlungen auf dem Meeresboden der ständige Nachschub an Meerwasser zustandekommt. Die These, daß die Elementarkörper nur die zentripetale Fallbewegung kennen, und ebenso, daß die Mitte des Kosmos zugleich unten ist, ist stoisch, nicht peripatetisch. Daß Cicero in § 69/70 Poseidonios folgt, der stoische und aristotelische Kosmologie zu kombinieren suchte, ist wahrscheinlich.

§ 70 Zum delphischen Gebot vgl. 1, 52, zur Verbindung mit dem göttlichen Geiste 1, 65 (5, 38 ist anders).

Der Gedanke an . . . Zwei Dinge sind da vermischt: einmal der Blick auf die vollkommen geschlossene und ewige Kausalkette (rein stoisch) und zweitens die Folgerung daraus für den Menschen, den der Anblick der Gottheit und des Kosmos über die Kürze seines irdischen Lebens hinweghebt. Dieses zweite Moment, die ethische Distanzierung vom Hier und Jetzt angesichts der zeiträumlichen Dimensionen des Kosmos ist primär aristotelisch, vgl. 1, 94 und 4, 37 mit Anm.

§ 71 Die Korrektur von suspiciens zu circumspiciens unterstreicht, daß der Geist sich souverän in der Mitte des Kosmos, mit freiem Blick nach allen Seiten fühlen darf (vgl. von weitem Lucr. 1, 62–79). – Die die Ethik umreißenden Stichworte führen, wie zu erwarten, zur stoischen Grundthese des ganzen Buches.

§ 72 *... was durch alle Teile der Weisheit hindurchgeht ...* Dies kommt der aristotelischen Auffassung nahe, wonach die Logik keinen eigenständigen Sachbereich, sondern eine überall anwendbare Methode darstellt.

Etwas gewaltsam schafft sich Cicero durch die Charakterisierung der Logik als Sache reiner σχολή und θεωρία den Rückweg zur πρᾶξις. Das Porträt des Staatsmannes, der vor allem mit Klugheit und Gerechtigkeit handelt, darf ebenso als eine Reminiszenz an De rep. Buch 5 verstanden werden, wie der Hinweis auf Wert und Glück der Freundschaft thematisch in den Zusammenhang des Laelius gehört (der damals erst in Vorbereitung war).

Der Schluß skizziert noch einmal einen Syllogismus stoischen Typs: Die Philosophie in allen drei Teilen erregt Freude – aus solcher Freude besteht die Eudaimonie – der Weise wird in diesem Sinne philosophieren, also die Eudaimonie besitzen. Damit aber der Syllogismus der Gesamtabsicht des Buches dient, wird reichlich unbekümmert die Philosophie mit den Tugenden gleichgesetzt.

§ 73 Daß außerdem die Tugenden emphatisch als Gegensatz zu den körperlichen und äußeren Gütern verstanden werden sollen, betont die Frage des Partners.

Einmal mehr gelangen wir zu Epikur, dessen Inkonsequenz bereits 5, 26/27 und 31 hervorgehoben war. Sie dient hier dem Gedanken, wenn schon Epikur trotz seiner Lustlehre bereit scheint, der stoischen Fundamentalthese, daß die Tugend zur Eudaimonie ausreiche, zuzustimmen, so müßten die Vertreter der Drei-Güter-Lehre um so eher zustimmen.

... und seinen eigenen Namen ... Daß Epikur sich selbst als weise bezeichnete, war schon in 1, 17 bemerkt.

Zum Hinweis auf den Weisen im Stier des Phalaris vgl. Anm. zu 30/1. Daß Epikur das ἀγαθόν und καλόν als leeres Gerede bezeichnet hat, wird in § 119 wiederholt und zielt vermutlich auf das in 3,42 gebotene Zitat aus περὶ τέλους oder auf eine benachbarte Stelle. Ob der Zusatz, die einzige Kategorie der Empfindung sei das durch die Atomformen erzeugte Rauhe und Glatte (eine Weiterentwicklung der kyrenaischen These Diog. Laert. 2,86), bei Epikur schon in demselben Zusammenhang stand oder von Cicero beigegeben wurde, ist nicht zu entscheiden.

... wie ich sagte ... Auf welche frühere Stelle sich Cicero mit seiner groben, vom späten Hellenismus an weit verbreiteten Polemik, Epikur urteile nicht besser als die Tiere, bezieht, ist nicht festzustellen.

§ 74 Daß Epikur als einziges Heilmittel gegen Schmerz und Kummer die Ablenkung und besonders die Erinnerung an frühere Lust empfohlen hat, war in 3,32–46 ausführlich dargelegt und kritisiert.

§ 76 Cicero fühlt nun das Bedürfnis, sich von der stoischen Syllogistik zu distanzieren. Akademiker bleibt er und so läßt er auch die Drei-Güter-Lehre gelten. Wenn sie so gedeutet wird, wie es Kritolaos § 51 tat (die Anspielung ist unverkennbar), dann sollte die Distinktion zwischen beatus und beatissimus irrelevant werden. Nachdem bisher die Unvereinbarkeit der Drei-Güter-Lehre mit dem stoischen Fundamentalsatz behauptet worden war, wird von hier an (was in § 82 evident wird) auf einen Consensus hingesteuert. Konkret bedeutet dies, daß das, was die Stoa »annehmbar« (ληπτόν) nennt (vgl. De fin. 3,20; 59; Acad. 1,36 u.a.), zu guter Letzt eben doch auch ἀγαθόν im Sinne der Drei-Güter-Lehre genannt werden darf.

Der Schmerz scheint ... Seltsam genug wird von da an bis § 79 ein Exkurs über das Ertragen des Schmerzes eingelegt, also eine Ergänzung zum zweiten Buch; nachdem Buch 5 mit 3/4 ausreichend verklammert war, will Cicero offenbar auch noch eine klare Beziehung zu 2 herstellen.

§ 77 Das Beispiel der Spartaner stellt sich zu 2,34, auch hier mit ausdrücklicher Berufung auf Autopsie. – Das Beispiel der indischen Weisen ergänzt 2,52.

§ 78 Die indische Witwenverbrennung war berühmt: Strabon 15,1,30 (aus Onesikritos, FGrHist 134 F 21); Nikolaos v. Damaskos FGrHist 90 F 124, Diodor 19,33/34, Plut. mor. 499 C, Ael. var.

hist. 7, 18; Val. Max. 2, 6, 14 dürfte aus unserer Cicerostelle stammen. Ähnliches erzählt von einem Thrakerstamm schon Her. 5, 5. Der ägyptische Tierkult gehört zu den wenigen Kultformen, die die sonst so verständnisbereite griechisch-römische Antike stets strikte abgelehnt hat. Vgl. De nat. deor. 1, 82 mit der Anm. von Pease; Diodor 1, 83–90 u. a.

§ 79 Auf Griechen und Barbaren folgen die Tiere (montivagus aus der Dichtersprache; wie Lucr. 1, 404; 2, 597 nahelegt, von Cicero aus Ennius entnommen), dann im Nachtrag die Ausdauer, die von Affekten bewirkt werden kann.

§ 80 Im Sinne eines Epilogs kehrt Cicero zu dem Bilde von § 12/13 zurück, das nun seine Angemessenheit erwiesen hat.

§ 81 Zum »nichts anzustaunen« vgl. 3, 30 mit Anm. Daß man sich durch nichts Unerwartetes überraschen lassen dürfe, betonte 3, 28 ff.; 55 u. a.

§ 82 Etwas unerwartet wird nun noch die stoische Telos-Definition bemüht, mit deutlichem Anklang an De fin. 3, 26.

Damit gilt die ϑέσις von § 12 als widerlegt, wie auch der Partner zugibt.

Es folgt aber ein zweiter Hauptteil, vorbereitet in § 75/6. Nachdem bisher der Gegensatz zwischen der stoischen Doktrin und der Drei-Güter-Lehre so scharf als möglich herausgearbeitet worden war, folgt nun gegenläufig der von § 76 an angekündigte Versuch der Synthese (ähnlich wird in De fin. 4 bald vom Gegensatz zwischen Stoa und Peripatos, bald von ihrer faktischen Übereinstimmung gesprochen). Man sollte sich da nicht zu rasch mit der Erklärung begnügen, daß hier eben das Harmonisierungsbedürfnis des Antiochos v. Askalon am Werke sei; dies schon darum nicht, weil ihm von zweifellos anderen Voraussetzungen her schon Karneades mit der Behauptung vorausgegangen ist, die Differenz zwischen Stoa und Peripatos liege bloß in der Terminologie, nicht in der Sache (De fin. 3, 41); dann aber auch darum, weil die Dialektik von Abgrenzung gegen und Aneignung von fremden Lehrmeinungen schon bei Aristoteles zu beobachten ist und als ein Kernstück altperipatetischer Bewältigung der Philosophiegeschichte vermutlich noch besser beobachtet werden könnte, wenn wir mehr Texte von Aristoteles und Theophrast besäßen. Cicero ist sich bewußt, daß damit die Perspektive wechselt. Mit gutem Grunde erinnert er darum in § 82/3 ausdrücklich an seine akademische Freiheit (vgl. § 33).

§ 83 Das neue Ziel wird formuliert. Es soll gezeigt werden, daß der stoische Fundamentalsatz von allen andern Schulen angenommen werden könne.

Wenn Karneades eben diese These gegen die Stoa verfochten hat, so mit der Absicht, die Absurdität der starr dogmatischen Polemik der Stoa (vor allem natürlich Chrysipps) gegen Peripatos und die Epikureer nachzuweisen; seine eigene Position hat er als sokratischer Aporetiker nicht ins Spiel gebracht.

Cicero wiederum kann es verständlicherweise nicht daran liegen, im zweiten Teil des Buches gegen die Stoa zu polemisieren, nachdem er im ersten Teil so entschieden für sie Partei ergriffen hatte. So nimmt er der These des Karneades die polemische Spitze und konstatiert lediglich, daß dem stoischen Satz, der nach wie vor seine Billigung findet, auch Peripatos und Epikur zuzustimmen in der Lage sind.

§ 84 Zur Orientierung über die Gesamtheit der überhaupt vorhandenen Lehren vom Telos wird einmal mehr die divisio Carneadea (zuletzt berührt in 4, 62) herangezogen; sie hier im Einzelnen zu erläutern würde viel zu weit führen (vgl. bes. De fin. 5, 16 ff.).

§ 85 *Die Sache der Peripatetiker* ... Unter dem Sammelnamen des Peripatos werden hier zwei Observanzen unterschieden: 1. diejenige Theophrasts (vgl. 5, 24/25), mit der, ohne daß es deutlich gesagt würde, ein Consensus eben doch nicht hergestellt werden kann, 2. die übrigen d. h. die ganze, schon in § 30 genannte Gruppe. Da ist der Consensus möglich.

Zunächst wird auf den Vergleich des Kritolaos zurückverwiesen vgl. § 51, 76. Sodann wird (augenscheinlich stark verkürzt) der Satz zitiert, man müsse den Ruhm auch unter Schmerzen erstreben (aus Theophrasts περὶ φιλοτιμίας? vgl. Ep. Att. 2, 3, 3; vgl. auch die Bedeutung der τιμή bei Aristoteles Nik. Ethik 4, 7–9. Jedenfalls kommen wir in die Nähe von Ciceros De gloria vgl. zu 1, 1; 31 u. a.).

§ 86 Endlich illustriert der Vergleich mit dem Gewinn des Geschäftsmannes und des Bauern das in § 22 formulierte Prinzip der Qualifikation nach dem Überwiegenden.

§ 87 Äußerst knapp werden danach Kalliphon und Diodoros behandelt. Es bleiben als letzte Gruppe Epikur, der Peripatetiker Hieronymos von Rhodos (Mitte 3. Jhd. v. Chr.) und Karneades, also jene drei, die nach Ausweis des Schemas § 84 in ihrer Telosbestimmung die Tugend überhaupt nicht berücksichtigen.

§ 88 *Wir wollen mit dem anfangen ...* Der Nachweis für Epikur (und subsidiär für Hieronymos) erstreckt sich bis § 118, also bis fast zum Ende des Buches. Er ist erstaunlich umfangreich, so daß man annehmen möchte, es habe schon Karneades die schwierige und gewissermaßen paradoxe Aufgabe gereizt, den Consensus zwischen Epikur und der Stoa aufzudecken.

Angeführt werden für Epikur: 1. Sein Verhalten am Todestag und sein letzter Brief vgl. De fin. 2, 96/97 und oben 2, 45. 2. Kyr. Dox. 2. 3. Kyr. Dox. 4, vgl. 2, 44.

§ 89 Im Ausspielen Epikurs gegen die Grandiloquenz der Stoa glaubt man Karneades selbst zu hören.

... über die bescheidene Lebensform ... vgl. § 26 mit Anm. Zu Epikurs Ablehnung des Eros vgl. 4, 70, zu seiner Ablehnung des Ehrgeizes, also des βίος πολιτικός vgl. De rep. 1, 1–11, wo eine Polemik Dikaiarchs gegen Theophrast mit derjenigen eines Unbekannten gegen Epikur kombiniert ist.

§ 90 Es folgt, wohl aus einem Florilegium, eine bunte Reihe einschlägiger Exempla. 1. Brief des schlichten Anacharsis an den üppigen Karthager Hannon. Über den zuerst von Her. 4, 46; 76 erwähnten Skythen Anacharsis gab es schon im 4. Jhd. v. Chr. einen stoffreichen Dialog, der ihn im Gespräch mit dem athenischen Gesetzgeber Solon zeigte und aus dem manches zu Diog. Laert. 1, 101–105 und zu Plut. Solon 5 gelangt ist. Wohl etwa im 2. Jhd. v. Chr. entstand unter Verwendung älteren Materials (analog den Briefen der Sokratiker, des Diogenes u. a.) eine Sammlung von Briefen des Anacharsis. Ob sie ursprünglich umfangreicher war als das uns erhaltene Corpus von 10 Briefen, ist hier nicht zu prüfen. Cicero ist der früheste uns bekannte Zeuge für die Existenz der Sammlung, und der von ihm übersetzte Brief ist Nr. 5 der erhaltenen Briefe. Die Gesamttendenz der Briefe (wie wohl schon des Dialogs) ist eine Kulturkritik im Namen schlichter Redlichkeit, die sich zuweilen zu kynisierender Kulturfeindschaft steigert.

§ 91 2. Das Sokratesapophthegma auch bei Diog. Laert. 2, 25. 3. Das Xenokratesapophthegma in verschieden verkürzter Form bei Diog. Laert. 4, 8; Gnomol. Vat. Nr. 419 Sternb., Stob. 3, 5, 10 u. a.

§ 92 4. Das bes. berühmte Diogenesapophthegma auch bei Diog. Laert. 6, 38. 5. Der Vergleich des Diogenes mit dem Perserkönig (vgl. Plat. Gorg. 470 E) in verstümmelter Variante im Gnomol. Vat. Nr. 201 Sternb.

§ 93 Rückkehr zu Epikur mit Diskussion von Kyr. Dox. 29 (vgl. De fin. 1, 45; 2, 26).

§ 94 Cicero gibt sich hier alle Mühe, den peinlichen Eindruck der Zitate aus περὶ τέλους in 3, 41/42 zu neutralisieren und hilft sich dabei vor allem mit Epikurs strikter Ablehnung des Eros, von der schon in § 89 und 4, 70 die Rede war; augenscheinlich hat er drei Zitate vor sich, das erste in der Tradition kynisch-kyrenaischer ἀναισχυντία, die einfachste und zweckmäßigste Befriedigung des Liebestriebes empfehlend, das zweite feststellend, daß auf solche Befriedigung auch mühelos verzichtet werden könne, wenn wichtigere Gesichtspunkte im Spiele seien, das dritte endlich die Übersetzung eines bei Diog. Laert. 10, 118 griechisch erhaltenen Textes (Frg. 62 Us.).

§ 95/97 In fünf Punkten gibt Cicero einen Abriß der epikureischen Lustlehre im Ganzen, in freier Verwendung des Materials, das ihm schon für De fin. 1 zur Verfügung stand. Ein Vergleich im einzelnen wäre wichtig, ist aber hier nicht durchführbar.

1. Grundsätzlich ist die Lust immer zu erstreben, der Schmerz immer zu meiden. Das ist die auf die Evidenz der Erfahrung aufgebaute Ausgangsposition; vgl. De fin. 1, 32.

2. Sie wird korrigiert durch die Rücksicht auf die Folgen von Lust und Schmerz, sofern Lust nicht immer Lust, Schmerz nicht immer Schmerz erzeugt (dies im Widerspruch zu dem von Platon etwa im Staate 335 CD formulierten Prinzip); vgl. De fin. 1, 32.

3. Die Lust geht vom Körper aus und auf die Seele über, wobei diese ein Übergewicht erhält, da der Körper auf die Gegenwart begrenzt bleibt, die Seele aber Vergangenheit und Zukunft dazu umgreift; vgl. De fin. 1, 55/56.

4. Der Weise wird, gerade weil er Erinnerung und Erwartung dazunimmt, immer Lust empfinden; vgl. De fin. 1, 62.

5. Der Luxus widerspricht der Natur, die mit wenigem zufrieden ist; vgl. De fin. 2, 90/91, wo auch Kyr. Dox. 15 zitiert wird.

§ 97 *Als Dareios* ... Es folgt nun abermals eine Reihe einschlägiger Exempla.

1. Die Parallelen nennen nicht Dareios III. (336–330), sondern Artaxerxes II. (404–359): Plut. Artax. 12, 5; mor. 174 A; Max. Tyr. or. 5 D. (34 Hob.), 6.

2. Nur hier überliefert, so daß wir nicht wissen, um welchen ägyptischen König Ptolemaios es sich handelt.

3. Parallelen bei Athen. 157 E und Porph. in Hor. serm. 2, 2, 20.

Möglicherweise setzt schon Xen. Mem. 1, 3, 5 diese Erzählung voraus.

§ 98 4. Ähnlich bei Stob. 3, 29, 100; Plut. mor. 236 F (gemeint ist wahrscheinlich, wenn auch unbeweisbar, Dionysios II., 367–344); Plut. Lyk. 12 erzählt dasselbe von einem pontischen Fürsten.

5. Der Hinweis auf die Tiere wie in § 79.

§ 99 6. Zwei Völker machen den Abschluß. Zu den Spartanern wird auf § 77 verwiesen, zu den Persern auf die vielzitierte Notiz Xenophons, Kyrup. 1, 2, 8 (vgl. De fin. 2, 92).

Und auch wenn die Natur ... Nun wird Kyr. Dox. 15 begründet und empfohlen. Die Natur macht Bescheidenheit leicht, und Bescheidenheit erhält die Gesundheit. Zum abschreckenden Bild der von ihrer zügellosen ἐπιθυμία geführten Schlemmer vgl. De fin. 2, 23 und Epikur selbst Ep. 3, 131/2.

§ 100 Zum dritten Male folgt eine Reihe von Exempla.

1. Parallelen bei Athen. 419 CD (der Hegesandros v. Delphi, 2. Jhd. v. Chr. als seine Quelle nennt), Plut. mor. 127 A, 686 AB, Ael. var. hist. 2, 18. Als letzte Quelle wird ein Historiker wie Timaios oder Philochoros oder dann eines der von den Schülern verfaßten Platon-enkomia zu vermuten sein.

2. Zitat aus dem platonischen(?) Siebenten Briefe 326 BC.

§ 101 3. Das Zitat aus Aristoteles auch in De fin. 2, 106; aus Schol. Iuven. 10, 362 ergibt sich, daß Cicero auch in De rep. 3 von Sardanapal gesprochen hat, und zwar, wie Athen. 335 F zeigt, ebenfalls aus Aristoteles. Da in De rep. 3 in erheblichem Umfang Aristoteles περὶ δικαιοσύνης benutzt ist, liegt es am nächsten, das Zitat diesem Dialog zuzuschreiben. – Die griechische Originalfassung des Epigramms in Anthol. Pal. 7, 325 u. a. Chrysipp bei Athen. 336 A zitiert eine umfangreichere Fassung in 5 Versen, die er vermutlich als die vollständigere gegen Aristoteles ausgespielt hat.

§ 102 Wenn in § 90–101 die bescheidene Lebensführung (λιτότης, εὐτέλεια) im Mittelpunkt stand, so folgt nun in etwas abweichendem Sinne das Lob der Armut. Ganz modern anmutet, wie Cicero für den Reichtum geltend machen läßt, man sei dann in der Lage, Kunstwerke anzukaufen. Nicht weniger modern wirkt der erste Einwand dagegen, man habe an den zahllosen Kunstwerken, die in den öffentlichen Anlagen Roms jederzeit für jedermann zu sehen seien, viel mehr Freude als an den paar Stücken, die man zuweilen auf seiner Villa besichtigen könne. Der zweite Einwand wird nur angedeutet: Bei den Ankäufen von Kunstwerken geht es selten mit rechten Dingen zu, und die Erinnerung an diese Unkorrektheiten trübt die Freude. – Dies scheint derart auf die besondern römischen Verhältnisse gemünzt zu sein, daß man folgern möchte, Cicero habe diesen ganzen Abschnitt aus Eigenem beigefügt.

§ 103 Ein heikleres Problem folgt mit der ἀδοξία, die Cicero nicht wie in 3, 81 mit vita ingloria übersetzt, sondern durch drei gebräuchlichere, wenn auch nicht völlig adäquate Ausdrücke umschreibt. Die Thematik des Werkes De gloria kommt natürlich wieder in die Nähe. – Exempla sind auch da die Hauptsache.

Die griechische Fassung der Demosthenes-Erzählung bei Ael. var. hist. 9, 17. – Zur hübschen Schlußwendung auf die Reflexivität des Mit-sich-selbst-Sprechens hin vgl. § 117 (z.T. auch Diog. Laert. 6, 6).

§ 104 Die griechische Fassung von Demokrits Ausspruch mit derselben Auswertung (δόξης καταφρονῶν) bei Diog. Laert. 9, 36. Ob Val. Max. 8, 7 ext. 4 nur aus Cicero herausgesponnen ist oder aus einer ausführlicheren Version stammt, läßt sich nicht entscheiden. Der autobiographische Charakter macht den Ausspruch merkwürdig und verdächtig. Die Möglichkeit, daß er aus einem erfundenen Briefe stammt und die wohl schon früh beachtete Tatsache auswertet, daß Platon niemals Demokrit nennt (Diog. Laert. 3, 25; 9, 40), wird man nicht ganz ausschließen. Dagegen spricht, daß Epikur in einem Briefe auf Demokrits Äußerung anzuspielen und sie übertrumpfen zu wollen scheint Frg. 188 Us. (Sen. ep. 79, 15).

Es folgen drei sentenzenartige Sätze. 1. Wenn der Musiker spielt, wie er es für richtig hält, und nicht, was die Menge wünscht, so wird sich der Weise erst recht an sein Urteil und nicht an das der Menge halten. 2. Es ist absurd, den einzelnen Banausen zu verachten, dagegen die Gesamtheit des Volkes, das sich aus jenen Banausen zusammensetzt, zu achten. Dieser Satz ist mit leichten Varianten als Apophthegma des Sokrates bei Diog. Laert. 2, 34, als Äußerung des Sokrates zu Charmides bei Xen. Mem. 3, 7, 6 und als Äußerung zu Alkibiades bei Ael. var. hist. 2, 1 belegt. 3. Der Weise wird die Ehrungen durch die Menge von vornherein verschmähen, der Tor wird sie annehmen und hinterher es bereuen.

§ 105 Das Heraklitzitat (griechisch und vollständiger bei Diog. Laert. 9, 2 und bei Strabon 14, 1, 25) stellt dasselbe Problem wie der soeben zitierte Ausspruch Demokrits. Es ist nicht leicht, diese

Äußerung Heraklits über ein politisches Ereignis, das er selbst miterlebt hat, in sein Werk einzuordnen. Es kommt dazu, daß die uns erhaltene Sammlung von 9 Briefen Heraklits (entstanden wohl zur selben Zeit wie die Briefe des Anacharsis vgl. Anm. zu § 90) vier Briefe Heraklits an Hermodoros enthält. Allerdings sieht der Stil nicht nach hellenistischer Fabrikation aus, und von politischen Verhältnissen in seiner Umwelt hat Heraklit auch sonst gesprochen (vgl. etwa Vorsokratiker DK 22 B 39 über Bias von Priene). Trotz einiger Bedenken liegt also die Annahme der Echtheit nahe.

Über das Schicksal des Aristeides vgl. Plut. Arist. 7. Auffallend ist, daß auch Musonios p. 47, 5–9 Hense Aristeides und Hermodoros nebeneinander erwähnt; die Zusammenstellung hat also Cicero wie Musonios schon vorgelegen.

... *ich mag nämlich lieber* ... Wie in 1, 33; 84; 4, 52 will Cicero diskret auf seinen eigenen Fall hinweisen (vgl. 5, 3).

Was ist angenehmer ... Der Schluß ist unerwartet und führt auf die epikureische Variante des βίος θεωρητικός. Gerade für den, der im Verzicht auf politische Tätigkeit und damit auf Ehre und Ruhm beim Volke beim λάθε βιώσας bleibt, ist die Erforschung des Alls und der Natur die angemessenste und erfreulichste Tätigkeit.

§ 106 Schon die Beispiele des Hermodoros und Aristeides betrafen weniger die Nichtigkeit des Ruhmes als die Nichtigkeit einer durch ein verantwortungsloses Volk verhängten Verbannung. So kommt denn nun hier die Verbannung auch ausdrücklich zur Sprache. Die Argumente, die auch dieses äußere Unglück als nichtig erweisen, sind von Cicero auseinandergerissen, wie die Übersicht zeigt. 1. Eine durch das Volk verhängte Verbannung ist ebenso nichtig wie die Meinung des Volkes überhaupt; dazu § 104. 2. Die Ferne von der Heimat teilt der Verbannte mit vielen Anderen.

§ 107 3. Der Vermögensverlust des Verbannten fällt unter die Beurteilung der Armut. – 4. In der Sache ist eine Verbannung nichts anderes als eine Reise ohne Rückkehr. – 5. Dem Weisen kann eine Verbannung keine Schande bringen, und der Tor steht nicht zur Diskussion.

Da ist deutlich, daß Punkt 1 und 5 zusammengehören, ebenso Punkt 2 und 4.

Historisch interessant und offenbar aus umfangreichem biographischem Material gewonnen ist die Liste der Philosophen. Sie umfaßt 4 ältere Akademiker, die 2 Peripatetiker, 4 ältere Stoiker, 4 jüngere Akademiker und 2 jüngere Stoiker. Merkwürdig, daß die Liste nur für Akademie und Stoa bis in die Zeit Ciceros hinabgeführt ist, für den Peripatos mit Theophrast endet und die epikureische Diadochie überhaupt nicht berücksichtigt. Ein Zufall ist dies nicht. Eine Beziehung könnte bestehen zu der bei Diog. Laert. 1, 14/15 gegebenen Diadochie, bei der die Endpunkte der vier Schulen durch Kleitomachos, Chrysipp, Theophrast und Epikur bezeichnet werden.

Die einzelnen Angaben können wir nur in begrenztem Umfange kontrollieren; aber soweit wir dies können, scheinen sie zuzutreffen.

§ 108 Es folgt das spezifisch epikureische Argument, das freilich, wie schon das Tragikerzitat zeigt, nur die Adaption eines weit älteren Gedankens ist. Das Zitat (Trag. inc. V. 92 Ribb.) stammt höchstwahrscheinlich aus dem Teucer des Pacuvius, der seinerseits den Teukros des Sophokles bearbeitet hat. Ähnliches bei Euripides Frg. 777 (aus dem Phaethon) und 1047 N², bei Aristophanes Plutos 1151 und Stob. 3, 40, 2 a, dann (Epikur näher) bei Demokrit Vorsokratiker DK 68 B 247, und schließlich läuft auch die Darlegung Aristipps bei Xen. Mem. 2, 1, 8–17 auf dasselbe hinaus.

Das Apophthegma des Sokrates findet sich griechisch bei Epiktet 1, 9, 1 und Plut. mor. 600 F (mit mundanus übersetzt Cicero κόσμιος), leicht abgewandelt als Ausspruch des Aristippos bei Diog. Laert. 2, 99, als ein solcher des Diogenes bei Diog. Laert. 6, 63 (wo der Begriff κοσμοπολίτης auftaucht).

T. Albucius war etwa 104 v. Chr. Propraetor in Sardinien, feierte, ohne Ermächtigung durch den Senat, daselbst einen Triumph, wurde daraufhin verurteilt und verbrachte den Rest seines Lebens, der epikureischen Philosophie zugetan, behaglich in Athen (vgl. Cic. Prov. cons. 15, Div. in Caec. 63, In Pis. 92, Pro Scaur. 40 und De off. 2, 50); berühmt wurde der Fall dadurch, daß ihn Lucilius im 2. Buch seiner Saturae diskutiert hat (V. 88 ff. Marx).

§ 109 Von den drei Paaren von Philosophen sind Epikur, Platon und Polemon Athener, Metrodoros (vgl. 2, 17 mit Anm.) aus Lampsakos, Xenokrates aus Chalkedon und Arkesilaos aus Pitane in der kleinasiatischen Aiolis.

Die Erzählung von Demaratos-Tarquinius auch in De rep. 2, 34, weiterhin Dion. Hal. Ant. Rom. 3, 46 und kurz Liv. 1, 34, 2. Eigentümlich ist an ihr, daß sie eine ziemlich genaue Kenntnis der korinthischen Geschichte des 7. Jhd. v. Chr. voraussetzt; auf die Figur des Bakchiaden Demaratos konnte kein römischer Historiker des 3. und 2. Jhd. v. Chr. kommen. Die Gesamterfindung stammt also von einem Griechen; Timaios steht am nächsten, vgl. FGrHist 566 F 80.

§ 110 In einer Beweisführung, die die Unabhängigkeit der Eudaimonie von körperlichen und äußeren Beschwernissen darlegen will, ist dieser Abschnitt, der von der Überwindung der Affekte handelt, ein Fremdkörper, durch ein nicht mehr erklärbares Versehen hierher verschlagen. Die anvisierten epikureischen Thesen sind bekannt, vgl. 3, 33; 35; 5, 74 und De fin. 1, 62; 2, 95; 5, 93.

§ 111/114 Unter den körperlichen Gebrechen, die die Eudaimonie zerstören könnten, steht die Blindheit voran.

Dagegen wird zuerst grundsätzlich geltend gemacht, daß das Sehen als einzige der fünf Sinneswahrnehmungen sich gar nicht im Auge, sondern in der Seele vollzieht. Diese These kann als eine Variante zu der weitergehenden Lehre von 1, 46/7 aufgefaßt werden. Von wem sie stammt, wissen wir nicht; der Text, der von quidam spricht, schließt gerade aus, daß es sich um eine epikureische handelt; es muß vielmehr eine ältere, von Epikur bloß übernommene Doktrin sein.

Es folgt wiederum eine lange Reihe von Exempla.

1. Antipater von Kyrene ist nur noch aus dem Verzeichnis der Kyrenaiker Diog. Laert. 2, 86 bekannt.

2. Als Gegengewicht gegen die etwas frivole Erzählung folgt sogleich der ehrwürdigste römische Blinde, Ap. Claudius Caecus cos. 307. 296, dict. zwischen 292 und 285; vgl. 4, 4; Brutus 55; 61.

3. C. Livius Drusus, römischer Jurist, Bruder des M. Livius Drusus tr. pl. 122. Vgl. Brutus 109, Val. Max. 8, 7, 4.

4. Cn. Aufidius pr. 107(?) vgl. De fin. 5, 54; De dom. 35; Cons. Fr. 19 M. Über sein Geschichtswerk (zweifellos eine römische Geschichte in griechischer Sprache) ist nichts bekannt.

5. Der Stoiker Diodotos, von Cicero De nat. deor. 1, 6 als einer seiner Lehrer bezeichnet, ist uns nur aus Cicero bekannt: Brutus 309, Luc. 115, Ep. fam. 9, 4; 13, 16, 4. Ep. Att. 2, 20, 6 vom Juli 59 v. Chr. meldet, daß Diodotos (in Ciceros Haus, wo er jahrelang lebte) gestorben sei. – Daß Diodotos als Stoiker Musik nach pythagoreischer Art pflegte und Geometrie dozierte, mag ein Indiz dafür sein, daß er in die Einflußzone des Poseidonios gehörte.

6. Asklepiades von Phleius, der Schule von Eretria angehörend, ist uns zur Hauptsache aus Diog. Laert. 2, 125–144 bekannt, wo in eine Biographie des Menedemos von Eretria eine sehr lebendige Schilderung der Freundschaft zwischen Asklepiades und Menedemos eingearbeitet ist (aus Antigonos v. Karystos?). Er lebte ca. 350–280 v. Chr. Von Lehren und Schriften ist nichts bekannt.

7. Berühmt und in zahlreichen Varianten überliefert ist die Blindheit Demokrits, historisch nicht unbedenklich, weil sie (wie die bei Cicero gleich nachher erwähnte Blindheit Homers) nicht als bloßer äußerer Unglücksfall konstatiert, sondern als sinnvolles Schicksal oder gar als Werk bewußten Entschlusses, also als Selbstblendung des Philosophen dargestellt wird. Gerade unsere Stelle zeigt dies deutlich: Das innere Schauen wird gegen das äußere Sehen ausgespielt, und wenn es heißt, er habe gemeint, »die Schärfe des Geistes würde durch das Sehen der Augen gehindert«, so ist nur ein Schritt zu der Behauptung, er habe seine Augen mit Absicht ausgeschaltet. Vgl. De fin. 5, 87; Plut. mor. 521 D; Gellius 10, 17; Tertull. Apol. 46. – Der Schluß unserer Stelle wirkt wie eine epikureisch formulierte (vgl. Lucr. 1, 72–77) Umdrehung der von Platon Theait. 174 A u. a. erzählten Anekdote von Thales.

8. Daß die Erzählungen vom blinden Homer von der Identifizierung des »blinden Mannes« im Hom. Hy. Ap. Del. 172 mit Homer ihren Ausgang nahmen, ist bekannt. Ciceros Vorlage hat (deutlicher als er selbst) hervorgehoben, wie groß paradoxerweise gerade die bildhafte Anschaulichkeit seiner Dichtungen ist, woraus zu folgern ist, daß es auch da auf das innere und nicht auf das äußere Sehen ankommt. – Denkbar ist, daß gerade die beiden Beispiele Demokrits und Homers ursprünglich unmittelbar dazu dienten, die in § 111 skizzierte Doktrin zu stützen.

§ 115 Zwei Nachträge. (a) Der erste knüpft recht ungeschickt an die Bemerkung an, kein Gebildeter habe jemals der geistigen ἡδονή ermangelt. Belegt wird dies mit Anaxagoras und Demokrit, die beide ihr Hab und Gut verkauften, um ganz den Freuden der Forschung zu leben (vgl. Diog. Laert. 2, 6/7 und 9, 35/6). Dieser Abschnitt gehört nicht ins Kapitel über die Blindheit, sondern in dasjenige über die Armut. Cicero hat dieses Kapitel ganz, wie wir sahen, mit römischem Material bestritten (§ 102), wollte aber die Notiz über Anaxagoras und Demokrit (die ja auch den Wert des βίος θεωρητικός beleuchtet) nicht missen und hat sie etwas unbedacht hier eingeschoben. – (b) Geistvoll ist die Gegenüberstellung des weisen Teiresias, der nie über seine Blindheit klagte, und des wilden und törichten Polyphem, der sogar dem Widder sein Leid klagte (Od. 9, 444–461).

§ 116 Die Taubheit wird kurz erledigt, zunächst mit zwei mokanten Bemerkungen Ciceros. 1. Die Taubheit des Triumvirn M. Licinius Crassus Dives (vgl. 1, 12–14) glossiert er mit dem Doppelsinn von male audire: »Schlecht hören« und »in schlechtem Rufe stehen«. Augenscheinlich wird auf ein bestimmtes, schon mehrere Jahre zurückliegendes (Crassus fand bekanntlich im Partherkrieg 53 v. Chr. den Tod) Ereignis angespielt, über das sich Cicero selbst damals geäußert hatte. 2. Die Unbildung der römischen Epikureer und der Snobismus der Griechen, die kein Latein zu lernen pflegen, führen zur allgemeinen These, daß jedermann den Sprachen gegenüber, die er nicht versteht, taub ist.

Dem Einwand, Taubheit mache den Genuß der Musik unmöglich, begegnen drei Argumente. 1. Wer Musik nicht hört, hört auch viele unangenehme Geräusche nicht. 2. Da die Musik eine junge Kunst sei (vgl. Demokrit Vorsokratiker DK 68 B 144), hat es viele Weise gegeben, die vor ihrer Erfindung und ohne sie die Eudaimonie besaßen.

3. Das Lesen von Liedtexten ist erfreulicher als das Anhören ihres Vortrags, – eine erstaunliche Behauptung, die wie eine etwas vorschnelle Verallgemeinerung eines boshaften Apophthegma über einen bestimmten Musiker wirkt.

§ 117/118 Das systematische Schema der Vorlage kommt in der Bemerkung zum Vorschein, man verweise den Tauben auf das Sehen wie zuvor den Blinden auf das Hören (was freilich Cicero in § 111–115 hat fallen lassen). Die nächste Frage ist folgerichtig, wie man sich zu verhalten habe, wenn Blindheit und Taubheit zusammenkommen. Das folgt in: »Doch nehmen wir nun an ...«.

Eingeschaltet hat Cicero eine Gnome, die schon in § 103 verwendet war.

Bei der Kumulation aller nur denkbaren körperlichen Gebrechen bietet der Epikureer nur eine Alternative an: Entweder führen sie von selbst zu raschem Tode oder man ist berechtigt, sein Leiden durch den Selbstmord abzukürzen. Daß der Tod hier rein epikureisch als »Zufluchtsort der Unempfindlichkeit«

verstanden wird, ist angemessen. Die weitere Ausführung der Empfehlung des Selbstmordes folgt mit: »Ich jedenfalls finde ...« Der Vergleich des Lebens mit dem Symposion auch bei Lucr. 3, 931–943, Hor. Serm. 1, 1, 117–119, Ps.-Plut. Cons. Apoll. 120 B, Bion bei Teles p. 16, 2 Hense. De fin. 1, 49 vergleicht in demselben Zusammenhang das Leben mit einem Theaterbesuch. Eingelegt sind von Cicero einmal ein ausdrücklicher Hinweis auf Buch 1/2, und sodann zwei Apophthegmata, die freilich beide nicht glatt in den Zusammenhang passen. 1. Das Apophthegma des Kyrenaikers Theodoros ist eine Variante zu dem in 1, 102 angeführten; griechisch im Gnomol. Vat. Nr. 352 Sternb., auf Diogenes übertragen bei Diog. Laert. 6, 44. Die Pointe ist hier die Todesverachtung im Angesicht des Tyrannen. 2. Die Äußerung des Aemilius Paulus zum gefangenen König Perseus 167 v. Chr., griechisch bei Plut. Aemil. 34, 3. Hier steht die Alternative zwischen Schande und Selbstmord (vgl. Hor. carm. 1, 37, 21–32 über Kleopatra).

Eben dies, was Epikur sagt ... Eine seltsame Bemerkung, die uns völlig im dunkeln läßt darüber, wie in § 88–118 das Verhältnis des Hieronymos v. Rhodos (Frg. 10 e W.) zu Epikur konkret zu verstehen ist. Zunächst heißt der Satz nur, daß Hieronymos dieselben Thesen ebenso ausführlich vertreten hat wie Epikur; daß der Wortlaut bei Hieronymos sich mit dem bei Epikur deckte, ist streng genommen gerade ausgeschlossen. Offen bleibt aber die Frage, wie weit die Vorlage von 88–118 Texte des Hieronymos mit solchen Epikurs kombiniert hat. So können wir auch gar nichts darüber sagen, ob Hieronymos unmittelbar von Epikur beeinflußt ist; ich halte es für wahrscheinlicher, daß er im Weiterentwickeln von Positionen des Aristoteles und vor allem Theophrasts selbständig zu einer Doktrin gelangt ist, die im Endergebnis der epikureischen nahekam.

§ 119/120 Nun werden die letzten Folgerungen gezogen, augenscheinlich im Sinne des Karneades (vgl. § 83). Sie beschränken sich auf zwei Erwägungen: 1. Wenn schon die Epikureer (zum Zitat vgl. § 73) die Nichtigkeit körperlicher und äußerer Unglücksfälle feststellen, so müssen dies erst recht die anderen Philosophen tun, in deren Telos die Tugend eingeschlossen ist. 2. Bei diesen anderen Philosophen, den Peripatetikern hier (nochmals eine Anspielung auf Kritolaos § 51), den Stoikern dort, ist die Bewertung der körperlichen und äußeren Güter faktisch eben doch dieselbe. Es besteht kein Anlaß, daß sie sich nicht auf die unpedantisch interpretierte stoische These, die das Buch von § 12 an im Auge hatte, einigen sollten.

§ 121 Damit ist das Ziel der Darlegungen erreicht. Die szenische Motivierung des Gesprächsabbruchs wird nur in wenigen Worten angetönt; wichtiger ist ein nochmaliges Kompliment an den Adressaten des ganzen Werkes und eine kurze, überraschend melancholische Bemerkung darüber, daß die nun vollendete Arbeit, wenn nicht dem Leser Nutzen gebracht, so doch dem Verfasser einige Erleichterung verschafft hat. Es ist unleugbar ergreifend, wie Cicero bis zum Schluß der Tusc. disp. gewartet hat, um wenigstens in einigen Zeilen seiner Verzweiflung über das doppelte Leid, das persönliche am Tode der Tochter Tullia (nicht zufällig sind wir immer wieder auf Spuren der Consolatio gestoßen) und das weitergreifende an der Zerstörung des Staates durch den Diktator Caesar, freien Lauf zu lassen. Wie sich diese Worte mit dem anderswo so hochgemut vorgetragenen Vertrauen in die heilende Wirkung der Philosophie vertragen, sollen wir nicht fragen. Gerade in dergleichen Widersprüchen zeigt sich eine reale Menschlichkeit Ciceros, die die allzu ausgeklügelte Selbststilisierung eines Seneca weit hinter sich läßt.

LITERATURVERZEICHNIS

Zu Ciceros Leben und Werk insgesamt

M. Fuhrmann, Cicero und die römische Republik, München–Zürich 1991³.

M. Gelzer u.a., M. Tullius Cicero, in: Paulys Realencyclopädie der classischen Altertumswissenschaft VII A, Stuttgart 1939, Sp. 837–1247.

P. Grimal, Cicero – Philosoph, Politiker, Rhetor, München 1988.

Zur antiken Philosophie

O. Gigon, Die Erneuerung der Philosophie in der Zeit Ciceros, in: Recherches sur la tradition platonicienne (Entretiens de la Fondation Hardt 3), Vandouvres-Genève 1957, S. 33–61.

R. Harder, Die Einbürgerung der Philosophie in Rom, in: Kleine Schriften, hrsg. von W. Marg, München 1960, S. 330–353.

R. Hirzel, Der Dialog, 2 Bde., Leipzig 1895.

G. Luck, Der Akademiker Antiochos (Noctes Atticae 7), Bern 1953.

M. Pohlenz, Die Stoa, 2 Bde., Göttingen 1978/80⁵.

W. Schmid, Epikur, in: Reallexikon für Antike und Christentum, Bd. 5, Stuttgart 1961, Sp. 681–819.

K. Vorländer, Geschichte der Philosophie 1: Philosophie des Altertums, Reinbek 1963.

Zu den philosophischen Schriften Ciceros

E. Becker, Technik und Szenerie des ciceronischen Dialogs, Diss. Münster 1938.

K. Bringmann, Untersuchungen zum späten Cicero, Göttingen 1971.

W. Görler, Untersuchungen zu Ciceros Philosophie, Heidelberg 1974.

P. MacKendrick, The Philosophical Books of Cicero, London 1989.

A. Michel, Rhétorique et philosophie chez Cicéron, Paris 1960.

W. Süss, Cicero – Eine Einführung in seine philosophischen Schriften, Ak. d. Wiss. u. d. Lit., Abh. d. geistes- u. soz.wiss. Kl. 1965, 5, Mainz 1966.

A. Weische, Cicero und die Neue Akademie – Untersuchungen zur Entstehung und Geschichte des antiken Skeptizismus, Münster 1961.

Zu den Gesprächen in Tusculum

Ausgaben

M. Tullius Cicero, Tusculanae disputationes, hrsg. von M. Pohlenz, Leipzig 1918.

M. Tulli Ciceronis Tusculanae disputationes, hrsg. von M. Giusta, Turin 1984.

Ausgabe mit Kommentar

M. Tulli Ciceronis Tusculanarum disputationum libri quinque, hrsg. von Th. W. Dougan – R. M. Henry, 2 Bde., Cambridge 1905–34.

Ausgaben mit Übersetzung

Cicéron, Tusculanes, hrsg. von G. Fohlen – J. Humbert, 2 Bde. (Collection Budé), Paris 1968–70$^{3-4}$ (mit französischer Übersetzung).

Marco Tullio Cicerone, Le Tusculane, hrsg. von A. di Virginio, Florenz 1962 (mit italienischer Übersetzung).

NAMENREGISTER

(die Nachweise der Fundstellen von Zitaten im einzelnen sind den Anmerkungen zu entnehmen)